本书为教育部人文社会科学研究青年基金项目“大
子（LM）检验研究”（项目批准号：17YJC7901
目“大维面板数据模型中存在序列相关性的截面相关性检验研究”（项目批准号：71703044）的阶段性成果

现代经济金融理论与方法／前／沿／研／究／丛／书／

面板数据模型截面相关性及模型设定检验研究

彭 斌／著

中国财经出版传媒集团
经济科学出版社
Economic Science Press

图书在版编目（CIP）数据

面板数据模型截面相关性及模型设定检验研究/彭斌著.—北京：经济科学出版社，2020.9
（现代经济金融理论与方法前沿研究丛书）
ISBN 978-7-5218-1879-6

Ⅰ.①面… Ⅱ.①彭… Ⅲ.①经济模型-研究
Ⅳ.①F224.0

中国版本图书馆CIP数据核字（2020）第174187号

责任编辑：孙丽丽　撖晓宇
责任校对：王苗苗
责任印制：李　鹏　范　艳

面板数据模型截面相关性及模型设定检验研究
彭　斌　著
经济科学出版社出版、发行　新华书店经销
社址：北京市海淀区阜成路甲28号　邮编：100142
总编部电话：010-88191217　发行部电话：010-88191522
网址：www.esp.com.cn
电子邮箱：esp@esp.com.cn
天猫网店：经济科学出版社旗舰店
网址：http://jjkxcbs.tmall.com
北京季蜂印刷有限公司印装
710×1000　16开　16.25印张　260000字
2020年10月第1版　2020年10月第1次印刷
ISBN 978-7-5218-1879-6　定价：65.00元
（图书出现印装问题，本社负责调换。电话：010-88191510）

前　言

随着统计调查数据的不断丰富，面板数据模型已经被广泛运用于经济学、金融、商学等多个学科。而上述领域中往往存在不可观测的共同冲击，或者存在地理位置上的关联性等原因，使得数据存在网络结构。因此，面板数据模型一般具有截面相关性（Cross－sectional Dependence or Correlation）。忽略截面相关性将影响模型估计的统计推断的正确性；甚至在存在时间序列相关情形下，传统的最小二乘估计结果是非一致的。因此，大量的计量经济学研究考虑在面板数据模型中刻画这些截面相关性，如空间计量模型以及交互效应面板数据模型等。空间计量模型要求已知一定的空间相关结构来进行建模，然后通过检验空间相关结构的系数是否显著来判断是否存在空间相关性，但是这些检验的前提是空间相关结构是被正确设定的。因此，在未知截面相关结构的前提下，检验面板数据模型中存在截面相关性以及残差向量的协方差结构将变得非常重要。更重要的是，面板数据模型残差项的结构也是模型设定的基础。如动态面板数据种残差项的序列相关性或者截面相关性结构都会影响广义矩估计（GMM）的工具变量的选取的正确性，从而最终影响面板数据模型估计的统计性质。因此，面板数据模型种关于扰动项的结构的模型设定检验对于正确估计模型有着至关重要的作用。

虽然经典的理论对上述检验问题都有比较全面的研究，但是这些检验都是建立在维度为固定的框架上。随着数据量的不断丰富，一些微观调查往往有成千上万的家庭或者个体，而时间只有短短几年或是十几年，如在中国家庭收入项目调查数据中，4 个年份每年有 6800 个家庭被调查，这就从客观上造成了截面个体的数量远远大于时间的长度（即 $n \gg T$），造成了统计检验上遇到的“维度诅咒”问题。第一，当 n 的维度较大时，采用样本估计的协方差矩阵的性质发生了改变。在高维的情况下，其与总体协方差的差异并不会随着样本增大而消失，即有可能不再是总体协方差矩阵的一致估计；第二，当 $n \geq T$ 时，样本协方差矩阵不可逆，传统的极大似然比估计将不能使用。由于随机矩阵理论（RMT）的发展，上述问题得到了部分解决，马尔琴科和帕斯图尔（Marcenko and Pastur，1967）（M－P）发现了大维矩阵的样本协方差矩阵的经验谱分布（Empirical Spectral Distribution，ESD）在一般条件下服从 M－P 定律。Johnstone（2001）发现当向量维度较大时，样本协方差矩阵与总体协方差矩阵不一致。因此，经典的球形检验如 John 型球形检验在高维情形下都不再适用。虽然，目前有一些统计文献提出了高维下的一些统计检验量，但是在面板数据模型中，残差项不可观测，使用估计的残差项中的估计误差也可能在高维情形下累计，进而造成检验统计量的偏误。在面板数据模型中，时间 T 增加也会导致工具变量的数量大大增加，从而导致经典的模型误设检验不再有效，如过度识别检验不再渐进于卡方分布。

目前，检验大维面板数据模型已被学者逐渐重视，一些有关于“大 n，大 T”情形下的检验被学者提出，但是已有文献都建立在几个严格的假设上：一是总体的分布为正态；二是随机向量 u_t 严格独立；三是随机向量 u_t 的方差并不会随着时间变化而变化。当违反上述这些假设时，已有的检验统计量可能会有较大的水平尺度的扭曲。针对大维面板数据模型中稳健的相关检验研究还存在如下的局限性：第一，多数关于此方面的研究主要集中于统计学文献，与计量经济学回归模型不同的是：统计学文献假设随机向量为观测向量，而计量文献中的面板数据模型的误差项并不能被观测，需要进行估计；估计的误差项与真实误差项还存在一个差异，这个差异在大维度情形下有可能累计，造成估计统计量与可观测统计量之间的偏误，如何估计偏误的极限并对其更正成为大维面板数据的球性检验或截面相关性检验的难点。第二，不同的面板数据模型可能导致误差修正并不一致，因此，已有的检验统计量可能只适用于该统计量提出的模型框架下，在其他面板数据模型中如何提出类似的检验统计量也是亟待解决的问题。第三，一些面板数据模型可能同时存在序列相关和时变方差，如何同时放松这两个假设，也是相关研究的一个难点。

针对上述一些研究现状和局限性，本书将针对多个面板数据模型，提出多种稳健的球形检验、截面相关性检验或模型设定检验，并在不同的模型框架下推导出联合极限分布。在此基础上，本书还将进行大量蒙特卡洛研究来检验提出检验的有限样本性质，并进一步进行相关的实证应用研究。具体来说，本书的研究主要分为四个方面：

第 1 章主要提出了固定效应面板数据模型中的一个新的球形检验，该检验基于陈等（Chen et al.，2010）提出的检验统计量，并且该检验统计量在非正态分布情形下是稳健的。本章证明了提出的检验统计量在大维情形下的联合极限分布，并进行了蒙特卡洛实验，证明了提出的检验统计量在多种非正态分布情形有着较好的水平尺度表现。

第 2 章针对已有的球形检验在时变方差下不稳健的问题，提出了一个在固定效应面板数据模型下时变方差稳健的球形检验。该检验基于李和姚（Li and Yao，2018）的检验统计量，并计算出了该统计量在面板数据模型中与标准正态分布之间的极限偏误。根据该偏误，本章提出了偏误更正的球形检验统计量，并推导出了其联合极限分布。经过蒙特卡洛实验，验证了在非正态以及多种时变方差情形下，提出的检验统计量有正确的水平尺度并具有良好的功效性质。进一步，本章还将该检验进行了实证研究。

第 3 章提出了一个存在序列相关的截面相关性检验。本章针对已有检验在有序列相关情形下不稳健的问题，重新考虑了未知序列相关情形下截面相关系数和的方差。进一步，本章提出了一个新的可行的检验统计量，并推导了其在存在未知序列相关情形下的联合极限分布。本章进行了多个时间序列相关情形下的蒙特卡洛实验，结果表明在各种未知序列相关情形下，本章提出的检验统计量都具有正确的水平尺度和良好功效表现。

第4章针对动态面板数据模型中大“T”情形下的序列相关性检验、过度识别检验。本章首先讨论了大“T”情形下传统检验统计量由于较多工具变量导致估计误差的问题，进而可能导致检验统计量的偏误。在较多工具变量情形时，传统的sargan检验等过度识别检验将不再收敛于卡方分布。因此，首先，本书建议采用折叠工具变量矩阵来进行估计和构造检验统计量。本章首先推导了采用多种工具变量广义矩估计的序列相关检验和联合序列相关检验的联合极限分布，其次，针对在大量工具变量情形下更正了传统的sargan检验，并证明了其联合极限分布；最后，本章还讨论了各种检验的功效性质。此外，本章还采用蒙特卡洛模拟实验考察了传统检验和本章提出的新的检验在多种备择假设下的有限样本性质。模拟显示采用折叠工具变量矩阵估计的检验统计量具有更好的性质。

本书的研究内容为当前计量经济学中大维面板数据模型检验理论研究的重要问题。首先，虽然目前研究的这些问题有一定的进展，但是针对时变方差或者时间序列相关的稳健性检验的相关研究还有一定的局限性。本书提出了一系列在多种大维面板数据模型中的稳健性检验。从这个意义上来讲，本书的研究成果拓展了前沿理论相关研究，具有较大的理论价值。其次，由于研究的成果能够广泛应用于面板数据模型的建模中，为使用考虑刻画具有网络结构的模型（如空间计量模型、因子模型等）提供先验检验；在这些模型被广泛应用来研究各种经济问题的今天，本书的研究成果也具有重要的应用价值。最后，本书为大维动态面板数据模型的设定检验提供了全面的理论基础，能够为相关实证研究提供理论指导。

本书得以完成，需要感谢美国康涅狄格大学经济系高志华（Chihwa Kao）教授、美国锡拉丘兹大学经济系巴蒂·巴尔塔基（Badi H. Baltagi）教授和李允锡（Yoonseok Lee）教授的指导和帮助。同时感谢华中科技大学经济学院沈欣媛、虞俊琪、李文萱、吕悦、朱艺同学的辛苦付出。由于笔者学识有限，书中错误和不足之处在所难免，希望专家和读者批评指正。

彭　斌

目　录

第1章 固定效应面板数据模型中非正态稳健的球形检验

本章提出了在扰动项为非正态分布的假设下固定效应面板数据模型中的球形检验。提出的检验统计量借鉴了陈等（Chen et al.，2010）提出的利用U统计量来检验协方差矩阵的球形结构。由于在面板数据模型中扰动项不可观测，我们采用估计的残差项来替代构建统计量。本章将推导检验统计量在原假设下的极限分布，并采用蒙特卡洛模拟实验来考察其有限样本性质。

1.1 研究背景和意义

本章提出了在固定效应面板数据模型中检验方差—协方差矩阵是否存在球形结构的检验，该检验不需要假设模型的扰动项服从正态分布。本章提出的检验统计量借鉴了陈等（2010）使用U统计量来检验数据的方差—协方差矩阵。球形检验的原假设成立意味着方差—协方差矩阵与单位矩阵成比例。拒绝原假设表示观察到的个体单位之间存在截面相关性或异方差或两者皆有。在经济学的实证研究中，个体会受到共同冲击的影响。例如，投资者的决策可能会受到他们相互之间的沟通方式以及共同的宏观经济冲击以及公共政策等的影响，这可能会潜在地导致单位之间的截面相关性。

在统计学中，由于$n\times n$样本协方差矩阵S_n是总体方差—协方差矩阵

Σ_n的一致估计量，它被广泛地用于球形检验中。具体来讲，其可以用来构造似然比检验（Anderson，2003），或者构造检验 S_n 与 Σ_n 之差的 Frobenius 范数（John，1971；1972）。然而，对于个体数量 n 大于时间序列长度 T 的面板数据集，样本协方差矩阵变成奇异矩阵，这导致了基于 S_n 的逆矩阵的似然比检验出现问题。例如随机矩阵理论的文献显示，即使当 n 小于 T 时，样本协方差矩阵 S_n 也可能存在问题。事实上，对于它们的总体协方差矩阵，样本协方差矩阵 S_n 也不是一致估计量（Johnstone，2001）。勒杜瓦和沃夫（Ledoit and Wolf，2004）证明了当 $n/T \to c \in (0, \infty)$ 时，S_n 的 Frobenius 范数不会收敛到 Σ_n 的 Frobenius 范数，这导致了 John 检验已经不再适用于球形检验（John，1971；1972）。因此，勒杜瓦和沃夫（2002）提出了一个检验是否存在球形结构的新统计量，它在 n 相对大于 T 时也同样适用。但是由于扰动项不可观测，这些检验统计量不能直接应用到面板数据回归模型中来进行球形检验。巴尔塔基等（Baltagi et al.，2011）将勒杜瓦和沃夫（2002）的 John 检验扩展到固定效应面板数据模型中，他们发现由于使用组内残差代替实际扰动项将产生偏差，他们提出了偏误更正的新的检验统计量。然而他们的检验依赖于扰动项正态性假设，并且他们的模拟结果表明该检验在非正态的扰动项条件下会发生置信水平的失真。

为了解决扰动项非正态的可能和“大 n，小 T”的问题，陈等（2010）提出一个改进的 John 检验，该检验通过观察样本采用 U 统计量估计 $\mathrm{tr}\Sigma_n$ 和 $\mathrm{tr}\Sigma_n^2$。基于他们的工作，本书提出了在固定效应回归面板数据模型中用于检验扰动项是否具有球形结构的新检验。该检验不要求扰动项服从正态分布的假设，并且也适用于 n 比 T 大的情形。我们推导了检验统计量在原假设条件下的联合极限分布。此外，我们还用蒙特卡洛模拟研究了它的有限样本性质。

本章的其他部分结构如下：1.2 节具体说明了固定效应面板数据回归模型和需要的假设。1.3 节介绍了统计检验量。1.4 节推导出该统计量在原假设下的极限分布并且讨论了它的功效性质。1.5 节报告了蒙特卡洛模实验结果。1.6 节对本章内容进行了小结。所有的证明和相关技术细节都可以在 1.7 节和 1.8 节中找到。

本章的一些符号定义：$\| B \| = (\mathrm{tr}(B'B))^{1/2}$ 是矩阵 B 的 Frobenius 范

数或向量 B 的 Euclidean 范数，$\mathrm{tr}(B)$ 表示矩阵 B 的迹，$\xrightarrow{d}$ 表示依分布收敛，$\xrightarrow{p}$ 表示依概率收敛。对于两个矩阵 $B=(b_{ij})$ 和 $C=(c_{ij})$，我们定义 $B^\circ C=(b_{ij}c_{ij})$。

1.2 模型和假设

考虑以下的固定效应面板数据回归模型：

$$y_{it}=\alpha+x_{it}'\beta+\mu_i+v_{it},\ i=1,\ 2,\ \cdots,\ n;\ t=1,\ 2,\ \cdots,\ T \tag{1.1}$$

这里 i 表示横截面维度，t 表示时间序列长度。y_{it} 是因变量，x_{it} 表示 $k\times1$ 维的外生回归变量，β 表示对应的 $k\times1$ 维参数向量。μ_i 表示不随时间变化的个体效应，个体效应可以是固定的也可以是随机的，并且可以和回归变量相关。定义扰动项向量 $v_t=(v_{1t},\ \cdots,\ v_{nt})'$，对应的协方差矩阵为 Σ_n。球形检验的假设为：

$$H_0: \Sigma_n=\sigma_v^2 I_n \text{ vs } H_1: \Sigma_n\neq\sigma_v^2 I_n \tag{1.2}$$

备择假设允许横截面相关性或异方差性或两者皆有。

面板数据回归模型中，v_{it} 是不可观测的。因此检验统计量是基于方差—协方差矩阵的一致估计量，一般由 S_n 或其对应的相关系数矩阵来构造（Breusch and Pagan，1980）。巴尔塔基（Baltagi et al.，2011）将勒杜瓦和沃夫（2002）提出的检验扩展到 n 和 T 都很大的固定效应面板数据模型中。他们证明了由于使用组内残差而不是实际扰动项而导致了噪声积累形成偏误，他们提出了偏误更正的检验统计量，然而，他们的模拟结果显示扰动项在服从非正态分布时检验失效。本书将陈等（2010）的研究扩展到在没有扰动项服从正态分布假设下的固定效应面板数据回归模型中来检验扰动项的方差—协方差矩阵是否具有球形结构。我们使用组内残差，具体定义为：

$$\hat{v}_{it}=\tilde{y}_{it}-\tilde{x}_{it}'\tilde{\beta}=v_{it}-\bar{v}_{i.}-\tilde{x}_{it}'(\tilde{\beta}-\beta) \tag{1.3}$$

这里 $\tilde{x}_{it}=x_{it}-\bar{x}_{i.}$，并且 $\bar{x}_{i.}=\frac{1}{T}\sum_{t=1}^{T}x_{it}$。同样，$\tilde{y}_{it}=y_{it}-\bar{y}_{i.}$，$\bar{y}_{i.}=\frac{1}{T}\sum_{t=1}^{T}y_{it}$，

$\bar{v}_{i.} = \frac{1}{T}\sum_{t=1}^{T} v_{it}$。$\beta$的组内估计量定义为：$\tilde{\beta} = (\sum_{t=1}^{T}\sum_{i=1}^{n}\tilde{x}_{it}\tilde{x}_{it}'2)^{-1}(\sum_{t=1}^{T}\sum_{i=1}^{n}\tilde{x}_{it}\tilde{y}_{it})$。定义 $\tilde{y}_t = (\tilde{y}_{1t}, \cdots, \tilde{y}_{nt})'$，$\hat{v}_t = (\hat{v}_{1t}, \cdots, \hat{v}_{nt})'$并且$\bar{v}_{.} = (\bar{v}_{1.}, \cdots, \bar{v}_{n.})'$是 $n \times 1$ 维向量，$\tilde{x}_t = (\tilde{x}_{1t}, \cdots, \tilde{x}_{nt})$ 是 $k \times n$ 维矩阵。因此，组内残差可以重写为矩阵形式 $\hat{v}_t = v_t - \bar{v}_{.} - \tilde{x}_t'(\tilde{\beta} - \beta)$。为了便于分析，我们需要以下假设：

假设 1.1 $n \times 1$ 维向量 v_1，v_2，$\cdots$，v_T 是独立同分布的，它们是均值为 0 的向量并且其协方差矩阵为 $\Sigma_n = \Gamma\Gamma'$，这里 Γ 是 $n \times m(m \leqslant \infty)$ 维矩阵，v_t 可以写作 $v_t = \Gamma Z_t$，这里 $Z_t = (z_{t1}, \cdots, z_{tm})$ 是均值为 0 的向量并且协方差矩阵为 I_m 的独立同分布随机向量。同时，我们假设每个 v_{it}，对于 $i = 1, \cdots, n$ 均存在 8 阶矩，并且存在一个有限常数 Δ 使 $E(z_{1l}^4) = 3 + \Delta$；$l = 1, \cdots, m$。

假设 1.2 回归变量 x_{it}，$\iota = 1, \cdots, n$，$t = 1, \cdots, T$ 独立于扰动项 v_{it}，$i = 1, \cdots, n$，$t = 1, \cdots, T$。回归变量 x_{it}存在有限四阶矩：$E[\|x_{it}\|^4] \leqslant K < \infty$，这里 K 是一个正的常数。

假设 1.3 当 $(n, T) \to \infty$ 时，$\mathrm{tr}(\Sigma_n^2) \to \infty$，$\mathrm{tr}(\Sigma_n^4)/\mathrm{tr}^2(\Sigma_n^2) \to 0$。

本部分关于渐进性的假设基于陈等（2010）的框架。假设 1.3 要求 $\mathrm{tr}(\Sigma_n^4)$ 的增长速度慢于 $\mathrm{tr}^2(\Sigma_n^2)$。这个假设是非常灵活的。事实上，对于任何 n，当 $n \to \infty$，如果 Σ_n 所有的特征值都在零到正无穷的界限里，$\mathrm{tr}(\Sigma_n^4)/\mathrm{tr}^2(\Sigma_n^2) \to 0$。此外，该假设允许 n 远大于 T，这更适用于微观面板数据。

1.3 检验统计量

对于检验原假设（1.2），该检验统计量是基于在 $\sigma_v^{-2}\Sigma_n$ 和 I_n 之间距离的度量：

$$U_0 = \frac{1}{n}\mathrm{tr}\left[S_n\left(\frac{1}{n}\mathrm{tr}S_n\right)^{-1} - I_n\right]^2 = \left(\frac{1}{n}\mathrm{tr}S_n\right)^{-2}\left(\frac{1}{n}\mathrm{tr}(S_n^2)\right) - 1 \tag{1.4}$$

这里 S_n 是 $n \times n$ 维的样本协方差矩阵并且 I_n 是 $n \times n$ 维的单位矩阵。在正态假设条件下，约翰（John，1972）证明了对于固定的 n，当 $T \to \infty$ 时：

$$\frac{nT}{2}U_0 \xrightarrow{d} \chi^2_{n(n+1)/2-1} \tag{1.5}$$

但是当 n 向无穷大增加时，检验统计量将会发散。勒杜瓦和沃夫（Ledoit and Wolf，2002）提出了一个在原假设条件下改进的检验统计量，当 $(n, T)\to\infty$ 并且 $n/T\to c\in(0, \infty)$ 时：

$$TU_0 - n \xrightarrow{d} N(1, 4) \tag{1.6}$$

定义 $J_0 = \frac{TU_0 - n}{2} - \frac{1}{2}$，则在原假设成立时 $J_0 \xrightarrow{d} N(0, 1)$。然而，这个检验不能直接用在固定效应面板数据回归模型中。因此，用 $\hat{S}_n = \frac{1}{T}\sum_{t=1}^{T}\hat{v}_t\hat{v}'_t$ 来代替原始数据的样本协方差矩阵 S_n，这里的 $\hat{v}_t$ 是由式（1.3）定义的组内残差。基于残差的 $\hat{U}_0$ 定义为：$\hat{U}_0 = \left(\frac{1}{n}\text{tr}\hat{S}_n\right)^{-2}\frac{1}{n}\text{tr}(\hat{S}_n^2) - 1$，相应的基于残差的 J_0 检验定义为 $\hat{J}_0 = \frac{T\hat{U}_0 - n}{2} - \frac{1}{2}$。巴尔塔基等（Baltagi et al.，2011）提出了一个误差修正的检验：

$$J_{BFK} = \hat{J}_0 - \frac{n}{2(T-1)} \tag{1.7}$$

他们证明了在固定效应面板数据回归模型中，当 $(n, T)\to\infty$ 并且 $n/T\to c$ 时，在原假设条件下，$J_{BFK} \xrightarrow{d} N(0, 1)$。但是，他们的结果依赖于 v_t 服从正态分布的假设，偏误更正的 John 检验并不稳健，可以参见巴尔塔基等（2011）的模拟。

陈等（2010）提出了一个新的检验统计量，用于没有正态假设并且 n 可能远大于 T 这样宽松的条件下检验扰动项的方差—协方差矩阵的球形结构。他们为了估计 $\text{tr}\boldsymbol{\Sigma}_n$ 和 $\text{tr}\boldsymbol{\Sigma}_n^2$ 构造了 U 统计量。借鉴他们的研究思路，我们提出了一个基于残差的检验统计量，用于检验在固定效应面板数据模型中式（1.2）描述的是否存在球形结构。我们定义：

$$\hat{M}_{1,T} = \frac{1}{T}\sum_{t=1}^{T}\hat{v}'_t\hat{v}_t；\hat{M}_{2,T} = \frac{1}{C_T^2}\sum_{t\neq s}^{T}\sum_{s=1}^{T}\hat{v}'_t\hat{v}_s；\hat{M}_{3,T} = \frac{1}{C_T^2}\sum_{t\neq s}^{T}\sum_{s=1}^{T}(\hat{v}'_t\hat{v}_s)^2$$

$$\hat{M}_{4,T} = \frac{1}{C_T^3}\sum_{t\neq s\neq \tau}^{T}\sum_{s\neq\tau}^{T}\sum_{\tau=1}^{T}\hat{v}'_t\hat{v}_s\hat{v}'_s\hat{v}_\tau；\hat{M}_{5,T} = \frac{1}{C_T^4}\sum_{t\neq s\neq\tau\neq\eta}\sum_{s\neq\tau\neq\eta}^{T}\sum_{\tau\neq\eta}^{T}\sum_{\eta=1}^{T}\hat{v}'_t\hat{v}_s\hat{v}'_\tau\hat{v}_\eta$$

这里 $C_T^i = T!/(T-i)!$。并且令 $\hat{R}_1 = \hat{M}_{1,T} - \hat{M}_{2,T}$ and $\hat{R}_2 = \hat{M}_{3,T} - 2\hat{M}_{4,T} + \hat{M}_{5,T}$。如果我们能够观测到真实的 v_t，那么 R_1，R_2 和 $M_{j,T}$，当 $j=1$，2，3，4，5 时，可以直接用（v_t，v_s，v_τ，v_η）构造。R_1 和 R_2 分别是 $\mathrm{tr}\Sigma_n$ 和 $\mathrm{tr}\Sigma_n^2$的无偏估计量。用 $U_T = \frac{nR_2}{R_1^2} - 1$ 衡量 $\sigma_v^{-2}\Sigma_n$ 和 I_n 之差的大小。定义 $A = \Gamma'\Gamma$ 和

$$\psi^2 = \frac{4}{T^2} + \frac{8}{T}\mathrm{tr}\left[\left(\frac{\Sigma_n^2}{\mathrm{tr}(\Sigma_n^2)} - \frac{\Sigma_n}{\mathrm{tr}(\Sigma_n)}\right)^2\right]$$
$$+ \frac{4\Delta}{T}\mathrm{tr}\left[\left(\frac{A^2}{\mathrm{tr}(\Sigma_n^2)} - \frac{A}{\mathrm{tr}(\Sigma_n)}\right)\left(\frac{A^2}{\mathrm{tr}(\Sigma_n^2)} - \frac{A}{\mathrm{tr}(\Sigma_n)}\right)\right]$$

陈等（2010）证明了当（n，T）$\to\infty$ 时：

$$\psi^{-1}\left[\left(\frac{U_T+1}{n}\right)\left(\frac{\mathrm{tr}^2(\Sigma_n)}{\mathrm{tr}(\Sigma_n^2)}\right) - 1\right] \xrightarrow{d} N(0,\ 1) \quad (1.8)$$

令 $J_{CZZ} = \frac{TU_T}{2}$，则在原假设成立时 $J_{CZZ} \xrightarrow{d} N(0,\ 1)$。依据他们的研究框架，我们提出了以下检验统计量：

$$J_u = \frac{T}{2}\hat{U}_T = \frac{T}{2}\left(n\frac{\hat{R}_2}{\hat{R}_1^2} - 1\right) \quad (1.9)$$

J_u 是与 J_{CZZ}相应的基于残差的统计量。这里有两个重要的问题值得考虑。首先，在原假设成立时，基于残差的 $\hat{R}_1$ 和 $\hat{R}_2$ 是否分别是 $\mathrm{tr}\Sigma_n$ 和 $\mathrm{tr}\Sigma_n^2$的一致估计量？其次，需要推导提出检验的渐进性。这两个问题都将在下一节中讨论。

1.4 检验的渐进性质

在本节中，我们证明，在原假设成立时，$\frac{1}{n}\hat{R}_1$ 和$\frac{1}{n}\hat{R}_2$ 分别是$\frac{1}{n}\mathrm{tr}\Sigma_n = \sigma_v^2$ 和$\frac{1}{n}\mathrm{tr}\Sigma_n^2 = \sigma_v^4$ 的一致估计量。接下来，我们证明在原假设成立时，J_u 收敛于 $N(0,\ 1)$，并且讨论了它的功效性质。为了考察 J_u 的渐进性，我们将它重写为：

$$J_u = J_{CZZ} + (J_u - J_{CZZ}) = J_{CZZ} + \frac{T(\hat{U}_T - U_T)}{2} \tag{1.10}$$

第一项 J_{CZZ} 在原假设条件下渐进收敛到标准正态分布。第二项 $J_u - J_{CZZ}$ 是基于残差的 $\hat{U}_T$ 和真实的 U_T 之差的大小。从 1.3 节的定义可知，这个差别可以写成：

$$J_u - J_{CZZ} = \frac{T}{2}\left[\left(\frac{1}{n}\hat{R}_2\right)\left(\frac{1}{n}R_1\right)^2 - \left(\frac{1}{n}R_2\right)\left(\frac{1}{n}\hat{R}_1\right)^2\right]\left(\frac{1}{n}\hat{R}_1\right)^{-2}\left(\frac{1}{n}R_1\right)^{-2} \tag{1.11}$$

由式（1.11）可知，它的大小取决于 $\frac{1}{n}\hat{R}_1 - \frac{1}{n}R_1$ 和 $\frac{1}{n}\hat{R}_2 - \frac{1}{n}R_2$。它们的渐进行为在以下的命题中给出：

命题 1.1 在假设 1.1 ~ 假设 1.2 以及原假设条件下，

（1）$\frac{1}{n}\hat{M}_{1,T} = \frac{1}{n}M_{1,T} - \frac{\sigma_v^2}{T} + O_p\left(\frac{1}{T\sqrt{n}}\right)$；

（2）$\frac{1}{n}\hat{M}_{2,T} = \frac{1}{n}M_{2,T} - \frac{\sigma_v^2}{T} + O_p\left(\frac{1}{T\sqrt{n}}\right)$；

（3）$\frac{1}{n}\hat{R}_1 - \frac{1}{n}R_1 = O_p\left(\frac{1}{nT}\right)$。

命题 1.2 在假设 1.1 ~ 假设 1.2 以及原假设条件下，

（1）$\frac{1}{n}\hat{M}_{3,T} = \frac{1}{n}M_{3,T} + \frac{n-2T-6}{T^2}\sigma_v^4 + O_p\left(\frac{\sqrt{n}}{T^2}\right) + O_p\left(\frac{1}{T\sqrt{T}}\right) + O_p\left(\frac{1}{T\sqrt{n}}\right)$；

（2）$\frac{1}{n}\hat{M}_{4,T} = \frac{1}{n}M_{4,T} + \frac{n-T-5}{T^2}\sigma_v^4 + O_p\left(\frac{1}{T\sqrt{n}}\right) + O_p\left(\frac{\sqrt{n}}{T^2}\right) + O_p\left(\frac{1}{T\sqrt{T}}\right)$；

（3）$\frac{1}{n}\hat{M}_{5,T} = \frac{1}{n}M_{5,T} + \frac{n-4}{T^2}\sigma_v^4 + O_p\left(\frac{\sqrt{n}}{T^2}\right)$；

（4）$\frac{1}{n}\hat{R}_2 - \frac{1}{n}R_2 = O_p\left(\frac{1}{T^2}\right) + O_p\left(\frac{1}{nT}\right) + O_p\left(\frac{1}{T\sqrt{nT}}\right)$。

命题 1.1 和命题 1.2 证明了 $\frac{1}{n}\hat{R}_1 - \frac{1}{n}R_1$ 和 $\frac{1}{n}\hat{R}_2 - \frac{1}{n}R_2$ 的差距随着 $(n, T)\to\infty$ 消失。因此，由于 $\frac{1}{n}R_1 \xrightarrow{p} \sigma_v^2$ 和 $\frac{1}{n}R_2 \xrightarrow{p} \sigma_v^4$，我们可以得出结论 $\frac{1}{n}\hat{R}_1$ 和 $\frac{1}{n}\hat{R}_2$ 分别是 σ_v^2 和 σ_v^4 的一致估计量。以下推论给出了这些结论：

推论 1.1 在假设 1.1 ~ 假设 1.2 以及原假设条件下，当 $(n, T) \to \infty$ 时，

(1) $\frac{1}{n}\hat{R}_1 \xrightarrow{p} \sigma_v^2$；

(2) $\frac{1}{n}\hat{R}_2 \xrightarrow{p} \sigma_v^4$。

注意，在原假设成立时，当 n 和 T 都很大时，$\frac{1}{n}\hat{R}_2$ 是 σ_v^4 的一致估计量。然而，$\frac{1}{n}\mathrm{tr}\hat{S}_n^2$ 不是一致的，参见巴尔塔基等（Baltagi et al.，2011）。

命题 1.3 在假设 1.1 ~ 假设 1.2 以及原假设条件下，

$$\frac{T(\hat{U}_T - U_T)}{2} = O_p\left(\frac{1}{n}\right) + O_p\left(\frac{1}{T}\right) + O_p\left(\frac{1}{\sqrt{nT}}\right)$$

命题 1.1、命题 1.2 和命题 1.3 给出了偏误项 $J_u - J_{CZZ}$ 的渐进性。与基于原始数据的统计量相比，基于组内残差的检验统计量可以表示为：$\hat{v}_t = v_t - \bar{v}_{.} - \tilde{x}_t'(\tilde{\beta} - \beta)$。这里有附加项 $\bar{v}_{.}$ 和 $\tilde{x}_t'(\tilde{\beta} - \beta)$。这两项可以视作由于回归产生的额外噪声。基于方程（1.10）和方程（1.11），额外噪声 $\frac{T(\hat{U}_T - U_T)}{2}$ 取决于 $\frac{1}{n}\hat{R}_1 - \frac{1}{n}R_1 = \frac{1}{n}(\hat{M}_{1,T} - M_{1,T}) - \frac{1}{n}(\hat{M}_{2,T} - M_{2,T})$ 和 $\frac{1}{n}\hat{R}_2 - \frac{1}{n}R_2 = \frac{1}{n}(\hat{M}_{3,T} - M_{3,T}) - \frac{2}{n}(\hat{M}_{4,T} - M_{4,T}) + \frac{1}{n}(\hat{M}_{5,T} - M_{5,T})$。于是，$\frac{T(\hat{U}_T - U_T)}{2}$ 的大小取决于 $\bar{v}_{.}$ 和 $\tilde{x}_t'(\tilde{\beta} - \beta)$ 是如何在 $\left(\frac{1}{n}\hat{M}_{j,T} - \frac{1}{n}M_{j,T}\right)$，当 $j = 1, 2, 3, 4, 5$ 中积累的。注意 $\bar{v}_{.}$ 是一个 n 维向量，虽然 $\bar{v}_{.}$ 的每个基本部分是 $O_p\left(\frac{1}{\sqrt{T}}\right)$，当 $(n, T) \to \infty$ 时取决于 n 和 T 的相对 $\bar{v}_{.}$ 仍会在以上五项中积累。$\tilde{x}_t'(\tilde{\beta} \quad \beta)$ 等丁 $O_p\left(\frac{1}{\sqrt{nT}}\right)$，与 n 和 T 都相关。我们可以预期 $\frac{1}{\sqrt{nT}}$ 的收敛速度足够快使得当 $(n, T) \to \infty$ 时 $\tilde{x}_t'(\tilde{\beta} - \beta)$ 项消失。更具体地说，命题 1.2 证明了如果 $\frac{n}{T^2}$ 不收敛于 0，$\frac{1}{n}\hat{M}_{j,T} - \frac{1}{n}M_{j,T}$，$j = 3, 4, 5$ 的最大项不会消失，这些项都是因为 $\bar{v}_{.}$ 的积累而导致的。然而，由于检验统计量中的减法，$\frac{1}{n}\hat{R}_1 - \frac{1}{n}R_1$ 和 $\frac{1}{n}\hat{R}_2 - \frac{1}{n}R_2$ 的前导项相互抵消。因为它们的表

达方式都相同，类似的抵消也适用于其他项，例如 $O_p\left(\frac{\sqrt{n}}{T^2}\right)$、$O_p\left(\frac{1}{T\sqrt{n}}\right)$和 $O_p\left(\frac{1}{T\sqrt{T}}\right)$。由这些抵消我们可以得到：

$$\frac{1}{n}\hat{R}_1-\frac{1}{n}R_1=O_p\left(\frac{1}{nT}\right)\text{和}\frac{1}{n}\hat{R}_2-\frac{1}{n}R_2=O_p\left(\frac{1}{T^2}\right)+O_p\left(\frac{1}{nT}\right)+O_p\left(\frac{1}{T\sqrt{nT}}\right),$$

所以$\frac{T(\hat{U}_T-U_T)}{2}=O_p\left(\frac{1}{n}\right)+O_p\left(\frac{1}{T}\right)+O_p\left(\frac{1}{\sqrt{nT}}\right)$。因此，当 $(n, T)\to\infty$ 时，$J_u-J_{CZZ}\xrightarrow{p}0$，并且我们不需要在固定效应面板数据回归模型中校正偏差。这个结果是基于我们对 $\bar{v}_{\cdot}$ 和 $\tilde{x}_t'(\tilde{\beta}-\beta)$是怎样在$\left(\frac{1}{n}\hat{M}_{j,T}-\frac{1}{n}M_{j,T}\right)$，$j=1, 2, 3, 4, 5$ 中积累和 J_{CZZ}的特殊表达方式的详细计算。如上所述，J_u 的收敛由下述定理给出：

定理1.1 在假设1.1～假设1.3以及原假设的条件下，固定效应面板数据回归模型（1.1）中，当 $(n, T)\to\infty$ 时，

$$J_u\xrightarrow{d}N(0, 1) \tag{1.12}$$

在备择假设下，当 $(n, T)\to 0$ 时，如果$\frac{T(\hat{U}_T-U_T)}{2}$项消失，$J_u$ 的极限分布与式（1.8）相同。与陈等（2010）的研究相似，我们考虑以下的备择假设 H_1：$\Sigma_n=(\sigma_i\sigma_j\rho^{|j-i|})_{n\times n}$，这里 $\rho\in(-1, 1)$ 并且 $\rho\neq 0$。$\sigma_l^2=\mathrm{var}(v_{lt})$，$l=1, \cdots, n$，它在零到正无穷的范围中均有界。在备择假设下，我们可以证明 $J_u-J_{CZZ}=o_p(1)$，这反过来说明 J_u 和 J_{CZZ}有相同的功效性质。定义 $\delta_{1,T}=1-\frac{\mathrm{tr}^2(\Sigma_n)}{n\mathrm{tr}(\Sigma_n^2)}$和 $\delta_{2,T}=\mathrm{tr}\left[\left(\frac{\Sigma_n^2}{\mathrm{tr}(\Sigma_n^2)}-\frac{\Sigma_n}{\mathrm{tr}(\Sigma_n)}\right)^2\right]$。当 $(n, T)\to\infty$ 时，我们可以证明 $T\delta_{1,T}\to\infty$ 和 $\delta_{2,T}/(T\delta_{1,T}^2)\to 0$。这满足陈等（2010）中定理4的条件。利用这个定理，当 $(n, T)\to\infty$ 时，相应的功效函数 $P(J_u\geqslant z_\alpha\mid\Sigma_n=(\sigma_i\sigma_j\rho^{|j-i|})_{n\times n})\to 1$，这里 z_α 是 $N(0, 1)$ 的 α 上分位。我们考虑在备择假设下的一种特殊情况，更具体地说，对于任意 (i, j) 并且当 $(n, T)\to\infty$ 时 $T/n\to 0$，假设 $\Delta=0$，$\sigma_i=\sigma_j=\sigma_v$，此时遵循 $\psi^{-1}\to\frac{T}{2}$和$(1-\rho^2)J_u-T\rho^2/2\xrightarrow{d}N(0, 1)$。

1.5 蒙特卡洛模拟

我们将进行蒙特卡洛实验，来评估本书提出的 J_u 检验的水平尺度和功效。我们遵循巴尔塔基等（2011）的实验设计并且假设剩余误差项具有同方差性。在这种情况下，J_u 成为检验是否存在截面相关性的统计量。我们同时还列出巴尔塔基等（2011）提出的 J_{BFK} 检验用于比较。

1.5.1 实验设计

考虑以下的数据生成过程：

$$y_{it}=\alpha+\beta x_{it}+\mu_i+v_{it},\ i=1,\ \cdots,\ n;\ t=1,\ \cdots,\ T \tag{1.13}$$

$$x_{it}=\lambda x_{i,t-1}+\mu_i+\eta_{it} \tag{1.14}$$

这里 μ_i 表示固定效应，v_{it} 表示扰动项，$\eta_{it}\sim i.i.d.N(\phi_\eta,\ \sigma_\eta^2)$。回归变量 x_{it} 可以与 μ_i 相关。这里遵循了严等（Im et al.，1999）的实验设计。

为了研究检验的功效，我们考虑以下两种不同的横截面相关性模型：因子模型和空间计量模型。对于因子模型，参见佩萨兰（Pesaran，2004）、佩萨兰和托塞蒂（Pesaran and Tosetti，2011）、巴尔塔基等（2011），我们假设：

$$v_{it}=\gamma_i f_t+\epsilon_{it} \tag{1.15}$$

这里 $f_t(t=1,\ \cdots,\ T)$ 表示因子，$\gamma_i(i=1,\ \cdots,\ n)$ 表示因子载荷。对于空间模型，我们考虑一阶空间自相关模型 SAR（1），参见安塞利和贝拉（Anselin and Bera，1998）以及巴尔塔基等（2003），由下式给出：

$$v_{it}=\delta(0.5v_{i-1,t}+0.5v_{i+1,t})+\epsilon_{it} \tag{1.16}$$

式（1.15）和式（1.16）中的 ϵ_{it} 假设随着个体和时间的变化都服从 $i.i.d.(0,\ \sigma_\epsilon^2)$。在原假设条件下，我们有 $\gamma_i=0$ 和 $\delta=0$。

在原假设条件下，v_{it} 取自跨越个体和时间的均值为零方差为 σ_v^2 的独立相同的分布。它们并不一定是正态分布。对于模型（1.15）和模型（1.16），我们设定 $\alpha=1$ 和 $\beta=2$；μ_i 取自 $i.i.d.N(\phi_\mu,\ \sigma_\mu^2)$，这里 $\phi_\mu=0$，$\sigma_\mu^2=$

0.25。我们同时设定 $\lambda=0.7$，$\phi_\eta=0$ 和 $\sigma_\eta^2=1$。对于模型（1.15）和模型（1.16），$\gamma_i \sim i.i.d.\ U(-0.5, 0.55)$；$f_t$ 服从 $i.i.d.\ N(0, 1)$ 并且 $\delta=0.4$。在生成模型的误差时我们考虑各种分布，式（1.13）中的 v_{it} 和式（1.15）以及式（1.16）中的 ϵ_{it} 假设服从均值为0方差为0.5的正态分布、对数正态分布、伽马分布和卡方分布。

蒙特卡洛实验选取 $n=20, 40, 60, 80, 100, 200, 400$ 和 $T=20, 40, 60, 80$ 下进行。我们进行1000次重复计算 J_u 和 J_{BFK} 统计量。我们在正向单边5%的名义显著性水平下进行测试来得到水平尺度。

1.5.2 模拟结果

表1-1给出了允许 v_{it} 从不同的分布中产生时 J_u 和 J_{BFK} 的水平尺度大小。当扰动项服从正态分布时，J_u 和 J_{BFK} 的水平尺度均接近5%，这与理论结果一致。表1-1的其余部分给出了 v_{it} 取自其他非正态分布的结果。当 n 和 T 很大时，J_u 的水平尺度接近5%；当 n 和 T 都很小时，水平尺度略大。然而，扰动项服从非正态分布时，J_{BFK} 不再稳健并且水平尺度扭曲。

表1-1　各检验的水平尺度

正态分布	T	n						
		20	40	60	80	100	200	400
J_u	20	6.4	7.1	6.5	8.0	7.8	7.2	6.3
	40	5.6	7.0	4.9	4.7	5.8	5.9	6.0
	60	6.7	7.1	6.5	5.7	5.4	5.5	5.9
	80	5.2	5.6	4.9	7.1	5.8	5.1	4.4
J_{BFK}	20	6.4	6.7	5.6	6.6	6.9	6.1	5.8
	40	5.8	6.7	5.0	4.9	5.6	6.5	5.1
	60	6.5	6.6	6.7	5.9	4.8	5.0	5.9
	80	5.0	5.3	4.6	6.7	6.1	4.7	4.7

续表

正态分布	T	n						
		20	40	60	80	100	200	400
Gamma 分布								
J_u	20	7.2	6.8	8.0	7.3	5.5	7.7	6.9
	40	7.1	5.6	7.0	6.8	5.1	5.3	5.1
	60	7.4	7.0	5.2	6.0	6.0	5.4	5.1
	80	6.2	5.9	5.6	5.2	6.5	5.3	5.6
J_{BFK}	20	16.0	17.8	19.4	20.1	18.6	21.3	18.3
	40	17.4	17.5	21.0	19.3	17.0	19.7	18.2
	60	19.5	19.9	16.4	19.3	18.0	18.6	18.5
	80	18.5	18.8	17.7	18.5	19.3	18.2	18.8
对数正态分布								
J_u	20	9.3	7.9	6.8	7.6	7.2	6.2	7.1
	40	8.0	8.0	5.7	6.3	6.9	6.7	6.4
	60	8.3	6.4	6.6	6.5	5.9	5.3	5.4
	80	7.0	6.3	7.1	6.0	5.8	5.0	6.0
J_{BFK}	20	27.1	26.9	27.9	27.8	28.5	28.0	29.0
	40	26.5	30.2	27.0	29.0	28.3	29.7	28.7
	60	25.4	27.1	29.9	29.7	30.0	30.3	30.9
	80	26.2	26.7	29.0	28.1	28.4	32.0	30.1
卡方分布								
J_u	20	8.4	8.2	7.6	7.9	7.7	6.9	7.6
	40	8.6	6.8	6.6	6.3	5.0	7.3	6.2
	60	8.4	8.1	7.6	5.6	4.6	5.5	5.4
	80	8.0	6.4	7.1	7.3	4.9	6.5	6.0
J_{BFK}	20	26.6	26.2	28.7	29.8	30.7	29.6	31.9
	40	27.9	29.3	31.5	31.9	31.0	32.4	33.2
	60	30.6	33.5	33.6	31.6	32.3	32.5	28.9
	80	30.7	30.1	35.0	34.1	32.9	32.4	31.8

注：该表报告了没有截面相关时，误差项服从不同的分布时 J_u 和 J_{BFK} 的水平尺度大小。检验是单边的，并且在5%的名义显著性水平下进行检验。我们用四种分布进行模拟，分别是均值为0、方差为0.5的正态分布、伽马分布、对数正态分布和卡方分布。

表1-2显示了在因子模型替代规格下的调整检验水平后该检验的功效。当 v_{it} 服从正态分布并且 n 和 T 都很大时，两种检验调整水平尺度后的功效都几乎为1。当 n 和 T 都很小时，J_u 和 J_{BFK} 调整水平尺度后的功效相同。值得注意的是，在正态分布的情形下即使 n 比 T 大很多时，J_{BFK} 检验的调整水平尺度的功效结果也很好。然而，对于非正态分布，当 n 和 T 变大时，J_u 检验调整水平尺度的功效为1；它比所有（n，T）组合下的 J_{BFK} 检验调整水平尺度的功效都要大。

表1-2　因子模型下各检验的调整水平尺度后的功效

正态分布	T	n						
		20	40	60	80	100	200	400
J_u	20	73.1	94.0	98.3	99.5	99.7	99.8	100
	40	95.6	99.8	99.9	100	100	100	100
	60	99.3	100	100	100	100	100	100
	80	99.8	100	100	100	100	100	100
J_{BFK}	20	73.4	94.7	98.3	99.5	99.9	99.9	100
	40	95.8	99.8	99.9	100	100	100	100
	60	99.4	100	100	100	100	100	100
	80	99.8	100	100	100	100	100	100
Gamma 分布								
J_u	20	68.2	93.3	97.1	99.1	99.6	100	100
	40	94.6	99.7	100	100	100	100	100
	60	99.1	100	100	100	100	100	100
	80	99.6	100	100	100	100	100	100
J_{BFK}	20	60.1	89.0	96.1	98.5	99.2	99.9	100
	40	91.5	99.5	99.9	100	100	100	100
	60	98.1	100	100	100	100	100	100
	80	99.2	100	100	100	100	100	100
对数正态分布								
J_u	20	68.1	91.6	98.2	99.2	99.4	99.9	100
	40	95.3	99.7	100	100	100	100	100
	60	99.6	100	100	100	100	100	100
	80	99.9	100	100	100	100	100	100

续表

正态分布	T	n						
		20	40	60	80	100	200	400
J_{BFK}	20	48.7	85.2	95.5	97.6	98.3	99.9	100
	40	88.3	99	100	100	100	100	100
	60	97.9	100	100	100	100	100	100
	80	99.5	100	100	100	100	100	100
卡方分布								
J_u	20	70.1	90.3	98	98.9	99.4	100	100
	40	94.1	100	100	100	100	100	100
	60	98.6	100	100	100	100	100	100
	80	99.6	100	100	100	100	100	100
J_{BFK}	20	53.8	80.4	93.5	97.8	98.3	100	100
	40	84.8	99.3	100	100	100	100	100
	60	96.1	100	100	100	100	100	100
	80	98.6	100	100	100	100	100	100

注：该表计算了允许误差项的截面相关性的因子结构模型下调整水平尺度后的功效。我们用四种分布进行模拟，分别是均值为0、方差为0.5的正态分布、伽马分布、对数分布和卡方分布。

表1－3给出了在SAR(1)模型替代规格下的调整水平尺度后该检验的功效。结果与因子模型的结果相似。在正态分布的情形下，J_u和J_{BFK}的效果一样好，但是扰动项服从非正态分布时，所有n和T的组合下，J_u比J_{BFK}的效果更好。

表1－3　　SAR(1)模型下各检验的调整水平尺度后的功效

正态分布	T	n						
		20	40	60	80	100	200	400
J_u	20	81.4	83.7	86.0	82.1	83.3	84.8	88.0
	40	99.9	99.9	100	100	100	100	100
	60	100	100	100	100	100	100	100
	80	100	100	100	100	100	100	100

续表

正态分布	T	n						
		20	40	60	80	100	200	400
J_{BFK}	20	82	87.1	89.7	87.5	86.4	88.3	90.6
	40	100	99.9	100	100	100	100	100
	60	100	100	100	100	100	100	100
	80	100	100	100	100	100	100	100
Gamma 分布								
J_u	20	75.1	81.6	84.3	84.1	87.3	85.0	86.2
	40	99.9	100	100	100	100	100	100
	60	100	100	100	100	100	100	100
	80	100	100	100	100	100	100	100
J_{BFK}	20	74	78.3	82.2	83.3	83.8	84.1	84.9
	40	99.9	100	100	100	100	100	100
	60	100	100	100	100	100	100	100
	80	100	100	100	100	100	100	100
对数正态分布								
J_u	20	71.4	80.2	83.5	83.5	85.2	87.8	88.6
	40	99.9	100	100	100	100	100	100
	60	100	100	100	100	100	100	100
	80	100	100	100	100	100	100	100
J_{BFK}	20	61.4	72.3	79.8	80.4	80.1	86.1	84.8
	40	99.4	100	99.9	99.9	100	99.9	100
	60	100	100	100	100	100	100	100
	80	100	100	100	100	100	100	100
卡方分布								
J_u	20	74.2	79.5	83.6	84.2	84.8	86.3	84.5
	40	99.7	100	99.7	100	100	100	100
	60	100	100	100	100	100	100	100
	80	100	100	100	100	100	100	100

续表

正态分布	T	n						
		20	40	60	80	100	200	400
J_{BFK}	20	65.6	70.3	79.5	77.9	76.7	82.6	78.4
	40	99.4	99.7	99.7	100	100	100	100
	60	100	100	100	100	100	100	100
	80	100	100	100	100	100	100	100

注：本表计算了允许误差项的截面相关性的 SAR（1）结构模型下调整水平尺度后的功效，我们用四种分布进行模拟，分别是均值为 0、方差为 0.5 的正态分布、伽马分布、对数分布和卡方分布。

1.6 本章小结

虽然巴尔塔基等（2011）提出的 John 检验在大面板数据回归模型中表现良好，但是它在很大程度上依赖于正态性假设。本书提出一个新的 J_u 检验，用于检验不依赖于正态性假设来检验扰动项是否存在球形结构。我们用允许 n 可以是 T 更大阶数来代替 $n/T \to c$，这与具有大 n 和小 T 的微观面板数据集一致。

1.7 命题和定理的证明

1.7.1 主要引理的证明

在固定效应面板数据回归模型中：

$$y_{it} = x_{it}'\beta + \mu_i + v_{it} (i = 1, \cdots, n, t = 1, \cdots, T)$$

$\tilde{\beta}$ 是组内估计量，组内残差是 $\hat{v}_{it} = \tilde{y}_{it} - \tilde{x}_{it}'\tilde{\beta}$，这里 $\tilde{y}_{it} = y_{it} - \bar{y}_{i.}$ 并且 $\tilde{x}_{it} = x_{it} - \bar{x}_{i.}$。定义 $\tilde{v}_{it} = v_{it} - \bar{v}_{i.}$，残差表示为 $\hat{v}_{it} = \tilde{v}_{it} - \tilde{x}_{it}'(\tilde{\beta} - \beta)$，在向量形式下我们有 $\hat{v}_t = \tilde{v}_t - \tilde{x}_t(\tilde{\beta} - \beta)$。在证明之前，我们介绍以下会在后面常用的

引理。

引理 1.1 对于一个随机序列 Z_n，如果 $E(Z_n^2)=O(n^v)$，这里 v 是一个常数，那么 $Z_n=O_p(n^{v/2})$。

引理 1.1 出自巴尔塔基等（2011），因为我们会经常用到，所以将它列出。

引理 1.2 在假设 1.1、假设 1.2 以及原假设条件下，

(a) $\frac{1}{nT^2}\sum_{t=1}^{T}\sum_{i=1}^{n}v_{it}^2=\frac{\sigma_v^2}{T}+O_p\left(\frac{1}{T\sqrt{nT}}\right)$；

(b) $\frac{1}{nT^3}\sum_{t\neq s}^{T}\sum_{s=1}^{T}\sum_{i=1}^{n}v_{it}^2v_{is}^2=\frac{T-1}{T^2}\sigma_v^4+O_p\left(\frac{1}{T^2\sqrt{n}}\right)$；

(c) $\frac{1}{nT^3}\sum_{t=1}^{T}\sum_{i\neq j}^{n}\sum_{j=1}^{n}v_{it}^2v_{jt}^2=\frac{n-1}{T^2}\sigma_v^4+O_p\left(\frac{1}{T^2\sqrt{T}}\right)$；

(d) $n\left(\frac{1}{nT^2}\sum_{t=1}^{T}\sum_{i=1}^{n}v_{it}^2\right)^2=\frac{n}{T^2}\sigma_v^4+O_p\left(\frac{\sqrt{n}}{T^2\sqrt{T}}\right)$；

(e) $\frac{1}{nT^3(T-1)}\sum_{t\neq s}^{T}\sum_{s=1}^{T}\sum_{j\neq i}^{n}\sum_{i=1}^{n}v_{it}^2v_{js}^2=\frac{n-1}{T^2}\sigma_v^4+O_p\left(\frac{1}{T^3}\right)$。

证明：考虑（a），

$$\frac{1}{nT^2}\sum_{t=1}^{T}\sum_{i=1}^{n}v_{it}^2=\frac{\sigma_v^2}{T}+\frac{1}{nT^2}\sum_{t=1}^{T}\sum_{i=1}^{n}(v_{it}^2-\sigma_v^2)=\frac{\sigma_v^2}{T}+O_p\left(\frac{1}{T\sqrt{nT}}\right)$$

以上使用了已有结论$\frac{1}{\sqrt{nT}}(v_{it}^2-\sigma_v^2)=O_p(1)$。

对于（b），我们使用已有结论 $\frac{1}{\sqrt{n}T}\sum_{t\neq s}^{T}\sum_{s=1}^{T}\sum_{i=1}^{n}(v_{it}^2v_{is}^2-\sigma_v^4)=O_p(1)$，可以得到：

$$\begin{aligned}\frac{1}{nT^3}\sum_{t\neq s}^{T}\sum_{s=1}^{T}\sum_{i=1}^{n}v_{it}^2v_{is}^2&=\frac{T-1}{T^2}\sigma_v^4+\frac{1}{nT^3}\sum_{t\neq s}^{T}\sum_{s=1}^{T}\sum_{i=1}^{n}(v_{it}^2v_{is}^2-\sigma_v^4)\\&=\frac{T-1}{T^2}\sigma_v^4+O_p\left(\frac{1}{T^2\sqrt{n}}\right)\end{aligned}$$

对于（c），我们有：

$$\frac{1}{nT^3}\sum_{t=1}^{T}\sum_{i\neq j}^{n}\sum_{j=1}^{n}v_{it}^2v_{jt}^2=\frac{n-1}{T^2}\sigma_v^4+\frac{1}{nT^3}\sum_{t=1}^{T}\sum_{i\neq j}^{n}\sum_{j=1}^{n}(v_{it}^2v_{jt}^2-\sigma_v^4)$$

$$= \frac{n-1}{T^2}\sigma_v^4 + O_p\left(\frac{1}{T^2\sqrt{T}}\right)。$$

上述结论利用了 $\frac{1}{n\sqrt{T}}\sum_{t=1}^{T}\sum_{i\neq j}^{n}\sum_{j=1}^{n}(v_{it}^2 v_{jt}^2 - \sigma_v^4) = O_p(1)$。

对于（d），

$$n\left(\frac{1}{nT^2}\sum_{t=1}^{T}\sum_{i=1}^{n}v_{it}^2\right)^2 = \left[\frac{\sqrt{n}}{T}\sum_{t=1}^{T}\sum_{i=1}^{n}v_{it}^2\right]^2$$

$$= \left[\frac{\sigma_v^2}{T^2\sqrt{n}} + \frac{1}{T^2\sqrt{n}}\sum_{t=1}^{T}\sum_{i=1}^{n}(v_{it}^2 - \sigma_v^2)\right]^2$$

$$= \left[\frac{\sqrt{n}}{T}\sigma_v^2 + O_p\left(\frac{1}{T\sqrt{T}}\right)\right]^2$$

$$= \frac{n}{T^2}\sigma_v^4 + O_p\left(\frac{\sqrt{n}}{T^2\sqrt{T}}\right)$$

对于（e），

$$\frac{1}{nT^3(T-1)}\sum_{t\neq s}^{T}\sum_{s=1}^{T}\sum_{j\neq i}^{n}\sum_{i=1}^{n}v_{it}^2 v_{js}^2$$

$$= \frac{n-1}{T^2}\sigma_v^4 + \frac{1}{nT^3(T-1)}\sum_{t\neq s}^{T}\sum_{s=1}^{T}\sum_{j\neq i}^{n}\sum_{i=1}^{n}(v_{it}^2 v_{js}^2 - \sigma_v^4)$$

$$= \frac{n-1}{T^2}\sigma_v^4 + O_p\left(\frac{1}{T^3}\right)$$

以上利用了已有结论 $\frac{1}{nT}\sum_{t\neq s}^{T}\sum_{s=1}^{T}\sum_{j\neq i}^{n}\sum_{i=1}^{n}(v_{it}^2 v_{js}^2 - \sigma_v^4) = O_p(1)$。

以下引理验证了一致性的命题 $\frac{1}{n}R_1$ 和 $\frac{1}{n}R_2$。

引理 1.3 在假设 1.1、假设 1.2 以及原假设条件下，

（a）$\frac{1}{n}M_{1,T} = \sigma_v^2 + O_p\left(\frac{1}{\sqrt{nT}}\right)$；

（b）$\frac{1}{n}M_{2,T} = O_p\left(\frac{1}{T\sqrt{n}}\right)$；

（c）$\frac{1}{n}M_{3,T} = \sigma_v^4 + O_p\left(\frac{1}{T}\right)$；

（d）$\frac{1}{n}M_{4,T} = O_p\left(\frac{1}{T\sqrt{n}}\right) + O_p\left(\frac{1}{T\sqrt{T}}\right)$；

（e）$\frac{1}{n}M_{5,T} = O_p\left(\frac{1}{T^2}\right)$；

（f）$\frac{1}{n}R_1 = \sigma_v^2 + O_p\left(\frac{1}{\sqrt{nT}}\right)$；

（g）$\frac{1}{n}R_2 = \sigma_v^4 + O_p\left(\frac{1}{T}\right)$。

在证明之前，为了简化表示方法，我们定义：

$$T_4 = T(T-1)(T-2)(T-3), \sum_{t,s,\tau,\eta}^{T} = \sum_{t\neq s\neq \tau\neq \eta}^{T} \sum_{s\neq \tau\neq \eta}^{T} \sum_{\tau\neq \eta}^{T} \sum_{\eta=1}^{T}$$

首先考虑（a），

$$\begin{aligned}\frac{1}{n}M_{1,T} &= \frac{1}{n} \times \frac{1}{T}\sum_{t=1}^{T} v_t' v_t \\ &= \frac{1}{nT}\sum_{t=1}^{T}\sum_{i=1}^{n} v_{it}^2 \\ &= \sigma_v^2 + \frac{1}{nT}\sum_{t=1}^{T}\sum_{i=1}^{n}(v_{it}^2 - \sigma_v^2) \\ &= \sigma_v^2 + O_p\left(\frac{1}{\sqrt{nT}}\right)\end{aligned}$$

这里我们利用引理 1.2 的（a）得到结论。

对于（b），我们有：

$$\begin{aligned}\frac{1}{n}M_{2,T} &= \frac{1}{n} \times \frac{1}{T(T-1)}\sum_{t\neq s}^{T}\sum_{s=1}^{T} v_t' v_s \\ &= \frac{1}{nT(T-1)}\sum_{t\neq s}^{T}\sum_{s=1}^{T}\sum_{i=1}^{n} v_{it}v_{is} \\ &= O_p\left(\frac{1}{T\sqrt{n}}\right)\end{aligned}$$

因为 $\mathrm{E}\left[\left(\frac{1}{nT(T-1)}\sum_{t\neq s}^{T}\sum_{s=1}^{T}\sum_{i=1}^{n} v_{it}v_{is}\right)^2\right] = \mathrm{E}\left[\frac{1}{n^2T^2(T-1)^2}\sum_{t\neq s}^{T}\sum_{s=1}^{T}\sum_{i=1}^{n} v_{it}^2 v_{is}^2\right] =$

$O_p\left(\frac{1}{nT^2}\right)$，我们可以得证。

对于（c），

$$\frac{1}{n}M_{3,T} = \frac{1}{n} \times \frac{1}{T(T-1)}\sum_{t\neq s}^{T}\sum_{s=1}^{T}(v_t' v_s)^2$$

$$= \frac{1}{nT(T-1)} \sum_{t \neq s}^{T} \sum_{s=1}^{T} \sum_{i=1}^{n} \sum_{j=1}^{n} v_{it} v_{is} v_{jt} v_{js}$$

$$= \frac{1}{nT(T-1)} \sum_{t \neq s}^{T} \sum_{s=1}^{T} \sum_{i=1}^{n} v_{it}^2 v_{is}^2 + \frac{1}{nT(T-1)} \sum_{t \neq s}^{T} \sum_{s=1}^{T} \sum_{i \neq j}^{n} \sum_{j=1}^{n} v_{it} v_{is} v_{jt} v_{js}$$

$$= \sigma_v^4 + O_p\left(\frac{1}{T\sqrt{n}}\right) + O_p\left(\frac{1}{T}\right)$$

利用引理 1.2 的（b）以及 $\frac{1}{nT(T-1)} \sum_{t \neq s}^{T} \sum_{s=1}^{T} \sum_{i \neq j}^{n} \sum_{j=1}^{n} v_{it} v_{is} v_{jt} v_{js} = O_p\left(\frac{1}{T}\right)$，于是：

$$\frac{1}{n} M_{3,T} = \sigma_v^4 + O_p\left(\frac{1}{T\sqrt{n}}\right) + O_p\left(\frac{1}{T}\right) = \sigma_v^4 + O_p\left(\frac{1}{T}\right)$$

对于（d），

$$\frac{1}{n} M_{4,T} = \frac{1}{n} \times \frac{1}{T(T-1)(T-2)} \sum_{t \neq s \neq \tau}^{T} \sum_{s \neq \tau}^{T} \sum_{\tau=1}^{T} v_t' v_s v_s' v_\tau$$

$$= \frac{1}{nT(T-1)(T-2)} \sum_{t \neq s \neq \tau}^{T} \sum_{s \neq \tau}^{T} \sum_{\tau=1}^{T} \sum_{i=1}^{n} \sum_{j=1}^{n} v_{it} v_{is} v_{js} v_{j\tau}$$

$$= \frac{1}{nT(T-1)(T-2)} \sum_{t \neq s \neq \tau}^{T} \sum_{s \neq \tau}^{T} \sum_{\tau=1}^{T} \sum_{i=1}^{n} v_{it} v_{is}^2 v_{i\tau}$$

$$+ \frac{1}{nT(T-1)(T-2)} \sum_{t \neq s \neq \tau}^{T} \sum_{s \neq \tau}^{T} \sum_{\tau=1}^{T} \sum_{i \neq j}^{n} \sum_{j=1}^{n} v_{it} v_{is} v_{js} v_{j\tau}$$

$$= O_p\left(\frac{1}{T\sqrt{n}}\right) + O_p\left(\frac{1}{T\sqrt{T}}\right)$$

对于（e），

$$\frac{1}{n} M_{5,T} = \frac{1}{n} \times \frac{1}{T(T-1)(T-2)(T-3)} \sum_{t,s,\tau,\eta}^{T} v_t' v_s v_\tau' v_\eta$$

$$= \frac{1}{nT_4} \sum_{t,s,\tau,\eta}^{T} \sum_{i=1}^{n} v_{it} v_{is} v_{i\tau} v_{i\eta} + \frac{1}{nT_4} \sum_{t,s,\tau,\eta}^{T} \sum_{i \neq j}^{n} \sum_{j=1}^{n} v_{it} v_{is} v_{j\tau} v_{j\eta}$$

$$= O_p\left(\frac{1}{T^2\sqrt{n}}\right) + O_p\left(\frac{1}{T^2}\right) = O_p\left(\frac{1}{T^2}\right)$$

对于（f）和（g），我们可以利用（a）、（b）、（c）、（d）和（e）的结果证明得到：

$$\frac{1}{n} R_1 = \frac{1}{n} M_{1,T} - \frac{1}{n} M_{2,T} = \sigma_v^2 + O_p\left(\frac{1}{\sqrt{nT}}\right) - O_p\left(\frac{1}{T\sqrt{n}}\right) = \sigma_v^2 + O_p\left(\frac{1}{\sqrt{nT}}\right)$$

$$
\begin{aligned}
\frac{1}{n}R_2 &= \frac{1}{n}M_{3,T} - \frac{2}{n}M_{4,T} + \frac{1}{n}M_{5,T} \\
&= \sigma_v^4 + O_p\left(\frac{1}{T}\right) - 2\left[O_p\left(\frac{1}{T\sqrt{n}}\right) + O_p\left(\frac{1}{T\sqrt{T}}\right)\right] + O_p\left(\frac{1}{T^2}\right) \\
&= \sigma_v^4 + O_p\left(\frac{1}{T}\right)
\end{aligned}
$$

1.7.2 命题1.1的证明

1. 第（1）部分的证明

我们再次考虑面板数据模型 $\tilde{y}_{it} = \tilde{x}'_{it}\beta + \tilde{v}_{it}$，我们得到：

$$
\tilde{\beta} - \beta = \left(\sum_{t=1}^{T}\sum_{i=1}^{n}\tilde{x}'_{it}\tilde{x}_{it}\right)^{-1}\left(\sum_{t=1}^{T}\sum_{i=1}^{n}\tilde{x}'_{it}\tilde{v}_{it}\right)
$$

容易证明 $\tilde{\beta} - \beta = O_p\left(\frac{1}{\sqrt{nT}}\right)$，现在 $\hat{v}_{it} = \tilde{y}_{it} - \tilde{x}'_{it}\tilde{\beta} = \tilde{x}'_{it}\beta + \tilde{v}_{it} - \tilde{x}'_{it}\tilde{\beta} = \tilde{v}_{it} - \tilde{x}'_{it}(\beta - \tilde{\beta})$。写成矩阵形式，我们有 $\hat{v}_t = \tilde{v}_t - \tilde{x}_t(\tilde{\beta} - \beta)$，这里 $\tilde{v}_t = v_t - \bar{v}_.$。

考虑（a），

$$
\begin{aligned}
\frac{1}{n}\hat{M}_{1,T} &= \frac{1}{n} \times \frac{1}{T}\sum_{t=1}^{T}\hat{v}'_t\hat{v}_t \\
&= \frac{1}{n}\sum_{t=1}^{T}(\tilde{v}_t - \tilde{x}_t(\tilde{\beta} - \beta))'(\tilde{v}_t - \tilde{x}_t(\tilde{\beta} - \beta)) \\
&= \frac{1}{nT}\sum_{t=1}^{T}(\tilde{v}'_t\tilde{v}_t - \tilde{v}'_t\tilde{x}(\tilde{\beta} - \beta) - (\tilde{\beta} - \beta)'\tilde{x}'_t\tilde{v}_t + (\tilde{\beta} - \beta)'\tilde{x}'_t\tilde{x}_t(\tilde{\beta} - \beta)) \\
&= \sum_{k=1}^{3}A_k
\end{aligned}
$$

这里 $A_1 = \frac{1}{nT}\sum_{t=1}^{T}\tilde{v}'_t\tilde{v}_t$；$A_2 = -\frac{2}{nT}\sum_{t=1}^{T}\tilde{v}'_t\tilde{x}_t(\tilde{\beta} - \beta)$；$A_3 = \frac{1}{nT}\sum_{t=1}^{T}(\tilde{\beta} - \beta)'\tilde{x}'_t\tilde{x}_t(\tilde{\beta} - \beta)$。

引理1.4 在假设1.1、假设1.2以及原假设条件下，

（a_1）$A_1 = \frac{1}{n}M_{1,T} - \frac{\sigma_v^2}{T} + O_p\left(\frac{1}{T\sqrt{n}}\right)$；

（a_2） $A_2=O_p\left(\frac{1}{nT}\right)$；

（a_3） $A_3=O_p\left(\frac{1}{T^2}\right)$。

证明：a_1 部分的证明：

$$\begin{aligned}A_1 &= \frac{1}{nT}\sum_{t=1}^{T}\tilde{v}_t'\tilde{v}_t = \frac{1}{nT}\sum_{t=1}^{T}(v_t-\bar{v}.)'(v_t-\bar{v}.)\\&= \frac{1}{nT}\sum_{t=1}^{T}v_t'v_t-\frac{2}{nT}\sum_{t=1}^{T}v_t'\bar{v}.+\frac{1}{n}\bar{v}.'\bar{v}.\\&= \frac{1}{n}M_{1,T}-\frac{2}{nT}\sum_{t=1}^{T}v_t'\left(\frac{1}{T}\sum_{s=1}^{T}v_s\right)+\frac{1}{n}\left(\frac{1}{T}\sum_{t=1}^{T}v_t\right)'\left(\frac{1}{T}\sum_{s=1}^{T}v_s\right)\\&= \frac{1}{n}M_{1,T}-\frac{2}{nT^2}\sum_{t=1}^{T}\sum_{s=1}^{T}v_t'v_s+\frac{1}{nT^2}\sum_{t=1}^{T}\sum_{s=1}^{T}v_t'v_s\\&= \frac{1}{n}M_{1,T}-\frac{1}{nT^2}\left(\sum_{t=1}^{T}\sum_{i=1}^{n}v_{it}^2+\sum_{t\neq s}^{T}\sum_{s=1}^{T}\sum_{i=1}^{n}v_{it}v_{is}\right)\end{aligned}$$

利用引理 1.3 的（a）部分，我们容易得到：

$$A_1=\frac{1}{n}M_{1,T}-\frac{\sigma_v^2}{T}+O_p\left(\frac{1}{T\sqrt{n}}\right)$$

a_2 部分的证明：

现在我们考虑 A_2，

$$\begin{aligned}A_2 &= -\frac{2}{nT}\sum_{t=1}^{T}(v_t-\bar{v}.)'\tilde{x}_t(\tilde{\beta}-\beta)\\&= -\frac{2}{nT}\sum_{t=1}^{T}v_t'\tilde{x}_t(\tilde{\beta}-\beta)-\frac{2}{nT}\sum_{t=1}^{T}\bar{v}'.\tilde{x}_t(\tilde{\beta}-\beta)\\&= -\frac{2}{nT}\sum_{t=1}^{T}v_{it}\tilde{x}_{it}(\tilde{\beta}-\beta)-\frac{2}{nT}\sum_{t=1}^{T}\sum_{i=1}^{n}\left(\frac{2}{T}\sum_{s=1}^{T}v_{is}\right)\tilde{x}_{it}(\tilde{\beta}-\beta)\\&= -\frac{2}{nT}\sum_{t=1}^{T}v_{it}\tilde{x}_{it}(\tilde{\beta}-\beta)-\frac{2}{nT^2}\left[\sum_{t=1}^{T}\sum_{i=1}^{n}v_{it}\tilde{x}_{it}(\tilde{\beta}-\beta)+\sum_{t\neq s}^{T}\sum_{s=1}^{T}\sum_{i=1}^{n}v_{is}\tilde{x}_{it}(\tilde{\beta}-\beta)\right]\\&= O_p\left(\frac{1}{nT}\right)+O_p\left(\frac{1}{nT^2}\right)\left[O_p(\sqrt{nT})+O_p(T\sqrt{n})\right]O_p\left(\frac{1}{\sqrt{nT}}\right)\\&= O_p\left(\frac{1}{nT}\right)+O_p\left(\frac{1}{nT\sqrt{T}}\right)=O_p\left(\frac{1}{nT}\right)\end{aligned}$$

这里我们利用已有结论 $\tilde{\beta} - \beta = O_p\left(\frac{1}{\sqrt{nT}}\right)$。

a_3 的证明：

$$A_3 = \frac{1}{nT}(\tilde{\beta} - \beta)' \sum_{t=1}^{T} \sum_{i=1}^{n} \tilde{x}_{it}^2 (\tilde{\beta} - \beta)$$
$$= O_p\left(\frac{1}{nT}\right) O_p\left(\frac{1}{nT}\right) O_p(nT)$$
$$= O_p\left(\frac{1}{nT}\right)$$

因此利用引理 1.4，我们得到：

$$\frac{1}{n}\hat{M}_{1,T} = \frac{1}{n}M_{1,T} - \frac{\sigma_v^2}{T} + O_p\left(\frac{1}{T\sqrt{n}}\right)$$

2. 第（2）部分的证明

$$\frac{1}{n}\hat{M}_{2,T} = \frac{1}{n} \times \frac{1}{T(T-1)} \sum_{t \neq s}^{T} \sum_{s=1}^{T} \hat{v}_t' \hat{v}_s$$
$$= \frac{1}{nT(T-1)} \sum_{t \neq s}^{T} \sum_{s=1}^{T} (\tilde{v}_t - \tilde{x}_t(\tilde{\beta} - \beta))'(\tilde{v}_s - \tilde{x}_s(\tilde{\beta} - \beta))$$
$$= \sum_{k=1}^{3} B_k$$

这里 $B_1 = \frac{1}{nT(T-1)} \sum_{t \neq s}^{T} \sum_{s=1}^{T} \tilde{v}_t' \tilde{v}_s$；$B_2 = -\frac{2}{nT(T-1)} \sum_{t \neq s}^{T} \sum_{s=1}^{T} (\tilde{\beta} - \beta)' \tilde{x}_t' \tilde{v}_s$；$B_3 = \frac{1}{nT(T-1)} \sum_{t \neq s}^{T} \sum_{s=1}^{T} (\tilde{\beta} - \beta)' \tilde{x}_t' \tilde{x}_s (\tilde{\beta} - \beta)$。

引理 1.5 在假设 1.1、假设 1.2 以及原假设的条件下，

(b_1) $B_1 = \frac{1}{n}M_{2,T} - \frac{\sigma_v^2}{T} + O_p\left(\frac{1}{T\sqrt{n}}\right)$；

(b_2) $B_2 = O_p\left(\frac{1}{nT}\right)$；

(b_3) $B_3 = O_p\left(\frac{1}{nT}\right)$。

证明：b_1 的证明：

$$B_1 = \frac{1}{nT(T-1)} \sum_{t \neq s}^{T} \sum_{s=1}^{T} (v_t - \bar{v}_{\cdot})'(v_s - \bar{v}_{\cdot})$$

$$= \frac{1}{nT(T-1)}\sum_{t\neq s}^{T}\sum_{s=1}^{T}v_t'v_s - \frac{1}{nT}\sum_{t=1}^{T}v_t'\bar{v}_{.} - \frac{1}{nT}\sum_{s=1}^{T}\bar{v}_{.}'v_s + \frac{1}{n}\bar{v}_{.}'\bar{v}_{.}$$

$$= \frac{1}{n}M_{2,T} - \frac{1}{n}\bar{v}_{.}'\bar{v}_{.} = \frac{1}{n}M_{2,T} - \frac{1}{nT^2}\left(\sum_{t=1}^{T}\sum_{i=1}^{n}v_{it}^2 + \sum_{t\neq s}^{T}\sum_{s=1}^{T}\sum_{i=1}^{n}v_{it}v_{is}\right)$$

$$= \frac{1}{n}M_{2,T} - \frac{\sigma_v^2}{T} + O_p\left(\frac{1}{T\sqrt{n}}\right)$$

b_2 的证明：

$$B_2 = -\frac{2}{nT(T-1)}\sum_{t\neq s}^{T}\sum_{s=1}^{T}(\tilde{\beta}-\beta)'\tilde{x}_t'(v_s-\bar{v}_{.})$$

$$= -\frac{2}{nT(T-1)}\sum_{t\neq s}^{T}\sum_{s=1}^{T}(\tilde{\beta}-\beta)'\tilde{x}_t'v_s + \frac{2}{nT}\sum_{t=1}^{T}(\tilde{\beta}-\beta)'\tilde{x}_t'\bar{v}_{.}$$

$$= -2\frac{1}{nT(T-1)}\sum_{t\neq s}^{T}\sum_{s=1}^{T}\sum_{i=1}^{n}(\tilde{\beta}-\beta)'\tilde{x}_{it}'v_{is} + \frac{2}{nT}\sum_{t=1}^{T}\sum_{i=1}^{n}(\tilde{\beta}-\beta)'\tilde{x}_{it}'\left(\frac{1}{T}\sum_{s=1}^{T}v_{is}\right)$$

$$= -\frac{2}{nT^2(T-1)}\sum_{t\neq s}^{T}\sum_{s=1}^{T}\sum_{i=1}^{n}(\tilde{\beta}-\beta)'\tilde{x}_{it}'v_{is} + \frac{2}{nT^2}\sum_{t=1}^{T}\sum_{i=1}^{n}(\tilde{\beta}-\beta)'\tilde{x}_{it}'v_{it}$$

$$= O_p\left(\frac{1}{nT^2\sqrt{T}}\right) + O_p\left(\frac{1}{nT^2}\right) = O_p\left(\frac{1}{nT^2}\right)$$

b_3 的证明：

$$B_3 = \frac{1}{nT(T-1)}(\tilde{\beta}-\beta)'\sum_{t\neq s}^{T}\sum_{s=1}^{T}\sum_{i=1}^{n}\tilde{x}_{it}\tilde{x}_{is}(\tilde{\beta}-\beta)$$

$$= O_p\left(\frac{1}{nT^2}\right)O_p\left(\frac{1}{nT}\right)O_p(nT^2) = O_p\left(\frac{1}{nT}\right)$$

我们证明了引理 1.5，我们可以证明命题 1.1 的第（2）部分，即：

$$\frac{1}{n}\hat{M}_{2,T} = \frac{1}{n}M_{2,T} - \frac{\sigma_v^2}{T} + O_p\left(\frac{1}{T\sqrt{n}}\right)$$

3. 第（3）部分的证明

利用第（1）部分和第（2）部分的结果，我们可以得到：

$$\frac{1}{n}\hat{R}_1 = \frac{1}{n}\hat{M}_{1,T} - \frac{1}{n}\hat{M}_{2,T}$$

$$= \left[\frac{1}{n}M_{1,T} - \frac{\sigma_v^2}{T} + O_p\left(\frac{1}{T\sqrt{n}}\right)\right] - \left[\frac{1}{n}M_{2,T} - \frac{\sigma_v^2}{T} + O_p\left(\frac{1}{T\sqrt{n}}\right)\right]$$

$$= \frac{1}{n}M_{1,T} - \frac{1}{n}M_{2,T} + O_p\left(\frac{1}{T\sqrt{n}}\right)$$

$$= \frac{1}{n}R_1 + O_p\left(\frac{1}{T\sqrt{n}}\right)$$

1.7.3 命题 1.2 的证明

由于篇幅限制，我们将第（1）、（2）、（3）部分的证明放在补充附录中。对于命题 1.2 的第（1）、（2）、（3）部分，我们将第（4）部分证明如下所示：

$$\frac{1}{n}\hat{R}_2 = \frac{1}{n}\hat{M}_{3,T} - \frac{2}{n}\hat{M}_{4,T} + \frac{1}{n}\hat{M}_{5,T}$$

$$= \frac{1}{n}M_{3,T} - \frac{2}{n}M_{4,T} + \frac{1}{n}M_{5,T} + O_p\left(\frac{\sqrt{n}}{T^2}\right) + O_p\left(\frac{1}{T\sqrt{T}}\right) + O_p\left(\frac{1}{T\sqrt{n}}\right)$$

$$= \frac{1}{n}R_2 + O_p\left(\frac{\sqrt{n}}{T^2}\right) + O_p\left(\frac{1}{T\sqrt{T}}\right) + O_p\left(\frac{1}{T\sqrt{n}}\right)$$

1.7.4 推论 1.1 的证明

证明：利用命题 1.1 的第（3）部分以及引理 1.2，当 $(n, T) \to \infty$ 时，我们有：

$$\frac{1}{n}\hat{R}_1 = \frac{1}{n}\hat{M}_{1,T} - \frac{1}{n}\hat{M}_{2,T}$$

$$= \frac{1}{n}R_1 + O_p\left(\frac{1}{T\sqrt{n}}\right)$$

$$= \sigma_v^2 + O_p\left(\frac{1}{\sqrt{nT}}\right) \xrightarrow{p} \sigma_v^2$$

使用命题 1.2 的第（4）部分和引理 1.2 的（g）部分，当 $(n, T) \to \infty$ 并且 $n/T^2 \to 0$ 时，我们有：

$$\frac{1}{n}\hat{R}_2 = \frac{1}{n}\hat{M}_{3,T} - \frac{2}{n}\hat{M}_{4,T} + \frac{1}{n}\hat{M}_{5,T}$$

$$= \frac{1}{n}R_2 + O_p\left(\frac{\sqrt{n}}{T^2}\right) + O_p\left(\frac{1}{T\sqrt{n}}\right) + O_p\left(\frac{1}{T\sqrt{T}}\right) \xrightarrow{p} \sigma_v^4$$

1.7.5 命题 1.3 的证明

证明：利用命题 1.1 和命题 1.2，我们有：

$$J_u - J_{czz} = \frac{T(\hat{U}_n - U_n)}{2}$$

$$= \frac{T}{2}\frac{\left(\frac{1}{n}\hat{R}_2\right)\left(\frac{1}{n}R_1\right)^2 - \left(\frac{1}{n}R_2\right)\left(\frac{1}{n}\hat{R}_1\right)^2}{\left(\frac{1}{n}\hat{R}_1\right)^2\left(\frac{1}{n}R_1\right)^2}$$

$$= \frac{T\left\{\left[\frac{1}{n}R_2 + O_p\left(\frac{\sqrt{n}}{T^2}\right) + O_p\left(\frac{1}{T\sqrt{n}}\right) + O_p\left(\frac{1}{T\sqrt{T}}\right)\right]\left(\frac{1}{n}R_1\right)^2 - \left(\frac{1}{n}R_2\right)\left[\frac{1}{n}R_1 + O_p\left(\frac{1}{T\sqrt{n}}\right)\right]^2\right\}}{2\left(\frac{1}{n}R_1\right)^2\left[\frac{1}{n}R_1 + O_p\left(\frac{1}{T\sqrt{n}}\right)\right]^2}$$

我们首先考虑分子，因为 $\frac{1}{n}R_1 = O_p(1)$ 和 $\frac{1}{n}R_2 = O_p(1)$，当 $(n, T) \to 0$ 并且 $n/T^2 \xrightarrow{p} 0$ 时，分子变为：

$$T\left\{\left[\frac{1}{n}R_2 + O_p\left(\frac{\sqrt{n}}{T^2}\right) + O_p\left(\frac{1}{T\sqrt{n}}\right) + O_p\left(\frac{1}{T\sqrt{T}}\right)\right]\left(\frac{1}{n}R_1\right)^2 - \left(\frac{1}{n}R_2\right)\left[\frac{1}{n}R_1 + O_p\left(\frac{1}{T\sqrt{n}}\right)\right]^2\right\}$$

$$= T\left\{\left(\frac{1}{n}R_2\right)\left(\frac{1}{n}R_1\right)^2 + \left[O_p\left(\frac{\sqrt{n}}{T^2}\right) + O_p\left(\frac{1}{T\sqrt{n}}\right) + O_p\left(\frac{1}{T\sqrt{T}}\right)\right]\left(\frac{1}{n}R_1\right)^2 - \left(\frac{1}{n}R_2\right)\left(\frac{1}{n}R_1\right)^2 - 2O_p\left(\frac{1}{T\sqrt{n}}\right)\left(\frac{1}{n}R_2\right) - \left[O_p\left(\frac{1}{T\sqrt{n}}\right)\right]^2\right\}$$

$$= T\left[O_p\left(\frac{\sqrt{n}}{T^2}\right) + O_p\left(\frac{1}{T\sqrt{n}}\right) + O_p\left(\frac{1}{T\sqrt{T}}\right) + O_p\left(\frac{1}{nT^2}\right)\right]$$

$$= O_p\left(\frac{\sqrt{n}}{T}\right) + O_p\left(\frac{1}{\sqrt{n}}\right) + O_p\left(\frac{1}{\sqrt{T}}\right) \xrightarrow{p} 0$$

接下来我们考虑分母，我们将其扩展如下：

$$2\left(\frac{1}{n}R_1\right)^2\left[\frac{1}{R_1}+O_p\left(\frac{1}{T\sqrt{n}}\right)\right]^2$$

$$=2\left(\frac{1}{n}R_1\right)^4+4\left(\frac{1}{R_1}\right)^3O_p\left(\frac{1}{T\sqrt{n}}\right)+2\left(\frac{1}{n}R_1\right)^2O_p\left(\frac{1}{nT^2}\right)$$

$$=O_p(1)+O_p\left(\frac{1}{T\sqrt{n}}\right)+O_p\left(\frac{1}{nT^2}\right)=O_p(1)$$

从上面的结果，我们可以很容易地证明：

$$\frac{T(\hat{U}_n-U_n)}{2}=o_p(1)\xrightarrow{p}0$$

1.7.6 定理1.1的证明

证明：因为$J_u=J_{czz}+\frac{T(\hat{U}_n-U_n)}{2}$，$J_{czz}\xrightarrow{d}N(0,1)$，利用引理1.3可以得到：

$$J_u\xrightarrow{d}N(0,1)$$

1.8 补充证明

该部分证明了前面命题1.2的第（1）、（2）、（3）部分。

1.8.1 命题1.2第（1）部分的证明

证明：我们可以展开$\frac{1}{n}\hat{M}_{3,T}$如下：

$$\frac{1}{n}\hat{M}_{3,T}=\frac{1}{nT(T-1)}\sum_{t\neq s}^{T}\sum_{s=1}^{T}(\hat{v}_t'\hat{v}_s)^2$$

$$=\frac{1}{nT(T-1)}\sum_{t\neq s}^{T}\sum_{s=1}^{T}\{[\tilde{v}_t-\tilde{x}_t(\tilde{\beta}-\beta)]'[\tilde{v}_s-\tilde{x}_s(\tilde{\beta}-\beta)]\}^2$$

$$= \mathrm{tr}\left\{\frac{1}{nT(T-1)}\sum_{t\neq s}^{T}\sum_{s=1}^{T}[\tilde{v}_t'\tilde{v}_s-(\tilde{\beta}-\beta)'\tilde{x}_t'\tilde{v}_s-\tilde{v}_t'\tilde{x}_s(\tilde{\beta}-\beta)\right.$$

$$\left.+(\tilde{\beta}-\beta)'\tilde{x}_t'\tilde{x}_s(\tilde{\beta}-\beta)^2]\right\}$$

$$=\sum_{i=1}^{7}C_i$$

这里，

$$C_1 = \frac{1}{nT(T-1)}\sum_{t\neq s}^{T}\sum_{s=1}^{T}(\tilde{v}_t'\tilde{v}_s\tilde{v}_t'\tilde{v}_s)$$

$$C_2 = -\frac{4}{nT(T-1)}(\tilde{\beta}-\beta)'\sum_{t\neq s}^{T}\sum_{s=1}^{T}(\tilde{v}_t'\tilde{v}_s\tilde{x}_t'\tilde{v}_s)$$

$$C_3 = \frac{2}{nT(T-1)}(\tilde{\beta}-\beta)'\sum_{t\neq s}^{T}\sum_{s=1}^{T}\tilde{v}_t'\tilde{v}_s\tilde{x}_t'\tilde{x}_s(\tilde{\beta}-\beta)$$

$$C_4 = \frac{2}{nT(T-1)}(\tilde{\beta}-\beta)'\sum_{t\neq s}^{T}\sum_{s=1}^{T}(\tilde{x}_t'\tilde{v}_s\tilde{v}_s'\tilde{x}_t)(\tilde{\beta}-\beta)$$

$$C_5 = \frac{2}{nT(T-1)}(\tilde{\beta}-\beta)'\sum_{t\neq s}^{T}\sum_{s=1}^{T}(\tilde{x}_t'\tilde{v}_s\tilde{v}_t'\tilde{x}_s)(\tilde{\beta}-\beta)$$

$$C_6 = -\frac{4}{nT(T-1)}(\tilde{\beta}-\beta)'(\sum_{t\neq s}^{T}\sum_{s=1}^{T}\tilde{x}_t'\tilde{v}_s(\tilde{\beta}-\beta)\tilde{x}_t'\tilde{x}_s)(\tilde{\beta}-\beta)$$

$$C_7 = \frac{1}{nT(T-1)}(\tilde{\beta}-\beta)'(\sum_{t\neq s}^{T}\sum_{s=1}^{T}\tilde{x}_t'\tilde{x}_s(\tilde{\beta}-\beta)(\tilde{\beta}-\beta)'\tilde{x}_t'\tilde{x}_s)(\tilde{\beta}-\beta)$$

引理 1.6 在假设 1.1、假设 1.2、假设 1.3 以及原假设条件下，

(c_1) $C_1 = \frac{1}{n}M_{3,T} - \frac{4\sigma_v^4}{T} + 2\left(\frac{T-1}{T^2}+2\frac{n-1}{T^2}\right)\sigma_v^4 - \frac{3n}{T^2}\sigma_v^4 + O_p\left(\frac{\sqrt{n}}{T^2}\right) + O_p\left(\frac{1}{T\sqrt{T}}\right) + O_p\left(\frac{1}{T\sqrt{n}}\right)$;

(c_2) $C_2 = O_p\left(\frac{1}{nT}\right) + O_p\left(\frac{1}{T^2}\right) + O_p\left(\frac{1}{T\sqrt{nT}}\right)$;

(c_3) $C_3 = O_p\left(\frac{1}{T^2}\right)$;

(c_4) $C_4 = O_p\left(\frac{1}{nT}\right)$;

(c_5) $C_5 = O_p\left(\frac{1}{nT^2}\right)$;

（c_6） $C_6 = O_p\left(\frac{1}{nT^2}\right)$；

（c_7） $C_7 = O_p\left(\frac{1}{nT^2}\right)$。

1. c_1 部分的证明

$$\begin{aligned}
C_1 &= \frac{1}{nT(T-1)}\sum_{t\neq s}^{T}\sum_{s=1}^{T}(\tilde{v}_t'\tilde{v}_s\tilde{v}_t'\tilde{v}_s) \\
&= \frac{1}{nT(T-1)}\sum_{t\neq s}^{T}\sum_{s=1}^{T}(v_t-\bar{v}_.')'(v_s-\bar{v}_.)(v_t-\bar{v}_.)'(v_s-\bar{v}_.) \\
&= \frac{1}{nT(T-1)}\sum_{t\neq s}^{T}\sum_{s=1}^{T}(v_t'v_s-\bar{v}_.'v_s-v_t'\bar{v}_.+\bar{v}_.'\bar{v}_.)^2 \\
&= \frac{1}{n}M_{3,T}+\sum_{k=1}^{5}C_1^k
\end{aligned}$$

这里，$C_1^1 = -\frac{4}{nT(T-1)}\sum_{t\neq s}^{T}\sum_{s=1}^{T}v_t'v_sv_t'\bar{v}_.$；$C_1^2 = \frac{2}{nT(T-1)}\sum_{t\neq s}^{T}\sum_{s=1}^{T}v_t'v_s\bar{v}_.'\bar{v}_.$；$C_1^3 = \frac{2}{nT}\sum_{t=1}^{T}v_t'\bar{v}_.v_t'\bar{v}_.$；$C_1^4 = \frac{2}{nT(T-1)}\sum_{t\neq s}^{T}\sum_{s=1}^{T}v_t'\bar{v}_.\bar{v}_.'v_s$；$C_1^5 = -\frac{3}{n}\bar{v}_.'\bar{v}_.\bar{v}_.'\bar{v}_.$。

为了计算上述项的数量级，我们需要以下引理。

引理 1.7 在假设 1.1、假设 1.2、假设 1.3 以及原假设条件下，

（1） $C_1^1 = -\frac{4\sigma_v^4}{T}+O_p\left(\frac{1}{T\sqrt{n}}\right)+O_p\left(\frac{\sqrt{n}}{T^2}\right)$；

（2） $C_1^2 = O_p\left(\frac{\sqrt{n}}{T^2}\right)$；

（3） $C_1^3 = 2\left(\frac{T-1}{T^2}+\frac{n-1}{T^2}\right)\sigma_v^4+O_p\left(\frac{\sqrt{n}}{T^2}\right)+O_p\left(\frac{1}{T\sqrt{T}}\right)+O_p\left(\frac{1}{T\sqrt{n}}\right)$；

（4） $C_1^4 = 2\,\frac{n-1}{T^2}\sigma_v^4+O_p\left(\frac{\sqrt{n}}{T^2}\right)$；

（5） $C_1^5 = -\frac{3n}{T^2}\sigma_v^4+O_p\left(\frac{\sqrt{n}}{T^2}\right)$。

证明：（1） 的证明：

$$C_1^1 = -\frac{4}{nT(T-1)}\sum_{t\neq s}^{T}\sum_{s=1}^{T}v_t'v_sv_t'\left(\frac{1}{T}\sum_{\tau=1}^{T}v_\tau\right)$$

$$= -\frac{4}{nT^2(T-1)}\sum_{t\neq s}^{T}\sum_{s=1}^{T}\sum_{\tau=1}^{T} v_t' v_s v_t' v_\tau$$

$$= -\frac{4}{nT^2(T-1)}\sum_{t\neq s}^{T}\sum_{s=1}^{T}\sum_{\tau=1}^{T}\sum_{i=1}^{n}\sum_{j=1}^{n} v_{it}v_{is}v_{jt}v_{j\tau}$$

$$= -\frac{4}{nT^2(T-1)}\sum_{t\neq s}^{T}\sum_{s=1}^{T}\sum_{\tau=1}^{T}\sum_{i=1}^{n} v_{it}^2 v_{is}v_{i\tau}$$

$$-\frac{4}{nT^2(T-1)}\sum_{t\neq s}^{T}\sum_{s=1}^{T}\sum_{\tau=1}^{T}\sum_{i\neq j}^{n}\sum_{j=1}^{n} v_{it}v_{is}v_{jt}v_{j\tau}$$

这里我需要讨论以下三种情况（s，t，τ）：（1）$t\neq s$；$t=\tau$；（2）$t\neq s$；$s=\tau$；（3）$t\neq s\neq\tau$。第一项变成以下式子：

$$-\frac{4}{nT^2(T-1)}\sum_{t\neq s}^{T}\sum_{s=1}^{T}\sum_{\tau=1}^{T}\sum_{i=1}^{n} v_{it}^2 v_{is}v_{i\tau}$$

$$= -\frac{4}{nT^2(T-1)}\sum_{t\neq s}^{T}\sum_{s=1}^{T}\sum_{i=1}^{n} v_{it}^2 v_{is}^2 - \frac{4}{nT^2(T-1)}\sum_{t\neq s}^{T}\sum_{s=1}^{T}\sum_{i=1}^{n} v_{it}^3 v_{is}$$

$$-\frac{4}{nT^2(T-1)}\sum_{t\neq s,\tau}^{T}\sum_{s\neq\tau}^{T}\sum_{\tau=1}^{T}\sum_{i=1}^{n} v_{it}^2 v_{is}v_{i\tau}$$

$$= -\frac{4\sigma_v^4}{T} + O_p\left(\frac{1}{T\sqrt{n}}\right) + O_P\left(\frac{1}{T^2\sqrt{n}}\right) + O_p\left(\frac{1}{T\sqrt{n}}\right)$$

$$= -\frac{4\sigma_v^4}{T} + O_p\left(\frac{1}{T\sqrt{n}}\right)$$

接下来我们考虑第二项：

$$-\frac{4}{nT^2(T-1)}\sum_{t\neq s}^{T}\sum_{s=1}^{T}\sum_{\tau=1}^{T}\sum_{i\neq j}^{n}\sum_{j=1}^{n} v_{it}v_{is}v_{jt}v_{j\tau}$$

$$= -\frac{4}{nT^2(T-1)}\sum_{t\neq s}^{T}\sum_{s=1}^{T}\sum_{i\neq j}^{n}\sum_{j=1}^{n} v_{it}v_{is}v_{jt}^2 - \frac{4}{nT^2(T-1)}\sum_{t\neq s}^{T}\sum_{s=1}^{T}\sum_{i\neq j}^{n}\sum_{j=1}^{n} v_{it}v_{is}v_{jt}v_{js}$$

$$-\frac{4}{nT^2(T-1)}\sum_{t\neq s,\tau}^{T}\sum_{s\neq\tau}^{T}\sum_{\tau=1}^{T}\sum_{i\neq j}^{n}\sum_{j=1}^{n} v_{it}v_{is}v_{jt}v_{j\tau}$$

$$= O_p\left(\frac{\sqrt{n}}{T^2}\right) + O_p\left(\frac{1}{T^2}\right) + O_p\left(\frac{1}{T\sqrt{T}}\right) = O_p\left(\frac{\sqrt{n}}{T^2}\right)$$

因此，我们得到：

$$C_1^1 = -\frac{4\sigma_v^4}{T} + O_p\left(\frac{1}{T\sqrt{n}}\right) + O_p\left(\frac{\sqrt{n}}{T^2}\right)$$

（2）的证明：

$$C_1^2 = \frac{2}{nT(T-1)}\sum_{t\neq s}^{T}\sum_{s=1}^{T} v_t' v_s \left(\frac{1}{T}\sum_{\tau=1}^{T} v_\tau\right)'\left(\frac{1}{T}\sum_{\eta=1}^{T} v_\eta\right)$$

$$= \frac{2}{nT^3(T-1)}\sum_{t\neq s}^{T}\sum_{s=1}^{T}\sum_{\tau=1}^{T}\sum_{\eta=1}^{T} v_t' v_s v_\tau' v_\eta$$

$$= \frac{2}{nT^3(T-1)}\sum_{t\neq s}^{T}\sum_{s=1}^{T}\sum_{\tau=1}^{T}\sum_{\eta=1}^{T}\sum_{i=1}^{n}\sum_{j=1}^{n} v_{it} v_{is} v_{j\tau} v_{j\eta}$$

$$= \frac{2}{nT^3(T-1)}\sum_{t\neq s}^{T}\sum_{s=1}^{T}\sum_{\tau=1}^{T}\sum_{\eta=1}^{T}\sum_{i=1}^{n} v_{it} v_{is} v_{i\tau} v_{i\eta}$$

$$+ \frac{2}{nT^3(T-1)}\sum_{t\neq s}^{T}\sum_{s=1}^{T}\sum_{\tau=1}^{T}\sum_{\eta=1}^{T}\sum_{i\neq j}^{n}\sum_{j=1}^{n} v_{it} v_{is} v_{j\tau} v_{j\eta}$$

考虑 C_1^2 的两项的数量级。首先，我们区分第一项的情形，当（$t\neq s$，τ，η），我们有以下 3 类 10 种情况：

Ⅰ）两个等号：（1）$(s=\tau=\eta)\neq t$；（2）$(t=\tau=\eta)\neq s$；（3）$(s=\tau)\neq(t=\eta)$；（4）$(s=\eta)\neq(t=\tau)$；

Ⅱ）一个等号：（5）$(t=\tau)\neq s\neq\eta$；（6）$(t=\eta)\neq s\neq\tau$；（7）$(s=\tau)\neq t\neq\eta$；（8）$(s=\eta)\neq t\neq\tau$；（9）$(\tau=\eta)\neq t\neq s$；

Ⅲ）没有等号：（10）$t\neq s\neq\tau\neq\eta$。

接下来 C_1^2 可以分别进行如下计算，我们首先考虑第一项：

（1）$(s=\tau=\eta)\neq t$：$\frac{1}{nT^3(T-1)}\sum_{t\neq s}^{T}\sum_{s=1}^{T}\sum_{i=1}^{n} v_{it} v_{is}^3 = O_p\left(\frac{1}{T^3\sqrt{n}}\right)$；

（2）$(t=\tau=\eta)\neq s$：$\frac{1}{nT^3(T-1)}\sum_{t\neq s}^{T}\sum_{s=1}^{T}\sum_{i=1}^{n} v_{it}^3 v_{is} = O_p\left(\frac{1}{T^3\sqrt{n}}\right)$；

（3）$(s=\tau)\neq(t=\eta)$：$\frac{1}{nT^3(T-1)}\sum_{t\neq s}^{T}\sum_{s=1}^{T}\sum_{i=1}^{n} v_{it}^2 v_{is}^2 = O_p\left(\frac{1}{T^2}\right)$；

（4）$(s=\eta)\neq(t=\tau)$：$\frac{1}{nT^3(T-1)}\sum_{t\neq s}^{T}\sum_{s=1}^{T}\sum_{i=1}^{n} v_{it}^2 v_{is}^2 = O_p\left(\frac{1}{T^2}\right)$；

（5）$(t=\tau)\neq s\neq\eta$：$\frac{1}{nT^3(T-1)}\sum_{t\neq s,\eta}^{T}\sum_{s\neq\eta}^{T}\sum_{\eta=1}^{T}\sum_{i=1}^{n} v_{it}^2 v_{is} v_{i\eta} = O_p\left(\frac{1}{T^2\sqrt{n}}\right)$；

（6）$(t=\eta)\neq s\neq\tau$：$\frac{1}{nT^3(T-1)}\sum_{t\neq s,\tau}^{T}\sum_{s\neq\tau}^{T}\sum_{\tau=1}^{T}\sum_{i=1}^{n} v_{it}^2 v_{is} v_{i\tau} = O_p\left(\frac{1}{T^2\sqrt{n}}\right)$；

$$(7)\ (s=\tau)\neq t\neq\eta:\ \frac{1}{nT^3(T-1)}\sum_{t\neq s,\eta}^{T}\sum_{s\neq\eta}^{T}\sum_{\eta=1}^{T}\sum_{i=1}^{n}v_{it}v_{is}^2v_{i\eta}=O_p\left(\frac{1}{T^2\sqrt{n}}\right);$$

$$(8)\ (s=\eta)\neq s\neq\tau:\ \frac{1}{nT^3(T-1)}\sum_{t\neq s,\tau}^{T}\sum_{s\neq\tau}^{T}\sum_{\tau=1}^{T}\sum_{i=1}^{n}v_{it}v_{is}^2v_{i\tau}=O_p\left(\frac{1}{T^2\sqrt{n}}\right);$$

$$(9)\ (\tau=\eta)\neq t\neq s:\ \frac{1}{nT^3(T-1)}\sum_{t\neq s,\eta}^{T}\sum_{s\neq\eta}^{T}\sum_{\eta=1}^{T}\sum_{i=1}^{n}v_{it}v_{is}v_{i\eta}^2=O_p\left(\frac{1}{T^2\sqrt{n}}\right);$$

$$(10)\ t\neq s\neq\tau\neq\eta:\ \frac{1}{nT^3(T-1)}\sum_{t\neq s,\tau,\eta}^{T}\sum_{s\neq\tau,\eta}^{T}\sum_{\tau\neq\eta}^{T}\sum_{\eta=1}^{T}\sum_{i=1}^{n}v_{it}v_{is}v_{i\tau}v_{i\eta}=O_p\left(\frac{1}{T^2\sqrt{n}}\right)。$$

同样，我们也可以将第二项展开为以下 10 种情形：

$$(1)\ (s=\tau=\eta)\neq t:\ \frac{1}{nT^3(T-1)}\sum_{t\neq s}^{T}\sum_{s=1}^{T}\sum_{i\neq j}^{n}\sum_{j=1}^{n}v_{it}v_{is}v_{js}^2=O_p\left(\frac{\sqrt{n}}{T^3}\right);$$

$$(2)\ (t=\tau=\eta)\neq s:\ \frac{1}{nT^3(T-1)}\sum_{t\neq s}^{T}\sum_{s=1}^{T}\sum_{i\neq j}^{n}\sum_{j=1}^{n}v_{it}v_{is}v_{jt}^2=O_p\left(\frac{\sqrt{n}}{T^3}\right);$$

$$(3)\ (s=\tau)\neq(t=\eta):\ \frac{1}{nT^3(T-1)}\sum_{t\neq s}^{T}\sum_{s=1}^{T}\sum_{i\neq j}^{n}\sum_{j=1}^{n}v_{it}v_{is}v_{jt}v_{js}=O_p\left(\frac{1}{T^3}\right);$$

$$(4)\ (s=\eta)\neq(t=\tau):\ \frac{1}{nT^3(T-1)}\sum_{t\neq s}^{T}\sum_{s=1}^{T}\sum_{i\neq j}^{n}\sum_{j=1}^{n}v_{it}v_{is}v_{js}v_{jt}=O_p\left(\frac{1}{T^3}\right);$$

$$(5)\ (t=\tau)\neq s\neq\eta:\ \frac{1}{nT^3(T-1)}\sum_{t\neq s,\eta}^{T}\sum_{s\neq\eta}^{T}\sum_{\eta=1}^{T}\sum_{i\neq j}^{n}\sum_{j=1}^{n}v_{it}v_{is}v_{jt}v_{j\eta}=O_p\left(\frac{1}{T^2\sqrt{T}}\right);$$

$$(6)\ (t=\eta)\neq s\neq\tau:\ \frac{1}{nT^3(T-1)}\sum_{t\neq s,\eta}^{T}\sum_{s\neq\eta}^{T}\sum_{\eta=1}^{T}\sum_{i\neq j}^{n}\sum_{j=1}^{n}v_{it}v_{is}v_{j\tau}v_{jt}=O_p\left(\frac{1}{T^2\sqrt{T}}\right);$$

$$(7)\ (s=\tau)\neq t\neq\eta:\ \frac{1}{nT^3(T-1)}\sum_{t\neq s,\eta}^{T}\sum_{s\neq\eta}^{T}\sum_{\eta=1}^{T}\sum_{i\neq j}^{n}\sum_{j=1}^{n}v_{it}v_{is}v_{js}v_{j\eta}=O_p\left(\frac{1}{T^2\sqrt{T}}\right);$$

$$(8)\ (s=\eta)\neq s\neq\tau:\ \frac{1}{nT^3(T-1)}\sum_{t\neq s,\eta}^{T}\sum_{s\neq\eta}^{T}\sum_{\eta=1}^{T}\sum_{i\neq j}^{n}\sum_{j=1}^{n}v_{it}v_{is}v_{j\tau}v_{js}=O_p\left(\frac{1}{T^2\sqrt{T}}\right);$$

$$(9)\ (\tau=\eta)\neq t\neq s:\ \frac{1}{nT^3(T-1)}\sum_{t\neq s,\eta}^{T}\sum_{s\neq\eta}^{T}\sum_{\eta=1}^{T}\sum_{i\neq j}^{n}\sum_{j=1}^{n}v_{it}v_{is}v_{j\tau}^2=O_p\left(\frac{\sqrt{n}}{T^2}\right);$$

$$(10)\ t\neq s\neq\tau\neq\eta:\ \frac{1}{nT^3(T-1)}\sum_{t\neq s,\tau,\eta}^{T}\sum_{s\neq\tau,\eta}^{T}\sum_{\tau\neq\eta}^{T}\sum_{\eta=1}^{T}\sum_{i=1}^{n}v_{it}v_{is}v_{j\tau}v_{j\eta}=O_p\left(\frac{1}{T^2}\right)。$$

因此：

$$C_1^2=O_p\left(\frac{\sqrt{n}}{T^2}\right)$$

（3）的证明：

$$C_1^3 = \frac{2}{nT}\sum_{t=1}^{T} v_t'\left(\frac{1}{T}\sum_{s=1}^{T} v_s\right)v_t'\left(\frac{1}{T}\sum_{\tau=1}^{T} v_\tau\right)$$

$$= \frac{2}{nT^3}\sum_{t=1}^{T}\sum_{s=1}^{T}\sum_{\tau=1}^{T} v_t' v_s v_t' v_\tau$$

$$= \frac{2}{nT^3}\sum_{t=1}^{T}\sum_{s=1}^{T}\sum_{\tau=1}^{T}\sum_{i=1}^{n}\sum_{j=1}^{n} v_{it}v_{is}v_{jt}v_{j\tau}$$

$$= \frac{2}{nT^3}\sum_{t=1}^{T}\sum_{s=1}^{T}\sum_{\tau=1}^{T}\sum_{i=1}^{n} v_{it}^2 v_{is}v_{i\tau} + \frac{2}{nT^3}\sum_{t=1}^{T}\sum_{s=1}^{T}\sum_{\tau=1}^{T}\sum_{i\neq j}^{n}\sum_{j=1}^{n} v_{it}v_{is}v_{jt}v_{j\tau}$$

第一项有 5 种情形，它们分别是：

$t=s=\tau$，$t=s\neq\tau$，$t=\tau\neq s$，$s=\tau\neq t$，$t\neq s\neq\tau$。第一项可以用以下五种情况的总和表示：

（1）$t=s=\tau$：$\frac{2}{nT^3}\sum_{t=1}^{T}\sum_{i=1}^{n} v_{it}^4 = O_p\left(\frac{1}{T^2}\right)$；

（2）$t=s\neq\tau$：$\frac{2}{nT^3}\sum_{t\neq\tau}^{T}\sum_{\tau=1}^{T}\sum_{i=1}^{n} v_{it}^3 v_{i\tau} = O_p\left(\frac{1}{T^2\sqrt{n}}\right)$；

（3）$t=\tau\neq s$：$\frac{2}{nT^3}\sum_{t\neq s}^{T}\sum_{s=1}^{T}\sum_{i=1}^{n} v_{it}^3 v_{is} = O_p\left(\frac{1}{T^2\sqrt{n}}\right)$；

（4）$s=\tau\neq t$：$\frac{2}{nT^3}\sum_{t\neq s}^{T}\sum_{s=1}^{T}\sum_{i=1}^{n} v_{it}^2 v_{is}^2 = 2\,\frac{T-1}{T^2}\sigma_v^4 + O_p\left(\frac{1}{T^2\sqrt{n}}\right)$；

（5）$t\neq s\neq\tau$：$\frac{2}{nT^3}\sum_{t\neq s,\tau}^{T}\sum_{s\neq\tau}^{T}\sum_{\tau=1}^{T}\sum_{i=1}^{n} v_{it}^2 v_{is}v_{i\tau} = O_p\left(\frac{1}{T\sqrt{n}}\right)$。

同样，我们也可以得到第二项的 5 种情形：

（1）$t=s=\tau$：$\frac{2}{nT^3}\sum_{t=1}^{T}\sum_{i\neq j}^{n}\sum_{j=1}^{n} v_{it}^2 v_{jt}^2 = 2\,\frac{n-1}{T^2}\sigma_v^4 + O_p\left(\frac{1}{T^2\sqrt{T}}\right)$；

（2）$t=s\neq\tau$：$\frac{2}{nT^3}\sum_{t\neq\tau}^{T}\sum_{\tau=1}^{T}\sum_{i\neq j}^{n}\sum_{j=1}^{n} v_{it}^2 v_{jt}v_{j\tau} = O_p\left(\frac{\sqrt{n}}{T^2}\right)$；

（3）$t=\tau\neq s$：$\frac{2}{nT^3}\sum_{t\neq s}^{T}\sum_{s=1}^{T}\sum_{i\neq j}^{n}\sum_{j=1}^{n} v_{it}v_{is}v_{jt}^2 = O_p\left(\frac{\sqrt{n}}{T^2}\right)$；

（4）$s=\tau\neq t$：$\frac{2}{nT^3}\sum_{t\neq s}^{T}\sum_{s=1}^{T}\sum_{i\neq j}^{n}\sum_{j=1}^{n} v_{it}v_{is}v_{jt}v_{js} = O_p\left(\frac{1}{T^2}\right)$；

（5）$t\neq s\neq\tau$：$\frac{2}{nT^3}\sum_{t\neq s,\tau}^{T}\sum_{s\neq\tau}^{T}\sum_{\tau=1}^{T}\sum_{i\neq j}^{n}\sum_{j=1}^{n} v_{it}v_{is}v_{jt}v_{j\tau} = O_p\left(\frac{1}{T\sqrt{T}}\right)$。

将所有项相加，我们容易得到

$$C_1^3 = 2\left(\frac{T-1}{T^2}+\frac{n-1}{T^2}\right)\sigma_v^4 + O_p\left(\frac{\sqrt{n}}{T^2}\right)+O_p\left(\frac{1}{T\sqrt{T}}\right)+O_p\left(\frac{1}{T\sqrt{n}}\right)$$

（4）的证明：

$$\begin{aligned}
C_1^4 &= \frac{2}{nT(T-1)}\sum_{t\neq s}^{T}\sum_{s=1}^{T} v_t'\bar{v}_{.}\bar{v}_{.}'v_s \\
&= \frac{2}{nT(T-1)}\sum_{t\neq s}^{T}\sum_{s=1}^{T} v_t'\left(\frac{1}{T}\sum_{\tau=1}^{T}v_\tau\right)\left(\frac{1}{T}\sum_{\eta=1}^{T}v_\eta\right)'v_s \\
&= \frac{2}{nT^3(T-1)}\sum_{t\neq s}^{T}\sum_{s=1}^{T}\sum_{\tau=1}^{T}\sum_{\eta=1}^{T} v_t'v_\tau v_\eta' v_s \\
&= \frac{2}{nT^3(T-1)}\sum_{t\neq s}^{T}\sum_{s=1}^{T}\sum_{\tau=1}^{T}\sum_{\eta=1}^{T}\sum_{i=1}^{n} v_{it}v_{i\tau}v_{i\eta}v_{is} \\
&\quad + \frac{2}{nT^3(T-1)}\sum_{t\neq s}^{T}\sum_{s=1}^{T}\sum_{\tau=1}^{T}\sum_{\eta=1}^{T}\sum_{i\neq j}^{n}\sum_{j=1}^{n} v_{it}v_{i\tau}v_{j\eta}v_{js}
\end{aligned}$$

为了计算上述两项，我们讨论以下有3类10种情形讨论：

Ⅰ）两个等号：（1）$t=\tau=\eta\neq s$；（2）$t\neq s=\tau=\eta$；（3）$t=\tau\neq s=\eta$；（4）$t=\eta\neq s=\tau$；

Ⅱ）一个等号：（5）$(t=\tau)\neq s\neq\eta$；（6）$(t=\eta)\neq s\neq\tau$；（7）$t\neq(s=\tau)\neq\eta$；（8）$t\neq(s=\eta)\neq\tau$；（9）$t\neq s\neq(\tau=\eta)$；

Ⅲ）没有等号：（10）$t\neq s\neq\tau\neq\eta$。

接下来 C_1^4 的第一项可以展开到以下10种情况：

(1) $t=\tau=\eta\neq s$：$\frac{2}{nT^3(T-1)}\sum_{t\neq s}^{T}\sum_{s=1}^{T}\sum_{i=1}^{n} v_{it}^3 v_{is} = O_p\left(\frac{1}{T^3\sqrt{n}}\right)$；

(2) $t\neq s=\tau=\eta$：$\frac{2}{nT^3(T-1)}\sum_{t\neq s}^{T}\sum_{s=1}^{T}\sum_{i=1}^{n} v_{it} v_{is}^3 = O_p\left(\frac{1}{T^3\sqrt{n}}\right)$；

(3) $t=\tau\neq s=\eta$：$\frac{2}{nT^3(T-1)}\sum_{t\neq s}^{T}\sum_{s=1}^{T}\sum_{i=1}^{n} v_{it}^2 v_{is}^2 = O_p\left(\frac{1}{T^2}\right)$；

(4) $t=\eta\neq s=\tau$：$\frac{2}{nT^3(T-1)}\sum_{t\neq s}^{T}\sum_{s=1}^{T}\sum_{i=1}^{n} v_{it}^2 v_{is}^2 = O_p\left(\frac{1}{T^2}\right)$；

(5) $(t=\tau)\neq s\neq\eta$：$\frac{2}{nT^3(T-1)}\sum_{t\neq s\neq\eta}^{T}\sum_{s\neq\eta}^{T}\sum_{\eta=1}^{T}\sum_{i=1}^{n} v_{it}^2 v_{i\eta} v_{is} = O_p\left(\frac{1}{T^2\sqrt{n}}\right)$；

(6) $(t=\eta)\neq s\neq\tau$: $\frac{2}{nT^3(T-1)}\sum_{t\neq s\neq\tau}^{T}\sum_{s\neq\tau}^{T}\sum_{\tau=1}^{T}\sum_{i=1}^{n}v_{it}^2 v_{i\tau}v_{is}=O_p\left(\frac{1}{T^2\sqrt{n}}\right)$;

(7) $t\neq(s=\tau)\neq\eta$: $\frac{2}{nT^3(T-1)}\sum_{t\neq s\neq\eta}^{T}\sum_{s\neq\eta}^{T}\sum_{\eta=1}^{T}\sum_{i=1}^{n}v_{it}v_{i\eta}v_{is}^2=O_p\left(\frac{1}{T^2\sqrt{n}}\right)$;

(8) $t\neq(s=\eta)\neq\tau$: $\frac{2}{nT^3(T-1)}\sum_{t\neq s\neq\tau}^{T}\sum_{s\neq\tau}^{T}\sum_{\tau=1}^{T}\sum_{i=1}^{n}v_{it}v_{i\tau}v_{is}^2=O_p\left(\frac{1}{T^2\sqrt{n}}\right)$;

(9) $t\neq s\neq(\tau=\eta)$: $\frac{2}{nT^3(T-1)}\sum_{t\neq s\neq\tau}^{T}\sum_{s\neq\tau}^{T}\sum_{\tau=1}^{T}\sum_{i=1}^{n}v_{it}v_{i\tau}^2 v_{is}=O_p\left(\frac{1}{T^2\sqrt{n}}\right)$;

(10) $t\neq s\neq\tau\neq\eta$: $\frac{2}{nT^3(T-1)}\sum_{t\neq s\neq\tau\neq\eta}^{T}\sum_{s\neq\tau\neq\eta}^{T}\sum_{\tau\neq\eta}^{T}\sum_{\eta=1}^{T}\sum_{i=1}^{n}v_{it}v_{i\tau}v_{i\eta}v_{is}=$
$O_p\left(\frac{1}{T^2\sqrt{n}}\right)$。

同样，我们也可以将第二项展开到以下 10 种情况：

(1) $t=\tau=\eta\neq s$: $\frac{2}{nT^3(T-1)}\sum_{t\neq s}^{T}\sum_{s=1}^{T}\sum_{i\neq j}^{n}\sum_{j=1}^{n}v_{it}^2 v_{jt}v_{js}=O_p\left(\frac{\sqrt{n}}{T^3}\right)$;

(2) $t\neq s=\tau=\eta$: $\frac{2}{nT^3(T-1)}\sum_{t\neq s}^{T}\sum_{s=1}^{T}\sum_{i\neq j}^{n}\sum_{j=1}^{n}v_{it}v_{is}v_{js}^2=O_p\left(\frac{\sqrt{n}}{T^3}\right)$;

(3) $t=\tau\neq s=\eta$: $\frac{2}{nT^3(T-1)}\sum_{t\neq s}^{T}\sum_{s=1}^{T}\sum_{i\neq j}^{n}\sum_{j=1}^{n}v_{it}^2 v_{js}^2=2\frac{n-1}{T^2}\sigma_v^4+O_p\left(\frac{1}{T^3}\right)$;

(4) $t=\eta\neq s=\tau$: $\frac{2}{nT^3(T-1)}\sum_{t\neq s}^{T}\sum_{s=1}^{T}\sum_{i\neq j}^{n}\sum_{j=1}^{n}v_{it}v_{is}v_{jt}v_{js}=O_p\left(\frac{1}{T^3}\right)$;

(5) $(t=\tau)\neq s\neq\eta$: $\frac{2}{nT^3(T-1)}\sum_{t\neq s\neq\eta}^{T}\sum_{s\neq\eta}^{T}\sum_{\eta=1}^{T}\sum_{i\neq j}^{n}\sum_{j=1}^{n}v_{it}^2 v_{j\eta}v_{js}=O_p\left(\frac{\sqrt{n}}{T^2}\right)$;

(6) $(t=\eta)\neq s\neq\tau$: $\frac{2}{nT^3(T-1)}\sum_{t\neq s\neq\tau}^{T}\sum_{s\neq\tau}^{T}\sum_{\tau=1}^{T}\sum_{i\neq j}^{n}\sum_{j=1}^{n}v_{it}v_{i\tau}v_{jt}v_{js}=O_p\left(\frac{1}{T^2\sqrt{T}}\right)$;

(7) $t\neq(s=\tau)\neq\eta$: $\frac{2}{nT^3(T-1)}\sum_{t\neq s\neq\eta}^{T}\sum_{s\neq\eta}^{T}\sum_{\eta=1}^{T}\sum_{i\neq j}^{n}\sum_{j=1}^{n}v_{it}v_{is}v_{j\eta}v_{js}=O_p\left(\frac{1}{T^2\sqrt{T}}\right)$;

(8) $t\neq(s=\eta)\neq\tau$: $\frac{2}{nT^3(T-1)}\sum_{t\neq s\neq\tau}^{T}\sum_{s\neq\tau}^{T}\sum_{\tau=1}^{T}\sum_{i\neq j}^{n}\sum_{j=1}^{n}v_{it}v_{i\tau}v_{js}^2=O_p\left(\frac{\sqrt{n}}{T^2}\right)$;

(9) $t\neq s\neq(\tau=\eta)$: $\frac{2}{nT^3(T-1)}\sum_{t\neq s\neq\tau}^{T}\sum_{s\neq\tau}^{T}\sum_{\tau=1}^{T}\sum_{i\neq j}^{n}\sum_{j=1}^{n}v_{it}v_{i\tau}v_{j\tau}v_{js}=O_p\left(\frac{1}{T^2\sqrt{T}}\right)$;

(10) $t\neq s\neq\tau\neq\eta$: $\frac{2}{nT^3(T-1)}\sum_{t\neq s\neq\tau\neq\eta}^{T}\sum_{s\neq\tau\neq\eta}^{T}\sum_{\tau\neq\eta}^{T}\sum_{\eta=1}^{T}\sum_{i\neq j}^{n}\sum_{j=1}^{n}v_{it}v_{i\tau}v_{j\eta}v_{js}=$

$O_p\left(\frac{1}{T^2}\right)$。

因此，

$$C_1^4 = 2\frac{n-1}{T^2}\sigma_v^4 + O_p\left(\frac{\sqrt{n}}{T^2}\right)$$

（5）的证明：

$$\begin{aligned}
C_1^5 &= -\frac{3}{n}\bar{v}'_{.}\bar{v}_{.}\bar{v}'_{.}\bar{v}_{.} = -3n\left(\frac{1}{n}\bar{v}'_{.}\bar{v}_{.}\right)^2 \\
&= -3n\left(\frac{1}{nT^2}\sum_{t=1}^{T}\sum_{i=1}^{n}v_{it}^2 + \frac{1}{nT^2}\sum_{t\neq s}^{T}\sum_{s=1}^{T}\sum_{i=1}^{n}v_{it}v_{is}\right)^2 \\
&= -3n\left[\left(\frac{1}{nT^2}\sum_{t=1}^{T}\sum_{i=1}^{n}v_{it}^2\right)^2 + 2\left(\frac{1}{nT^2}\sum_{t=1}^{T}\sum_{i=1}^{n}v_{it}^2\right)\left(\frac{1}{nT^2}\sum_{t\neq s}^{T}\sum_{s=1}^{T}\sum_{i=1}^{n}v_{it}v_{is}\right)\right. \\
&\quad \left. + \left(\frac{1}{nT^2}\sum_{t\neq s}^{T}\sum_{s=1}^{T}\sum_{i=1}^{n}v_{it}v_{is}\right)^2\right] \\
&= -3n\left[\left(\frac{1}{nT^2}\sum_{t=1}^{T}\sum_{i=1}^{n}v_{it}^2\right)^2 + 2\left(\frac{1}{nT^2}\sum_{t=1}^{T}\sum_{i=1}^{n}v_{it}^2\right)\left(\frac{1}{nT^2}\sum_{t\neq s}^{T}\sum_{s=1}^{T}\sum_{i=1}^{n}v_{it}v_{is}\right) + O_p(1)\right] \\
&= -\frac{3n}{T^2}\sigma_v^4 + O_p\left(\frac{\sqrt{n}}{T^2\sqrt{T}}\right) + O_p\left(\frac{\sqrt{n}}{T^2}\right) = -\frac{3n}{T^2}\sigma_v^4 + O_p\left(\frac{\sqrt{n}}{T^2}\right)
\end{aligned}$$

因此，根据上述结果我们有：

$$\begin{aligned}
C_1 &= \frac{1}{n}M_{3,T} - \frac{4\sigma_v^4}{T} + 2\left(\frac{T-1}{T^2} + \frac{n-1}{T^2}\right)\sigma_v^4 - \frac{3n}{T^2}\sigma_v^4 \\
&\quad + O_p\left(\frac{\sqrt{n}}{T^2}\right) + O_p\left(\frac{1}{T\sqrt{T}}\right) + O_p\left(\frac{1}{T\sqrt{n}}\right)
\end{aligned}$$

2. c_2 部分的证明

$$\begin{aligned}
C_2 &= -\frac{4}{nT(T-1)}(\tilde{\beta}-\beta)'\sum_{t\neq s}^{T}\sum_{s=1}^{T}(\tilde{v}'_t\tilde{v}_s\tilde{x}'_t\tilde{v}_s) \\
&= -\frac{4}{nT(T-1)}(\tilde{\beta}-\beta)'\sum_{t\neq s}^{T}\sum_{s=1}^{T}(v_t-\bar{v}_{.})'(v_s-\bar{v}_{.})\tilde{x}'_t(v_s-\bar{v}_{.}) \\
&= \sum_{k=1}^{8}C_2^k
\end{aligned}$$

这里，

$$C_2^1 = -\frac{4}{nT(T-1)}(\tilde{\beta}-\beta)'\sum_{t\neq s}^{T}\sum_{s=1}^{T} v_t' v_s \tilde{x}_t' v_s$$

$$C_2^2 = \frac{4}{nT(T-1)}(\tilde{\beta}-\beta)'\sum_{t\neq s}^{T}\sum_{s=1}^{T} v_t' v_s \tilde{x}_t' \bar{v}_.$$

$$C_2^3 = \frac{4}{nT(T-1)}(\tilde{\beta}-\beta)'\sum_{t\neq s}^{T}\sum_{s=1}^{T} v_t' \bar{v}_. \tilde{x}_t' v_s$$

$$C_2^4 = -\frac{4}{nT(T-1)}(\tilde{\beta}-\beta)'\sum_{t\neq s}^{T}\sum_{s=1}^{T} v_t' \bar{v}_. \tilde{x}_t' \bar{v}_.$$

$$C_2^5 = \frac{4}{nT(T-1)}(\tilde{\beta}-\beta)'\sum_{t\neq s}^{T}\sum_{s=1}^{T} \bar{v}_. v_s \tilde{x}_t' v_s$$

$$C_2^6 = -\frac{4}{nT(T-1)}(\tilde{\beta}-\beta)'\sum_{t\neq s}^{T}\sum_{s=1}^{T} \bar{v}_. v_s \tilde{x}_t' \bar{v}_.$$

$$C_2^7 = -\frac{4}{nT(T-1)}(\tilde{\beta}-\beta)'\sum_{t\neq s}^{T}\sum_{s=1}^{T} \bar{v}_. \bar{v}_. \tilde{x}_t' v_s$$

$$C_2^8 = \frac{4}{nT}(\tilde{\beta}-\beta)'\sum_{t=1}^{T} \bar{v}_. \bar{v}_. \tilde{x}_t' \bar{v}_.$$

为了计算上述式子的数量级，我们需要如下引理。

引理 1.8 在假设 1.1、假设 1.2、假设 1.3 以及原假设的条件下，

(1) $C_2^1 = O_p\left(\frac{1}{nT}\right) + O_p\left(\frac{1}{T\sqrt{nT}}\right)$；

(2) $C_2^2 = O_p\left(\frac{1}{T^2\sqrt{n}}\right)$；

(3) $C_2^3 = O_p\left(\frac{1}{T^2}\right)$；

(4) $C_2^4 = O_p\left(\frac{1}{T^2}\right)$；

(5) $C_2^5 = O_p\left(\frac{1}{T^2}\right) + O_p\left(\frac{1}{nT}\right) + O_p\left(\frac{1}{T\sqrt{nT}}\right)$；

(6) $C_2^6 = O_p\left(\frac{1}{T^2}\right)$；

(7) $C_2^7 = O_p\left(\frac{1}{T^2}\right)$；

(8) $C_2^8 = O_p\left(\frac{1}{T^2}\right)$。

证明：(1) 的证明：

$$
\begin{aligned}
C_2^1 &= -\frac{4}{nT(T-1)}(\tilde{\beta}-\beta)'\sum_{t\neq s}^{T}\sum_{s=1}^{T}\sum_{i=1}^{n}\sum_{j=1}^{n} v_{it}v_{is}\tilde{x}_{jt}v_{js} \\
&= -\frac{4}{nT(T-1)}(\tilde{\beta}-\beta)'\sum_{t\neq s}^{T}\sum_{s=1}^{T}\sum_{i=1}^{n} v_{it}v_{is}^2\tilde{x}_{it} \\
&\quad -\frac{2}{nT(T-1)}(\tilde{\beta}-\beta)'\sum_{t\neq s}^{T}\sum_{s=1}^{T}\sum_{i\neq j}^{n}\sum_{j=1}^{n} v_{it}v_{is}\tilde{x}_{jt}v_{js} \\
&= O_p\left(\frac{1}{nT}\right)+O_p\left(\frac{1}{T\sqrt{nT}}\right)
\end{aligned}
$$

(2) 的证明：

$$
\begin{aligned}
C_2^2 &= \frac{4}{nT(T-1)}(\tilde{\beta}-\beta)'\sum_{t\neq s}^{T}\sum_{s=1}^{T} v_t'v_s\tilde{x}_t'\bar{v}. \\
&= \frac{4}{nT(T-1)}(\tilde{\beta}-\beta)'\sum_{t\neq s}^{T}\sum_{s=1}^{T}\sum_{i=1}^{n}\sum_{j=1}^{n} v_{it}v_{is}\tilde{x}_{jt}\left(\frac{1}{T}\sum_{\tau=1}^{T}v_{j\tau}\right) \\
&= \frac{4}{nT^2(T-1)}(\tilde{\beta}-\beta)'\sum_{t\neq s}^{T}\sum_{s=1}^{T}\sum_{\tau=1}^{T}\sum_{i=1}^{n} v_{it}v_{is}\tilde{x}_{it}v_{i\tau} \\
&\quad +\frac{4}{nT^2(T-1)}(\tilde{\beta}-\beta)'\sum_{t\neq s}^{T}\sum_{s=1}^{T}\sum_{\tau=1}^{T}\sum_{i\neq j}^{n}\sum_{j=1}^{n} v_{it}v_{is}\tilde{x}_{jt}v_{j\tau}
\end{aligned}
$$

为了计算 C_2^2 的两项，我们考虑以下 3 种情况：(1) $t=\tau\neq s$；(2) $t\neq\tau\neq s$；(3) $t\neq s=\tau$。第一项可以展开为以下这些项：

(1) $t=\tau\neq s$：$\frac{4}{nT^2(T-1)}(\tilde{\beta}-\beta)'\sum_{t\neq s}^{T}\sum_{s=1}^{T}\sum_{i=1}^{n} v_{it}^2v_{is}\tilde{x}_{it} = O_p\left(\frac{1}{nT^2}\right)$；

(2) $t\neq s\neq\tau$：$\frac{4}{nT^2(T-1)}(\tilde{\beta}-\beta)'\sum_{t\neq s,\tau}^{T}\sum_{s\neq\tau}^{T}\sum_{\tau=1}^{T}\sum_{i=1}^{n} v_{it}v_{is}\tilde{x}_{it}v_{i\tau} = O_p\left(\frac{1}{nT^2}\right)$；

(3) $t\neq s=\tau$：$\frac{4}{nT^2(T-1)}(\tilde{\beta}-\beta)'\sum_{t\neq s,\tau}^{T}\sum_{s=1}^{T}\sum_{i=1}^{n} v_{it}v_{is}^2\tilde{x}_{it} = O_p\left(\frac{1}{nT^2}\right)$。

第二项可以展开为：

(1) $t=\tau\neq s$：$\frac{4}{nT^2(T-1)}(\tilde{\beta}-\beta)'\sum_{t\neq s}^{T}\sum_{s=1}^{T}\sum_{i\neq j}^{n}\sum_{j=1}^{n} v_{it}v_{is}\tilde{x}_{jt}v_{jt} = O_p\left(\frac{1}{T^2\sqrt{nT}}\right)$；

(2) $t\neq s\neq\tau$：$\frac{4}{nT^2(T-1)}(\tilde{\beta}-\beta)'\sum_{t\neq s,\tau}^{T}\sum_{s\neq\tau}^{T}\sum_{\tau=1}^{T}\sum_{i\neq j}^{n}\sum_{j=1}^{n} v_{it}v_{is}\tilde{x}_{jt}v_{j\tau} = O_p\left(\frac{1}{T^2\sqrt{n}}\right)$；

(3) $t\neq s=\tau$：$\frac{4}{nT^2(T-1)}(\tilde{\beta}-\beta)'\sum_{t\neq s,\tau}^{T}\sum_{s=1}^{T}\sum_{i\neq j}^{n}\sum_{j=1}^{n} v_{it}v_{is}\tilde{x}_{jt}v_{js} = O_p\left(\frac{1}{T^2\sqrt{nT}}\right)$。

根据上述结果，我们得到：

$$C_2^2 = O_p\left(\frac{1}{T^2\sqrt{n}}\right)$$

（3）的证明：

$$\begin{aligned}C_2^3 &= \frac{4}{nT(T-1)}(\tilde{\beta}-\beta)'\sum_{t\neq s}^{T}\sum_{s=1}^{T}v_t'\bar{v}_{\cdot}\tilde{x}_t'v_s \\ &= \frac{4}{nT(T-1)}(\tilde{\beta}-\beta)'\sum_{t\neq s}^{T}\sum_{s=1}^{T}v_t'\left(\frac{1}{T}\sum_{\eta=1}^{T}v_\tau\right)\tilde{x}_t'v_s \\ &= \frac{4}{nT^2(T-1)}(\tilde{\beta}-\beta)'\sum_{t\neq s}^{T}\sum_{s=1}^{T}\sum_{\tau=1}^{T}\sum_{i=1}^{n}v_{it}v_{i\tau}\tilde{x}_{it}'v_{is} \\ &\quad + \frac{4}{nT^2(T-1)}(\tilde{\beta}-\beta)'\sum_{t\neq s}^{T}\sum_{s=1}^{T}\sum_{\tau=1}^{T}\sum_{i\neq j}^{n}\sum_{j=1}^{n}v_{it}v_{i\tau}\tilde{x}_{jt}'v_{js}\end{aligned}$$

对于 C_2^2 的两项可以展开为下面三种情形，我们首先考虑第一项：

（1）$t=\tau\neq s$：$\frac{4}{nT^2(T-1)}(\tilde{\beta}-\beta)'\sum_{t\neq s}^{T}\sum_{s=1}^{T}\sum_{i=1}^{n}v_{it}^2\tilde{x}_{it}v_{is} = O_p\left(\frac{1}{nT^2}\right)$；

（2）$t\neq s=\tau$：$\frac{4}{nT^2(T-1)}(\tilde{\beta}-\beta)'\sum_{t\neq s}^{T}\sum_{s=1}^{T}\sum_{i=1}^{n}v_{it}v_{is}^2\tilde{x}_{it} = O_p\left(\frac{1}{nT^2}\right)$；

（3）$t\neq s\neq\tau$：$\frac{4}{nT^2(T-1)}(\tilde{\beta}-\beta)'\sum_{t\neq s\neq\eta}^{T}\sum_{s\neq\eta}^{T}\sum_{\tau=1}^{T}\sum_{i=1}^{n}v_{it}v_{i\tau}\tilde{x}_{it}v_{is} = O_p\left(\frac{1}{nT^2}\right)$。

第二项展开如下：

（1）$t=\tau\neq s$：$\frac{4}{nT^2(T-1)}(\tilde{\beta}-\beta)'\sum_{t\neq s}^{T}\sum_{s=1}^{T}\sum_{i\neq j}^{n}\sum_{j=1}^{n}v_{it}^2\tilde{x}_{jt}v_{js} = O_p\left(\frac{1}{T^2}\right)$；

（2）$t\neq s=\tau$：$\frac{4}{nT^2(T-1)}(\tilde{\beta}-\beta)'\sum_{t\neq s}^{T}\sum_{s=1}^{T}\sum_{i\neq j}^{n}\sum_{j=1}^{n}v_{it}v_{is}\tilde{x}_{jt}v_{js} = O_p\left(\frac{1}{T^2\sqrt{nT}}\right)$；

（3）$t\neq s\neq\tau$：$\frac{4}{nT^2(T-1)}(\tilde{\beta}-\beta)'\sum_{t\neq s\neq\tau}^{T}\sum_{s\neq\tau}^{T}\sum_{\tau=1}^{T}\sum_{i\neq j}^{n}\sum_{j=1}^{n}v_{it}v_{i\tau}\tilde{x}_{jt}v_{js} = O_p\left(\frac{1}{T^2\sqrt{n}}\right)$。

根据上述结果，我们可以得到：

$$C_2^3 = O_p\left(\frac{1}{T^2}\right)$$

（4）的证明：

$$C_2^4 = -\frac{4}{nT}(\tilde{\beta}-\beta)'\sum_{t=1}^{T}v_t'\bar{v}_{\cdot}\tilde{x}_t'\bar{v}_{\cdot}$$

$$= -\frac{4}{nT}(\tilde{\beta}-\beta)'\sum_{t=1}^{T}v_t'\left(\frac{1}{T}\sum_{s=1}^{T}v_s\right)\tilde{x}_t'\left(\frac{1}{T}\sum_{\tau=1}^{T}v_\tau\right)$$

$$= -\frac{4}{nT^3}(\tilde{\beta}-\beta)'\sum_{t=1}^{T}\sum_{s=1}^{T}\sum_{\tau=1}^{T}\sum_{i=1}^{n}v_{it}v_{is}\tilde{x}_{it}'v_{i\tau}$$

$$-\frac{4}{nT^3}(\tilde{\beta}-\beta)'\sum_{t=1}^{T}\sum_{s=1}^{T}\sum_{\tau=1}^{T}\sum_{i\neq j}^{n}\sum_{j=1}^{n}v_{it}v_{is}\tilde{x}_{jt}'v_{j\tau}$$

我们区分了 5 种情形来展开上述两项，考虑第一项：

(1) $t=s=\tau$: $\frac{4}{nT^3}(\tilde{\beta}-\beta)'\sum_{t=1}^{T}\sum_{i=1}^{n}v_{it}^3\tilde{x}_{it}=O_p\left(\frac{1}{nT^3}\right)$；

(2) $t=s\neq\tau$: $\frac{4}{nT^3}(\tilde{\beta}-\beta)'\sum_{t\neq\tau}^{T}\sum_{\tau=1}^{T}\sum_{i=1}^{n}v_{it}^2\tilde{x}_{it}v_{i\tau}=O_p\left(\frac{1}{nT^2}\right)$；

(3) $t=\tau\neq s$: $\frac{4}{nT^3}(\tilde{\beta}-\beta)'\sum_{t\neq s}^{T}\sum_{s=1}^{T}\sum_{i=1}^{n}v_{it}^2v_{is}\tilde{x}_{it}=O_p\left(\frac{1}{nT^2}\right)$；

(4) $t\neq s=\tau$: $\frac{4}{nT^3}(\tilde{\beta}-\beta)'\sum_{t\neq s}^{T}\sum_{s=1}^{T}\sum_{i=1}^{n}v_{it}v_{is}^2\tilde{x}_{it}=O_p\left(\frac{1}{nT^2}\right)$；

(5) $t\neq s\neq\tau$: $\frac{4}{nT^3}(\tilde{\beta}-\beta)'\sum_{t\neq s\neq\tau}^{T}\sum_{s\neq\tau}^{T}\sum_{i=1}^{n}v_{it}v_{is}\tilde{x}_{it}v_{i\eta}=O_p\left(\frac{1}{nT^2}\right)$。

类似地，第二项可以展开至下面这些项：

(1) $t=s=\tau$: $\frac{4}{nT^3}(\tilde{\beta}-\beta)'\sum_{t=1}^{T}\sum_{i\neq j}^{n}\sum_{j=1}^{n}v_{it}^2\tilde{x}_{jt}v_{jt}=O_p\left(\frac{1}{T^3}\right)$；

(2) $t=s\neq\tau$: $\frac{4}{nT^3}(\tilde{\beta}-\beta)'\sum_{t\neq\tau}^{T}\sum_{\eta=1}^{T}\sum_{i\neq j}^{n}\sum_{j=1}^{n}v_{it}^2\tilde{x}_{jt}v_{j\tau}=O_p\left(\frac{1}{T^2}\right)$；

(3) $t=\tau\neq s$: $\frac{4}{nT^3}(\tilde{\beta}-\beta)'\sum_{t\neq s}^{T}\sum_{s=1}^{T}\sum_{i\neq j}^{n}\sum_{j=1}^{n}v_{it}v_{is}\tilde{x}_{jt}v_{jt}=O_p\left(\frac{1}{T^2\sqrt{nT}}\right)$；

(4) $t\neq s=\tau$: $\frac{4}{nT^3}(\tilde{\beta}-\beta)'\sum_{t\neq s}^{T}\sum_{s=1}^{T}\sum_{i\neq j}^{n}\sum_{j=1}^{n}v_{it}v_{is}\tilde{x}_{jt}v_{js}=O_p\left(\frac{1}{T^2\sqrt{nT}}\right)$；

(5) $t\neq s\neq\tau$: $\frac{4}{nT^3}(\tilde{\beta}-\beta)'\sum_{t\neq s\neq\tau}^{T}\sum_{s\neq\tau}^{T}\sum_{i\neq j}^{n}\sum_{j=1}^{n}v_{it}v_{is}\tilde{x}_{jt}v_{j\tau}=O_p\left(\frac{1}{T^2\sqrt{n}}\right)$。

利用以上结果我们可以得到：

$$C_2^4=O_p\left(\frac{1}{T^2}\right)$$

(5) 的证明：

$$
\begin{aligned}
C_2^5 &= \frac{4}{nT(T-1)}(\tilde{\beta}-\beta)'\sum_{t\neq s}^{T}\sum_{s=1}^{T}\bar{v}'_{\cdot}v_s\tilde{x}'_t v_s \\
&= \frac{4}{nT(T-1)}(\tilde{\beta}-\beta)'\sum_{t\neq s}^{T}\sum_{s=1}^{T}\left(\frac{1}{T}\sum_{\tau=1}^{n}v_\tau\right)v_s\tilde{x}'_t v_s \\
&= \frac{4}{nT^2(T-1)}(\tilde{\beta}-\beta)'\sum_{t\neq s}^{T}\sum_{s=1}^{T}\sum_{\tau=1}^{T}\sum_{i=1}^{n}v_{i\tau}v_{is}^2\tilde{x}_{it} \\
&\quad + \frac{4}{nT^2(T-1)}(\tilde{\beta}-\beta)'\sum_{t\neq s}^{T}\sum_{s=1}^{T}\sum_{\tau=1}^{T}\sum_{i\neq j}^{n}\sum_{i=1}^{n}v_{i\tau}v_{is}\tilde{x}_{jt}v_{js}
\end{aligned}
$$

上式第一项可以由下面三项表示：

(1) $t=\tau\neq s$：$\frac{4}{nT^2(T-1)}(\tilde{\beta}-\beta)'\sum_{t\neq s}^{T}\sum_{s=1}^{T}\sum_{i=1}^{n}v_{it}v_{is}^2\tilde{x}_{it} = O_p\left(\frac{1}{nT^2}\right)$；

(2) $t\neq s=\tau$：$\frac{4}{nT^2(T-1)}(\tilde{\beta}-\beta)'\sum_{t\neq s}^{T}\sum_{s=1}^{T}\sum_{i=1}^{n}v_{is}^3\tilde{x}_{it} = O_p\left(\frac{1}{nT^2}\right)$；

(3) $t\neq s\neq\tau$：$\frac{4}{nT^2(T-1)}(\tilde{\beta}-\beta)'\sum_{t\neq s\neq\tau}^{T}\sum_{s\neq\tau}^{T}\sum_{\tau=1}^{T}\sum_{i=1}^{n}v_{i\tau}v_{is}^2\tilde{x}_{it} = O_p\left(\frac{1}{nT}\right)$。

C_2^5 的第二项可以表示成：

(1) $t=\tau\neq s$：$\frac{4}{nT^2(T-1)}(\tilde{\beta}-\beta)'\sum_{t\neq s}^{T}\sum_{s=1}^{T}\sum_{i\neq j}^{n}\sum_{i=1}^{n}v_{it}v_{is}\tilde{x}_{jt}v_{js} = O_p\left(\frac{1}{T^2\sqrt{nT}}\right)$；

(2) $t\neq s=\tau$：$\frac{4}{nT^2(T-1)}(\tilde{\beta}-\beta)'\sum_{t\neq s}^{T}\sum_{s=1}^{T}\sum_{i\neq j}^{n}\sum_{i=1}^{n}v_{is}^2\tilde{x}_{jt}v_{js} = O_p\left(\frac{1}{T^2}\right)$；

(3) $t\neq s\neq\tau$：$\frac{4}{nT^2(T-1)}(\tilde{\beta}-\beta)'\sum_{t\neq s\neq\tau}^{T}\sum_{s\neq\tau}^{T}\sum_{\tau=1}^{T}\sum_{i\neq j}^{n}\sum_{i=1}^{n}v_{i\tau}v_{is}\tilde{x}_{jt}v_{js} = O_p\left(\frac{1}{T\sqrt{nT}}\right)$。

所以，我们可以得到：

$$
C_2^5 = O_p\left(\frac{1}{T^2}\right)+O_p\left(\frac{1}{nT}\right)+O_p\left(\frac{1}{T\sqrt{nT}}\right)
$$

(6) 的证明：

$$
\begin{aligned}
C_2^6 &= -\frac{4}{nT(T-1)}(\tilde{\beta}-\beta)'\sum_{t\neq s}^{T}\sum_{s=1}^{T}\bar{v}'_{\cdot}v_s\tilde{x}'_t\bar{v}_{\cdot} \\
&= -\frac{4}{nT(T-1)}(\tilde{\beta}-\beta)'\sum_{t\neq s}^{T}\sum_{s=1}^{T}\left(\frac{1}{T}\sum_{\tau=1}^{T}v_\tau\right)'v_s\tilde{x}'_t\left(\frac{1}{T}\sum_{\eta=1}^{T}v_\eta\right) \\
&= -\frac{4}{nT^3(T-1)}(\tilde{\beta}-\beta)'\sum_{t\neq s}^{T}\sum_{s=1}^{T}\sum_{\tau=1}^{T}\sum_{\eta=1}^{T}\sum_{i=1}^{n}v_{i\tau}v_{is}\tilde{x}_{it}v_{i\eta}
\end{aligned}
$$

$$-\frac{4}{nT^3(T-1)}(\tilde{\beta}-\beta)'\sum_{t\neq s}^{T}\sum_{s=1}^{T}\sum_{\tau=1}^{T}\sum_{\eta=1}^{T}\sum_{i\neq j}^{n}\sum_{j=1}^{n}v_{i\tau}v_{is}\tilde{x}_{jt}v_{j\eta}$$

上式展开有以下 3 类 10 种情形：

Ⅰ）两个等号：（1）$t=\tau=\eta\neq s$；（2）$t\neq s=\tau=\eta$；（3）$t=\tau\neq s=\eta$；（4）$t=\eta\neq s=\tau$；

Ⅱ）一个等号：（5）$t=\tau\neq s\neq\eta$；（6）$t=\eta\neq s\neq\tau$；（7）$t\neq\tau\neq s=\eta$；（8）$t\neq\eta\neq s=\tau$；（9）$t\neq s\neq\tau=\eta$；

Ⅲ）没有等号：（10）$t\neq s\neq\tau\neq\eta$。

其中 C_2^6 的第一项可以展开成下面 10 项：

（1）$t=\tau=\eta\neq s$：$-\frac{4}{nT^3(T-1)}(\tilde{\beta}-\beta)'\sum_{t\neq s}^{T}\sum_{s=1}^{T}\sum_{i=1}^{n}v_{it}^2v_{is}\tilde{x}_{it}=O_p\left(\frac{1}{nT^3}\right)$；

（2）$t\neq s=\tau=\eta$：$-\frac{4}{nT^3(T-1)}(\tilde{\beta}-\beta)'\sum_{t\neq s}^{T}\sum_{s=1}^{T}\sum_{i=1}^{n}v_{is}^3\tilde{x}_{it}=O_p\left(\frac{1}{nT^3}\right)$；

（3）$t=\tau\neq s=\eta$：$-\frac{4}{nT^3(T-1)}(\tilde{\beta}-\beta)'\sum_{t\neq s}^{T}\sum_{s=1}^{T}\sum_{i=1}^{n}v_{it}v_{is}^2\tilde{x}_{it}=O_p\left(\frac{1}{nT^3}\right)$；

（4）$t=\eta\neq s=\tau$：$-\frac{4}{nT^3(T-1)}(\tilde{\beta}-\beta)'\sum_{t\neq s}^{T}\sum_{s=1}^{T}\sum_{i=1}^{n}v_{is}^2\tilde{x}_{it}v_{it}=O_p\left(\frac{1}{nT^3}\right)$；

（5）$t=\tau\neq s\neq\eta$：$-\frac{4}{nT^3(T-1)}(\tilde{\beta}-\beta)'\sum_{t\neq s\neq\eta}^{T}\sum_{s\neq\eta}^{T}\sum_{\eta=1}^{T}\sum_{i=1}^{n}v_{it}v_{is}\tilde{x}_{it}v_{i\eta}=O_p\left(\frac{1}{nT^3}\right)$；

（6）$t=\eta\neq s\neq\tau$：$-\frac{4}{nT^3(T-1)}(\tilde{\beta}-\beta)'\sum_{t\neq s\neq\tau}^{T}\sum_{s\neq\tau}^{T}\sum_{\tau=1}^{T}\sum_{i=1}^{n}v_{i\tau}v_{is}\tilde{x}_{it}v_{it}=O_p\left(\frac{1}{nT^3}\right)$；

（7）$t\neq\tau\neq s=\eta$：$-\frac{4}{nT^3(T-1)}(\tilde{\beta}-\beta)'\sum_{t\neq s\neq\tau}^{T}\sum_{s\neq\tau}^{T}\sum_{\tau=1}^{T}\sum_{i=1}^{n}v_{i\tau}v_{is}^2\tilde{x}_{it}=O_p\left(\frac{1}{nT^2}\right)$；

（8）$t\neq\eta\neq s=\tau$：$-\frac{4}{nT^3(T-1)}(\tilde{\beta}-\beta)'\sum_{t\neq s\neq\eta}^{T}\sum_{s\neq\eta}^{T}\sum_{\eta=1}^{T}\sum_{i=1}^{n}v_{is}^2\tilde{x}_{it}v_{i\eta}=O_p\left(\frac{1}{nT^2}\right)$；

(9) $t \neq s \neq \tau = \eta$：$-\frac{4}{nT^3(T-1)}(\tilde{\beta}-\beta)'\sum_{t\neq s\neq \tau}^{T}\sum_{s\neq \tau}^{T}\sum_{\tau=1}^{T}\sum_{i=1}^{n}v_{i\tau}^2 v_{is}\tilde{x}_{it} = O_p\left(\frac{1}{nT^2}\right)$；

(10) $t \neq s \neq \tau \neq \eta$：$-\frac{4}{nT^3(T-1)}(\tilde{\beta}-\beta)'\sum_{t\neq s\neq \tau\neq \eta}^{T}\sum_{s\neq \tau\neq \eta}^{T}\sum_{\tau\neq \eta}^{T}\sum_{\eta=1}^{T}\sum_{i=1}^{n}v_{i\tau} v_{is}\tilde{x}_{it}v_{i\eta} = O_p\left(\frac{1}{nT^2}\right)$。

类似地，展开 C_2^6 的第二项可以得到以下 10 项：

(1) $t = \tau = \eta \neq s$：$-\frac{4}{nT^3(T-1)}(\tilde{\beta}-\beta)'\sum_{t\neq s}^{T}\sum_{s=1}^{T}\sum_{i\neq j}^{n}\sum_{j=1}^{n}v_{it}v_{is}\tilde{x}_{jt}v_{jt} = O_p\left(\frac{1}{T^3\sqrt{nT}}\right)$；

(2) $t \neq s = \tau = \eta$：$-\frac{4}{nT^3(T-1)}(\tilde{\beta}-\beta)'\sum_{t\neq s}^{T}\sum_{s=1}^{T}\sum_{i\neq j}^{n}\sum_{j=1}^{n}v_{is}^2\tilde{x}_{jt}v_{js} = O_p\left(\frac{1}{T^3}\right)$；

(3) $t = \tau \neq s = \eta$：$-\frac{4}{nT^3(T-1)}(\tilde{\beta}-\beta)'\sum_{t\neq s}^{T}\sum_{s=1}^{T}\sum_{i\neq j}^{n}\sum_{j=1}^{n}v_{it}v_{is}\tilde{x}_{jt}v_{js} = O_p\left(\frac{1}{T^3\sqrt{nT}}\right)$；

(4) $t = \eta \neq s = \tau$：$-\frac{4}{nT^3(T-1)}(\tilde{\beta}-\beta)'\sum_{t\neq s}^{T}\sum_{s=1}^{T}\sum_{i\neq j}^{n}\sum_{j=1}^{n}v_{is}^2\tilde{x}_{jt}v_{jt} = O_p\left(\frac{1}{T^3}\right)$；

(5) $t = \tau \neq s \neq \eta$：$-\frac{4}{nT^3(T-1)}(\tilde{\beta}-\beta)'\sum_{t\neq s\neq \eta}^{T}\sum_{s\neq \eta}^{T}\sum_{\eta=1}^{T}\sum_{i\neq j}^{n}\sum_{j=1}^{n}v_{it}v_{is}\tilde{x}_{jt}v_{j\eta} = O_p\left(\frac{1}{T^3\sqrt{n}}\right)$；

(6) $t = \eta \neq s \neq \tau$：$-\frac{4}{nT^3(T-1)}(\tilde{\beta}-\beta)'\sum_{t\neq s\neq \tau}^{T}\sum_{s\neq \tau}^{T}\sum_{\tau=1}^{T}\sum_{i\neq j}^{n}\sum_{j=1}^{n}v_{i\tau}v_{is}\tilde{x}_{jt}v_{jt} = O_p\left(\frac{1}{T^3\sqrt{n}}\right)$；

(7) $t \neq \tau \neq s = \eta$：$-\frac{4}{nT^3(T-1)}(\tilde{\beta}-\beta)'\sum_{t\neq s\neq \tau}^{T}\sum_{s\neq \tau}^{T}\sum_{\tau=1}^{T}\sum_{i\neq j}^{n}\sum_{j=1}^{n}v_{i\tau}v_{is}\tilde{x}_{jt}v_{js} =$

$O_p\left(\frac{1}{T^2\sqrt{nT}}\right)$；

（8）$t \neq \eta \neq s = \tau$：$-\frac{4}{nT^3(T-1)}(\tilde{\beta}-\beta)'\sum_{t\neq s\neq \eta}^{T}\sum_{s\neq \eta}^{T}\sum_{\eta=1}^{T}\sum_{i\neq j}^{n}\sum_{j=1}^{n}v_{is}^2\tilde{x}_{jt}v_{j\eta} =$ $O_p\left(\frac{1}{T^2}\right)$；

（9）$t \neq s \neq \tau = \eta$：$-\frac{4}{nT^3(T-1)}(\tilde{\beta}-\beta)'\sum_{t\neq s\neq \tau}^{T}\sum_{s\neq \tau}^{T}\sum_{\tau=1}^{T}\sum_{i\neq j}^{n}\sum_{j=1}^{n}v_{i\tau}v_{is}\tilde{x}_{jt}v_{j\tau} =$ $O_p\left(\frac{1}{T^2\sqrt{nT}}\right)$；

（10）$t \neq s \neq \tau \neq \eta$：$-\frac{4}{nT^3(T-1)}(\tilde{\beta}-\beta)'\sum_{t\neq s\neq \tau\neq \eta}^{T}\sum_{s\neq \tau\neq \eta}^{T}\sum_{\tau\neq \eta}^{T}\sum_{\eta=1}^{T}\sum_{i\neq j}^{n}\sum_{j=1}^{n}v_{i\tau}$ $v_{is}\tilde{x}_{jt}v_{j\eta} = O_p\left(\frac{1}{T^2\sqrt{n}}\right)$。

因此，

$$C_2^6 = O_p\left(\frac{1}{T^2}\right)$$

（7）的证明：

$$\begin{aligned}
C_2^7 &= -\frac{4}{nT(T-1)}(\tilde{\beta}-\beta)'\sum_{t\neq s}^{T}\sum_{s=1}^{T}\bar{v}'_{\cdot}\bar{v}_{\cdot}\tilde{x}'_t v_s \\
&= -\frac{4}{nT(T-1)}(\tilde{\beta}-\beta)'\sum_{t\neq s}^{T}\sum_{s=1}^{T}\left(\frac{1}{T}\sum_{\tau=1}^{T}v_\tau\right)'\left(\frac{1}{T}\sum_{\eta=1}^{T}v_\eta\right)\tilde{x}'_t v_s \\
&= -\frac{4}{nT^3(T-1)}(\tilde{\beta}-\beta)'\sum_{t\neq s}^{T}\sum_{s=1}^{T}\sum_{\tau=1}^{T}\sum_{\eta=1}^{T}\sum_{i=1}^{n}v_{i\tau}v_{i\eta}\tilde{x}_{it}v_{is} \\
&\quad -\frac{4}{nT^3(T-1)}(\tilde{\beta}-\beta)'\sum_{t\neq s}^{T}\sum_{s=1}^{T}\sum_{\tau=1}^{T}\sum_{\eta=1}^{T}\sum_{i\neq j}^{n}\sum_{j=1}^{n}v_{i\tau}v_{i\eta}\tilde{x}_{jt}v_{js}
\end{aligned}$$

为了区分 C_2^7，我们考虑以下 3 类 10 种情形：

Ⅰ）两个等号：（1）$t=\tau=\eta\neq s$；（2）$t\neq s=\tau=\eta$；（3）$t=\tau\neq s=\eta$；（4）$t=\eta\neq s=\tau$；

Ⅱ）一个等号：（5）$t=\tau\neq s\neq \eta$；（6）$t=\eta\neq s\neq \tau$；（7）$t\neq \tau\neq s=\eta$；（8）$t\neq \eta\neq s=\tau$；（9）$t\neq s\neq \tau=\eta$；

Ⅲ）没有等号：（10）$t\neq s\neq \tau\neq \eta$。

很明显可以看出，第一项等于 C_6^2 的第一项，所以

$$-\frac{4}{nT^3(T-1)}(\tilde{\beta}-\beta)'\sum_{t\neq s}^{T}\sum_{s=1}^{T}\sum_{\tau=1}^{T}\sum_{\eta=1}^{T}\sum_{i=1}^{n}v_{i\tau}v_{i\eta}\tilde{x}_{it}v_{is}=O_p\left(\frac{1}{nT^2}\right)$$

接下来，我们考虑第二项：

(1) $t=\tau=\eta\neq s$：$-\frac{4}{nT^3(T-1)}(\tilde{\beta}-\beta)'\sum_{t\neq s}^{T}\sum_{s=1}^{T}\sum_{i\neq j}^{n}\sum_{j=1}^{n}v_{it}^2\tilde{x}_{jt}v_{js}=O_p\left(\frac{1}{T^3}\right)$；

(2) $t\neq s=\tau=\eta$：$-\frac{4}{nT^3(T-1)}(\tilde{\beta}-\beta)'\sum_{t\neq s}^{T}\sum_{s=1}^{T}\sum_{i\neq j}^{n}\sum_{j=1}^{n}v_{is}^2\tilde{x}_{jt}v_{js}=O_p\left(\frac{1}{T^3}\right)$；

(3) $t=\tau\neq s=\eta$：$-\frac{4}{nT^3(T-1)}(\tilde{\beta}-\beta)'\sum_{t\neq s}^{T}\sum_{s=1}^{T}\sum_{i\neq j}^{n}\sum_{j=1}^{n}v_{it}v_{is}\tilde{x}_{jt}v_{js}=$
$O_p\left(\frac{1}{T^3\sqrt{nT}}\right)$；

(4) $t=\eta\neq s=\tau$：$-\frac{4}{nT^3(T-1)}(\tilde{\beta}-\beta)'\sum_{t\neq s}^{T}\sum_{s=1}^{T}\sum_{i\neq j}^{n}\sum_{j=1}^{n}v_{is}v_{it}\tilde{x}_{jt}v_{js}=$
$O_p\left(\frac{1}{T^3\sqrt{nT}}\right)$；

(5) $t=\tau\neq s\neq\eta$：$-\frac{4}{nT^3(T-1)}(\tilde{\beta}-\beta)'\sum_{t\neq s\neq\eta}^{T}\sum_{s\neq\eta}^{T}\sum_{\eta=1}^{T}\sum_{i\neq j}^{n}\sum_{j=1}^{n}v_{it}v_{is}\tilde{x}_{jt}v_{js}=$
$O_p\left(\frac{1}{T^3\sqrt{nT}}\right)$；

(6) $t=\eta\neq s\neq\tau$：$-\frac{4}{nT^3(T-1)}(\tilde{\beta}-\beta)'\sum_{t\neq s\neq\tau}^{T}\sum_{s\neq\tau}^{T}\sum_{\tau=1}^{T}\sum_{i\neq j}^{n}\sum_{j=1}^{n}v_{i\tau}v_{it}\tilde{x}_{jt}v_{js}=$
$O_p\left(\frac{1}{T^3\sqrt{n}}\right)$；

(7) $t\neq\tau\neq s=\eta$：$-\frac{4}{nT^3(T-1)}(\tilde{\beta}-\beta)'\sum_{t\neq s\neq\tau}^{T}\sum_{s\neq\tau}^{T}\sum_{\tau=1}^{T}\sum_{i\neq j}^{n}\sum_{j=1}^{n}v_{i\tau}v_{is}\tilde{x}_{jt}v_{js}=$
$O_p\left(\frac{1}{T^2\sqrt{nT}}\right)$；

(8) $t\neq\eta\neq s=\tau$：$-\frac{4}{nT^3(T-1)}(\tilde{\beta}-\beta)'\sum_{t\neq s\neq\eta}^{T}\sum_{s\neq\eta}^{T}\sum_{\eta=1}^{T}\sum_{i\neq j}^{n}\sum_{j=1}^{n}v_{is}v_{i\eta}\tilde{x}_{jt}v_{js}=$
$O_p\left(\frac{1}{T^2\sqrt{nT}}\right)$；

(9) $t\neq s\neq\tau=\eta$：$-\frac{4}{nT^3(T-1)}(\tilde{\beta}-\beta)'\sum_{t\neq s\neq\tau}^{T}\sum_{s\neq\tau}^{T}\sum_{\tau=1}^{T}\sum_{i\neq j}^{n}\sum_{j=1}^{n}v_{i\tau}^2\tilde{x}_{jt}v_{js}=$

$O_p\left(\frac{1}{T^2}\right)$；

(10) $t \neq s \neq \tau \neq \eta$: $-\frac{4}{nT^3(T-1)}(\tilde{\beta}-\beta)' \sum_{t\neq s\neq\tau\neq\eta}^{T} \sum_{s\neq\tau\neq\eta}^{T} \sum_{\tau\neq\eta}^{T} \sum_{\eta=1}^{T} \sum_{i\neq j}^{n} \sum_{j=1}^{n} v_{i\tau} v_{i\eta} \tilde{x}_{jt} v_{js} = O_p\left(\frac{1}{T^2\sqrt{n}}\right)$。

利用上面的结果，我们可以得到：

$$C_2^7 = O_p\left(\frac{1}{T^2}\right)$$

（8）的证明：

$$\begin{aligned} C_2^8 &= \frac{4}{nT}(\tilde{\beta}-\beta)' \sum_{t=1}^{T} \bar{v}_.' \bar{v}_. \tilde{x}_t' \bar{v}_. \\ &= \frac{4}{nT}(\tilde{\beta}-\beta)' \sum_{t=1}^{T} \left(\frac{1}{T}\sum_{s=1}^{T} v_s\right)' \left(\frac{1}{T}\sum_{\tau=1}^{T} v_\tau\right) \tilde{x}_t' \left(\frac{1}{T}\sum_{\eta=1}^{T} v_\eta\right) \\ &= \frac{4}{nT^4}(\tilde{\beta}-\beta)' \sum_{t=1}^{T} \sum_{s=1}^{T} \sum_{\tau=1}^{T} \sum_{\eta=1}^{T} \sum_{i=1}^{n} \sum_{j=1}^{n} v_{is} v_{i\tau} \tilde{x}_{jt} v_{j\eta} \\ &\quad + \frac{4}{nT^4}(\tilde{\beta}-\beta)' \sum_{t=1}^{T} \sum_{s=1}^{T} \sum_{\tau=1}^{T} \sum_{\eta=1}^{T} \sum_{i\neq j}^{n} \sum_{j=1}^{n} v_{is} v_{i\tau} \tilde{x}_{jt} v_{j\eta} \end{aligned}$$

我们考虑以下扩展的 4 类 15 种情形：

Ⅰ）三个等号：(1) $t=s=\tau=\eta$；

Ⅱ）两个等号：(2) $(t=s)\neq(\tau=\eta)$；(3) $(t=\tau)\neq(s=\eta)$；(4) $(t=\eta)\neq(s=\tau)$；(5) $(t=s=\tau)\neq\eta$；(6) $(t=s=\eta)\neq\tau$；(7) $(t=\tau=\eta)\neq s$；(8) $t\neq(s=\tau=\eta)$；

Ⅲ）一个等号：(9) $t=s\neq\tau\neq\eta$；(10) $t=\tau\neq s\neq\eta$；(11) $t=\eta\neq s\neq\tau$；(12) $s=\tau\neq t\neq\eta$；(13) $s=\eta\neq t\neq\tau$；(14) $\tau=\eta\neq t\neq s$；

Ⅳ）没有等号：(15) $t\neq s\neq\tau\neq\eta$。

对于每种情况，可以如上分别计算第一项：

(1) $t=s=\tau=\eta$: $\frac{4}{nT^4}(\tilde{\beta}-\beta)' \sum_{t=1}^{T} \sum_{i=1}^{n} v_{it}^3 \tilde{x}_{it} = O_p\left(\frac{1}{nT^4}\right)$；

(2) $(t=s)\neq(\tau=\eta)$: $\frac{4}{nT^4}(\tilde{\beta}-\beta)' \sum_{t\neq\tau}^{T} \sum_{\tau=1}^{T} \sum_{i=1}^{n} v_{it} v_{i\tau}^2 \tilde{x}_{it} = O_p\left(\frac{1}{nT^3}\right)$；

(3) $(t=\tau)\neq(s=\eta)$: $\frac{4}{nT^4}(\tilde{\beta}-\beta)' \sum_{t\neq s}^{T} \sum_{s=1}^{T} \sum_{i=1}^{n} v_{is}^2 v_{it} \tilde{x}_{it} = O_p\left(\frac{1}{nT^3}\right)$；

(4) $(t=\eta)\neq(s=\tau)$: $\frac{4}{nT^4}(\tilde{\beta}-\beta)'\sum_{t\neq s}^{T}\sum_{s=1}^{T}\sum_{i=1}^{n}v_{is}^2v_{it}\tilde{x}_{it}=O_p\left(\frac{1}{nT^3}\right)$;

(5) $(t=s=\tau)\neq\eta$: $\frac{4}{nT^4}(\tilde{\beta}-\beta)'\sum_{t\neq \eta}^{T}\sum_{\eta=1}^{T}\sum_{i=1}^{n}v_{it}^2v_{i\eta}\tilde{x}_{it}=O_p\left(\frac{1}{nT^3}\right)$;

(6) $(t=s=\eta)\neq\tau$: $\frac{4}{nT^4}(\tilde{\beta}-\beta)'\sum_{t\neq \tau}^{T}\sum_{\tau=1}^{T}\sum_{i=1}^{n}v_{it}^2v_{i\tau}\tilde{x}_{it}=O_p\left(\frac{1}{nT^3}\right)$;

(7) $(t=\tau=\eta)\neq s$: $\frac{4}{nT^4}(\tilde{\beta}-\beta)'\sum_{t\neq s}^{T}\sum_{s=1}^{T}\sum_{i=1}^{n}v_{it}^2v_{is}\tilde{x}_{it}=O_p\left(\frac{1}{nT^3}\right)$;

(8) $t\neq(s=\tau=\eta)$: $\frac{4}{nT^4}(\tilde{\beta}-\beta)'\sum_{t\neq s}^{T}\sum_{s=1}^{T}\sum_{i=1}^{n}v_{is}^3\tilde{x}_{it}=O_p\left(\frac{1}{nT^3}\right)$;

(9) $t=s\neq\tau\neq\eta$: $\frac{4}{nT^4}(\tilde{\beta}-\beta)'\sum_{t\neq\tau\neq\eta}^{T}\sum_{\tau\neq\eta}^{T}\sum_{\tau\neq\eta}^{T}\sum_{i=1}^{n}v_{it}v_{i\tau}\tilde{x}_{it}v_{i\eta}=O_p\left(\frac{1}{nT^3}\right)$;

(10) $t=\tau\neq s\neq\eta$: $\frac{4}{nT^4}(\tilde{\beta}-\beta)'\sum_{t\neq s\neq\eta}^{T}\sum_{s\neq\eta}^{T}\sum_{\eta=1}^{T}\sum_{i=1}^{n}v_{is}v_{it}\tilde{x}_{it}v_{i\eta}=O_p\left(\frac{1}{nT^3}\right)$;

(11) $t=\eta\neq s\neq\tau$: $\frac{4}{nT^4}(\tilde{\beta}-\beta)'\sum_{t\neq s\neq\tau}^{T}\sum_{s\neq\tau}^{T}\sum_{\tau=1}^{T}\sum_{i=1}^{n}v_{is}v_{i\tau}\tilde{x}_{it}v_{it}=O_p\left(\frac{1}{nT^3}\right)$;

(12) $s=\tau\neq t\neq\eta$: $\frac{4}{nT^4}(\tilde{\beta}-\beta)'\sum_{t\neq s\neq\eta}^{T}\sum_{s\neq\eta}^{T}\sum_{\eta=1}^{T}\sum_{i=1}^{n}v_{is}^2\tilde{x}_{it}v_{i\eta}=O_p\left(\frac{1}{nT^2}\right)$;

(13) $s=\eta\neq t\neq\tau$: $\frac{4}{nT^4}(\tilde{\beta}-\beta)'\sum_{t\neq s\neq\tau}^{T}\sum_{s\neq\tau}^{T}\sum_{\tau=1}^{T}\sum_{i=1}^{n}v_{is}^2v_{i\tau}\tilde{x}_{it}=O_p\left(\frac{1}{nT^2}\right)$;

(14) $\tau=\eta\neq t\neq s$: $\frac{4}{nT^4}(\tilde{\beta}-\beta)'\sum_{t\neq s\neq\tau}^{T}\sum_{s\neq\tau}^{T}\sum_{\tau=1}^{T}\sum_{i=1}^{n}v_{is}v_{i\tau}^2\tilde{x}_{it}=O_p\left(\frac{1}{nT^2}\right)$;

(15) $t\neq s\neq\tau\neq\eta$: $\frac{4}{nT^4}(\tilde{\beta}-\beta)'\sum_{t\neq s\neq\tau\neq\eta}^{T}\sum_{s\neq\tau\neq\eta}^{T}\sum_{\tau\neq\eta}^{T}\sum_{\eta=1}^{T}\sum_{i=1}^{n}v_{is}v_{i\tau}\tilde{x}_{it}v_{i\eta}=O_p\left(\frac{1}{nT^2}\right)$。

类似地，第二项也可以展开成以下的15种情形：

(1) $t=s=\tau=\eta$: $\frac{4}{nT^4}(\tilde{\beta}-\beta)'\sum_{t=1}^{T}\sum_{i\neq j}^{n}\sum_{j=1}^{n}v_{it}^2\tilde{x}_{jt}v_{jt}=O_p\left(\frac{1}{T^4}\right)$;

(2) $(t=s)\neq(\tau=\eta)$: $\frac{4}{nT^4}(\tilde{\beta}-\beta)'\sum_{t\neq\tau}^{T}\sum_{\tau=1}^{T}\sum_{i\neq j}^{n}\sum_{j=1}^{n}v_{it}v_{i\tau}\tilde{x}_{jt}v_{j\tau}=O_p\left(\frac{1}{T^3\sqrt{nT}}\right)$;

(3) $(t=\tau)\neq(s=\eta)$: $\frac{4}{nT^4}(\tilde{\beta}-\beta)'\sum_{t\neq s}^{T}\sum_{s=1}^{T}\sum_{i\neq j}^{n}\sum_{j=1}^{n}v_{is}v_{it}\tilde{x}_{jt}v_{js}=O_p\left(\frac{1}{T^3\sqrt{nT}}\right)$;

(4) $(t=\eta)\neq(s=\tau)$: $\frac{4}{nT^4}(\tilde{\beta}-\beta)'\sum_{t\neq s}^{T}\sum_{s=1}^{T}\sum_{i\neq j}^{n}\sum_{j=1}^{n}v_{is}^2\tilde{x}_{it}v_{jt}=O_p\left(\frac{1}{T^3}\right)$;

(5) $(t=s=\tau)\neq\eta$: $\frac{4}{nT^4}(\tilde{\beta}-\beta)'\sum_{t\neq\eta}^{T}\sum_{\eta=1}^{T}\sum_{i\neq j}^{n}\sum_{j=1}^{n}v_{it}^2\tilde{x}_{jt}v_{j\eta}=O_p\left(\frac{1}{T^3}\right)$;

(6) $(t=s=\eta)\neq\tau$: $\frac{4}{nT^4}(\tilde{\beta}-\beta)'\sum_{t\neq\tau}^{T}\sum_{\tau=1}^{T}\sum_{i\neq j}^{n}\sum_{j=1}^{n}v_{it}v_{i\tau}\tilde{x}_{jt}v_{jt}=O_p\left(\frac{1}{T^3\sqrt{nT}}\right)$;

(7) $(t=\tau=\eta)\neq s$: $\frac{4}{nT^4}(\tilde{\beta}-\beta)'\sum_{t\neq s}^{T}\sum_{s=1}^{T}\sum_{i\neq j}^{n}\sum_{j=1}^{n}v_{is}v_{it}\tilde{x}_{jt}v_{jt}=O_p\left(\frac{1}{T^3\sqrt{nT}}\right)$;

(8) $t\neq(s=\tau=\eta)$: $\frac{4}{nT^4}(\tilde{\beta}-\beta)'\sum_{t\neq s}^{T}\sum_{s=1}^{T}\sum_{i\neq j}^{n}\sum_{j=1}^{n}v_{is}^2\tilde{x}_{jt}v_{js}=O_p\left(\frac{1}{T^3}\right)$;

(9) $t=s\neq\tau\neq\eta$: $\frac{4}{nT^4}(\tilde{\beta}-\beta)'\sum_{t\neq\tau\neq\eta}^{T}\sum_{\tau\neq\eta}^{T}\sum_{\tau\neq\eta}^{T}\sum_{i\neq j}^{n}\sum_{j=1}^{n}v_{it}v_{i\tau}\tilde{x}_{jt}v_{j\eta}=O_p\left(\frac{1}{T^3\sqrt{n}}\right)$;

(10) $t=\tau\neq s\neq\eta$: $\frac{4}{nT^4}(\tilde{\beta}-\beta)'\sum_{t\neq s\neq\eta}^{T}\sum_{s\neq\eta}^{T}\sum_{\eta=1}^{T}\sum_{i\neq j}^{n}\sum_{j=1}^{n}v_{is}v_{it}\tilde{x}_{jt}v_{j\eta}=O_p\left(\frac{1}{T^3\sqrt{n}}\right)$;

(11) $t=\eta\neq s\neq\tau$: $\frac{4}{nT^4}(\tilde{\beta}-\beta)'\sum_{t\neq s\neq\tau}^{T}\sum_{s\neq\tau}^{T}\sum_{\tau=1}^{T}\sum_{i\neq j}^{n}\sum_{j=1}^{n}v_{is}v_{i\tau}\tilde{x}_{jt}v_{jt}=O_p\left(\frac{1}{T^3\sqrt{n}}\right)$;

(12) $s=\tau\neq t\neq\eta$: $\frac{4}{nT^4}(\tilde{\beta}-\beta)'\sum_{t\neq s\neq\eta}^{T}\sum_{s\neq\eta}^{T}\sum_{\eta=1}^{T}\sum_{i\neq j}^{n}\sum_{j=1}^{n}v_{is}^2\tilde{x}_{jt}v_{j\eta}=O_p\left(\frac{1}{T^2}\right)$;

(13) $s=\eta\neq t\neq\tau$: $\frac{4}{nT^4}(\tilde{\beta}-\beta)'\sum_{t\neq s\neq\tau}^{T}\sum_{s\neq\tau}^{T}\sum_{\tau=1}^{T}\sum_{i\neq j}^{n}\sum_{j=1}^{n}v_{is}v_{i\tau}\tilde{x}_{jt}v_{js}=O_p\left(\frac{1}{T^2\sqrt{nT}}\right)$;

(14) $\tau=\eta\neq t\neq s$: $\frac{4}{nT^4}(\tilde{\beta}-\beta)'\sum_{t\neq s\neq\tau}^{T}\sum_{s\neq\tau}^{T}\sum_{\tau=1}^{T}\sum_{i\neq j}^{n}\sum_{j=1}^{n}v_{is}v_{i\tau}\tilde{x}_{jt}v_{j\tau}=O_p\left(\frac{1}{T^2\sqrt{nT}}\right)$;

(15) $t\neq s\neq\tau\neq\eta$: $\frac{4}{nT^4}(\tilde{\beta}-\beta)'\sum_{t\neq s\neq\tau\neq\eta}^{T}\sum_{s\neq\tau\neq\eta}^{T}\sum_{\tau\neq\eta}^{T}\sum_{\eta=1}^{T}\sum_{i\neq j}^{n}\sum_{j=1}^{n}v_{is}v_{i\tau}\tilde{x}_{jt}v_{j\eta}=$ $O_p\left(\frac{1}{T^2\sqrt{n}}\right)$。

我们从上面的结果可以得到：

$$C_2^8=O_p\left(\frac{1}{T^2}\right)$$

所以：

$$C_2=O_p\left(\frac{1}{nT}\right)+O_p\left(\frac{1}{T^2}\right)+O_p\left(\frac{1}{T\sqrt{nT}}\right)$$

3. c_3 部分的证明

$$C_3=\frac{2}{nT(T-1)}(\tilde{\beta}-\beta)'\sum_{t\neq s}^{T}\sum_{s=1}^{T}\tilde{v}_t'\tilde{v}_s\tilde{x}_t'\tilde{x}_s(\tilde{\beta}-\beta)$$

$$= \frac{2}{nT(T-1)}(\tilde{\beta}-\beta)' \sum_{t \neq s}^{T} \sum_{s=1}^{T} (v_t - \bar{v}_.)'(v_s - \bar{v}_.) \tilde{x}_t' \tilde{x}_s (\tilde{\beta}-\beta)$$

$$= \sum_{k=1}^{3} C_3^k$$

这里 $C_3^1 = \frac{2}{nT(T-1)}(\tilde{\beta}-\beta)' \sum_{t \neq s}^{T} \sum_{s=1}^{T} v_t' v_s \tilde{x}_t' \tilde{x}_s (\tilde{\beta}-\beta)$

$$C_3^2 = -\frac{4}{nT(T-1)}(\tilde{\beta}-\beta)' \sum_{t \neq s}^{T} \sum_{s=1}^{T} v_t' \bar{v}_. \tilde{x}_t' \tilde{x}_s (\tilde{\beta}-\beta)$$

$$C_3^3 = \frac{2}{nT(T-1)}(\tilde{\beta}-\beta)' \sum_{t \neq s}^{T} \sum_{s=1}^{T} \bar{v}_.' \bar{v}_. \tilde{x}_t' \tilde{x}_s (\tilde{\beta}-\beta)$$

为了计算上述式子的大小，我们需要如下引理。

引理 1.9 在假设 1.1、假设 1.2、假设 1.3 以及原假设条件下，

(1) $C_3^1 = O_p\left(\frac{1}{nT^2}\right)$；

(2) $C_3^2 = O_p\left(\frac{1}{T^2}\right)$；

(3) $C_3^3 = O_p\left(\frac{1}{T^2}\right)$。

证明：(1) 的证明：

$$C_3^1 = \frac{2}{nT(T-1)}(\tilde{\beta}-\beta)' \sum_{t \neq s}^{T} \sum_{s=1}^{T} v_t' v_s \tilde{x}_t' \tilde{x}_s (\tilde{\beta}-\beta)$$

接下来我们考虑下面这一项 $\frac{1}{nT(T-1)} \sum_{t \neq s}^{T} \sum_{s=1}^{T} v_t' v_s \tilde{x}_t' \tilde{x}_s$。

$$\frac{1}{nT(T-1)} \sum_{t \neq s}^{T} \sum_{s=1}^{T} v_t' v_s \tilde{x}_t' \tilde{x}_s$$

$$= \frac{1}{nT(T-1)} \sum_{t \neq s}^{T} \sum_{s=1}^{T} \left(\sum_{i=1}^{n} v_{it} v_{is}\right)\left(\sum_{j=1}^{n} \tilde{x}_{jt} \tilde{x}_{js}\right)$$

$$= \frac{1}{nT(T-1)} \sum_{t \neq s}^{T} \sum_{s=1}^{T} \sum_{i=1}^{n} v_{it} v_{is} \tilde{x}_{it} \tilde{x}_{is} + \frac{1}{nT(T-1)} \sum_{t \neq s}^{T} \sum_{s=1}^{T} \sum_{i \neq j}^{n} \sum_{j=1}^{n} v_{it} v_{is} \tilde{x}_{jt} \tilde{x}_{js}$$

$$= O_p\left(\frac{1}{T\sqrt{n}}\right) + O_p\left(\frac{1}{T}\right)$$

因为 $(\tilde{\beta}-\beta) = O_p\left(\frac{1}{\sqrt{nT}}\right)$，所以我们可以得到 $C_3^1 = O_p\left(\frac{1}{nT^2}\right)$。

（2）的证明：

$$
\begin{aligned}
C_3^2 &= -\frac{4}{nT(T-1)}(\tilde{\beta}-\beta)'\sum_{t\neq s}^{T}\sum_{s=1}^{T}v_t'\bar{v}_{.}\,\tilde{x}_t'\tilde{x}_s(\tilde{\beta}-\beta)\\
&= -\frac{4}{nT^2(T-1)}(\tilde{\beta}-\beta)'\sum_{t\neq s}^{T}\sum_{s=1}^{T}\sum_{\tau=1}^{T}v_t'v_\tau\tilde{x}_t'\tilde{x}_s(\tilde{\beta}-\beta)\\
&= -\frac{4}{nT^2(T-1)}(\tilde{\beta}-\beta)'\sum_{t\neq s}^{T}\sum_{s=1}^{T}\sum_{\tau=1}^{T}\sum_{i=1}^{n}\sum_{j=1}^{n}v_{it}v_{i\tau}\tilde{x}_{jt}\tilde{x}_{js}(\tilde{\beta}-\beta)\\
&= -\frac{4}{nT^2(T-1)}(\tilde{\beta}-\beta)'\sum_{t\neq s}^{T}\sum_{s=1}^{T}\sum_{\tau=1}^{T}\sum_{i=1}^{n}v_{it}v_{i\tau}\tilde{x}_{it}\tilde{x}_{is}(\tilde{\beta}-\beta)\\
&\quad -\frac{4}{nT^2(T-1)}(\tilde{\beta}-\beta)'\sum_{t\neq s}^{T}\sum_{s=1}^{T}\sum_{\tau=1}^{T}\sum_{i\neq j}^{n}\sum_{j=1}^{n}v_{it}v_{i\tau}\tilde{x}_{jt}\tilde{x}_{js}(\tilde{\beta}-\beta)
\end{aligned}
$$

对于上式两项，每一项展开有三种情况，第一项可以展开为如下所示：

（1）$t=\tau\neq s$：$-\frac{4}{nT^2(T-1)}(\tilde{\beta}-\beta)'\sum_{t\neq s}^{T}\sum_{s=1}^{T}\sum_{i=1}^{n}v_{it}^2\tilde{x}_{it}\tilde{x}_{is}(\tilde{\beta}-\beta)=O_p\left(\frac{1}{nT^2}\right)$；

（2）$t\neq s=\tau$：$-\frac{4}{nT^2(T-1)}(\tilde{\beta}-\beta)'\sum_{t\neq s}^{T}\sum_{s=1}^{T}\sum_{i=1}^{n}v_{it}v_{is}\tilde{x}_{it}\tilde{x}_{is}(\tilde{\beta}-\beta)=O_p\left(\frac{1}{nT^3\sqrt{n}}\right)$；

（3）$t\neq s\neq\tau$：$-\frac{4}{nT^2(T-1)}(\tilde{\beta}-\beta)'\sum_{t\neq s}^{T}\sum_{s\neq\tau}^{T}\sum_{\tau=1}^{T}\sum_{i=1}^{n}v_{it}v_{i\tau}\tilde{x}_{it}\tilde{x}_{is}(\tilde{\beta}-\beta)=O_p\left(\frac{1}{nT^2\sqrt{n}}\right)$。

类似地，对于第二项我们可以展开为以下三种情形：

（1）$t=\tau\neq s$：$-\frac{4}{nT^2(T-1)}(\tilde{\beta}-\beta)'\sum_{t\neq s}^{T}\sum_{s=1}^{T}\sum_{i\neq j}^{n}\sum_{j=1}^{n}v_{it}^2\tilde{x}_{jt}\tilde{x}_{js}(\tilde{\beta}-\beta)=O_p\left(\frac{1}{T^2}\right)$；

（2）$t\neq s=\tau$：$-\frac{4}{nT^2(T-1)}(\tilde{\beta}-\beta)'\sum_{t\neq s}^{T}\sum_{s=1}^{T}\sum_{i\neq j}^{n}\sum_{j=1}^{n}v_{it}v_{is}\tilde{x}_{jt}\tilde{x}_{js}(\tilde{\beta}-\beta)=O_p\left(\frac{1}{T^3\sqrt{n}}\right)$；

（3）$t\neq s\neq\tau$：$-\frac{4}{nT^2(T-1)}(\tilde{\beta}-\beta)'\sum_{t\neq s}^{T}\sum_{s\neq\tau}^{T}\sum_{\tau=1}^{T}\sum_{i\neq j}^{n}\sum_{j=1}^{n}v_{it}v_{i\tau}\tilde{x}_{jt}\tilde{x}_{js}(\tilde{\beta}-$

$\beta) = O_p\left(\frac{1}{T^2\sqrt{n}}\right)$。

根据上述结果，我们有：

$$C_3^2 = O_p\left(\frac{1}{T^2}\right)$$

（3）的证明：

$$\begin{aligned}
C_3^3 &= \frac{2}{nT(T-1)}(\tilde{\beta}-\beta)'\sum_{t\neq s}^{T}\sum_{s=1}^{T}\bar{v}_{\cdot t}\bar{v}_{\cdot s}\tilde{x}_t'\tilde{x}_s(\tilde{\beta}-\beta) \\
&= \frac{2}{nT^3(T-1)}(\tilde{\beta}-\beta)'\sum_{t\neq s}^{T}\sum_{s=1}^{T}\sum_{\tau=1}^{T}\sum_{\eta=1}^{T}v_\tau' v_\eta \tilde{x}_t'\tilde{x}_s(\tilde{\beta}-\beta) \\
&= \frac{2}{nT^3(T-1)}(\tilde{\beta}-\beta)'\sum_{t\neq s}^{T}\sum_{s=1}^{T}\sum_{\tau=1}^{T}\sum_{\eta=1}^{T}\sum_{i=1}^{n}\sum_{j=1}^{n}v_{i\tau}v_{i\eta}\tilde{x}_{jt}\tilde{x}_{js}(\tilde{\beta}-\beta) \\
&= \frac{2}{nT^3(T-1)}(\tilde{\beta}-\beta)'\sum_{t\neq s}^{T}\sum_{s=1}^{T}\sum_{\tau=1}^{T}\sum_{\eta=1}^{T}\sum_{i=1}^{n}v_{i\tau}v_{i\eta}\tilde{x}_{it}\tilde{x}_{is}(\tilde{\beta}-\beta) \\
&\quad + \frac{2}{nT^3(T-1)}(\tilde{\beta}-\beta)'\sum_{t\neq s}^{T}\sum_{s=1}^{T}\sum_{\tau=1}^{T}\sum_{\eta=1}^{T}\sum_{i\neq j}^{n}\sum_{j=1}^{n}v_{i\tau}v_{i\eta}\tilde{x}_{jt}\tilde{x}_{js}(\tilde{\beta}-\beta)
\end{aligned}$$

这里我们有 3 类 10 种情形需要讨论：

Ⅰ）两个等号：（1）$t=\tau=\eta\neq s$；（2）$t\neq s=\tau=\eta$；（3）$t=\tau\neq s=\eta$；（4）$t=\eta\neq s=\tau$；

Ⅱ）一个等号：（5）$t=\tau\neq s\neq\eta$；（6）$t=\eta\neq s\neq\tau$；（7）$t\neq s=\tau\neq\eta$；（8）$t\neq s=\eta\neq\tau$；（9）$t\neq s\neq\tau=\eta$；

Ⅲ）没有等号：（10）$t\neq s\neq\tau\neq\eta$。

所以 $\frac{2}{nT^3(T-1)}\sum_{t\neq s}^{T}\sum_{s=1}^{T}\sum_{\tau=1}^{T}\sum_{\eta=1}^{T}\sum_{i=1}^{n}v_{i\tau}v_{i\eta}\tilde{x}_{it}\tilde{x}_{is}$ 中的第一项可以扩展成以下情形：

$$(1)\ t=\tau=\eta\neq s:\ \frac{2}{nT^3(T-1)}\sum_{t\neq s}^{T}\sum_{s=1}^{T}\sum_{i=1}^{n}v_{it}^2\tilde{x}_{it}\tilde{x}_{is} = O_p\left(\frac{1}{T^2}\right);$$

$$(2)\ t\neq s=\tau=\eta:\ \frac{2}{nT^3(T-1)}\sum_{t\neq s}^{T}\sum_{s=1}^{T}\sum_{i=1}^{n}v_{is}^2\tilde{x}_{it}\tilde{x}_{is} = O_p\left(\frac{1}{T^2}\right);$$

$$(3)\ t=\tau\neq s=\eta:\ \frac{2}{nT^3(T-1)}\sum_{t\neq s}^{T}\sum_{s=1}^{T}\sum_{i=1}^{n}v_{it}v_{is}\tilde{x}_{it}\tilde{x}_{is} = O_p\left(\frac{1}{T^3\sqrt{n}}\right);$$

$$(4)\ t=\eta\neq s=\tau:\ \frac{2}{nT^3(T-1)}\sum_{t\neq s}^{T}\sum_{s=1}^{T}\sum_{i=1}^{n}v_{is}v_{it}\tilde{x}_{it}\tilde{x}_{is} = O_p\left(\frac{1}{T^3\sqrt{n}}\right);$$

(5) $t=\tau\neq s\neq\eta$: $\frac{2}{nT^3(T-1)}\sum_{t\neq s\neq\eta}^{T}\sum_{s\neq\eta}^{T}\sum_{\eta=1}^{T}\sum_{i=1}^{n}v_{it}v_{i\eta}\tilde{x}_{it}\tilde{x}_{is}=O_p\left(\frac{1}{T^2\sqrt{n}}\right)$;

(6) $t=\eta\neq s\neq\tau$: $\frac{2}{nT^3(T-1)}\sum_{t\neq s\neq\tau}^{T}\sum_{s\neq\tau}^{T}\sum_{\tau=1}^{T}\sum_{i=1}^{n}v_{i\tau}v_{it}\tilde{x}_{it}\tilde{x}_{is}=O_p\left(\frac{1}{T^2\sqrt{n}}\right)$;

(7) $t\neq s=\tau\neq\eta$: $\frac{2}{nT^3(T-1)}\sum_{t\neq s\neq\eta}^{T}\sum_{s\neq\eta}^{T}\sum_{\eta=1}^{T}\sum_{i=1}^{n}v_{is}v_{i\eta}\tilde{x}_{it}\tilde{x}_{is}=O_p\left(\frac{1}{T^2\sqrt{n}}\right)$;

(8) $t\neq s=\eta\neq\tau$: $\frac{2}{nT^3(T-1)}\sum_{t\neq s\neq\tau}^{T}\sum_{s\neq\tau}^{T}\sum_{\tau=1}^{T}\sum_{i=1}^{n}v_{i\tau}v_{is}\tilde{x}_{it}\tilde{x}_{is}=O_p\left(\frac{1}{T^2\sqrt{n}}\right)$;

(9) $t\neq s\neq\tau=\eta$: $\frac{2}{nT^3(T-1)}\sum_{t\neq s\neq\tau}^{T}\sum_{s\neq\tau}^{T}\sum_{\tau=1}^{T}\sum_{i=1}^{n}v_{i\tau}^2\tilde{x}_{it}\tilde{x}_{is}=O_p\left(\frac{1}{T}\right)$;

(10) $t\neq s\neq\tau\neq\eta$: $\frac{2}{nT^3(T-1)}\sum_{t\neq s\neq\tau\neq\eta}^{T}\sum_{s\neq\tau\neq\eta}^{T}\sum_{\tau\neq\eta}^{T}\sum_{\eta=1}^{T}\sum_{i=1}^{n}v_{i\tau}v_{i\eta}\tilde{x}_{it}\tilde{x}_{is}=$ $O_p\left(\frac{1}{T\sqrt{n}}\right)$。

类似地，$\frac{2}{nT^3(T-1)}\sum_{t\neq s}^{T}\sum_{s=1}^{T}\sum_{\tau=1}^{T}\sum_{\eta=1}^{T}\sum_{i\neq j}^{n}\sum_{j=1}^{n}v_{i\tau}v_{i\eta}\tilde{x}_{jt}\tilde{x}_{js}$ 中第二项可以扩展成以下 10 种情形：

(1) $t=\tau=\eta\neq s$: $\frac{2}{nT^3(T-1)}\sum_{t\neq s}^{T}\sum_{s=1}^{T}\sum_{i\neq j}^{n}\sum_{j=1}^{n}v_{it}^2\tilde{x}_{jt}\tilde{x}_{js}=O_p\left(\frac{n}{T^2}\right)$;

(2) $t\neq s=\tau=\eta$: $\frac{2}{nT^3(T-1)}\sum_{t\neq s}^{T}\sum_{s=1}^{T}\sum_{i\neq j}^{n}\sum_{j=1}^{n}v_{is}^2\tilde{x}_{jt}\tilde{x}_{js}=O_p\left(\frac{n}{T^2}\right)$;

(3) $t=\tau\neq s=\eta$: $\frac{2}{nT^3(T-1)}\sum_{t\neq s}^{T}\sum_{s=1}^{T}\sum_{i\neq j}^{n}\sum_{j=1}^{n}v_{it}v_{is}\tilde{x}_{jt}\tilde{x}_{js}=O_p\left(\frac{\sqrt{n}}{T^3}\right)$;

(4) $t=\eta\neq s=\tau$: $\frac{2}{nT^3(T-1)}\sum_{t\neq s}^{T}\sum_{s=1}^{T}\sum_{i\neq j}^{n}\sum_{j=1}^{n}v_{is}v_{it}\tilde{x}_{jt}\tilde{x}_{js}=O_p\left(\frac{\sqrt{n}}{T^3}\right)$;

(5) $t=\tau\neq s\neq\eta$: $\frac{2}{nT^3(T-1)}\sum_{t\neq s\neq\eta}^{T}\sum_{s\neq\eta}^{T}\sum_{\eta=1}^{T}\sum_{i\neq j}^{n}\sum_{j=1}^{n}v_{it}v_{i\eta}\tilde{x}_{jt}\tilde{x}_{js}=O_p\left(\frac{\sqrt{n}}{T^2}\right)$;

(6) $t=\eta\neq s\neq\tau$: $\frac{2}{nT^3(T-1)}\sum_{t\neq s\neq\tau}^{T}\sum_{s\neq\tau}^{T}\sum_{\tau=1}^{T}\sum_{i\neq j}^{n}\sum_{j=1}^{n}v_{i\tau}v_{it}\tilde{x}_{jt}\tilde{x}_{js}=O_p\left(\frac{\sqrt{n}}{T^2}\right)$;

(7) $t\neq s=\tau\neq\eta$: $\frac{2}{nT^3(T-1)}\sum_{t\neq s\neq\eta}^{T}\sum_{s\neq\eta}^{T}\sum_{\eta=1}^{T}\sum_{i\neq j}^{n}\sum_{j=1}^{n}v_{is}v_{i\eta}\tilde{x}_{jt}\tilde{x}_{js}=O_p\left(\frac{\sqrt{n}}{T^2}\right)$;

(8) $t\neq s=\eta\neq\tau$: $\frac{2}{nT^3(T-1)}\sum_{t\neq s\neq\tau}^{T}\sum_{s\neq\tau}^{T}\sum_{\tau=1}^{T}\sum_{i\neq j}^{n}\sum_{i=1}^{n}v_{i\tau}v_{is}\tilde{x}_{jt}\tilde{x}_{js}=O_p\left(\frac{\sqrt{n}}{T^2}\right)$;

(9) $t \neq s \neq \tau = \eta$: $\frac{2}{nT^3(T-1)} \sum_{t \neq s \neq \tau}^{T} \sum_{s \neq \tau}^{T} \sum_{\tau=1}^{T} \sum_{i \neq j}^{n} \sum_{j=1}^{n} v_{i\tau}^2 \tilde{x}_{jt} \tilde{x}_{js} = O_p\left(\frac{n}{T}\right)$;

(10) $t \neq s \neq \tau \neq \eta$: $\frac{2}{nT^3(T-1)} \sum_{t \neq s \neq \tau \neq \eta}^{T} \sum_{s \neq \tau \neq \eta}^{T} \sum_{\tau \neq \eta}^{T} \sum_{\eta=1}^{T} \sum_{i \neq j}^{n} \sum_{j=1}^{n} v_{i\tau} v_{i\eta} \tilde{x}_{jt} \tilde{x}_{js} =$ $O_p\left(\frac{\sqrt{n}}{T}\right)$。

因为 $\tilde{\beta} - \beta = O_p\left(\frac{1}{\sqrt{nT}}\right)$，所以我们可以得到 $C_3^3 = O_p\left(\frac{1}{T^2}\right)$。

由引理 1.9 我们可以得到：

$$C_3 = O_p\left(\frac{1}{T^2}\right)$$

4. c_4 部分的证明

$$\begin{aligned} C_4 &= \frac{2}{nT(T-1)}(\tilde{\beta} - \beta)' \sum_{t \neq s}^{T} \sum_{s=1}^{T} (\tilde{x}_t' \tilde{v}_s \tilde{v}_s' \tilde{x}_t)(\tilde{\beta} - \beta) \\ &= \frac{2}{nT(T-1)}(\tilde{\beta} - \beta)' \sum_{t \neq s}^{T} \sum_{s=1}^{T} (\tilde{x}_t'(v_s - \bar{v}_.)(v_s - \bar{v}_.)'\tilde{x}_t)(\tilde{\beta} - \beta) \\ &= \sum_{k=1}^{3} C_4^k \end{aligned}$$

这里
$$C_4^1 = \frac{2}{nT(T-1)}(\tilde{\beta} - \beta)' \sum_{t \neq s}^{T} \sum_{s=1}^{T} \tilde{x}_t' v_s v_s' \tilde{x}_t (\tilde{\beta} - \beta)$$

$$C_4^2 = -\frac{4}{nT(T-1)}(\tilde{\beta} - \beta)' \sum_{t \neq s}^{T} \sum_{s=1}^{T} \tilde{x}_t' v_s \bar{v}'_. \tilde{x}_t (\tilde{\beta} - \beta)$$

$$C_4^3 = \frac{2}{nT}(\tilde{\beta} - \beta)' \sum_{t=1}^{T} \tilde{x}_t' \bar{v}_. \bar{v}_.' \tilde{x}_t (\tilde{\beta} - \beta)$$

为了计算上述各式的大小，需要如下引理。

引理 1.10 在假设 1.1、假设 1.2、假设 1.3 以及原假设条件下，

(1) $C_4^1 = O_p\left(\frac{1}{nT}\right)$;

(2) $C_4^2 = O_p\left(\frac{1}{nT^2}\right)$;

(3) $C_4^3 = O_p\left(\frac{1}{nT^2}\right)$。

证明：(1) 的证明：

$$C_4^1 = \frac{2}{nT(T-1)}(\tilde{\beta}-\beta)'\sum_{t\neq s}^{T}\sum_{s=1}^{T}\tilde{x}_t'v_sv_s'\tilde{x}_t(\tilde{\beta}-\beta)$$

$$= \frac{2}{nT(T-1)}(\tilde{\beta}-\beta)'\sum_{t\neq s}^{T}\sum_{s=1}^{T}\sum_{i=1}^{n}\sum_{j=1}^{n}\tilde{x}_{it}v_{is}v_{js}\tilde{x}_{jt}(\tilde{\beta}-\beta)$$

$$= \frac{2}{nT(T-1)}(\tilde{\beta}-\beta)'\sum_{t\neq s}^{T}\sum_{s=1}^{T}\sum_{i=1}^{n}\tilde{x}_{it}^2v_{is}^2(\tilde{\beta}-\beta)$$

$$+ \frac{2}{nT(T-1)}(\tilde{\beta}-\beta)'\sum_{t\neq s}^{T}\sum_{s=1}^{T}\sum_{i=1}^{n}\tilde{x}_{it}v_{is}v_{js}\tilde{x}_{jt}(\tilde{\beta}-\beta)$$

$$= O_p\left(\frac{1}{nT}\right)+O_p\left(\frac{1}{nT^2}\right) = O_p\left(\frac{1}{nT}\right)$$

(2) 的证明：

$$C_4^2 = -\frac{4}{nT(T-1)}(\tilde{\beta}-\beta)'\sum_{t\neq s}^{T}\sum_{s=1}^{T}\tilde{x}_t'v_s\bar{v}'_{.}\tilde{x}_t(\tilde{\beta}-\beta)$$

$$= -\frac{4}{nT^2(T-1)}(\tilde{\beta}-\beta)'\sum_{t\neq s}^{T}\sum_{s=1}^{T}\sum_{\tau=1}^{T}\tilde{x}_t'v_sv_\tau'\tilde{x}_t(\tilde{\beta}-\beta)$$

$$= -\frac{4}{nT^2(T-1)}(\tilde{\beta}-\beta)'\sum_{t\neq s}^{T}\sum_{s=1}^{T}\sum_{\tau=1}^{T}\sum_{i=1}^{n}\tilde{x}_{it}^2v_{is}v_{i\tau}(\tilde{\beta}-\beta)$$

$$- \frac{4}{nT^2(T-1)}(\tilde{\beta}-\beta)'\sum_{t\neq s}^{T}\sum_{s=1}^{T}\sum_{\tau=1}^{T}\sum_{i=1}^{n}\tilde{x}_{it}v_{is}v_{j\tau}\tilde{x}_{jt}(\tilde{\beta}-\beta)$$

现在我们考虑 $\frac{1}{nT^2(T-1)}\sum_{t\neq s}^{T}\sum_{s=1}^{T}\sum_{\tau=1}^{T}\sum_{i=1}^{n}\tilde{x}_{it}^2v_{is}v_{i\tau}$，可以展开成3种情况：(1) $t=\tau\neq s$；(2) $t\neq s=\tau$；(3) $t\neq s\neq\tau$。下面我们可以将这项展开为以下情形：

(1) $t=\tau\neq s$: $\frac{1}{nT^2(T-1)}\sum_{t\neq s}^{T}\sum_{s=1}^{T}\sum_{i=1}^{n}\tilde{x}_{it}^2v_{is}v_{it} = O_p\left(\frac{1}{T^2\sqrt{n}}\right)$；

(2) $t\neq s=\tau$: $\frac{1}{nT^2(T-1)}\sum_{t\neq s}^{T}\sum_{s=1}^{T}\sum_{i=1}^{n}\tilde{x}_{it}^2v_{is}^2 = O_p\left(\frac{1}{T}\right)$；

(3) $t\neq s\neq\tau$: $\frac{1}{nT^2(T-1)}\sum_{t\neq s}^{T}\sum_{s\neq\tau}^{T}\sum_{\tau=1}^{T}\sum_{i=1}^{n}\tilde{x}_{it}^2v_{is}v_{i\tau} = O_p\left(\frac{1}{T\sqrt{n}}\right)$。

类似地，我们可以扩展下面这一项 $\frac{1}{nT^2(T-1)}\sum_{t\neq s}^{T}\sum_{s=1}^{T}\sum_{\tau=1}^{T}\sum_{i=1}^{n}\tilde{x}_{it}v_{is}v_{j\tau}\tilde{x}_{jt}$ 讨论3种情况：

$$(1)\ t=\tau\neq s:\ \frac{1}{nT^2(T-1)}\sum_{t\neq s}^{T}\sum_{s=1}^{T}\sum_{i\neq j}^{n}\sum_{j=1}^{n}\tilde{x}_{it}v_{is}v_{jt}\tilde{x}_{jt}=O_p\left(\frac{1}{T^2}\right);$$

$$(2)\ t\neq s=\tau:\ \frac{1}{nT^2(T-1)}\sum_{t\neq s}^{T}\sum_{s=1}^{T}\sum_{i\neq j}^{n}\sum_{j=1}^{n}\tilde{x}_{it}v_{is}v_{js}\tilde{x}_{jt}=O_p\left(\frac{1}{T\sqrt{T}}\right);$$

$$(3)\ t\neq s\neq\tau:\ \frac{1}{nT^2(T-1)}\sum_{t\neq s}^{T}\sum_{s\neq\tau}^{T}\sum_{\tau=1}^{T}\sum_{i\neq j}^{n}\sum_{j=1}^{n}\tilde{x}_{it}v_{is}v_{j\tau}\tilde{x}_{jt}=O_p\left(\frac{1}{T}\right)。$$

因此，利用 $\tilde{\beta}-\beta=O_p\left(\frac{1}{\sqrt{nT}}\right)$，可以得到：

$$C_4^2=O_p\left(\frac{1}{nT^2}\right)$$

（3）的证明：

$$\begin{aligned}C_4^3&=\frac{2}{nT}(\tilde{\beta}-\beta)'\sum_{t=1}^{T}\tilde{x}_t'\bar{v}_{.}\bar{v}'_{.}\tilde{x}_t(\tilde{\beta}-\beta)\\&=\frac{2}{nT^3}(\tilde{\beta}-\beta)'\sum_{t=1}^{T}\sum_{s=1}^{T}\sum_{\tau=1}^{T}\tilde{x}_t'v_sv_\tau'\tilde{x}_t(\tilde{\beta}-\beta)\\&=\frac{2}{nT^3}(\tilde{\beta}-\beta)'\sum_{t=1}^{T}\sum_{s=1}^{T}\sum_{\tau=1}^{T}\sum_{i=1}^{n}\tilde{x}_{it}^2v_{is}v_{i\tau}(\tilde{\beta}-\beta)\\&\quad+\frac{2}{nT^3}(\tilde{\beta}-\beta)'\sum_{t=1}^{T}\sum_{s=1}^{T}\sum_{\tau=1}^{T}\sum_{i\neq j}^{n}\sum_{j=1}^{n}\tilde{x}_{it}v_{is}v_{j\tau}\tilde{x}_{jt}(\tilde{\beta}-\beta)\end{aligned}$$

我们需要区分（t，s，τ）的以下 2 类 5 种情形：Ⅰ）两个等号：（1）$t=s=\tau$；Ⅱ）一个等号：（2）$t=s\neq\tau$；（3）$t=\tau\neq s$；（4）$t\neq s=\tau$；Ⅲ）没有等号：（5）$t\neq s\neq\tau$。所以 $\frac{1}{nT^3}\sum_{t=1}^{T}\sum_{s=1}^{T}\sum_{\tau=1}^{T}\sum_{i=1}^{n}\tilde{x}_{it}^2v_{is}v_{i\tau}$ 中第一项可以展开为以下 5 种情况：

$$(1)\ t=s=\tau:\ \frac{1}{nT^3}\sum_{t=1}^{T}\sum_{i=1}^{n}\tilde{x}_{it}^2v_{it}^2=O_p\left(\frac{1}{T^2}\right);$$

$$(2)\ t=s\neq\tau:\ \frac{1}{nT^3}\sum_{t\neq\tau}^{T}\sum_{\tau=1}^{T}\sum_{i=1}^{n}\tilde{x}_{it}^2v_{it}v_{i\tau}=O_p\left(\frac{1}{T^2\sqrt{n}}\right);$$

$$(3)\ t=\tau\neq s:\ \frac{1}{nT^3}\sum_{t\neq s}^{T}\sum_{s=1}^{T}\sum_{i=1}^{n}\tilde{x}_{it}^2v_{it}v_{is}=O_p\left(\frac{1}{T^2\sqrt{n}}\right);$$

$$(4)\ t\neq s=\tau:\ \frac{1}{nT^3}\sum_{t\neq s}^{T}\sum_{s=1}^{T}\sum_{i=1}^{n}\tilde{x}_{it}^2v_{is}^2=O_p\left(\frac{1}{T}\right);$$

(5) $t \neq s \neq \tau$: $\frac{1}{nT^3}\sum_{t\neq s\neq \tau}^{T}\sum_{s\neq \tau}^{T}\sum_{\tau=1}^{T}\sum_{i=1}^{n}\tilde{x}_{it}^2 v_{is}v_{i\tau} = O_p\left(\frac{1}{T\sqrt{n}}\right)$。

下面的 $\frac{1}{nT^3}\sum_{t=1}^{T}\sum_{s=1}^{T}\sum_{\tau=1}^{T}\sum_{i\neq j}^{n}\sum_{j=1}^{n}\tilde{x}_{it}v_{is}v_{j\tau}\tilde{x}_{jt}$ 这一项也可以类似地区分出以下情形:

(1) $t = s = \tau$: $\frac{1}{nT^3}\sum_{t=1}^{T}\sum_{i\neq j}^{n}\sum_{j=1}^{n}\tilde{x}_{it}v_{it}v_{jt}\tilde{x}_{jt} = O_p\left(\frac{1}{T^2\sqrt{T}}\right)$;

(2) $t = s \neq \tau$: $\frac{1}{nT^3}\sum_{t\neq \tau}^{T}\sum_{\tau=1}^{T}\sum_{i\neq j}^{n}\sum_{j=1}^{n}\tilde{x}_{it}v_{it}v_{j\tau}\tilde{x}_{jt} = O_p\left(\frac{1}{T^2}\right)$;

(3) $t = \tau \neq s$: $\frac{1}{nT^3}\sum_{t\neq s}^{T}\sum_{s=1}^{T}\sum_{i\neq j}^{n}\sum_{j=1}^{n}\tilde{x}_{it}v_{is}v_{jt}\tilde{x}_{jt} = O_p\left(\frac{1}{T^2}\right)$;

(4) $t \neq s = \tau$: $\frac{1}{nT^3}\sum_{t\neq s}^{T}\sum_{s=1}^{T}\sum_{i\neq j}^{n}\sum_{i=1}^{n}\tilde{x}_{it}v_{is}v_{js}\tilde{x}_{jt}^2 = O_p\left(\frac{1}{T^2}\right)$;

(5) $t \neq s \neq \tau$: $\frac{1}{nT^3}\sum_{t\neq s\neq \tau}^{T}\sum_{s\neq \tau}^{T}\sum_{\tau=1}^{T}\sum_{i\neq j}^{n}\sum_{i=1}^{n}\tilde{x}_{it}v_{is}v_{j\tau}\tilde{x}_{jt} = O_p\left(\frac{1}{T}\right)$。

利用 $\tilde{\beta}-\beta = O_p\left(\frac{1}{\sqrt{nT}}\right)$, 我们可以得到:

$$C_4^3 = O_p\left(\frac{1}{nT^2}\right)$$

利用引理 1.10, 我们可以得到 $C_4 = O_p\left(\frac{1}{nT}\right)$。

5. c_5 部分的证明

$$C_5 = \frac{2}{nT(T-1)}(\tilde{\beta}-\beta)'\sum_{t\neq s}^{T}\sum_{s=1}^{T}(\tilde{x}_t'(v_s-\bar{v}_.)(v_t-\bar{v}_.)'\tilde{x}_s)(\tilde{\beta}-\beta)$$

$$= \sum_{k=1}^{3}C_5^k$$

其中, $C_5^1 = \frac{2}{nT(T-1)}(\tilde{\beta}-\beta)'\sum_{t\neq s}^{T}\sum_{s=1}^{T}(\tilde{x}_t'v_sv_t'\tilde{x}_s)(\tilde{\beta}-\beta)$

$$C_5^2 = -\frac{4}{nT(T-1)}(\tilde{\beta}-\beta)'\sum_{t\neq s}^{T}\sum_{s=1}^{T}(\tilde{x}_t'v_s\bar{v}_.'\tilde{x}_s)(\tilde{\beta}-\beta)$$

$$C_5^3 = \frac{2}{nT(T-1)}(\tilde{\beta}-\beta)'\sum_{t\neq s}^{T}\sum_{s=1}^{T}(\tilde{x}_t'\bar{v}_.\bar{v}_.'\tilde{x}_s)(\tilde{\beta}-\beta)$$

为了计算上述各式的数量级，我们需要以下引理。

引理 1.11 在假设 1.1、假设 1.2、假设 1.3 以及原假设条件下，

（1）$C_5^1 = O_p\left(\frac{1}{nT^2}\right)$；

（2）$C_5^2 = O_p\left(\frac{1}{nT^2}\right)$；

（3）$C_5^3 = O_p\left(\frac{1}{nT^2}\right)$。

证明：（1）的证明：

$$\begin{aligned} C_5^1 &= \frac{2}{nT(T-1)}(\tilde{\beta}-\beta)'\sum_{t\neq s}^{T}\sum_{s=1}^{T}\sum_{i=1}^{n}(\tilde{x}_{it}v_{is}v_{it}\tilde{x}_{is})(\tilde{\beta}-\beta) \\ &\quad + \frac{2}{nT(T-1)}(\tilde{\beta}-\beta)'\sum_{t\neq s}^{T}\sum_{s=1}^{T}\sum_{i\neq j}^{n}\sum_{j=1}^{n}(\tilde{x}_{it}v_{is}v_{jt}\tilde{x}_{js})(\tilde{\beta}-\beta) \\ &= O_p\left(\frac{1}{nT^2\sqrt{n}}\right) + O_p\left(\frac{1}{nT^2}\right) = O_p\left(\frac{1}{nT^2}\right) \end{aligned}$$

（2）的证明：

$$\begin{aligned} C_5^2 &= -\frac{4}{nT(T-1)}(\tilde{\beta}-\beta)'\sum_{t\neq s}^{T}\sum_{s=1}^{T}\left(\tilde{x}_t'v_s\left(\frac{1}{T}\sum_{\tau=1}^{T}v_\tau\right)'\tilde{x}_s\right)(\tilde{\beta}-\beta) \\ &= -\frac{4}{nT^2(T-1)}(\tilde{\beta}-\beta)'\sum_{t\neq s}^{T}\sum_{s=1}^{T}\sum_{\tau=1}^{T}(\tilde{x}_t'v_sv_\tau'\tilde{x}_s)(\tilde{\beta}-\beta) \\ &= -\frac{4}{nT^2(T-1)}(\tilde{\beta}-\beta)'\sum_{t\neq s}^{T}\sum_{s=1}^{T}\sum_{\tau=1}^{T}\sum_{i=1}^{n}(\tilde{x}_{it}v_{is}v_{i\tau}\tilde{x}_{is})(\tilde{\beta}-\beta) \\ &\quad -\frac{4}{nT^2(T-1)}(\tilde{\beta}-\beta)'\sum_{t\neq s}^{T}\sum_{s=1}^{T}\sum_{\tau=1}^{T}\sum_{i\neq j}^{n}\sum_{j=1}^{n}(\tilde{x}_{it}v_{is}v_{j\tau}\tilde{x}_{js})(\tilde{\beta}-\beta) \end{aligned}$$

$-\frac{4}{nT^2(T-1)}\sum_{t\neq s}^{T}\sum_{s=1}^{T}\sum_{\tau=1}^{T}\sum_{i=1}^{n}\tilde{x}_{it}v_{is}v_{i\tau}\tilde{x}_{is}$ 可以展开为以下三种表达方式：

(1) $t=\tau\neq s$：$-\frac{4}{nT^2(T-1)}\sum_{t\neq s}^{T}\sum_{s=1}^{T}\tilde{x}_{it}v_{is}v_{it}\tilde{x}_{is} = O_p\left(\frac{1}{T^2\sqrt{n}}\right)$；

(2) $t\neq(s=\tau)$：$-\frac{4}{nT^2(T-1)}\sum_{t\neq s}^{T}\sum_{s=1}^{T}\tilde{x}_{it}v_{is}^2\tilde{x}_{is} = O_p\left(\frac{1}{T}\right)$；

(3) $t\neq(s=\tau)$：$-\frac{4}{nT^2(T-1)}\sum_{t\neq s}^{T}\sum_{s=1}^{T}\tilde{x}_{it}v_{is}v_{i\tau}\tilde{x}_{is} = O_p\left(\frac{1}{T\sqrt{n}}\right)$。

类似地，$-\frac{2}{nT^2(T-1)}\sum_{t\neq s}^{T}\sum_{s=1}^{T}\sum_{\tau=1}^{T}\sum_{i\neq j}^{n}\sum_{j=1}^{n}\tilde{x}_{it}v_{is}v_{j\tau}\tilde{x}_{js}$ 可以展开成下面这些项：

(1) $t=\tau\neq s$: $-\frac{4}{nT^2(T-1)}\sum_{t\neq s}^{T}\sum_{s=1}^{T}\sum_{i\neq j}^{n}\sum_{j=1}^{n}\tilde{x}_{it}v_{is}v_{jt}\tilde{x}_{js}=O_p\left(\frac{1}{T^2}\right)$;

(2) $t\neq(s=\tau)$: $-\frac{4}{nT^2(T-1)}\sum_{t\neq s}^{T}\sum_{s=1}^{T}\sum_{i\neq j}^{n}\sum_{j=1}^{n}\tilde{x}_{it}v_{is}v_{js}\tilde{x}_{js}=O_p\left(\frac{1}{T\sqrt{T}}\right)$;

(3) $t\neq s\neq\tau$: $-\frac{4}{nT^2(T-1)}\sum_{t\neq s}^{T}\sum_{s=1}^{T}\sum_{\tau=1}^{T}\sum_{i\neq j}^{n}\sum_{j=1}^{n}\tilde{x}_{it}v_{is}v_{j\tau}\tilde{x}_{js}=O_p\left(\frac{1}{T}\right)$。

因为$\tilde{\beta}-\beta=O_p\left(\frac{1}{\sqrt{nT}}\right)$并且利用以上结果，我们可以得到：

$$C_5^2=O_p\left(\frac{1}{nT^2}\right)$$

(3) 的证明：

$$\begin{aligned}C_5^3&=\frac{2}{nT(T-1)}(\tilde{\beta}-\beta)'\sum_{t\neq s}^{T}\sum_{s=1}^{T}\tilde{x}_t'\left(\frac{1}{T}\sum_{\tau=1}^{\tau}v_\tau\right)\left(\frac{1}{T}\sum_{\eta=1}^{T}v_\eta\right)'\tilde{x}_s(\tilde{\beta}-\beta)\\&=\frac{2}{nT^3(T-1)}(\tilde{\beta}-\beta)'\sum_{t\neq s}^{T}\sum_{s=1}^{T}\sum_{\tau=1}^{T}\sum_{\eta=1}^{T}\tilde{x}_t'v_\tau v_\eta'\tilde{x}_s(\tilde{\beta}-\beta)\\&=\frac{2}{nT^3(T-1)}(\tilde{\beta}-\beta)'\sum_{t\neq s}^{T}\sum_{s=1}^{T}\sum_{\tau=1}^{T}\sum_{\eta=1}^{T}\sum_{i=1}^{n}\tilde{x}_{it}v_{i\tau}v_{i\eta}\tilde{x}_{is}(\tilde{\beta}-\beta)\\&\quad+\frac{2}{nT^3(T-1)}(\tilde{\beta}-\beta)'\sum_{t\neq s}^{T}\sum_{s=1}^{T}\sum_{\tau=1}^{T}\sum_{\eta=1}^{T}\sum_{i=1}^{n}\tilde{x}_{it}v_{i\tau}v_{j\eta}\tilde{x}_{js}(\tilde{\beta}-\beta)\end{aligned}$$

接下来我们需要区分（$t\neq s$，τ，η）的情况：

Ⅰ）两个等号：(1) $(t=\tau=\eta)\neq s$；(2) $t\neq s=\tau=\eta$；(3) $t=\tau\neq s=\eta$；(4) $t=\eta\neq s=\tau$；

Ⅱ）一个等号：(5) $t=\tau\neq s\neq\eta$；(6) $t=\eta\neq s\neq\tau$；(7) $t\neq(s=\tau)\neq\eta$；(8) $t\neq(s=\eta)\neq\tau$；(9) $t\neq s\neq(\tau\neq\eta)$；

Ⅲ）没有等号：(10) $t\neq s\neq\tau\neq\eta$。

我们需要计算 $\frac{2}{nT^3(T-1)}\sum_{t\neq s}^{T}\sum_{s=1}^{T}\sum_{\tau=1}^{T}\sum_{\eta=1}^{T}\sum_{i=1}^{n}\tilde{x}_{it}v_{i\tau}v_{i\eta}\tilde{x}_{is}$ 来得到 C_5^3，它可以展开为下面10项：

(1) $(t=\tau=\eta)\neq s$: $\frac{2}{nT^3(T-1)}\sum_{t\neq s}^{T}\sum_{s=1}^{T}\sum_{i=1}^{n}\tilde{x}_{it}v_{it}^2\tilde{x}_{is}=O_p\left(\frac{1}{T^2}\right)$;

(2) $t \neq s = \tau = \eta$: $\frac{2}{nT^3(T-1)}\sum_{t\neq s}^{T}\sum_{s=1}^{T}\sum_{i=1}^{n}\tilde{x}_{it}v_{is}^2\tilde{x}_{is} = O_p\left(\frac{1}{T^2}\right)$;

(3) $t = \tau \neq s = \eta$: $\frac{2}{nT^3(T-1)}\sum_{t\neq s}^{T}\sum_{s=1}^{T}\sum_{i=1}^{n}\tilde{x}_{it}v_{it}v_{is}\tilde{x}_{is} = O_p\left(\frac{1}{T^3\sqrt{n}}\right)$;

(4) $t = \eta \neq s = \tau$: $\frac{2}{nT^3(T-1)}\sum_{t\neq s}^{T}\sum_{s=1}^{T}\sum_{i=1}^{n}\tilde{x}_{it}v_{is}v_{it}\tilde{x}_{is} = O_p\left(\frac{1}{T^3\sqrt{n}}\right)$;

(5) $t = \tau \neq s \neq \eta$: $\frac{2}{nT^3(T-1)}\sum_{t\neq s\neq\eta}^{T}\sum_{s\neq\eta}^{T}\sum_{\eta=1}^{T}\sum_{i=1}^{n}\tilde{x}_{it}v_{it}v_{i\eta}\tilde{x}_{is} = O_p\left(\frac{1}{T^2\sqrt{n}}\right)$;

(6) $t = \eta \neq s \neq \tau$: $\frac{2}{nT^3(T-1)}\sum_{t\neq s\neq\tau}^{T}\sum_{s\neq\tau}^{T}\sum_{\tau=1}^{T}\sum_{i=1}^{n}\tilde{x}_{it}v_{i\tau}v_{it}\tilde{x}_{is} = O_p\left(\frac{1}{T^2\sqrt{n}}\right)$;

(7) $t \neq (s = \tau) \neq \eta$: $\frac{2}{nT^3(T-1)}\sum_{t\neq s\neq\eta}^{T}\sum_{s\neq\eta}^{T}\sum_{\eta=1}^{T}\sum_{i=1}^{n}\tilde{x}_{it}v_{is}v_{i\eta}\tilde{x}_{is} = O_p\left(\frac{1}{T^2\sqrt{n}}\right)$;

(8) $t \neq (s = \eta) \neq \tau$: $\frac{2}{nT^3(T-1)}\sum_{t\neq s\neq\tau}^{T}\sum_{s\neq\tau}^{T}\sum_{\tau=1}^{T}\sum_{i=1}^{n}\tilde{x}_{it}v_{i\tau}v_{is}\tilde{x}_{is} = O_p\left(\frac{1}{T^2\sqrt{n}}\right)$;

(9) $t \neq s \neq (\tau = \eta)$: $\frac{2}{nT^3(T-1)}\sum_{t\neq s\neq\tau}^{T}\sum_{s\neq\tau}^{T}\sum_{\tau=1}^{T}\sum_{i=1}^{n}\tilde{x}_{it}v_{i\tau}^2\tilde{x}_{is} = O_p\left(\frac{1}{T}\right)$;

(10) $t \neq s \neq \tau \neq \eta$: $\frac{2}{nT^3(T-1)}\sum_{t\neq s\neq\tau\neq\eta}^{T}\sum_{s\neq\tau\neq\eta}^{T}\sum_{\tau\neq\eta}^{T}\sum_{\eta=1}^{T}\sum_{i=1}^{n}\tilde{x}_{it}v_{i\tau}v_{i\eta}\tilde{x}_{is} =$ $O_p\left(\frac{1}{T\sqrt{n}}\right)$。

此外，$\frac{2}{nT^3(T-1)}\sum_{t\neq s}^{T}\sum_{s=1}^{T}\sum_{\tau=1}^{T}\sum_{\eta=1}^{T}\sum_{i=1}^{n}\tilde{x}_{it}v_{i\tau}v_{j\eta}\tilde{x}_{js}$ 可以展开为以下10项：

(1) $(t = \tau = \eta) \neq s$: $\frac{2}{nT^3(T-1)}\sum_{t\neq s}^{T}\sum_{s=1}^{T}\sum_{i\neq j}^{n}\sum_{j=1}^{n}\tilde{x}_{it}v_{it}v_{jt}\tilde{x}_{js} = O_p\left(\frac{1}{T^2\sqrt{T}}\right)$;

(2) $t \neq s = \tau = \eta$: $\frac{2}{nT^3(T-1)}\sum_{t\neq s}^{T}\sum_{s=1}^{T}\sum_{i\neq j}^{n}\sum_{j=1}^{n}\tilde{x}_{it}v_{is}v_{js}\tilde{x}_{js} = O_p\left(\frac{1}{T^2\sqrt{T}}\right)$;

(3) $t = \tau \neq s = \eta$: $\frac{2}{nT^3(T-1)}\sum_{t\neq s}^{T}\sum_{s=1}^{T}\sum_{i\neq j}^{n}\sum_{j=1}^{n}\tilde{x}_{it}v_{it}v_{js}\tilde{x}_{js} = O_p\left(\frac{1}{T^3}\right)$;

(4) $t = \eta \neq s = \tau$: $\frac{2}{nT^3(T-1)}\sum_{t\neq s}^{T}\sum_{s=1}^{T}\sum_{i\neq j}^{n}\sum_{j=1}^{n}\tilde{x}_{it}v_{is}v_{jt}\tilde{x}_{js} = O_p\left(\frac{1}{T^3}\right)$;

(5) $t = \tau \neq s \neq \eta$: $\frac{2}{nT^3(T-1)}\sum_{t\neq s\neq\eta}^{T}\sum_{s\neq\eta}^{T}\sum_{\eta=1}^{T}\sum_{i\neq j}^{n}\sum_{j=1}^{n}\tilde{x}_{it}v_{it}v_{j\eta}\tilde{x}_{js} = O_p\left(\frac{1}{T^2}\right)$;

(6) $t = \eta \neq s \neq \tau$: $\frac{2}{nT^3(T-1)}\sum_{t\neq s\neq\tau}^{T}\sum_{s\neq\tau}^{T}\sum_{\tau=1}^{T}\sum_{i\neq j}^{n}\sum_{j=1}^{n}\tilde{x}_{it}v_{i\tau}v_{jt}\tilde{x}_{js} = O_p\left(\frac{1}{T^2}\right)$;

(7) $t \neq (s=\tau) \neq \eta$: $\frac{2}{nT^3(T-1)}\sum_{t\neq s\neq\eta}^{T}\sum_{s\neq\eta}^{T}\sum_{\eta=1}^{T}\sum_{i\neq j}^{n}\sum_{j=1}^{n}\tilde{x}_{it}v_{is}v_{j\eta}\tilde{x}_{js} = O_p\left(\frac{1}{T^2}\right)$;

(8) $t \neq (s=\eta) \neq \tau$: $\frac{2}{nT^3(T-1)}\sum_{t\neq s\neq\tau}^{T}\sum_{s\neq\tau}^{T}\sum_{\tau=1}^{T}\sum_{i\neq j}^{n}\sum_{j=1}^{n}\tilde{x}_{it}v_{i\tau}v_{js}\tilde{x}_{js} = O_p\left(\frac{1}{T^2}\right)$;

(9) $t \neq s \neq (\tau=\eta)$: $\frac{2}{nT^3(T-1)}\sum_{t\neq s\neq\tau}^{T}\sum_{s\neq\tau}^{T}\sum_{\tau=1}^{T}\sum_{i\neq j}^{n}\sum_{j=1}^{n}\tilde{x}_{it}v_{i\tau}v_{j\tau}\tilde{x}_{js} = O_p\left(\frac{1}{T\sqrt{T}}\right)$;

(10) $t \neq s \neq \tau \neq \eta$: $\frac{2}{nT^3(T-1)}\sum_{t\neq s\neq\tau\neq\eta}^{T}\sum_{s\neq\tau\neq\eta}^{T}\sum_{\tau\neq\eta}^{T}\sum_{\eta=1}^{T}\sum_{i\neq j}^{n}\sum_{j=1}^{n}\tilde{x}_{it}v_{i\tau}v_{j\eta}\tilde{x}_{js} = O_p\left(\frac{1}{T}\right)$。

因为 $\tilde{\beta}-\beta = O_p\left(\frac{1}{\sqrt{nT}}\right)$，我们可以得到：

$$C_5^3 = O_p\left(\frac{1}{nT^2}\right)$$

引理 1.11 得证，我们可以得到：

$$C_5 = O_p\left(\frac{1}{nT^2}\right)$$

6. c_6 部分的证明

$$\begin{aligned}
C_6 &= -\frac{4}{nT(T-1)}(\tilde{\beta}-\beta)'\left[\sum_{t\neq s}^{T}\sum_{s=1}^{T}\tilde{x}_t'\tilde{v}_s(\tilde{\beta}-\beta)\tilde{x}_t'\tilde{x}_s\right](\tilde{\beta}-\beta) \\
&= -\frac{4}{nT(T-1)}(\tilde{\beta}-\beta)'\left[\sum_{t\neq s}^{T}\sum_{s=1}^{T}\tilde{x}_t'(v_s-\bar{v}_.)(\tilde{\beta}-\beta)\tilde{x}_t'\tilde{x}_s\right](\tilde{\beta}-\beta) \\
&= -\frac{4}{nT(T-1)}(\tilde{\beta}-\beta)'\left[\sum_{t\neq s}^{T}\sum_{s=1}^{T}\sum_{i=1}^{n}\sum_{j=1}^{n}\tilde{x}_{it}v_{is}(\tilde{\beta}-\beta)\tilde{x}_{jt}\tilde{x}_{js}\right](\tilde{\beta}-\beta) \\
&\quad -\frac{4}{nT^2(T-1)}(\tilde{\beta}-\beta)'\left[\sum_{t\neq s}^{T}\sum_{s=1}^{T}\sum_{\tau=1}^{T}\sum_{i=1}^{n}\sum_{j=1}^{n}\tilde{x}_{it}v_{i\tau}(\tilde{\beta}-\beta)\tilde{x}_{jt}\tilde{x}_{js}\right](\tilde{\beta}-\beta)
\end{aligned}$$

因为，

$$\begin{aligned}
&-\frac{4}{nT(T-1)}\sum_{t\neq s}^{T}\sum_{s=1}^{T}\sum_{i=1}^{n}\sum_{j=1}^{n}\tilde{x}_{it}v_{is}\tilde{x}_{jt}\tilde{x}_{js} \\
&= -\frac{4}{nT(T-1)}\sum_{t\neq s}^{T}\sum_{s=1}^{T}\sum_{i=1}^{n}\tilde{x}_{it}^2v_{is}\tilde{x}_{is} - \frac{4}{nT(T-1)}\sum_{t\neq s}^{T}\sum_{s=1}^{T}\sum_{i\neq j}^{n}\sum_{j=1}^{n}\tilde{x}_{it}v_{is}\tilde{x}_{jt}\tilde{x}_{js} \\
&= O_p\left(\frac{1}{\sqrt{nT}}\right) + O_p\left(\frac{\sqrt{n}}{\sqrt{T}}\right)
\end{aligned}$$

且

$$-\frac{4}{nT^2(T-1)}\sum_{t\neq s}^{T}\sum_{s=1}^{T}\sum_{\tau=1}^{T}\sum_{i=1}^{n}\sum_{j=1}^{n}\tilde{x}_{it}v_{i\tau}\tilde{x}_{jt}\tilde{x}_{js}$$

$$=-\frac{4}{nT^2(T-1)}\sum_{t\neq s}^{T}\sum_{s=1}^{T}\sum_{i=1}^{n}\sum_{j=1}^{n}\tilde{x}_{it}v_{it}\tilde{x}_{jt}\tilde{x}_{js}-\frac{4}{nT^2(T-1)}\sum_{t\neq s}^{T}\sum_{s=1}^{T}\sum_{i=1}^{n}\sum_{j=1}^{n}\tilde{x}_{it}v_{is}\tilde{x}_{jt}\tilde{x}_{js}$$

$$-\frac{4}{nT^2(T-1)}\sum_{t\neq s\neq\tau}^{T}\sum_{s\neq\tau}^{T}\sum_{\tau=1}^{T}\sum_{i=1}^{n}\sum_{j=1}^{n}\tilde{x}_{it}v_{i\tau}\tilde{x}_{jt}\tilde{x}_{js}$$

$$=O_p\left(\frac{\sqrt{n}}{T\sqrt{T}}\right)+O_p\left(\frac{\sqrt{n}}{T\sqrt{T}}\right)+O_p\left(\frac{\sqrt{n}}{\sqrt{T}}\right)$$

利用 $\tilde{\beta}-\beta=O_p\left(\frac{1}{\sqrt{nT}}\right)$，我们可以得到：

$$C_6=O_p\left(\frac{1}{nT^2}\right)$$

7. c_7 部分的证明

$$C_7=\frac{1}{nT(T-1)}(\tilde{\beta}-\beta)'\left[\sum_{t\neq s}^{T}\sum_{s=1}^{T}\tilde{x}_t'\tilde{x}_s(\tilde{\beta}-\beta)(\tilde{\beta}-\beta)'\tilde{x}_t'\tilde{x}_s\right](\tilde{\beta}-\beta)$$

$$=\frac{1}{nT(T-1)}(\tilde{\beta}-\beta)'\left[\sum_{t\neq s}^{T}\sum_{s=1}^{T}\sum_{i=1}^{n}\sum_{j=1}^{n}\tilde{x}_{it}'\tilde{x}_{is}(\tilde{\beta}-\beta)(\tilde{\beta}-\beta)'\tilde{x}_{jt}'\tilde{x}_{js}\right](\tilde{\beta}-\beta)$$

$$=\frac{1}{nT(T-1)}(\tilde{\beta}-\beta)'\left[\sum_{t\neq s}^{T}\sum_{s=1}^{T}\sum_{i=1}^{n}\tilde{x}_{it}'\tilde{x}_{is}(\tilde{\beta}-\beta)(\tilde{\beta}-\beta)'\tilde{x}_{it}'\tilde{x}_{is}\right](\tilde{\beta}-\beta)$$

$$+\frac{1}{nT(T-1)}(\tilde{\beta}-\beta)'\left[\sum_{t\neq s}^{T}\sum_{s=1}^{T}\sum_{i\neq j}^{n}\sum_{j=1}^{n}\tilde{x}_{it}'\tilde{x}_{is}(\tilde{\beta}-\beta)(\tilde{\beta}-\beta)'\tilde{x}_{jt}'\tilde{x}_{js}\right](\tilde{\beta}-\beta)$$

$$=O_p\left(\frac{1}{n^2T^2}\right)+O_p\left(\frac{1}{nT^2}\right)=O_p\left(\frac{1}{nT^2}\right)$$

1.8.2 命题 1.2 第（2）部分的证明

$$\frac{1}{n}\hat{M}_{4,T}=\frac{1}{nT(T-1)(T-2)}\sum_{t\neq s\neq\tau}^{T}\sum_{s\neq\tau}^{T}\sum_{\tau=1}^{T}\hat{v}_t'\hat{v}_s\hat{v}_s'\hat{v}_\tau=\frac{1}{nT(T-1)(T-2)}$$

$$\sum_{t\neq s\neq\tau}^{T}\sum_{s\neq\tau}^{T}\sum_{\tau=1}^{T}(\tilde{v}_t-\tilde{x}_t(\tilde{\beta}-\beta))'(\tilde{v}_s-\tilde{x}_s(\tilde{\beta}-\beta))$$

$$
\begin{aligned}
&(\tilde{v}_s - \tilde{x}_s(\tilde{\beta} - \beta))'(\tilde{v}_\tau - \tilde{x}_\tau(\tilde{\beta} - \beta)) \\
&= \frac{1}{nT(T-1)(T-2)} \sum_{t \neq s \neq \tau}^{T} \sum_{s \neq \tau}^{T} \sum_{\tau=1}^{T} (\tilde{v}_t'\tilde{v}_s - \tilde{v}_t'\tilde{x}_s(\tilde{\beta} - \beta) \\
&\quad - (\tilde{\beta} - \beta)'\tilde{x}_t'\tilde{v}_s + (\tilde{\beta} - \beta)'\tilde{x}_t'\tilde{x}_s(\tilde{\beta} - \beta)) \\
&\quad (\tilde{v}_s'\tilde{v}_\tau - \tilde{v}_s'\tilde{x}_\tau(\tilde{\beta} - \beta) - (\tilde{\beta} - \beta)'\tilde{x}_s'\tilde{v}_\tau + (\tilde{\beta} - \beta)'\tilde{x}_s\tilde{x}_\tau(\tilde{\beta} - \beta)) \\
&= \sum_{k=1}^{10} D_k
\end{aligned}
$$

这里，

$$D_1 = \frac{1}{nT(T-1)(T-2)} \sum_{t \neq s \neq \tau}^{T} \sum_{s \neq \tau}^{T} \sum_{\tau=1}^{T} \tilde{v}_t'\tilde{v}_s\tilde{v}_s'\tilde{v}_\tau$$

$$D_2 = -\frac{2}{nT(T-1)(T-2)} \sum_{t \neq s \neq \tau}^{T} \sum_{s \neq \tau}^{T} \sum_{\tau=1}^{T} \tilde{v}_t'\tilde{v}_s\tilde{v}_s'\tilde{x}_\tau(\tilde{\beta} - \beta)$$

$$D_3 = -\frac{2}{nT(T-1)(T-2)} \sum_{t \neq s \neq \tau}^{T} \sum_{s \neq \tau}^{T} \sum_{\tau=1}^{T} \tilde{v}_t'\tilde{v}_s(\tilde{\beta} - \beta)'\tilde{x}_s'\tilde{v}_\tau$$

$$D_4 = \frac{2}{nT(T-1)(T-2)} \sum_{t \neq s \neq \tau}^{T} \sum_{s \neq \tau}^{T} \sum_{\tau=1}^{T} \tilde{v}_t'\tilde{v}_s(\tilde{\beta} - \beta)'\tilde{x}_s'\tilde{x}_\tau(\tilde{\beta} - \beta)$$

$$D_5 = \frac{2}{nT(T-1)(T-2)} \sum_{t \neq s \neq \tau}^{T} \sum_{s \neq \tau}^{T} \sum_{\tau=1}^{T} \tilde{v}_t'\tilde{x}_s(\tilde{\beta} - \beta)\tilde{v}_s'\tilde{x}_\tau(\tilde{\beta} - \beta)$$

$$D_6 = \frac{1}{nT(T-1)(T-2)} \sum_{t \neq s \neq \tau}^{T} \sum_{s \neq \tau}^{T} \sum_{\tau=1}^{T} \tilde{v}_t'\tilde{x}_s(\tilde{\beta} - \beta)(\tilde{\beta} - \beta)'\tilde{x}_s'\tilde{v}_\tau$$

$$D_7 = -\frac{2}{nT(T-1)(T-2)} \sum_{t \neq s \neq \tau}^{T} \sum_{s \neq \tau}^{T} \sum_{\tau=1}^{T} \tilde{v}_t'\tilde{x}_s(\tilde{\beta} - \beta)(\tilde{\beta} - \beta)'\tilde{x}_s'\tilde{x}_\tau(\tilde{\beta} - \beta)$$

$$D_8 = \frac{1}{nT(T-1)(T-2)} \sum_{t \neq s \neq \tau}^{T} \sum_{s \neq \tau}^{T} \sum_{\tau=1}^{T} (\tilde{\beta} - \beta)'\tilde{x}_t'\tilde{v}_s\tilde{v}_s'\tilde{x}_\tau(\tilde{\beta} - \beta)$$

$$D_9 = -\frac{2}{nT(T-1)(T-2)} \sum_{t \neq s \neq \tau}^{T} \sum_{s \neq \tau}^{T} \sum_{\tau=1}^{T} (\tilde{\beta} - \beta)'\tilde{x}_t'\tilde{v}_s(\tilde{\beta} - \beta)'\tilde{x}_s'\tilde{x}_\tau(\tilde{\beta} - \beta)$$

$$D_{10} = \frac{1}{nT(T-1)(T-2)} \sum_{t \neq s \neq \tau}^{T} \sum_{s \neq \tau}^{T} \sum_{\tau=1}^{T} (\tilde{\beta} - \beta)'\tilde{x}_t\tilde{x}_s(\tilde{\beta} - \beta)(\tilde{\beta} - \beta)'\tilde{x}_s'\tilde{x}_\tau(\tilde{\beta} - \beta)$$

为了计算上述各式的数量级，我们需要如下引理。

引理 1.12 在假设 1.1、假设 1.2、假设 1.3 以及原假设条件下，

(a) $D_1 = \frac{1}{n}M_{4,T} - \frac{2\sigma_v^4}{T} + \frac{T-1}{T^2}\sigma_v^4 + 4\frac{n-1}{T^2}\sigma_v^4 - \frac{3n}{T^2}\sigma_v^4 + O_p\left(\frac{1}{T\sqrt{n}}\right) +$

$O_p\left(\frac{\sqrt{n}}{T^2}\right)$;

(b) $D_2 = O_p\left(\frac{1}{nT}\right) + O_p\left(\frac{1}{T^2}\right) + O_p\left(\frac{1}{T\sqrt{nT}}\right)$;

(c) $D_3 = O_p\left(\frac{1}{T^2}\right)$;

(d) $D_4 = O_p\left(\frac{1}{T^2}\right)$;

(e) $D_5 = O_p\left(\frac{1}{nT^2}\right)$;

(f) $D_6 = O_p\left(\frac{1}{nT^2}\right)$;

(g) $D_7 = O_p\left(\frac{1}{nT^2}\right)$;

(h) $D_8 = O_p\left(\frac{1}{nT}\right)$;

(i) $D_9 = O_p\left(\frac{1}{nT^2}\right)$;

(j) $D_{10} = O_p\left(\frac{1}{nT^2}\right)$。

1. (a) 部分的证明

$$
\begin{aligned}
D_1 &= \frac{1}{nT(T-1)(T-2)} \sum_{t\neq s\neq \tau}^{T} \sum_{s\neq \tau}^{T} \sum_{\tau=1}^{T} \tilde{v}_t' \tilde{v}_s \tilde{v}_s' \tilde{v}_\tau \\
&= \frac{1}{nT(T-1)(T-2)} \sum_{t\neq s\neq \tau}^{T} \sum_{s\neq \tau}^{T} \sum_{\tau=1}^{T} (v_t - \bar{v}_\cdot)'(v_s - \bar{v}_\cdot)(v_s - \bar{v}_\cdot)'(v_\tau - \bar{v}_\cdot) \\
&= \frac{1}{n} M_{4,T} + \sum_{k=1}^{7} D_1^k
\end{aligned}
$$

其中:

$D_1^1 = -\frac{2}{nT(T-1)} \sum_{t\neq s}^{T} \sum_{s=1}^{T} v_t' v_s v_s' \bar{v}_\cdot$; $D_1^2 = -\frac{2}{nT(T-1)(T-2)} \sum_{t\neq s\neq \tau}^{T} \sum_{s\neq \tau}^{T} \sum_{\tau=1}^{T} v_t' v_s \bar{v}_\cdot' v_\tau$; $D_1^3 = \frac{2}{nT(T-1)} \sum_{t\neq s}^{T} \sum_{s=1}^{T} v_t' v_s \bar{v}_\cdot' \bar{v}_\cdot$; $D_1^4 = \frac{3}{nT(T-1)} \sum_{t\neq s}^{T}$

$\sum_{s=1}^{T} v_t'\bar{v}_{\cdot} v_s'\bar{v}_{\cdot}$；$D_1^5 = \frac{1}{nT}\sum_{s=1}^{T} \bar{v}'_{\cdot} v_s v_s'\bar{v}_{\cdot}$；$D_1^6 = -\frac{3}{n}\bar{v}'_{\cdot}\bar{v}_{\cdot}\bar{v}'_{\cdot}\bar{v}_{\cdot}$。

为了计算上述各式的数量级，我们需要如下引理。

引理 1.13 在假设 1.1、假设 1.2、假设 1.3 以及原假设条件下，

（1）$D_1^1 = -\frac{2\sigma_v^4}{T} + O_p\left(\frac{1}{T\sqrt{n}}\right) + O_p\left(\frac{\sqrt{n}}{T^2}\right)$；

（2）$D_1^2 = O_p\left(\frac{\sqrt{n}}{T^2}\right)$；

（3）$D_1^3 = O_p\left(\frac{\sqrt{n}}{T^2}\right)$；

（4）$D_1^4 = 3\frac{n-1}{T^2}\sigma_v^4 + O_p\left(\frac{\sqrt{n}}{T^2}\right)$；

（5）$D_1^5 = \frac{T-1}{T^2}\sigma_v^4 + \frac{n-1}{T^2}\sigma_v^4 + O_p\left(\frac{1}{T\sqrt{n}}\right) + O_p\left(\frac{\sqrt{n}}{T^2}\right)$；

（6）$D_1^6 = -\frac{3n}{T^2}\sigma_v^4 + O_p\left(\frac{\sqrt{n}}{T^2}\right)$。

证明：很容易可以看出：

$D_1^1 = \frac{1}{2}C_1^1 = -\frac{2\sigma_v^4}{T} + O_p\left(\frac{1}{T\sqrt{n}}\right) + O_p\left(\frac{\sqrt{n}}{T^2}\right)$；$D_1^3 = C_1^2 = O_p\left(\frac{\sqrt{n}}{T^2}\right)$；$D_1^4 = \frac{3}{2}C_1^4 = \frac{3(n-1)}{T^2}\sigma_v^4 + O_p\left(\frac{\sqrt{n}}{T^2}\right)$并且 $D_1^6 = C_1^5 = -\frac{3n}{T^2}\sigma_v^4 + O_p\left(\frac{\sqrt{n}}{T^2}\right)$。我们还有两个部分需要证明。我们先来考虑第（2）部分：

$$D_1^2 = -\frac{2}{nT^2(T-1)(T-2)}\sum_{t\neq s\neq \tau}^{T}\sum_{s\neq \tau}^{T}\sum_{\tau=1}^{T}\sum_{\eta=1}^{T} v_t'v_s v_\eta' v_\tau$$

$$= -\frac{2}{nT^2(T-1)(T-2)}\sum_{t\neq s\neq \tau}^{T}\sum_{s\neq \tau}^{T}\sum_{\tau=1}^{T}\sum_{\eta=1}^{T}\sum_{i=1}^{n} v_{it}v_{is}v_{i\tau}v_{i\eta}$$

$$-\frac{2}{nT^2(T-1)(T-2)}\sum_{t\neq s\neq \tau}^{T}\sum_{s\neq \tau}^{T}\sum_{\tau=1}^{T}\sum_{\eta=1}^{T}\sum_{i=1}^{n} v_{it}v_{is}v_{j\tau}v_{j\eta}$$

每项有 4 种情况讨论，第一项的 4 种情形为：

（1）$t=\eta\neq s\neq\tau$：$-\frac{2}{nT^2(T-1)(T-2)}\sum_{t\neq s\neq \tau}^{T}\sum_{s\neq \tau}^{T}\sum_{\tau=1}^{T}\sum_{i=1}^{n} v_{it}^2 v_{is}v_{i\tau} = O_p\left(\frac{1}{T^2\sqrt{n}}\right)$；

(2) $t \neq s = \eta \neq \tau$: $-\frac{2}{nT^2(T-1)(T-2)}\sum_{t\neq s\neq \tau}^{T}\sum_{s\neq \tau}^{T}\sum_{\tau=1}^{T}\sum_{i=1}^{n}v_{it}v_{is}^2v_{i\tau} = O_p\left(\frac{1}{T^2\sqrt{n}}\right)$;

(3) $t \neq s \neq \tau = \eta$: $-\frac{2}{nT^2(T-1)(T-2)}\sum_{t\neq s\neq \tau}^{T}\sum_{s\neq \tau}^{T}\sum_{\tau=1}^{T}\sum_{i=1}^{n}v_{it}v_{is}v_{i\tau}^2 = O_p\left(\frac{1}{T^2\sqrt{n}}\right)$;

(4) $t \neq s \neq \tau \neq \eta$: $-\frac{2}{nT^2(T-1)(T-2)}\sum_{t\neq s\neq \tau\neq\eta}^{T}\sum_{s\neq \tau\neq\eta}^{T}\sum_{\tau\neq\eta}^{T}\sum_{\eta=1}^{T}\sum_{i=1}^{n}v_{it}v_{is}$
$v_{i\tau}v_{i\eta} = O_p\left(\frac{1}{T^2\sqrt{n}}\right)$。

类似地，我们可以得到：

(1) $t = \eta \neq s \neq \tau$: $-\frac{2}{nT^2(T-1)(T-2)}\sum_{t\neq s\neq \tau}^{T}\sum_{s\neq \tau}^{T}\sum_{\tau=1}^{T}\sum_{i\neq j}^{n}\sum_{j=1}^{n}v_{it}v_{is}v_{jt}v_{j\tau} =$
$O_p\left(\frac{1}{T^2\sqrt{T}}\right)$;

(2) $t \neq s = \eta \neq \tau$: $-\frac{2}{nT^2(T-1)(T-2)}\sum_{t\neq s\neq \tau}^{T}\sum_{s\neq \tau}^{T}\sum_{\tau=1}^{T}\sum_{i\neq j}^{n}\sum_{j=1}^{n}v_{it}v_{is}v_{js}v_{j\tau} =$
$O_p\left(\frac{1}{T^2\sqrt{T}}\right)$;

(3) $t \neq s \neq \tau = \eta$: $-\frac{2}{nT^2(T-1)(T-2)}\sum_{t\neq s\neq \tau}^{T}\sum_{s\neq \tau}^{T}\sum_{\tau=1}^{T}\sum_{i\neq j}^{n}\sum_{j=1}^{n}v_{it}v_{is}v_{j\tau}^2 =$
$O_p\left(\frac{\sqrt{n}}{T^2}\right)$;

(4) $t \neq s \neq \tau \neq \eta$: $-\frac{2}{nT^2(T-1)(T-2)}\sum_{t\neq s\neq \tau\neq\eta}^{T}\sum_{s\neq \tau\neq\eta}^{T}\sum_{\tau\neq\eta}^{T}\sum_{\eta=1}^{T}\sum_{i\neq j}^{n}\sum_{j=1}^{n}v_{it}v_{is}$
$v_{j\tau}v_{j\eta} = O_p\left(\frac{1}{T^2}\right)$。

上述结果可以得到 $D_1^2 = O_p\left(\frac{\sqrt{n}}{T^2}\right)$。接下来我们考虑第（5）部分：

$$D_1^5 = \frac{1}{nT}\sum_{s=1}^{T}\left(\frac{1}{T}\sum_{t=1}^{T}v_t\right)'v_sv_s'\left(\frac{1}{T}\sum_{\tau=1}^{T}v_\tau\right) = \frac{1}{nT^3}\sum_{t=1}^{T}\sum_{s=1}^{T}\sum_{\tau=1}^{T}v_t'v_sv_s'v_\tau$$

$$= \frac{1}{nT^3}\sum_{t\neq s}^{T}\sum_{s=1}^{T}\sum_{\tau=1}^{T}v_t'v_sv_s'v_\tau + \frac{1}{nT^3}\sum_{s=1}^{T}\sum_{\tau=1}^{T}v_s'v_sv_s'v_\tau$$

$$= -\frac{T-1}{2T}D_1^1 + \frac{1}{nT^3}\sum_{s=1}^{T}\sum_{i=1}^{n}v_{is}^4 + \frac{1}{nT^3}\sum_{s=1}^{T}\sum_{i\neq j}^{n}\sum_{j=1}^{n}v_{is}^2v_{js}^2$$

$$+\frac{1}{nT^3}\sum_{s\neq\tau}^{T}\sum_{\tau=1}^{T}\sum_{i=1}^{n}v_{is}^3v_{i\tau}+\frac{1}{nT^3}\sum_{s\neq\tau}^{T}\sum_{\tau=1}^{T}\sum_{i\neq j}^{n}\sum_{j=1}^{n}v_{is}^2v_{js}v_{j\tau}$$

$$=\frac{T-1}{T^2}\sigma_v^4+O_p\left(\frac{1}{T\sqrt{n}}\right)+O_p\left(\frac{\sqrt{n}}{T^2}\right)+O_p\left(\frac{1}{T^2}\right)+\frac{n-1}{T^2}\sigma_v^4$$

$$+O_p\left(\frac{1}{T^2\sqrt{T}}\right)+O_p\left(\frac{1}{T^2\sqrt{n}}\right)+O_p\left(\frac{\sqrt{n}}{T^2}\right)$$

$$=\frac{T-1}{T^2}\sigma_v^4+\frac{n-1}{T^2}\sigma_v^4+O_p\left(\frac{1}{T\sqrt{n}}\right)+O_p\left(\frac{\sqrt{n}}{T^2}\right)$$

利用引理 1.13，我们可以得到：

$$D_1=\frac{1}{n}M_{4,T}+\frac{T-1}{T^2}\sigma_v^4+4\,\frac{n-1}{T^2}\sigma_v^4-\frac{3n}{T^2}\sigma_v^4+O_p\left(\frac{1}{T\sqrt{n}}\right)+O_p\left(\frac{\sqrt{n}}{T^2}\right)$$

2.（b）部分的证明

$$D_2=-\frac{2}{nT(T-1)(T-2)}\sum_{t\neq s\neq\tau}^{T}\sum_{s\neq\tau}^{T}\sum_{\tau=1}^{T}(v_t-\bar{v}_{\cdot})'(v_s-\bar{v}_{\cdot})(v_s-\bar{v}_{\cdot})'\tilde{x}_\tau(\tilde{\beta}-\beta)$$

$$=2\sum_{k=1}^{7}D_2^k$$

其中：

$$D_2^1=-\frac{1}{nT(T-1)(T-2)}\sum_{t\neq s\neq\tau}^{T}\sum_{s\neq\tau}^{T}\sum_{\tau=1}^{T}v_t'v_sv_s'\tilde{x}_\tau(\tilde{\beta}-\beta)$$

$$D_2^2=\frac{1}{nT(T-1)(T-2)}\sum_{t\neq s\neq\tau}^{T}\sum_{s\neq\tau}^{T}\sum_{\tau=1}^{T}v_t'\bar{v}_{\cdot}v_s'\tilde{x}_\tau(\tilde{\beta}-\beta)$$

$$D_2^3=\frac{1}{nT(T-1)}\sum_{s\neq\tau}^{T}\sum_{\tau=1}^{T}\bar{v}_{\cdot}'v_sv_s'\tilde{x}_\tau(\tilde{\beta}-\beta)$$

$$D_2^4=-\frac{1}{nT(T-1)}\sum_{s\neq\tau}^{T}\sum_{\tau=1}^{T}\bar{v}_{\cdot}'\bar{v}_{\cdot}v_s'\tilde{x}_\tau(\tilde{\beta}-\beta)$$

$$D_2^5=\frac{1}{nT(T-1)(T-2)}\sum_{t\neq s\neq\tau}^{T}\sum_{s\neq\tau}^{T}\sum_{\tau=1}^{T}v_t'v_s\bar{v}_{\cdot}'\tilde{x}_\tau(\tilde{\beta}-\beta)$$

$$D_2^6=-\frac{2}{nT(T-1)}\sum_{t\neq\tau}^{T}\sum_{\tau=1}^{T}v_t'\bar{v}_{\cdot}\bar{v}_{\cdot}'\tilde{x}_\tau(\tilde{\beta}-\beta)$$

$$D_2^7=\frac{1}{nT}\sum_{\tau=1}^{T}\bar{v}_{\cdot}'\bar{v}_{\cdot}\bar{v}_{\cdot}'\tilde{x}_\tau(\tilde{\beta}-\beta)$$

引理 1.14 在假设 1.1、假设 1.2、假设 1.3 以及原假设条件下，

(1) $D_2^1 = O_p\left(\frac{1}{nT}\right) + O_p\left(\frac{1}{T\sqrt{nT}}\right)$；

(2) $D_2^2 = O_p\left(\frac{1}{T^2}\right)$；

(3) $D_2^3 = O_p\left(\frac{1}{nT}\right) + O_p\left(\frac{1}{T^2}\right) + O_p\left(\frac{1}{T\sqrt{nT}}\right)$；

(4) $D_2^4 = O_p\left(\frac{1}{T^2}\right)$；

(5) $D_2^5 = O_p\left(\frac{1}{T^2\sqrt{n}}\right)$；

(6) $D_2^6 = O_p\left(\frac{1}{T^2}\right)$；

(7) $D_2^7 = O_p\left(\frac{1}{T^2}\right)$。

证明：(1) 的证明：

$$
\begin{aligned}
D_2^1 &= -\frac{1}{nT(T-1)(T-2)}\sum_{t\neq s\neq \tau}^{T}\sum_{s\neq \tau}^{T}\sum_{\tau=1}^{T}\sum_{i=1}^{n} v_{it}v_{is}^2\tilde{x}_{i\tau}(\tilde{\beta}-\beta) \\
&\quad -\frac{1}{nT(T-1)(T-2)}\sum_{t\neq s\neq \tau}^{T}\sum_{s\neq \tau}^{T}\sum_{\tau=1}^{T}\sum_{i\neq j}^{n}\sum_{j=1}^{n} v_{it}v_{is}v_{js}\tilde{x}_{j\tau}(\tilde{\beta}-\beta) \\
&= O_p\left(\frac{1}{nT}\right) + O_p\left(\frac{1}{T\sqrt{nT}}\right)
\end{aligned}
$$

(2) 的证明：

$$
\begin{aligned}
D_2^2 &= \frac{1}{nT(T-1)(T-2)}\sum_{t\neq s\neq \tau}^{T}\sum_{s\neq \tau}^{T}\sum_{\tau=1}^{T} v_t'\left(\frac{1}{T}\sum_{\eta=1}^{T} v_\eta\right)v_s'\tilde{x}_\tau(\tilde{\beta}-\beta) \\
&= \frac{1}{nT^2(T-1)(T-2)}\sum_{t\neq s\neq \tau}^{T}\sum_{s\neq \tau}^{T}\sum_{\tau=1}^{T}\sum_{\eta=1}^{T} v_t'v_\eta v_s'\tilde{x}_\tau(\tilde{\beta}-\beta) \\
&= \frac{1}{nT^2(T-1)(T-2)}\sum_{t\neq s\neq \tau}^{T}\sum_{s\neq \tau}^{T}\sum_{\tau=1}^{T}\sum_{\eta=1}^{T}\sum_{i=1}^{n} v_{it}v_{i\eta}v_{is}\tilde{x}_{i\tau}(\tilde{\beta}-\beta) \\
&\quad + \frac{1}{nT^2(T-1)(T-2)}\sum_{t\neq s\neq \tau}^{T}\sum_{s\neq \tau}^{T}\sum_{\tau=1}^{T}\sum_{\eta=1}^{T}\sum_{i\neq j}^{n}\sum_{j=1}^{n} v_{jt}v_{j\eta}v_{js}\tilde{x}_{j\tau}(\tilde{\beta}-\beta)
\end{aligned}
$$

对于第一项我们区分出下面 4 种情况：(1) $(t=\eta)\neq s\neq \tau$；(2) $t\neq (s=\eta)\neq \tau$；(3) $t\neq s\neq (\tau=\eta)$；(4) $t\neq s\neq \tau\neq \eta$。

然后第一项可以分别计算如下：

(1) $(t=\eta)\neq s\neq\tau$: $\frac{1}{nT^2(T-1)(T-2)}\sum_{t\neq s\neq\tau}^{T}\sum_{s\neq\tau}^{T}\sum_{\tau=1}^{T}\sum_{\eta=1}^{T}\sum_{i=1}^{n}v_{it}^2 v_{is}\tilde{x}_{i\tau}(\tilde{\beta}-\beta)=O_p\left(\frac{1}{nT^2}\right)$;

(2) $t\neq(s=\eta)\neq\tau$: $\frac{1}{nT^2(T-1)(T-2)}\sum_{t\neq s\neq\tau}^{T}\sum_{s\neq\tau}^{T}\sum_{\tau=1}^{T}\sum_{\eta=1}^{T}\sum_{i=1}^{n}v_{it}v_{is}^2\tilde{x}_{i\tau}(\tilde{\beta}-\beta)=O_p\left(\frac{1}{nT^2}\right)$;

(3) $t\neq s\neq(\tau=\eta)$: $\frac{1}{nT^2(T-1)(T-2)}\sum_{t\neq s\neq\tau}^{T}\sum_{s\neq\tau}^{T}\sum_{\tau=1}^{T}\sum_{\eta=1}^{T}\sum_{i=1}^{n}v_{it}v_{i\tau}v_{is}\tilde{x}_{i\tau}(\tilde{\beta}-\beta)=O_p\left(\frac{1}{nT^3}\right)$;

(4) $t\neq s\neq\tau\neq\eta$: $\frac{1}{nT^2(T-1)(T-2)}\sum_{t\neq s\neq\tau}^{T}\sum_{s\neq\tau}^{T}\sum_{\tau=1}^{T}\sum_{\eta=1}^{T}\sum_{i=1}^{n}v_{it}v_{i\eta}v_{is}\tilde{x}_{i\tau}(\tilde{\beta}-\beta)=O_p\left(\frac{1}{nT^2}\right)$。

对于第二项我们也可以得到下面 4 种情况：

(1) $(t=\eta)\neq s\neq\tau$: $\frac{1}{nT^2(T-1)(T-2)}\sum_{t\neq s\neq\tau}^{T}\sum_{s\neq\tau}^{T}\sum_{\tau=1}^{T}\sum_{\eta=1}^{T}\sum_{i\neq j}^{n}\sum_{j=1}^{n}v_{it}^2 v_{js}\tilde{x}_{j\tau}(\tilde{\beta}-\beta)=O_p\left(\frac{1}{T^2}\right)$;

(2) $t\neq(s=\eta)\neq\tau$: $\frac{1}{nT^2(T-1)(T-2)}\sum_{t\neq s\neq\tau}^{T}\sum_{s\neq\tau}^{T}\sum_{\tau=1}^{T}\sum_{\eta=1}^{T}\sum_{i\neq j}^{n}\sum_{j=1}^{n}v_{it}v_{is}v_{js}\tilde{x}_{j\tau}(\tilde{\beta}-\beta)=O_p\left(\frac{1}{T^2\sqrt{nT}}\right)$;

(3) $t\neq s\neq(\tau=\eta)$: $\frac{1}{nT^2(T-1)(T-2)}\sum_{t\neq s\neq\tau}^{T}\sum_{s\neq\tau}^{T}\sum_{\tau=1}^{T}\sum_{\eta=1}^{T}\sum_{i\neq j}^{n}\sum_{j=1}^{n}v_{it}v_{i\tau}v_{js}\tilde{x}_{j\tau}(\tilde{\beta}-\beta)=O_p\left(\frac{1}{T^3\sqrt{n}}\right)$;

(4) $t\neq s\neq\tau\neq\eta$: $\frac{1}{nT^2(T-1)(T-2)}\sum_{t\neq s\neq\tau}^{T}\sum_{s\neq\tau}^{T}\sum_{\tau=1}^{T}\sum_{\eta=1}^{T}\sum_{i\neq j}^{n}\sum_{j=1}^{n}v_{it}v_{i\eta}v_{js}\tilde{x}_{j\tau}(\tilde{\beta}-\beta)=O_p\left(\frac{1}{T^2\sqrt{n}}\right)$。

所以我们得到：

$$D_2^2 = O_p\left(\frac{1}{T^2}\right)$$

（3）的证明：

$$D_2^3 = \frac{1}{nT(T-1)}\sum_{s\neq\tau}^{T}\sum_{\tau=1}^{T}\left(\frac{1}{T}\sum_{t=1}^{T}v_t\right)'v_s v_s'\tilde{x}_\tau(\tilde{\beta}-\beta)$$

$$= \frac{1}{nT^2(T-1)}\sum_{t=1}^{T}\sum_{s\neq\tau}^{T}\sum_{\tau=1}^{T}v_t'v_s v_s'\tilde{x}_\tau(\tilde{\beta}-\beta)$$

$$= \frac{1}{nT^2(T-1)}\sum_{t=1}^{T}\sum_{s\neq\tau}^{T}\sum_{\tau=1}^{T}\sum_{i=1}^{n}v_{it}v_{is}^2\tilde{x}_{i\tau}(\tilde{\beta}-\beta)$$

$$+ \frac{1}{nT^2(T-1)}\sum_{t=1}^{T}\sum_{s\neq\tau}^{T}\sum_{\tau=1}^{T}\sum_{i\neq j}^{n}\sum_{j=1}^{n}v_{it}v_{is}v_{js}\tilde{x}_{j\tau}(\tilde{\beta}-\beta)$$

下面有 3 种情况需要区分：（1）$t=s\neq\tau$；（2）$t\neq s=\tau$；（3）$t\neq s\neq\tau$。接下来第一项可以如下扩展：

$$(1)\ t=s\neq\tau:\ \frac{1}{nT^2(T-1)}\sum_{t=1}^{T}\sum_{t\neq\tau}^{T}\sum_{\tau=1}^{T}\sum_{i=1}^{n}v_{it}^3\tilde{x}_{i\tau}(\tilde{\beta}-\beta) = O_p\left(\frac{1}{nT^2}\right);$$

$$(2)\ s\neq t=\tau:\ \frac{1}{nT^2(T-1)}\sum_{t=1}^{T}\sum_{t\neq s}^{T}\sum_{s=1}^{T}\sum_{i=1}^{n}v_{it}v_{is}^2\tilde{x}_{it}(\tilde{\beta}-\beta) = O_p\left(\frac{1}{nT^2}\right);$$

$$(3)\ t\neq s\neq\tau:\ \frac{1}{nT^2(T-1)}\sum_{t=1}^{T}\sum_{s\neq\tau}^{T}\sum_{\tau=1}^{T}\sum_{i=1}^{n}v_{it}v_{is}^2\tilde{x}_{i\tau}(\tilde{\beta}-\beta) = O_p\left(\frac{1}{nT}\right)。$$

类似地，第二项可以如下扩展：

$$(1)\ t=s\neq\tau:\ \frac{1}{nT^2(T-1)}\sum_{t=1}^{T}\sum_{t\neq\tau}^{T}\sum_{\tau=1}^{T}\sum_{i\neq j}^{n}\sum_{j=1}^{n}v_{it}^2v_{jt}\tilde{x}_{j\tau}(\tilde{\beta}-\beta) = O_p\left(\frac{1}{T^2}\right);$$

$$(2)\ s\neq t=\tau:\ \frac{1}{nT^2(T-1)}\sum_{t=1}^{T}\sum_{t\neq s}^{T}\sum_{s=1}^{T}\sum_{i\neq j}^{n}\sum_{j=1}^{n}v_{it}v_{is}v_{js}\tilde{x}_{jt}(\tilde{\beta}-\beta) = O_p\left(\frac{1}{T^2\sqrt{nT}}\right);$$

$$(3)\ t\neq s\neq\tau:\ \frac{1}{nT^2(T-1)}\sum_{t=1}^{T}\sum_{s\neq\tau}^{T}\sum_{\tau=1}^{T}\sum_{i\neq j}^{n}\sum_{j=1}^{n}v_{it}v_{is}v_{js}\tilde{x}_{j\tau}(\tilde{\beta}-\beta) = O_p\left(\frac{1}{T\sqrt{nT}}\right)。$$

因此，我们得到：

$$D_2^3 = O_p\left(\frac{1}{nT}\right) + O_p\left(\frac{1}{T^2}\right) + O_p\left(\frac{1}{T\sqrt{nT}}\right)$$

（5）的证明：

$$D_2^5 = \frac{1}{nT(T-1)(T-2)}\sum_{t\neq s\neq\tau}^{T}\sum_{s\neq\tau}^{T}\sum_{\tau=1}^{T}v_t'v_s\left(\frac{1}{T}\sum_{\eta=1}^{T}v_\eta\right)'\tilde{x}_\tau(\tilde{\beta}-\beta)$$

$$= \frac{1}{nT^2(T-1)(T-2)} \sum_{t \neq s \neq \tau}^{T} \sum_{s \neq \tau}^{T} \sum_{\tau=1}^{T} \sum_{\eta=1}^{T} v_t' v_s v_\eta' \tilde{x}_\tau (\tilde{\beta} - \beta)$$

$$= \frac{1}{nT^2(T-1)(T-2)} \sum_{t \neq s \neq \tau}^{T} \sum_{s \neq \tau}^{T} \sum_{\tau=1}^{T} \sum_{\eta=1}^{T} \sum_{i=1}^{n} v_{it} v_{is} v_{i\eta} \tilde{x}_{i\tau} (\tilde{\beta} - \beta)$$

$$+ \frac{1}{nT^2(T-1)(T-2)} \sum_{t \neq s \neq \tau}^{T} \sum_{s \neq \tau}^{T} \sum_{\tau=1}^{T} \sum_{\eta=1}^{T} \sum_{i \neq j}^{n} \sum_{j=1}^{n} v_{it} v_{is} v_{j\eta} \tilde{x}_{j\tau} (\tilde{\beta} - \beta)$$

对于上述选项计算，我们这里有 4 种情况进行区分：

（1）$t = \eta \neq s \neq \tau$；（2）$t \neq (s = \eta) \neq \tau$；（3）$t \neq s \neq (\tau = \eta)$；（4）$t \neq s \neq \tau \neq \eta$。

因此，D_2^5 可以展开为以下 4 项：

（1）$t = \eta \neq s \neq \tau$：$\frac{1}{nT^2(T-1)(T-2)} \sum_{t \neq s \neq \tau}^{T} \sum_{s \neq \tau}^{T} \sum_{\tau=1}^{T} \sum_{i=1}^{n} v_{it}^2 v_{is} \tilde{x}_{i\tau} (\tilde{\beta} - \beta) = O_p\left(\frac{1}{nT^2}\right)$；

（2）$t \neq (s = \eta) \neq \tau$：$\frac{1}{nT^2(T-1)(T-2)} \sum_{t \neq s \neq \tau}^{T} \sum_{s \neq \tau}^{T} \sum_{\tau=1}^{T} \sum_{i=1}^{n} v_{it} v_{is}^2 \tilde{x}_{i\tau} (\tilde{\beta} - \beta) = O_p\left(\frac{1}{nT^2}\right)$；

（3）$t \neq s \neq (\tau = \eta)$：$\frac{1}{nT^2(T-1)(T-2)} \sum_{t \neq s \neq \tau}^{T} \sum_{s \neq \tau}^{T} \sum_{\tau=1}^{T} \sum_{i=1}^{n} v_{it} v_{is} v_{i\tau} \tilde{x}_{i\tau} (\tilde{\beta} - \beta) = O_p\left(\frac{1}{nT^3}\right)$；

（4）$t \neq s \neq \tau \neq \eta$：$\frac{1}{nT^2(T-1)(T-2)} \sum_{t \neq s \neq \tau}^{T} \sum_{s \neq \tau}^{T} \sum_{\tau=1}^{T} \sum_{i=1}^{n} v_{it} v_{is} v_{i\eta} \tilde{x}_{i\tau} (\tilde{\beta} - \beta) = O_p\left(\frac{1}{nT^2}\right)$。

我们对第二项也有 4 种情况讨论：

（1）$t = \eta \neq s \neq \tau$：$\frac{1}{nT^2(T-1)(T-2)} \sum_{t \neq s \neq \tau}^{T} \sum_{s \neq \tau}^{T} \sum_{\tau=1}^{T} \sum_{i \neq j}^{n} \sum_{j=1}^{n} v_{it} v_{is} v_{jt} \tilde{x}_{j\tau} (\tilde{\beta} - \beta) = O_p\left(\frac{1}{T^2 \sqrt{nT}}\right)$；

（2）$t \neq (s = \eta) \neq \tau$：$\frac{1}{nT^2(T-1)(T-2)} \sum_{t \neq s \neq \tau}^{T} \sum_{s \neq \tau}^{T} \sum_{\tau=1}^{T} \sum_{i \neq j}^{n} \sum_{j=1}^{n} v_{it} v_{is} v_{js} \tilde{x}_{j\tau}$

$(\tilde{\beta}-\beta)=O_p\left(\frac{1}{T^2\sqrt{nT}}\right)$；

(3) $t\neq s\neq(\tau=\eta)$：$\frac{1}{nT^2(T-1)(T-2)}\sum_{t\neq s\neq\tau}^{T}\sum_{s\neq\tau}^{T}\sum_{\tau=1}^{T}\sum_{i\neq j}^{n}\sum_{j=1}^{n}v_{it}v_{is}v_{j\tau}\tilde{x}_{j\tau}(\tilde{\beta}-\beta)=O_p\left(\frac{1}{T^3\sqrt{n}}\right)$；

(4) $t\neq s\neq\tau\neq\eta$：$\frac{1}{nT^2(T-1)(T-2)}\sum_{t\neq s\neq\tau}^{T}\sum_{s\neq\tau}^{T}\sum_{\tau=1}^{T}\sum_{i\neq j}^{n}\sum_{j=1}^{n}v_{it}v_{is}v_{j\eta}\tilde{x}_{j\tau}(\tilde{\beta}-\beta)=O_p\left(\frac{1}{T^2\sqrt{n}}\right)$。

因此，

$$D_2^5=O_p\left(\frac{1}{T^2\sqrt{n}}\right)$$

对于剩下的这些项，我们很容易证明：$D_2^4=\frac{1}{4}C_2^7=O_p\left(\frac{1}{T}\right)$；$D_2^6=\frac{1}{4}C_2^6=O_p\left(\frac{1}{T^2}\right)$；$D_2^7=\frac{1}{4}C_2^8=O_p\left(\frac{1}{T^2}\right)$；所以引理 1.13 得证。

利用引理 1.14，我们可以得到：

$$D_2=O_p\left(\frac{1}{nT}\right)+O_p\left(\frac{1}{T\sqrt{nT}}\right)+O_p\left(\frac{1}{T^2}\right)$$

3. (c) 部分的证明

$$\begin{aligned}D_3&=-\frac{2}{nT(T-1)(T-2)}(\tilde{\beta}-\beta)'\sum_{t\neq s\neq\tau}^{T}\sum_{s\neq\tau}^{T}\sum_{\tau=1}^{T}(v_t-\bar{v}_\cdot)'(v_s-\bar{v}_\cdot)\tilde{x}_s'(v_\tau-\bar{v}_\cdot)\\&=2\sum_{k=1}^{8}D_3^k\end{aligned}$$

其中，

$$D_3^1=-\frac{1}{nT(T-1)(T-2)}(\tilde{\beta}-\beta)'\sum_{t\neq s\neq\tau}^{T}\sum_{s\neq\tau}^{T}\sum_{\tau=1}^{T}v_t'v_s\tilde{x}_s'v_\tau$$

$$D_3^2=\frac{1}{nT(T-1)(T-2)}(\tilde{\beta}-\beta)'\sum_{t\neq s\neq\tau}^{T}\sum_{s\neq\tau}^{T}\sum_{\tau=1}^{T}v_t'\bar{v}_\cdot\tilde{x}_s'v_\tau$$

$$D_3^3=\frac{1}{nT(T-1)}(\tilde{\beta}-\beta)'\sum_{s\neq\tau}^{T}\sum_{\tau=1}^{T}\bar{v}_\cdot'v_s\tilde{x}_s'v_\tau$$

$$D_3^4 = -\frac{1}{nT(T-1)}(\tilde{\beta}-\beta)'\sum_{s\neq\tau}^{T}\sum_{\tau=1}^{T}\bar{v}_{.}'\bar{v}_{.}\tilde{x}_s'v_\tau$$

$$D_3^5 = \frac{1}{nT(T-1)}(\tilde{\beta}-\beta)'\sum_{t\neq s}^{T}\sum_{s=1}^{T}v_t'v_s\tilde{x}_s'\bar{v}_{.}$$

$$D_3^6 = -\frac{1}{nT(T-1)}(\tilde{\beta}-\beta)'\sum_{t\neq s}^{T}\sum_{s=1}^{T}v_t'\bar{v}_{.}\tilde{x}_s'\bar{v}_{.}$$

$$D_3^7 = -\frac{1}{nT}(\tilde{\beta}-\beta)'\sum_{s=1}^{T}\bar{v}_{.}'v_s\tilde{x}_s'\bar{v}_{.}$$

$$D_3^8 = \frac{1}{nT}(\tilde{\beta}-\beta)'\sum_{s=1}^{T}\bar{v}_{.}'\bar{v}_{.}\tilde{x}_s'\bar{v}_{.}$$

为了计算上述各式的数量级，我们需要以下引理。

引理 1.15 在假设 1.1、假设 1.2、假设 1.3 以及原假设条件下，

(1) $D_3^1 = O_p\left(\frac{1}{T^2\sqrt{n}}\right)$；

(2) $D_3^2 = O_p\left(\frac{1}{T^2}\right)$；

(3) $D_3^3 = O_p\left(\frac{1}{T^2}\right)$；

(4) $D_3^4 = O_p\left(\frac{1}{T^2}\right)$；

(5) $D_3^5 = O_p\left(\frac{1}{T^2}\right)$；

(6) $D_3^6 = O_p\left(\frac{1}{T^2}\right)$；

(7) $D_3^7 = O_p\left(\frac{1}{T^2}\right)$；

(8) $D_3^8 = O_p\left(\frac{1}{T^2}\right)$。

证明：首先考虑第（1）部分，

$$D_3^1 = -\frac{1}{nT(T-1)(T-2)}(\tilde{\beta}-\beta)'\sum_{t\neq s\neq\tau}^{T}\sum_{s\neq\tau}^{T}\sum_{\tau=1}^{T}v_t'v_s\tilde{x}_s'v_\tau$$

$$= -\frac{1}{nT(T-1)(T-2)}(\tilde{\beta}-\beta)'\sum_{t\neq s\neq\tau}^{T}\sum_{s\neq\tau}^{T}\sum_{\tau=1}^{T}\sum_{i=1}^{n}v_{it}v_{is}\tilde{x}_{is}v_{i\tau}$$

$$-\frac{1}{nT(T-1)(T-2)}(\tilde{\beta}-\beta)'\sum_{t\neq s\neq\tau}^{T}\sum_{s\neq\tau}^{T}\sum_{\tau=1}^{T}\sum_{i\neq j}^{n}\sum_{j=1}^{n}v_{it}v_{is}\tilde{x}_{js}v_{j\tau}$$

$$=O_p\left(\frac{1}{nT^2}\right)+O_p\left(\frac{1}{T^2\sqrt{n}}\right)=O_p\left(\frac{1}{T^2\sqrt{n}}\right)$$

再考虑第（2）部分，

$$D_3^2=\frac{1}{nT(T-1)(T-2)}(\tilde{\beta}-\beta)'\sum_{t\neq s\neq\tau}^{T}\sum_{s\neq\tau}^{T}\sum_{\tau=1}^{T}v_t'\left(\frac{1}{T}\sum_{\eta=1}^{T}v_\eta\right)\tilde{x}_s'v_\tau$$

$$=\frac{1}{nT^2(T-1)(T-2)}(\tilde{\beta}-\beta)'\sum_{t\neq s\neq\tau}^{T}\sum_{s\neq\tau}^{T}\sum_{\tau=1}^{T}\sum_{\eta=1}^{T}v_t'v_\eta\tilde{x}_s'v_\tau$$

$$=\frac{1}{nT^2(T-1)(T-2)}(\tilde{\beta}-\beta)'\sum_{t\neq s\neq\tau}^{T}\sum_{s\neq\tau}^{T}\sum_{\tau=1}^{T}\sum_{\eta=1}^{T}\sum_{i=1}^{n}v_{it}v_{i\eta}\tilde{x}_{is}v_{i\tau}$$

$$+\frac{1}{nT^2(T-1)(T-2)}(\tilde{\beta}-\beta)'\sum_{t\neq s\neq\tau}^{T}\sum_{s\neq\tau}^{T}\sum_{\tau=1}^{T}\sum_{\eta=1}^{T}\sum_{i\neq j}^{n}\sum_{j=1}^{n}v_{it}v_{i\eta}\tilde{x}_{js}v_{j\tau}$$

我们需要对每项区分 4 种情况，第一项可以如下展开：

（1）$(t=\eta)\neq s\neq\tau$：$\frac{1}{nT^2(T-1)(T-2)}(\tilde{\beta}-\beta)'\sum_{t\neq s\neq\tau}^{T}\sum_{s\neq\tau}^{T}\sum_{\tau=1}^{T}\sum_{i=1}^{n}v_{it}^2\tilde{x}_{is}v_{i\tau}=O_p\left(\frac{1}{nT^2}\right)$；

（2）$t\neq(s=\eta)\neq\tau$：$\frac{1}{nT^2(T-1)(T-2)}(\tilde{\beta}-\beta)'\sum_{t\neq s\neq\tau}^{T}\sum_{s\neq\tau}^{T}\sum_{\tau=1}^{T}\sum_{i=1}^{n}v_{it}v_{is}\tilde{x}_{is}v_{i\tau}=O_p\left(\frac{1}{nT^3}\right)$；

（3）$t\neq s\neq(\tau=\eta)$：$\frac{1}{nT^2(T-1)(T-2)}(\tilde{\beta}-\beta)'\sum_{t\neq s\neq\tau}^{T}\sum_{s\neq\tau}^{T}\sum_{\tau=1}^{T}\sum_{i=1}^{n}v_{it}\tilde{x}_{is}v_{i\tau}^2=O_p\left(\frac{1}{nT^2}\right)$；

（4）$t\neq s\neq\tau\neq\eta$：$\frac{1}{nT^2(T-1)(T-2)}(\tilde{\beta}-\beta)'\sum_{t\neq s\neq\tau\neq\eta}^{T}\sum_{s\neq\tau\neq\eta}^{T}\sum_{\tau\neq\eta}^{T}\sum_{\eta=1}^{T}\sum_{i=1}^{n}v_{it}v_{i\eta}\tilde{x}_{is}v_{i\tau}=O_p\left(\frac{1}{nT^2}\right)$。

类似地，第二项也可以扩展成下面 4 项：

（1）$(t=\eta)\neq s\neq\tau$：$\frac{1}{nT^2(T-1)(T-2)}(\tilde{\beta}-\beta)'\sum_{t\neq s\neq\tau}^{T}\sum_{s\neq\tau}^{T}\sum_{\tau=1}^{T}\sum_{\eta=1}^{T}\sum_{i\neq j}^{n}\sum_{j=1}^{n}$

$v_{it}^2 \tilde{x}_{js} v_{j\tau} = O_p\left(\frac{1}{T^2}\right)$;

(2) $t \neq (s = \eta) \neq \tau$: $\frac{1}{nT^2(T-1)(T-2)}(\tilde{\beta}-\beta)' \sum_{t\neq s\neq \tau}^{T} \sum_{s\neq \tau}^{T} \sum_{\tau=1}^{T} \sum_{\eta=1}^{T} \sum_{i\neq j}^{n} \sum_{j=1}^{n} v_{it}$ $v_{is} \tilde{x}_{js} v_{j\tau} = O_p\left(\frac{1}{T^3\sqrt{n}}\right)$;

(3) $t \neq s \neq (\tau = \eta)$: $\frac{1}{nT^2(T-1)(T-2)}(\tilde{\beta}-\beta)' \sum_{t\neq s\neq \tau}^{T} \sum_{s\neq \tau}^{T} \sum_{\tau=1}^{T} \sum_{\eta=1}^{T} \sum_{i\neq j}^{n} \sum_{j=1}^{n} v_{it}$ $v_{i\tau} \tilde{x}_{js} v_{j\tau} = O_p\left(\frac{1}{T^2\sqrt{nT}}\right)$;

(4) $t \neq s \neq \tau \neq \eta$: $\frac{1}{nT^2(T-1)(T-2)}(\tilde{\beta}-\beta)' \sum_{t\neq s\neq \tau}^{T} \sum_{s\neq \tau}^{T} \sum_{\tau=1}^{T} \sum_{\eta=1}^{T} \sum_{i\neq j}^{n} \sum_{j=1}^{n} v_{it}$ $v_{i\eta} \tilde{x}_{js} v_{j\tau} = O_p\left(\frac{1}{T^2\sqrt{n}}\right)$。

利用上面的结果，我们可以得到：

$$D_3^2 = O_p\left(\frac{1}{T^2}\right)$$

对于其他的部分，我们可以证明：$D_3^3 = \frac{1}{4}C_2^3 = O_p\left(\frac{1}{T^2}\right)$；$D_3^4 = \frac{1}{4}C_2^7 = O_p\left(\frac{1}{T^2}\right)$；$D_3^5 = \frac{1}{4}C_2^2 = O_p\left(\frac{1}{T^2}\right)$；$D_3^6 = \frac{1}{4}C_2^6 = O_p\left(\frac{1}{T^2}\right)$；$D_3^7 = \frac{1}{4}C_2^4 = O_p\left(\frac{1}{T^2}\right)$；$D_3^8 = \frac{1}{4}C_2^8 = O_p\left(\frac{1}{T^2}\right)$。故引理 1.16 得证。

利用上面的结果，我们可以得到：

$$D_3 = O_p\left(\frac{1}{T^2}\right)$$

4. (d) 部分的证明

$$\begin{aligned}
D_4 &= \frac{2}{nT(T-1)(T-2)} \sum_{t\neq s\neq \tau}^{T} \sum_{s\neq \tau}^{T} \sum_{\tau=1}^{T} (v_t' - \bar{v}_.)'(v_s - \bar{v}_.)(\tilde{\beta}-\beta)'\tilde{x}_s'\tilde{x}_\tau(\tilde{\beta}-\beta) \\
&= \frac{2}{nT(T-1)(T-2)}(\tilde{\beta}-\beta)' \sum_{t\neq s\neq \tau}^{T} \sum_{s\neq \tau}^{T} \sum_{\tau=1}^{T} (v_t' - \bar{v}_.)'(v_s - \bar{v}_.)\tilde{x}_s'\tilde{x}_\tau(\tilde{\beta}-\beta) \\
&= 2\sum_{k=1}^{4} D_4^k
\end{aligned}$$

其中，

$$D_4^1 = \frac{1}{nT(T-1)(T-2)}(\tilde{\beta}-\beta)'\sum_{t\neq s\neq \tau}^{T}\sum_{s\neq \tau}^{T}\sum_{\tau=1}^{T}v_t'v_s\tilde{x}_s'\tilde{x}_\tau(\tilde{\beta}-\beta)$$

$$D_4^2 = -\frac{1}{nT(T-1)(T-2)}(\tilde{\beta}-\beta)'\sum_{t\neq s\neq \tau}^{T}\sum_{s\neq \tau}^{T}\sum_{\tau=1}^{T}v_t'\bar{v}_{.}\tilde{x}_s'\tilde{x}_\tau(\tilde{\beta}-\beta)$$

$$D_4^3 = -\frac{1}{nT(T-1)}(\tilde{\beta}-\beta)'\sum_{s\neq \tau}^{T}\sum_{\tau=1}^{T}\bar{v}_{.}v_s\tilde{x}_s'\tilde{x}_\tau(\tilde{\beta}-\beta)$$

$$D_4^4 = \frac{1}{nT(T-1)}(\tilde{\beta}-\beta)'\sum_{s\neq \tau}^{T}\sum_{\tau=1}^{T}\bar{v}_{.}'\bar{v}_{.}\tilde{x}_s'\tilde{x}_\tau(\tilde{\beta}-\beta)$$

为了计算上述各式的数量级，我们需要如下引理。

引理 1.16 在假设 1.1、假设 1.2、假设 1.3 以及原假设条件下，

(1) $D_4^1 = O_p\left(\frac{1}{T^2\sqrt{n}}\right)$；

(2) $D_4^2 = O_p\left(\frac{1}{T^2}\right)$；

(3) $D_4^3 = O_p\left(\frac{1}{T^2}\right)$；

(4) $D_4^4 = O_p\left(\frac{1}{T^2}\right)$。

证明：(1) 的证明：

$$\begin{aligned}D_4^1 &= \frac{1}{nT(T-1)(T-2)}(\tilde{\beta}-\beta)'\sum_{t\neq s\neq \tau}^{T}\sum_{s\neq \tau}^{T}\sum_{\tau=1}^{T}v_t'v_s\tilde{x}_s'\tilde{x}_\tau(\tilde{\beta}-\beta)\\
&= \frac{1}{nT(T-1)(T-2)}(\tilde{\beta}-\beta)'\sum_{t\neq s\neq \tau}^{T}\sum_{s\neq \tau}^{T}\sum_{\tau=1}^{T}\sum_{i=1}^{n}v_{it}v_{is}\tilde{x}_{is}\tilde{x}_{i\tau}(\tilde{\beta}-\beta)\\
&\quad+\frac{1}{nT(T-1)(T-2)}(\tilde{\beta}-\beta)'\sum_{t\neq s\neq \tau}^{T}\sum_{s\neq \tau}^{T}\sum_{\tau=1}^{T}\sum_{i\neq j}^{n}\sum_{j=1}^{n}v_{it}v_{is}\tilde{x}_{js}\tilde{x}_{j\tau}(\tilde{\beta}-\beta)\\
&= O_p\left(\frac{1}{nT^2\sqrt{n}}\right)+O_p\left(\frac{1}{T^2\sqrt{n}}\right)=O_p\left(\frac{1}{T^2\sqrt{n}}\right)\end{aligned}$$

(2) 的证明：

$$\begin{aligned}D_4^2 &= -\frac{1}{nT(T-1)(T-2)}(\tilde{\beta}-\beta)'\sum_{t\neq s\neq \tau}^{T}\sum_{s\neq \tau}^{T}\sum_{\tau=1}^{T}v_t'\left(\frac{1}{T}\sum_{\eta=1}^{T}v_\eta\right)\tilde{x}_s'\tilde{x}_\tau(\tilde{\beta}-\beta)\\
&= -\frac{1}{nT^2(T-1)(T-2)}(\tilde{\beta}-\beta)'\sum_{t\neq s\neq \tau}^{T}\sum_{s\neq \tau}^{T}\sum_{\tau=1}^{T}\sum_{\eta=1}^{T}v_t'v_\eta\tilde{x}_s'\tilde{x}_\tau(\tilde{\beta}-\beta)\end{aligned}$$

$$= -\frac{1}{nT^2(T-1)(T-2)}(\tilde{\beta}-\beta)'\sum_{t\neq s\neq\tau}^{T}\sum_{s\neq\tau}^{T}\sum_{\tau=1}^{T}\sum_{\eta=1}^{T}\sum_{i=1}^{n}v_{it}v_{i\eta}\tilde{x}_{is}\tilde{x}_{i\tau}(\tilde{\beta}-\beta)$$

$$-\frac{1}{nT^2(T-1)(T-2)}(\tilde{\beta}-\beta)'\sum_{t\neq s\neq\tau}^{T}\sum_{s\neq\tau}^{T}\sum_{\tau=1}^{T}\sum_{\eta=1}^{T}\sum_{i\neq j}^{n}\sum_{j=1}^{n}v_{it}v_{i\eta}\tilde{x}_{js}\tilde{x}_{j\tau}(\tilde{\beta}-\beta)$$

$\frac{1}{nT^2(T-1)(T-2)}\sum_{t\neq s\neq\tau}^{T}\sum_{s\neq\tau}^{T}\sum_{\tau=1}^{T}\sum_{\eta=1}^{T}\sum_{i=1}^{n}v_{it}v_{i\eta}\tilde{x}_{is}\tilde{x}_{i\tau}$ 可以展开至以下这些项：

(1) $t=\eta\neq s\neq\tau$：$-\frac{1}{nT^2(T-1)(T-2)}\sum_{t\neq s\neq\tau}^{T}\sum_{s\neq\tau}^{T}\sum_{\tau=1}^{T}\sum_{i=1}^{n}v_{it}^2\tilde{x}_{is}\tilde{x}_{i\tau}=O_p\left(\frac{1}{T}\right)$；

(2) $t\neq(s=\eta)\neq\tau$：$-\frac{1}{nT^2(T-1)(T-2)}\sum_{t\neq s\neq\tau}^{T}\sum_{s\neq\tau}^{T}\sum_{\tau=1}^{T}\sum_{i=1}^{n}v_{it}v_{is}\tilde{x}_{is}\tilde{x}_{i\tau}=O_p\left(\frac{1}{T^2\sqrt{n}}\right)$；

(3) $t\neq s\neq(\eta=\tau)=-\frac{1}{nT^2(T-1)(T-2)}\sum_{t\neq s\neq\tau}^{T}\sum_{s\neq\tau}^{T}\sum_{\tau=1}^{T}\sum_{i=1}^{n}v_{it}v_{i\tau}\tilde{x}_{is}\tilde{x}_{i\tau}=O_p\left(\frac{1}{T^2\sqrt{n}}\right)$；

(4) $t\neq s\neq\tau\neq\eta$：$-\frac{1}{nT^2(T-1)(T-2)}\sum_{t\neq s\neq\tau\neq\eta}^{T}\sum_{s\neq\tau\neq\eta}^{T}\sum_{\tau\neq\eta}^{T}\sum_{\eta=1}^{T}\sum_{i=1}^{n}v_{it}v_{i\eta}\tilde{x}_{is}\tilde{x}_{i\tau}=O_p\left(\frac{1}{T\sqrt{n}}\right)$。

并且 $\frac{1}{nT^2(T-1)(T-2)}\sum_{t\neq s\neq\tau}^{T}\sum_{s\neq\tau}^{T}\sum_{\tau=1}^{T}\sum_{\eta=1}^{T}\sum_{i\neq j}^{n}\sum_{j=1}^{n}v_{it}v_{i\eta}\tilde{x}_{js}\tilde{x}_{j\tau}$ 也可以展开成以下 4 种情形：

(1) $t=\eta\neq s\neq\tau$：$-\frac{1}{nT^2(T-1)(T-2)}\sum_{t\neq s\neq\tau}^{T}\sum_{s\neq\tau}^{T}\sum_{\tau=1}^{T}\sum_{i\neq j}^{n}\sum_{j=1}^{n}v_{it}^2\tilde{x}_{js}\tilde{x}_{j\tau}=O_p\left(\frac{n}{T}\right)$；

(2) $t\neq(s=\eta)\neq\tau$：$-\frac{1}{nT^2(T-1)(T-2)}\sum_{t\neq s\neq\tau}^{T}\sum_{s\neq\tau}^{T}\sum_{\tau=1}^{T}\sum_{i\neq j}^{n}\sum_{j=1}^{n}v_{it}v_{is}\tilde{x}_{js}\tilde{x}_{j\tau}=O_p\left(\frac{\sqrt{n}}{T^2}\right)$；

(3) $t\neq s\neq(\eta=\tau)=-\frac{1}{nT^2(T-1)(T-2)}\sum_{t\neq s\neq\tau}^{T}\sum_{s\neq\tau}^{T}\sum_{\tau=1}^{T}\sum_{i\neq j}^{n}\sum_{j=1}^{n}v_{it}v_{i\tau}\tilde{x}_{is}\tilde{x}_{i\tau}=$

$O_p\left(\frac{\sqrt{n}}{T^2}\right)$；

(4) $t \neq s \neq \tau \neq \eta$：$-\frac{1}{nT^2(T-1)(T-2)}\sum_{t\neq s\neq \tau\neq \eta}^{T}\sum_{s\neq \tau\neq \eta}^{T}\sum_{\tau\neq \eta}^{T}\sum_{\eta=1}^{T}\sum_{i\neq j}^{n}\sum_{j=1}^{n}v_{it}$

$v_{i\eta}\tilde{x}_{is}\tilde{x}_{i\tau} = O_p\left(\frac{\sqrt{n}}{T}\right)$。

因为 $\tilde{\beta}-\beta = O_p\left(\frac{1}{\sqrt{nT}}\right)$，并且利用以上的结果，我们可以得到：

$$D_4^2 = O_p\left(\frac{1}{T^2}\right)$$

(3) 的证明：

$$\begin{aligned}
D_4^3 &= -\frac{1}{nT(T-1)}(\tilde{\beta}-\beta)'\sum_{t=1}^{T}\sum_{s\neq\tau}^{T}\sum_{\tau=1}^{T}\left(\frac{1}{T}\sum_{t=1}^{T}v_t\right)'v_s\tilde{x}_s'\tilde{x}_\tau(\tilde{\beta}-\beta)\\
&= -\frac{1}{nT^2(T-1)}(\tilde{\beta}-\beta)'\sum_{t=1}^{T}\sum_{s\neq\tau}^{T}\sum_{\tau=1}^{T}v_t'v_s\tilde{x}_s'\tilde{x}_\tau(\tilde{\beta}-\beta)\\
&= -\frac{1}{nT^2(T-1)}(\tilde{\beta}-\beta)'\sum_{t=1}^{T}\sum_{s\neq\tau}^{T}\sum_{\tau=1}^{T}\sum_{i=1}^{n}v_{it}v_{is}\tilde{x}_{is}\tilde{x}_{i\tau}(\tilde{\beta}-\beta)\\
&\quad -\frac{1}{nT^2(T-1)}(\tilde{\beta}-\beta)'\sum_{t=1}^{T}\sum_{s\neq\tau}^{T}\sum_{\tau=1}^{T}\sum_{i\neq j}^{n}\sum_{j=1}^{n}v_{it}v_{is}\tilde{x}_{is}\tilde{x}_{i\tau}(\tilde{\beta}-\beta)
\end{aligned}$$

$-\frac{1}{nT^2(T-1)}\sum_{t=1}^{T}\sum_{s\neq\tau}^{T}\sum_{\tau=1}^{T}\sum_{i=1}^{n}v_{it}v_{is}\tilde{x}_{is}\tilde{x}_{i\tau}$ 可以由以下的表达式来计算：

(1) $t = s \neq \tau$：$-\frac{1}{nT^2(T-1)}\sum_{s\neq\tau}^{T}\sum_{\tau=1}^{T}\sum_{i=1}^{n}v_{is}^2\tilde{x}_{is}\tilde{x}_{i\tau} = O_p\left(\frac{1}{T}\right)$；

(2) $t \neq (s = \tau)$：$-\frac{1}{nT^2(T-1)}\sum_{s\neq\tau}^{T}\sum_{\tau=1}^{T}\sum_{i=1}^{n}v_{i\tau}v_{is}\tilde{x}_{is}\tilde{x}_{i\tau} = O_p\left(\frac{1}{T^2\sqrt{n}}\right)$；

(3) $t \neq s \neq \tau$：$-\frac{1}{nT^2(T-1)}\sum_{t\neq s\neq\tau}^{T}\sum_{s\neq\tau}^{T}\sum_{\tau=1}^{T}\sum_{i=1}^{n}v_{it}v_{is}\tilde{x}_{is}\tilde{x}_{i\tau} = O_p\left(\frac{1}{T\sqrt{n}}\right)$。

类似地，$-\frac{1}{nT^2(T-1)}\sum_{t=1}^{T}\sum_{s\neq\tau}^{T}\sum_{\tau=1}^{T}\sum_{i\neq j}^{n}\sum_{j=1}^{n}v_{it}v_{is}\tilde{x}_{js}\tilde{x}_{j\tau}$ 也可以展开成以下这 3 项：

(1) $t = s \neq \tau$：$-\frac{1}{nT^2(T-1)}\sum_{s\neq\tau}^{T}\sum_{\tau=1}^{T}\sum_{i\neq j}^{n}\sum_{j=1}^{n}v_{is}^2\tilde{x}_{js}\tilde{x}_{j\tau} = O_p\left(\frac{n}{T}\right)$；

(2) $t \neq (s = \tau)$: $-\frac{1}{nT^2(T-1)}\sum_{s\neq\tau}^{T}\sum_{\tau=1}^{T}\sum_{i\neq j}^{n}\sum_{j=1}^{n} v_{i\tau}v_{is}\tilde{x}_{js}\tilde{x}_{j\tau} = O_p\left(\frac{\sqrt{n}}{T^2}\right)$;

(3) $t \neq s \neq \tau$: $-\frac{1}{nT^2(T-1)}\sum_{t\neq s\neq\tau}^{T}\sum_{s\neq\tau}^{T}\sum_{\tau=1}^{T}\sum_{i\neq j}^{n}\sum_{j=1}^{n} v_{it}v_{is}\tilde{x}_{js}\tilde{x}_{j\tau} = O_p\left(\frac{\sqrt{n}}{T}\right)$。

因为 $\tilde{\beta} - \beta = O_p\left(\frac{1}{\sqrt{nT}}\right)$ 且根据以上结果，我们可以得到：

$$D_4^3 = O_p\left(\frac{1}{T^2}\right)$$

(4) 的证明：

$$D_4^4 = \frac{1}{nT(T-1)}(\tilde{\beta}-\beta)'\sum_{s\neq\tau}^{T}\sum_{\tau=1}^{T}\left(\frac{1}{T}\sum_{t=1}^{T}v_t\right)'\left(\frac{1}{T}\sum_{\eta=1}^{T}v_\eta\right)\tilde{x}_s'\tilde{x}_\tau(\tilde{\beta}-\beta)$$

$$= \frac{1}{nT^3(T-1)}(\tilde{\beta}-\beta)'\sum_{t=1}^{T}\sum_{s\neq\tau}^{T}\sum_{\tau=1}^{T}\sum_{\eta=1}^{T}v_t'v_\eta\tilde{x}_s'\tilde{x}_\tau(\tilde{\beta}-\beta)$$

$$= \frac{1}{2}C_3^3 = O_p\left(\frac{1}{T^2}\right)$$

因此，我们可以得到：

$$D_4 = O_p\left(\frac{1}{T^2}\right)$$

5. (e) 部分的证明

$$D_5 = \frac{2}{nT(T-1)(T-2)}\sum_{t\neq s\neq\tau}^{T}\sum_{s\neq\tau}^{T}\sum_{\tau=1}^{T}(v_t - \bar{v}_.)'\tilde{x}_s(\tilde{\beta}-\beta)(v_s - \bar{v}_.)'\tilde{x}_\tau(\tilde{\beta}-\beta)$$

$$= \frac{2}{nT(T-1)(T-2)}(\tilde{\beta}-\beta)'\sum_{t\neq s\neq\tau}^{T}\sum_{s\neq\tau}^{T}\sum_{\tau=1}^{T}\tilde{x}_s'(v_t - \bar{v}_.)(v_s - \bar{v}_.)'\tilde{x}_\tau(\tilde{\beta}-\beta)$$

$$= 2\sum_{k=1}^{4}D_5^k$$

其中，

$$D_5^1 = \frac{1}{nT(T-1)(T-2)}(\tilde{\beta}-\beta)'\sum_{t\neq s\neq\tau}^{T}\sum_{s\neq\tau}^{T}\sum_{\tau=1}^{T}\tilde{x}_s'v_tv_s'\tilde{x}_\tau(\tilde{\beta}-\beta)$$

$$D_5^2 = -\frac{1}{nT(T-1)(T-2)}(\tilde{\beta}-\beta)'\sum_{t\neq s\neq\tau}^{T}\sum_{s\neq\tau}^{T}\sum_{\tau=1}^{T}\tilde{x}_s'v_t\bar{v}_.'\tilde{x}_\tau(\tilde{\beta}-\beta)$$

$$D_5^3 = -\frac{1}{nT(T-1)}(\tilde{\beta}-\beta)'\sum_{s\neq\tau}^{T}\sum_{\tau=1}^{T}\tilde{x}_s'\bar{v}_.v_s'\tilde{x}_\tau(\tilde{\beta}-\beta)$$

$$D_5^4 = \frac{1}{nT(T-1)}(\tilde{\beta}-\beta)'\sum_{s\neq\tau}^{T}\sum_{\tau=1}^{T}\tilde{x}_s'\bar{v}_{.}\bar{v}_{.}'\tilde{x}_\tau(\tilde{\beta}-\beta)$$

引理 1.17 在假设 1.1、假设 1.2、假设 1.3 以及原假设成立的条件下，

（1）$D_5^1 = O_p\left(\frac{1}{nT^2}\right)$；

（2）$D_5^2 = O_p\left(\frac{1}{nT^2}\right)$；

（3）$D_5^3 = O_p\left(\frac{1}{nT^2}\right)$；

（4）$D_5^4 = O_p\left(\frac{1}{nT^2}\right)$。

证明：（1）的证明：

$$\begin{aligned} D_5^1 &= \frac{1}{nT(T-1)(T-2)}(\tilde{\beta}-\beta)'\sum_{t\neq s\neq\tau}^{T}\sum_{s\neq\tau}^{T}\sum_{\tau=1}^{T}\sum_{i=1}^{n}\tilde{x}_{is}v_{it}v_{is}\tilde{x}_{i\tau}(\tilde{\beta}-\beta) \\ &\quad + \frac{1}{nT(T-1)(T-2)}(\tilde{\beta}-\beta)'\sum_{t\neq s\neq\tau}^{T}\sum_{s\neq\tau}^{T}\sum_{\tau=1}^{T}\sum_{i\neq j}^{n}\sum_{j=1}^{n}\tilde{x}_{is}v_{it}v_{js}\tilde{x}_{j\tau}(\tilde{\beta}-\beta) \\ &= O_p\left(\frac{1}{nT^2\sqrt{n}}\right) + O_p\left(\frac{1}{nT^2}\right) = O_p\left(\frac{1}{nT^2}\right) \end{aligned}$$

（2）的证明：

$$\begin{aligned} D_5^2 &= -\frac{1}{nT(T-1)(T-2)}(\tilde{\beta}-\beta)'\sum_{t\neq s\neq\tau}^{T}\sum_{s\neq\tau}^{T}\sum_{\tau=1}^{T}\tilde{x}_s'v_t\left(\frac{1}{T}\sum_{\eta=1}^{T}v_\eta\right)'\tilde{x}_\tau(\tilde{\beta}-\beta) \\ &= -\frac{1}{nT^2(T-1)(T-2)}(\tilde{\beta}-\beta)'\sum_{t\neq s\neq\tau}^{T}\sum_{s\neq\tau}^{T}\sum_{\tau=1}^{T}\sum_{\eta=1}^{T}\tilde{x}_s'v_tv_\eta'\tilde{x}_\tau(\tilde{\beta}-\beta) \\ &= -\frac{1}{nT^2(T-1)(T-2)}(\tilde{\beta}-\beta)'\sum_{t\neq s\neq\tau}^{T}\sum_{s\neq\tau}^{T}\sum_{\tau=1}^{T}\sum_{\eta=1}^{T}\sum_{i=1}^{n}\tilde{x}_{is}v_{it}v_{i\eta}\tilde{x}_{i\tau}(\tilde{\beta}-\beta) \\ &\quad -\frac{1}{nT^2(T-1)(T-2)}(\tilde{\beta}-\beta)'\sum_{t\neq s\neq\tau}^{T}\sum_{s\neq\tau}^{T}\sum_{\tau=1}^{T}\sum_{\eta=1}^{T}\sum_{i\neq j}^{n}\sum_{j=1}^{n}\tilde{x}_{is}v_{it}v_{j\eta}\tilde{x}_{j\tau}(\tilde{\beta}-\beta) \end{aligned}$$

$\frac{1}{nT^2(T-1)(T-2)}\sum_{t\neq s\neq\tau}^{T}\sum_{s\neq\tau}^{T}\sum_{\tau=1}^{T}\sum_{\eta=1}^{T}\sum_{i=1}^{n}\tilde{x}_{is}v_{it}v_{i\eta}\tilde{x}_{i\tau}$ 可以展开成以下这 4 项：

(1) $t=\eta\neq s\neq\tau$: $\frac{1}{nT^2(T-1)(T-2)}\sum_{t\neq s\neq\tau}^{T}\sum_{s\neq\tau}^{T}\sum_{\tau=1}^{T}\sum_{i=1}^{n}\tilde{x}_{is}v_{it}^2\tilde{x}_{i\tau} = O_p\left(\frac{1}{T}\right)$；

（2）$t \neq s = \eta \neq \tau$：$\frac{1}{nT^2(T-1)(T-2)}\sum_{t\neq s\neq \tau}^{T}\sum_{s\neq \tau}^{T}\sum_{\tau=1}^{T}\sum_{i=1}^{n}\tilde{x}_{is}v_{it}v_{is}\tilde{x}_{i\tau} = O_p\left(\frac{1}{T^2\sqrt{n}}\right)$；

（3）$t \neq s \neq \tau = \eta$：$\frac{1}{nT^2(T-1)(T-2)}\sum_{t\neq s\neq \tau}^{T}\sum_{s\neq \tau}^{T}\sum_{\tau=1}^{T}\sum_{i=1}^{n}\tilde{x}_{is}v_{it}v_{i\tau}\tilde{x}_{i\tau} = O_p\left(\frac{1}{T^2\sqrt{n}}\right)$；

（4）$t \neq s \neq \tau \neq \eta$：$\frac{1}{nT^2(T-1)(T-2)}\sum_{t\neq s\neq \tau\neq\eta}^{T}\sum_{s\neq \tau\neq\eta}^{T}\sum_{\tau\neq\eta}^{T}\sum_{\eta=1}^{T}\sum_{i=1}^{n}\tilde{x}_{is}v_{it}v_{i\eta}\tilde{x}_{i\tau} = O_p\left(\frac{1}{T\sqrt{n}}\right)$。

并且 $\frac{1}{nT^2(T-1)(T-2)}\sum_{t\neq s\neq \tau}^{T}\sum_{s\neq \tau}^{T}\sum_{\tau=1}^{T}\sum_{\eta=1}^{T}\sum_{i\neq j}^{n}\sum_{j=1}^{n}\tilde{x}_{is}v_{it}v_{j\eta}\tilde{x}_{j\tau}$ 也可以类似地展开：

（1）$t = \eta \neq s \neq \tau$：$\frac{1}{nT^2(T-1)(T-2)}\sum_{t\neq s\neq \tau}^{T}\sum_{s\neq \tau}^{T}\sum_{\tau=1}^{T}\sum_{i\neq j}^{n}\sum_{j=1}^{n}\tilde{x}_{is}v_{it}v_{jt}\tilde{x}_{j\tau} = O_p\left(\frac{1}{T\sqrt{T}}\right)$；

（2）$t \neq s = \eta \neq \tau$：$\frac{1}{nT^2(T-1)(T-2)}\sum_{t\neq s\neq \tau}^{T}\sum_{s\neq \tau}^{T}\sum_{\tau=1}^{T}\sum_{i\neq j}^{n}\sum_{j=1}^{n}\tilde{x}_{is}v_{it}v_{js}\tilde{x}_{j\tau} = O_p\left(\frac{1}{T^2}\right)$；

（3）$t \neq s \neq \tau = \eta$：$\frac{1}{nT^2(T-1)(T-2)}\sum_{t\neq s\neq \tau}^{T}\sum_{s\neq \tau}^{T}\sum_{\tau=1}^{T}\sum_{i\neq j}^{n}\sum_{j=1}^{n}\tilde{x}_{is}v_{it}v_{j\tau}\tilde{x}_{j\tau} = O_p\left(\frac{1}{T^2}\right)$；

（4）$t \neq s \neq \tau \neq \eta$：$\frac{1}{nT^2(T-1)(T-2)}\sum_{t\neq s\neq \tau\neq\eta}^{T}\sum_{s\neq \tau\neq\eta}^{T}\sum_{\tau\neq\eta}^{T}\sum_{\eta=1}^{T}\sum_{i\neq j}^{n}\sum_{j=1}^{n}\tilde{x}_{is}v_{it}v_{j\eta}\tilde{x}_{j\tau} = O_p\left(\frac{1}{T}\right)$。

因为 $\tilde{\beta}-\beta = O_p\left(\frac{1}{\sqrt{nT}}\right)$，所以我们可以得到：

$$D_5^2 = O_p\left(\frac{1}{nT^2}\right)$$

（3）的证明：

$$
\begin{aligned}
D_5^3 &= -\frac{1}{nT(T-1)}(\tilde{\beta}-\beta)'\sum_{s\neq\tau}^{T}\sum_{\tau=1}^{T}\tilde{x}_s'\left(\frac{1}{T}\sum_{t=1}^{T}v_t\right)v_s'\tilde{x}_\tau(\tilde{\beta}-\beta)\\
&= -\frac{1}{nT^2(T-1)}(\tilde{\beta}-\beta)'\sum_{t=1}^{T}\sum_{s\neq\tau}^{T}\sum_{\tau=1}^{T}\tilde{x}_s'v_tv_s'\tilde{x}_\tau(\tilde{\beta}-\beta)\\
&= -\frac{1}{nT^2(T-1)}(\tilde{\beta}-\beta)'\sum_{t=1}^{T}\sum_{s\neq\tau}^{T}\sum_{\tau=1}^{T}\sum_{i=1}^{n}\tilde{x}_{is}v_{it}v_{is}\tilde{x}_{i\tau}(\tilde{\beta}-\beta)\\
&\quad -\frac{1}{nT^2(T-1)}(\tilde{\beta}-\beta)'\sum_{t=1}^{T}\sum_{s\neq\tau}^{T}\sum_{\tau=1}^{T}\sum_{i\neq j}^{n}\sum_{j=1}^{n}\tilde{x}_{is}v_{it}v_{js}\tilde{x}_{j\tau}(\tilde{\beta}-\beta)
\end{aligned}
$$

$\frac{1}{nT^2(T-1)}\sum_{t=1}^{T}\sum_{s\neq\tau}^{T}\sum_{\tau=1}^{T}\sum_{i=1}^{n}\tilde{x}_{is}v_{it}v_{is}\tilde{x}_{i\tau}$ 可以展开至以下 3 种情形：

(1) $t=s\neq\tau$：$\frac{1}{nT^2(T-1)}\sum_{s\neq\tau}^{T}\sum_{\tau=1}^{T}\sum_{i=1}^{n}\tilde{x}_{is}v_{is}^2\tilde{x}_{i\tau}=O_p\left(\frac{1}{T}\right)$；

(2) $s\neq t=\tau$：$\frac{1}{nT^2(T-1)}\sum_{t\neq s}^{T}\sum_{s=1}^{T}\sum_{i=1}^{n}\tilde{x}_{is}v_{it}v_{is}\tilde{x}_{it}=O_p\left(\frac{1}{T^2\sqrt{n}}\right)$；

(3) $t\neq s\neq\tau$：$\frac{1}{nT^2(T-1)}\sum_{t\neq s\neq\tau}^{T}\sum_{s\neq\tau}^{T}\sum_{\tau=1}^{T}\sum_{i=1}^{n}\tilde{x}_{is}v_{it}v_{is}\tilde{x}_{i\tau}=O_p\left(\frac{1}{T\sqrt{n}}\right)$。

$\frac{1}{nT^2(T-1)}\sum_{t=1}^{T}\sum_{s\neq\tau}^{T}\sum_{\tau=1}^{T}\sum_{i\neq j}^{n}\sum_{j=1}^{n}\tilde{x}_{is}v_{it}v_{js}\tilde{x}_{j\tau}$ 也可以展开成以下 3 种情形：

(1) $t=s\neq\tau$：$\frac{1}{nT^2(T-1)}\sum_{s\neq\tau}^{T}\sum_{\tau=1}^{T}\sum_{i\neq j}^{n}\sum_{j=1}^{n}\tilde{x}_{is}v_{is}v_{js}\tilde{x}_{j\tau}=O_p\left(\frac{1}{T\sqrt{T}}\right)$；

(2) $s\neq t=\tau$：$\frac{1}{nT^2(T-1)}\sum_{t\neq s}^{T}\sum_{s=1}^{T}\sum_{i\neq j}^{n}\sum_{j=1}^{n}\tilde{x}_{is}v_{it}v_{js}\tilde{x}_{jt}=O_p\left(\frac{1}{T^2}\right)$；

(3) $t\neq s\neq\tau$：$\frac{1}{nT^2(T-1)}\sum_{t\neq s\neq\tau}^{T}\sum_{s\neq\tau}^{T}\sum_{\tau=1}^{T}\sum_{i\neq j}^{n}\sum_{j=1}^{n}\tilde{x}_{is}v_{it}v_{js}\tilde{x}_{j\tau}=O_p\left(\frac{1}{T}\right)$。

利用 $\tilde{\beta}-\beta=O_p\left(\frac{1}{\sqrt{nT}}\right)$，我们可以得到

$$D_5^3=O_p\left(\frac{1}{nT^2}\right)$$

(4) 的证明：

$$
\begin{aligned}
D_5^4 &= \frac{1}{nT(T-1)}(\tilde{\beta}-\beta)'\sum_{s\neq\tau}^{T}\sum_{\tau=1}^{T}\tilde{x}_s'\left(\frac{1}{T}\sum_{t=1}^{T}v_t\right)\left(\frac{1}{T}\sum_{\eta=1}^{T}v_\eta\right)'\tilde{x}_\tau(\tilde{\beta}-\beta)\\
&= \frac{1}{nT^3(T-1)}(\tilde{\beta}-\beta)'\sum_{t=1}^{T}\sum_{s\neq\tau}^{T}\sum_{\tau=1}^{T}\sum_{\eta=1}^{T}\tilde{x}_s'v_tv_\eta'\tilde{x}_\tau(\tilde{\beta}-\beta)
\end{aligned}
$$

$$= \frac{1}{2}C_5^3 = O_p\left(\frac{1}{nT^2}\right)$$

利用以上结果，我们可以得到：

$$D_5 = O_p\left(\frac{1}{nT^2}\right)$$

6. (f) 部分的证明

$$D_6 = \frac{1}{nT(T-1)(T-2)}\sum_{t\neq s\neq \tau}^{T}\sum_{s\neq\tau}^{T}\sum_{\tau=1}^{T}(v_t - \bar{v}_\cdot)'\tilde{x}_s(\tilde{\beta}-\beta)(\tilde{\beta}-\beta)'\tilde{x}_s'(v_\tau - \bar{v}_\cdot)$$

$$= \frac{1}{nT(T-1)(T-2)}(\tilde{\beta}-\beta)'\sum_{t\neq s\neq \tau}^{T}\sum_{s\neq\tau}^{T}\sum_{\tau=1}^{T}\tilde{x}_s'(v_\tau - \bar{v}_\cdot)(v_t - \bar{v}_\cdot)'\tilde{x}_s(\tilde{\beta}-\beta)$$

$$= \sum_{k=1}^{3} D_6^k$$

其中，

$$D_6^1 = \frac{1}{nT(T-1)(T-2)}(\tilde{\beta}-\beta)'\sum_{t\neq s\neq \tau}^{T}\sum_{s\neq\tau}^{T}\sum_{\tau=1}^{T}\tilde{x}_s'v_\tau v_t'\tilde{x}_s(\tilde{\beta}-\beta)$$

$$D_6^2 = -\frac{2}{nT(T-1)(T-2)}(\tilde{\beta}-\beta)'\sum_{s\neq\tau}^{T}\sum_{\tau=1}^{T}\tilde{x}_s'v_\tau\bar{v}_\cdot'\tilde{x}_s(\tilde{\beta}-\beta)$$

$$D_6^3 = \frac{1}{nT(T-1)(T-2)}(\tilde{\beta}-\beta)'\sum_{s=1}^{T}\tilde{x}_s'\bar{v}_\cdot\bar{v}_\cdot'\tilde{x}_s(\tilde{\beta}-\beta)$$

引理 1.18 在假设 1.1、假设 1.2、假设 1.3 以及原假设的条件下，

（1）$D_6^1 = O_p\left(\frac{1}{nT^2}\right)$；

（2）$D_6^2 = O_p\left(\frac{1}{nT^2}\right)$；

（3）$D_6^3 = O_p\left(\frac{1}{nT^2}\right)$。

证明：（1）的证明：

$$D_6^1 = \frac{1}{nT(T-1)(T-2)}(\tilde{\beta}-\beta)'\sum_{t\neq s\neq \tau}^{T}\sum_{s\neq\tau}^{T}\sum_{\tau=1}^{T}\sum_{i=1}^{n}\tilde{x}_{is}^2 v_{i\tau}v_{it}(\tilde{\beta}-\beta)$$

$$+ \frac{1}{nT(T-1)(T-2)}(\tilde{\beta}-\beta)'\sum_{t\neq s\neq \tau}^{T}\sum_{s\neq\tau}^{T}\sum_{\tau=1}^{T}\sum_{i\neq j}^{n}\sum_{j=1}^{n}\tilde{x}_{is}v_{i\tau}v_{jt}\tilde{x}_{js}(\tilde{\beta}-\beta)$$

$$= O_p\left(\frac{1}{nT^2\sqrt{n}}\right) + O_p\left(\frac{1}{nT^2}\right)$$

（2）的证明：

$$D_6^2 = -\frac{2}{nT(T-1)}(\tilde{\beta}-\beta)'\sum_{s\neq\tau}^{T}\sum_{\tau=1}^{T}\tilde{x}_s'v_\tau\left(\frac{1}{T}\sum_{t=1}^{T}v_t\right)'\tilde{x}_s(\tilde{\beta}-\beta)$$

$$= -\frac{2}{nT^2(T-1)}(\tilde{\beta}-\beta)'\sum_{t=1}^{T}\sum_{s\neq\tau}^{T}\sum_{\tau=1}^{T}\tilde{x}_s'v_\tau v_t'\tilde{x}_s(\tilde{\beta}-\beta)$$

$$= -\frac{2}{nT^2(T-1)}(\tilde{\beta}-\beta)'\sum_{t=1}^{T}\sum_{s\neq\tau}^{T}\sum_{\tau=1}^{T}\sum_{i=1}^{n}\tilde{x}_{is}^2v_{i\tau}v_{it}(\tilde{\beta}-\beta)$$

$$-\frac{2}{nT^2(T-1)}(\tilde{\beta}-\beta)'\sum_{t=1}^{T}\sum_{s\neq\tau}^{T}\sum_{\tau=1}^{T}\sum_{i\neq j}^{n}\sum_{j=1}^{n}\tilde{x}_{is}v_{i\tau}v_{jt}\tilde{x}_{js}(\tilde{\beta}-\beta)$$

$-\frac{1}{nT^2(T-1)}\sum_{t=1}^{T}\sum_{t=1}^{T}\sum_{s\neq\tau}^{T}\sum_{\tau=1}^{T}\sum_{i=1}^{n}\tilde{x}_{is}^2v_{i\tau}v_{it}$ 可以扩展成以下几项：

（1）$t=s\neq\tau$：$-\frac{1}{nT^2(T-1)}\sum_{s\neq\tau}^{T}\sum_{\tau=1}^{T}\sum_{i=1}^{n}\tilde{x}_{is}^2v_{i\tau}v_{is}=O_p\left(\frac{1}{T^2\sqrt{n}}\right)$；

（2）$s\neq\tau=t$：$-\frac{1}{nT^2(T-1)}\sum_{s\neq\tau}^{T}\sum_{\tau=1}^{T}\sum_{i=1}^{n}\tilde{x}_{is}^2v_{i\tau}^2=O_p\left(\frac{1}{T}\right)$；

（3）$t\neq s\neq\tau$：$-\frac{1}{nT^2(T-1)}\sum_{t\neq s\neq\tau}^{T}\sum_{s\neq\tau}^{T}\sum_{\tau=1}^{T}\sum_{i=1}^{n}\tilde{x}_{is}^2v_{i\tau}v_{it}=O_p\left(\frac{1}{T\sqrt{n}}\right)$。

并且 $-\frac{1}{nT^2(T-1)}\sum_{t=1}^{T}\sum_{s\neq\tau}^{T}\sum_{\tau=1}^{T}\sum_{i\neq j}^{n}\sum_{j=1}^{n}\tilde{x}_{is}v_{i\tau}v_{jt}\tilde{x}_{js}$ 也可以展开成以下的情形：

（1）$t=s\neq\tau$：$-\frac{1}{nT^2(T-1)}\sum_{s\neq\tau}^{T}\sum_{\tau=1}^{T}\sum_{i\neq j}^{n}\sum_{j=1}^{n}\tilde{x}_{is}v_{i\tau}v_{js}\tilde{x}_{js}=O_p\left(\frac{1}{T^2}\right)$；

（2）$s\neq\tau=t$：$-\frac{1}{nT^2(T-1)}\sum_{s\neq\tau}^{T}\sum_{\tau=1}^{T}\sum_{i\neq j}^{n}\sum_{j=1}^{n}\tilde{x}_{is}v_{i\tau}v_{j\tau}\tilde{x}_{js}=O_p\left(\frac{1}{T\sqrt{T}}\right)$；

（3）$t\neq s\neq\tau$：$-\frac{1}{nT^2(T-1)}\sum_{t\neq s\neq\tau}^{T}\sum_{s\neq\tau}^{T}\sum_{\tau=1}^{T}\sum_{i\neq j}^{n}\sum_{j=1}^{n}\tilde{x}_{is}v_{i\tau}v_{jt}\tilde{x}_{js}=O_p\left(\frac{1}{T}\right)$。

因此，利用 $\tilde{\beta}-\beta=O_p\left(\frac{1}{\sqrt{nT}}\right)$，我们可以得到：

$$D_6^2=O_p\left(\frac{1}{nT^2}\right)$$

（3）的证明：

$$B_6^3=\frac{1}{nT}(\tilde{\beta}-\beta)'\sum_{s=1}^{T}\tilde{x}_s'\left(\frac{1}{T}\sum_{t=1}^{T}v_t\right)\left(\frac{1}{T}\sum_{\tau=1}^{T}v_\tau\right)'\tilde{x}_s(\tilde{\beta}-\beta)$$

$$= \frac{1}{nT^3}(\tilde{\beta} - \beta)' \sum_{t=1}^{T} \sum_{s=1}^{T} \sum_{\tau=1}^{T} \tilde{x}_s' v_t v_\tau' \tilde{x}_s (\tilde{\beta} - \beta)$$

$$= \frac{1}{nT^3}(\tilde{\beta} - \beta)' \sum_{t=1}^{T} \sum_{s=1}^{T} \sum_{\tau=1}^{T} \sum_{i=1}^{n} \tilde{x}_{is}^2 v_{it} v_{i\tau} (\tilde{\beta} - \beta)$$

$$+ \frac{1}{nT^3}(\tilde{\beta} - \beta)' \sum_{t=1}^{T} \sum_{s=1}^{T} \sum_{\tau=1}^{T} \sum_{i\neq j}^{n} \sum_{j=1}^{n} \tilde{x}_{is} v_{it} v_{j\tau} \tilde{x}_{js} (\tilde{\beta} - \beta)$$

$\frac{1}{nT^3} \sum_{t=1}^{T} \sum_{s=1}^{T} \sum_{\tau=1}^{T} \sum_{i=1}^{n} \tilde{x}_{is}^2 v_{it} v_{i\tau}$ 可以展开成以下这 5 项：

(1) $t = s = \tau$: $\frac{1}{nT^3} \sum_{t=1}^{T} \sum_{i=1}^{n} \tilde{x}_{it}^2 v_{it}^2 = O_p\left(\frac{1}{T^2}\right)$；

(2) $t = s \neq \tau$: $\frac{1}{nT^3} \sum_{t\neq\tau}^{T} \sum_{\tau=1}^{T} \sum_{i=1}^{n} \tilde{x}_{it}^2 v_{it} v_{i\tau} = O_p\left(\frac{1}{T^2\sqrt{n}}\right)$；

(3) $t = \tau \neq s$: $\frac{1}{nT^3} \sum_{t\neq s}^{T} \sum_{s=1}^{T} \sum_{i=1}^{n} \tilde{x}_{is}^2 v_{it}^2 = O_p\left(\frac{1}{T}\right)$；

(4) $t \neq s = \tau$: $\frac{1}{nT^3} \sum_{t\neq s}^{T} \sum_{s=1}^{T} \sum_{i=1}^{n} \tilde{x}_{is}^2 v_{it} v_{is} = O_p\left(\frac{1}{T^2\sqrt{n}}\right)$；

(5) $t \neq s \neq \tau$: $\frac{1}{nT^3} \sum_{t\neq s\neq\tau}^{T} \sum_{s\neq\tau}^{T} \sum_{\tau=1}^{T} \sum_{i=1}^{n} \tilde{x}_{is}^2 v_{it} v_{i\tau} = O_p\left(\frac{1}{T\sqrt{n}}\right)$。

展开下式 $\frac{1}{nT^3} \sum_{t=1}^{T} \sum_{s=1}^{T} \sum_{\tau=1}^{T} \sum_{i\neq j}^{n} \sum_{j=1}^{n} \tilde{x}_{is} v_{it} v_{j\tau} \tilde{x}_{js}$，我们可以得到以下 5 种情形：

(1) $t = s = \tau$: $\frac{1}{nT^3} \sum_{t=1}^{T} \sum_{i\neq j}^{n} \sum_{j=1}^{n} \tilde{x}_{it} v_{it} v_{jt} \tilde{x}_{jt} = O_p\left(\frac{1}{T^2\sqrt{T}}\right)$；

(2) $t = s \neq \tau$: $\frac{1}{nT^3} \sum_{t\neq\tau}^{T} \sum_{\tau=1}^{T} \sum_{i\neq j}^{n} \sum_{j=1}^{n} \tilde{x}_{it} v_{it} v_{j\tau} \tilde{x}_{jt} = O_p\left(\frac{1}{T^2}\right)$；

(3) $t = \tau \neq s$: $\frac{1}{nT^3} \sum_{t\neq s}^{T} \sum_{s=1}^{T} \sum_{i\neq j}^{n} \sum_{j=1}^{n} \tilde{x}_{is} v_{it} v_{jt} \tilde{x}_{js} = O_p\left(\frac{1}{T\sqrt{T}}\right)$；

(4) $t \neq s = \tau$: $\frac{1}{nT^3} \sum_{t\neq s}^{T} \sum_{s=1}^{T} \sum_{i\neq j}^{n} \sum_{j=1}^{n} \tilde{x}_{is} v_{it} v_{js} \tilde{x}_{js} = O_p\left(\frac{1}{T^2}\right)$；

(5) $t \neq s \neq \tau$: $\frac{1}{nT^3} \sum_{t\neq s\neq\tau}^{T} \sum_{s\neq\tau}^{T} \sum_{\tau=1}^{T} \sum_{i\neq j}^{n} \sum_{j=1}^{n} \tilde{x}_{is} v_{it} v_{j\tau} \tilde{x}_{js} = O_p\left(\frac{1}{T}\right)$。

因为 $\tilde{\beta} - \beta = O_p\left(\frac{1}{\sqrt{nT}}\right)$，我们可以得到：

$$D_6^3 = O_p\left(\frac{1}{nT^2}\right)$$

利用 D_6^k，$k=1$，2，3 的结果，可以得到 D_6 的数量级的大小：

$$D_6 = O_p\left(\frac{1}{nT^2}\right)$$

7.（g）部分的证明

$$\begin{aligned} D_7 &= -\frac{2}{nT(T-1)(T-2)}\sum_{t\neq s\neq\tau}^{T}\sum_{s\neq\tau}^{T}\sum_{\tau=1}^{T}\tilde{v}_t'\tilde{x}_s(\tilde{\beta}-\beta)(\tilde{\beta}-\beta)'\tilde{x}_s'\tilde{x}_\tau(\tilde{\beta}-\beta) \\ &= -\frac{2}{nT(T-1)(T-2)}(\tilde{\beta}-\beta)'\left[\sum_{t\neq s\neq\tau}^{T}\sum_{s\neq\tau}^{T}\sum_{\tau=1}^{T}\tilde{x}_s'\tilde{v}_t(\tilde{\beta}-\beta)\tilde{x}_s'\tilde{x}_\tau\right](\tilde{\beta}-\beta) \end{aligned}$$

我们需要计算 $\frac{1}{nT(T-1)(T-2)}\sum_{t\neq s\neq\tau}^{T}\sum_{s\neq\tau}^{T}\sum_{\tau=1}^{T}\tilde{x}_s'\tilde{v}_t\tilde{x}_s'\tilde{x}_\tau$ 的数量级的大小。

$$\begin{aligned} &\frac{1}{nT(T-1)(T-2)}\sum_{t\neq s\neq\tau}^{T}\sum_{s\neq\tau}^{T}\sum_{\tau=1}^{T}\tilde{x}_s'\tilde{v}_t\tilde{x}_s'\tilde{x}_\tau \\ &= \frac{1}{nT(T-1)(T-2)}\sum_{t\neq s\neq\tau}^{T}\sum_{s\neq\tau}^{T}\sum_{\tau=1}^{T}\tilde{x}_s'(v_t-\bar{v}_{\cdot})\tilde{x}_s'\tilde{x}_\tau \\ &= \frac{1}{nT(T-1)(T-2)}\sum_{t\neq s\neq\tau}^{T}\sum_{s\neq\tau}^{T}\sum_{\tau=1}^{T}\tilde{x}_s'v_t\tilde{x}_s'\tilde{x}_\tau - \frac{1}{nT(T-1)}\sum_{s\neq\tau}^{T}\sum_{\tau=1}^{T}\tilde{x}_s'\bar{v}_{\cdot}\tilde{x}_s'\tilde{x}_\tau \end{aligned}$$

其中，

$$\begin{aligned} &\frac{1}{nT(T-1)(T-2)}\sum_{t\neq s\neq\tau}^{T}\sum_{s\neq\tau}^{T}\sum_{\tau=1}^{T}\tilde{x}_s'v_t\tilde{x}_s'\tilde{x}_\tau \\ &= \frac{1}{nT(T-1)(T-2)}\sum_{t\neq s\neq\tau}^{T}\sum_{s\neq\tau}^{T}\sum_{\tau=1}^{T}\sum_{i=1}^{n}\tilde{x}_{is}^2\tilde{x}_{i\tau}v_{it} \\ &\quad + \frac{1}{nT(T-1)(T-2)}\sum_{t\neq s\neq\tau}^{T}\sum_{s\neq\tau}^{T}\sum_{\tau=1}^{T}\sum_{i\neq j}^{n}\sum_{j=1}^{n}\tilde{x}_{is}v_{it}\tilde{x}_{js}\tilde{x}_{j\tau} \\ &= O_p\left(\frac{1}{\sqrt{nT}}\right) + O_p\left(\frac{\sqrt{n}}{\sqrt{T}}\right) \end{aligned}$$

并且，

$$\begin{aligned} &\frac{1}{nT(T-1)}\sum_{s\neq\tau}^{T}\sum_{\tau=1}^{T}\tilde{x}_s'\bar{v}_{\cdot}\tilde{x}_s'\tilde{x}_\tau \\ &= \frac{1}{nT(T-1)}\sum_{s\neq\tau}^{T}\sum_{\tau=1}^{T}\tilde{x}_s'\left(\frac{1}{T}\sum_{t=1}^{T}v_t\right)\tilde{x}_s'\tilde{x}_\tau \end{aligned}$$

$$= \frac{1}{nT^2(T-1)} \sum_{t=1}^{T} \sum_{s \neq \tau}^{T} \sum_{\tau=1}^{T} \tilde{x}_s' v_t \tilde{x}_s' \tilde{x}_\tau$$

$$= \frac{1}{nT^2(T-1)} \sum_{t=1}^{T} \sum_{s \neq \tau}^{T} \sum_{\tau=1}^{T} \sum_{i=1}^{n} \tilde{x}_{is}^2 \tilde{x}_{i\tau} v_{it} + \frac{1}{nT^2(T-1)} \sum_{t=1}^{T} \sum_{s \neq \tau}^{T} \sum_{\tau=1}^{T} \sum_{i \neq j}^{n} \sum_{j=1}^{n} \tilde{x}_{is} v_{it} \tilde{x}_{js} \tilde{x}_{j\tau}$$

为了计算以上这些项的数量级，我们需要区分 t，$s \neq \tau$ 的情形，第一项可以展开成以下 3 项：

(1) $t = s \neq \tau$：$\frac{1}{nT^2(T-1)} \sum_{s \neq \tau}^{T} \sum_{\tau=1}^{T} \sum_{i=1}^{n} \tilde{x}_{is}^2 \tilde{x}_{i\tau} v_{is} = O_p\left(\frac{1}{T\sqrt{nT}}\right)$；

(2) $s \neq \tau = t$：$\frac{1}{nT^2(T-1)} \sum_{s \neq \tau}^{T} \sum_{\tau=1}^{T} \sum_{i=1}^{n} \tilde{x}_{is}^2 \tilde{x}_{i\tau} v_{i\tau} = O_p\left(\frac{1}{T\sqrt{nT}}\right)$；

(3) $t \neq s \neq \tau$：$\frac{1}{nT^2(T-1)} \sum_{t \neq s \neq \tau}^{T} \sum_{s \neq \tau}^{T} \sum_{\tau=1}^{T} \sum_{i=1}^{n} \tilde{x}_{is}^2 \tilde{x}_{i\tau} v_{it} = O_p\left(\frac{1}{\sqrt{nT}}\right)$。

类似地，我们也可以将第二项展开为以下 3 种情形：

(1) $t = s \neq \tau$：$\frac{1}{nT^2(T-1)} \sum_{s \neq \tau}^{T} \sum_{\tau=1}^{T} \sum_{i \neq j}^{n} \sum_{j=1}^{n} \tilde{x}_{is} v_{is} \tilde{x}_{js} \tilde{x}_{j\tau} = O_p\left(\frac{1}{T\sqrt{T}}\right)$；

(2) $s \neq \tau = t$：$\frac{1}{nT^2(T-1)} \sum_{s \neq \tau}^{T} \sum_{\tau=1}^{T} \sum_{i \neq j}^{n} \sum_{j=1}^{n} \tilde{x}_{is} v_{i\tau} \tilde{x}_{js} \tilde{x}_{j\tau} = O_p\left(\frac{1}{T\sqrt{T}}\right)$；

(3) $t \neq s \neq \tau$：$\frac{1}{nT^2(T-1)} \sum_{t \neq s \neq \tau}^{T} \sum_{s \neq \tau}^{T} \sum_{\tau=1}^{T} \sum_{i \neq j}^{n} \sum_{j=1}^{n} \tilde{x}_{is} v_{it} \tilde{x}_{js} \tilde{x}_{j\tau} = O_p\left(\frac{\sqrt{n}}{\sqrt{T}}\right)$。

因此，我们可以得到 $\frac{1}{nT(T-1)(T-2)} \sum_{t \neq s \neq \tau}^{T} \sum_{s \neq \tau}^{T} \sum_{\tau=1}^{T} \tilde{x}_s' \tilde{v}_t \tilde{x}_s' \tilde{x}_\tau = O_p\left(\frac{\sqrt{n}}{\sqrt{T}}\right)$ 并且利用 $\tilde{\beta} - \beta = O_p\left(\frac{1}{\sqrt{nT}}\right)$，我们可以得到：

$$D_7 = O_p\left(\frac{1}{nT^2}\right)$$

8.（h）部分的证明

$$D_8 = \frac{1}{nT(T-1)(T-2)} (\tilde{\beta} - \beta)' \sum_{t \neq s \neq \tau}^{T} \sum_{s \neq \tau}^{T} \sum_{\tau=1}^{T} \tilde{x}_t' (v_s - \bar{v}_{.})(v_s - \bar{v}_{.})' \tilde{x}_\tau (\tilde{\beta} - \beta)$$

$$= \sum_{k=1}^{3} D_8^k$$

其中，

$$D_8^1 = \frac{1}{nT(T-1)(T-2)}(\tilde{\beta}-\beta)'\sum_{t\neq s\neq \tau}^{T}\sum_{s\neq \tau}^{T}\sum_{\tau=1}^{T}\tilde{x}_t' v_s v_s' \tilde{x}_\tau(\tilde{\beta}-\beta)$$

$$D_8^2 = -\frac{2}{nT(T-1)(T-2)}(\tilde{\beta}-\beta)'\sum_{t\neq s\neq \tau}^{T}\sum_{s\neq \tau}^{T}\sum_{\tau=1}^{T}\tilde{x}_t' v_s \bar{v}_\cdot' \tilde{x}_\tau(\tilde{\beta}-\beta)$$

$$D_8^3 = \frac{1}{nT(T-1)}(\tilde{\beta}-\beta)'\sum_{t\neq \tau}^{T}\sum_{\tau=1}^{T}\tilde{x}_t' \bar{v}_\cdot \bar{v}_\cdot' \tilde{x}_\tau(\tilde{\beta}-\beta)$$

引理 1.19 在假设 1.1、假设 1.2、假设 1.3 以及原假设条件下，

（1）$D_8^1 = O_p\left(\frac{1}{nT}\right)$；

（2）$D_8^2 = O_p\left(\frac{1}{nT^2}\right)$；

（3）$D_8^3 = O_p\left(\frac{1}{nT^2}\right)$。

证明：首先考虑第（1）部分，

$$\begin{aligned}D_8^1 &= \frac{1}{nT(T-1)(T-2)}(\tilde{\beta}-\beta)'\sum_{t\neq s\neq \tau}^{T}\sum_{s\neq \tau}^{T}\sum_{\tau=1}^{T}\sum_{i=1}^{n}\tilde{x}_{it} v_{is}^2 \tilde{x}_{i\tau}(\tilde{\beta}-\beta)\\
&\quad + \frac{1}{nT(T-1)(T-2)}(\tilde{\beta}-\beta)'\sum_{t\neq s\neq \tau}^{T}\sum_{s\neq \tau}^{T}\sum_{\tau=1}^{T}\sum_{i\neq j}^{n}\sum_{j=1}^{n}\tilde{x}_{it} v_{is} v_{js} \tilde{x}_{j\tau}(\tilde{\beta}-\beta)\\
&= O_p\left(\frac{1}{nT}\right) + O_p\left(\frac{1}{nT\sqrt{T}}\right) = O_p\left(\frac{1}{nT}\right)\end{aligned}$$

接下来考虑第（2）部分 $D_8^2 = \frac{1}{2}C_5^2 = O_p\left(\frac{1}{nT^2}\right)$以及第（3）部分 $D_8^3 = \frac{1}{2}C_5^3 = O_p\left(\frac{1}{nT^2}\right)$。

根据以上结果，我们可以得到：

$$D_8 = O_p\left(\frac{1}{nT}\right)$$

9.（i）部分的证明

$$\begin{aligned}D_9 &= -\frac{2}{nT(T-1)(T-2)}\sum_{t\neq s\neq \tau}^{T}\sum_{s\neq \tau}^{T}\sum_{\tau=1}^{T}(\tilde{\beta}-\beta)'\tilde{x}_t'(v_s-\bar{v}_\cdot)(\tilde{\beta}-\beta)'\tilde{x}_s'\tilde{x}_\tau(\tilde{\beta}-\beta)\\
&= -\frac{2}{nT(T-1)(T-2)}(\tilde{\beta}-\beta)'\sum_{t\neq s\neq \tau}^{T}\sum_{s\neq \tau}^{T}\sum_{\tau=1}^{T}\tilde{x}_s'\tilde{x}_\tau(\tilde{\beta}-\beta)(v_s-\bar{v}_\cdot)'\tilde{x}_t(\tilde{\beta}-\beta)\end{aligned}$$

$$= -\frac{2}{nT(T-1)(T-2)}(\tilde{\beta}-\beta)'\sum_{t\neq s\neq\tau}^{T}\sum_{s\neq\tau}^{T}\sum_{\tau=1}^{T}\tilde{x}_s'\tilde{x}_\tau(\tilde{\beta}-\beta)v_s'\tilde{x}_t(\tilde{\beta}-\beta)$$

$$+\frac{2}{nT(T-1)(T-2)}(\tilde{\beta}-\beta)'\sum_{t\neq s\neq\tau}^{T}\sum_{s\neq\tau}^{T}\sum_{\tau=1}^{T}\tilde{x}_s'\tilde{x}_\tau(\tilde{\beta}-\beta)\bar{v}_\cdot'\tilde{x}_t(\tilde{\beta}-\beta)$$

首先，我们考虑 $\frac{1}{nT(T-1)(T-2)}\sum_{t\neq s\neq\tau}^{T}\sum_{s\neq\tau}^{T}\sum_{\tau=1}^{T}\tilde{x}_s'\tilde{x}_\tau v_s'\tilde{x}_t$，

$$\frac{1}{nT(T-1)(T-2)}\sum_{t\neq s\neq\tau}^{T}\sum_{s\neq\tau}^{T}\sum_{\tau=1}^{T}\tilde{x}_s'\tilde{x}_\tau v_s'\tilde{x}_t$$

$$=\frac{1}{nT(T-1)(T-2)}\sum_{t\neq s\neq\tau}^{T}\sum_{s\neq\tau}^{T}\sum_{\tau=1}^{T}\sum_{i=1}^{n}\tilde{x}_{it}\tilde{x}_{i\tau}v_{is}\tilde{x}_{it}$$

$$+\frac{1}{nT(T-1)(T-2)}\sum_{t\neq s\neq\tau}^{T}\sum_{s\neq\tau}^{T}\sum_{\tau=1}^{T}\sum_{i\neq j}^{n}\sum_{j=1}^{n}\tilde{x}_{it}\tilde{x}_{i\tau}v_{js}\tilde{x}_{jt}$$

$$=O_p\left(\frac{1}{\sqrt{nT}}\right)+O_p\left(\frac{\sqrt{n}}{\sqrt{T}}\right)$$

其次，我们考虑 $\frac{1}{nT(T-1)(T-2)}\sum_{t\neq s\neq\tau}^{T}\sum_{s\neq\tau}^{T}\sum_{\tau=1}^{T}\tilde{x}_s'\tilde{x}_\tau\bar{v}_\cdot'\tilde{x}_t$，

$$\frac{1}{nT(T-1)(T-2)}\sum_{t\neq s\neq\tau}^{T}\sum_{s\neq\tau}^{T}\sum_{\tau=1}^{T}\tilde{x}_s'\tilde{x}_\tau\bar{v}_\cdot'\tilde{x}_t$$

$$=\frac{1}{nT(T-1)(T-2)}\sum_{t\neq s\neq\tau}^{T}\sum_{s\neq\tau}^{T}\sum_{\tau=1}^{T}\tilde{x}_s'\tilde{x}_\tau\left(\frac{1}{T}\sum_{\eta=1}^{T}v_\eta\right)\tilde{x}_t$$

$$=\frac{1}{nT^2(T-1)(T-2)}\sum_{t\neq s\neq\tau}^{T}\sum_{s\neq\tau}^{T}\sum_{\tau=1}^{T}\sum_{\eta=1}^{T}\tilde{x}_s'\tilde{x}_\tau v_\eta'\tilde{x}_t$$

$$=\frac{1}{nT^2(T-1)(T-2)}\sum_{t\neq s\neq\tau}^{T}\sum_{s\neq\tau}^{T}\sum_{\tau=1}^{T}\sum_{\eta=1}^{T}\sum_{i=1}^{n}\tilde{x}_{is}\tilde{x}_{i\tau}v_{i\eta}\tilde{x}_{it}$$

$$+\frac{1}{nT^2(T-1)(T-2)}\sum_{t\neq s\neq\tau}^{T}\sum_{s\neq\tau}^{T}\sum_{\tau=1}^{T}\sum_{\eta=1}^{T}\sum_{i\neq j}^{n}\sum_{j=1}^{n}\tilde{x}_{is}\tilde{x}_{i\tau}v_{j\eta}\tilde{x}_{jt}$$

第一项的展开式可以由以下情况之和来计算：

(1) $t=\eta\neq s\neq\tau$：$\frac{1}{nT^2(T-1)(T-2)}\sum_{t\neq s\neq\tau}^{T}\sum_{s\neq\tau}^{T}\sum_{\tau=1}^{T}\sum_{i=1}^{n}\tilde{x}_{is}\tilde{x}_{i\tau}v_{it}\tilde{x}_{it}=O_p\left(\frac{1}{T\sqrt{nT}}\right)$；

(2) $t\neq s=\eta\neq\tau$：$\frac{1}{nT^2(T-1)(T-2)}\sum_{t\neq s\neq\tau}^{T}\sum_{s\neq\tau}^{T}\sum_{\tau=1}^{T}\sum_{i=1}^{n}\tilde{x}_{is}\tilde{x}_{i\tau}v_{is}\tilde{x}_{it}=$

$O_p\left(\frac{1}{T\sqrt{nT}}\right)$;

(3) $t \neq s \neq \tau = \eta$: $\frac{1}{nT^2(T-1)(T-2)}\sum_{t\neq s\neq \tau}^{T}\sum_{s\neq \tau}^{T}\sum_{\tau=1}^{T}\sum_{i=1}^{n}\tilde{x}_{is}\tilde{x}_{i\tau}v_{i\tau}\tilde{x}_{it} = O_p\left(\frac{1}{T\sqrt{nT}}\right)$;

(4) $t \neq s \neq \tau \neq \eta$: $\frac{1}{nT^2(T-1)(T-2)}\sum_{t\neq s\neq \tau\neq\eta}^{T}\sum_{s\neq \tau\neq\eta}^{T}\sum_{\tau\neq\eta}^{T}\sum_{\eta=1}^{T}\sum_{i=1}^{n}\tilde{x}_{is}\tilde{x}_{i\tau}v_{i\eta}\tilde{x}_{it} = O_p\left(\frac{1}{\sqrt{nT}}\right)$。

类似地，第二项可以展开为：

(1) $t = \eta \neq s \neq \tau$: $\frac{1}{nT^2(T-1)(T-2)}\sum_{t\neq s\neq \tau}^{T}\sum_{s\neq \tau}^{T}\sum_{\tau=1}^{T}\sum_{i\neq j}^{n}\sum_{j=1}^{n}\tilde{x}_{is}\tilde{x}_{i\tau}v_{jt}\tilde{x}_{jt} = O_p\left(\frac{\sqrt{n}}{T\sqrt{T}}\right)$;

(2) $t \neq s = \eta \neq \tau$: $\frac{1}{nT^2(T-1)(T-2)}\sum_{t\neq s\neq \tau}^{T}\sum_{s\neq \tau}^{T}\sum_{\tau=1}^{T}\sum_{i\neq j}^{n}\sum_{j=1}^{n}\tilde{x}_{is}\tilde{x}_{i\tau}v_{js}\tilde{x}_{jt} = O_p\left(\frac{\sqrt{n}}{T\sqrt{T}}\right)$;

(3) $t \neq s \neq \tau = \eta$: $\frac{1}{nT^2(T-1)(T-2)}\sum_{t\neq s\neq \tau}^{T}\sum_{s\neq \tau}^{T}\sum_{\tau=1}^{T}\sum_{i\neq j}^{n}\sum_{j=1}^{n}\tilde{x}_{is}\tilde{x}_{i\tau}v_{j\tau}\tilde{x}_{jt} = O_p\left(\frac{\sqrt{n}}{T\sqrt{T}}\right)$;

(4) $t \neq s \neq \tau \neq \eta$: $\frac{1}{nT^2(T-1)(T-2)}\sum_{t\neq s\neq \tau\neq\eta}^{T}\sum_{s\neq \tau\neq\eta}^{T}\sum_{\tau\neq\eta}^{T}\sum_{\eta=1}^{T}\sum_{i\neq j}^{n}\sum_{j=1}^{n}\tilde{x}_{is}\tilde{x}_{i\tau}v_{j\eta}\tilde{x}_{jt} = O_p\left(\frac{\sqrt{n}}{\sqrt{T}}\right)$。

利用已有结果 $\tilde{\beta} - \beta = O_p\left(\frac{1}{\sqrt{nT}}\right)$，然后我们可以得到：

$$D_9 = O_p\left(\frac{1}{nT^2}\right)$$

10. （j）部分的证明

为了计算 D_{10}的数量级，我们可以先计算以下这些项：

$$\begin{aligned}&\frac{1}{nT(T-1)(T-2)}\sum_{t\neq s\neq\tau}^{T}\sum_{s\neq\tau}^{T}\sum_{\tau=1}^{T}\tilde{x}_t\tilde{x}_s\tilde{x}_s'\tilde{x}_\tau\\&=\frac{1}{nT(T-1)(T-2)}\sum_{t\neq s\neq\tau}^{T}\sum_{s\neq\tau}^{T}\sum_{\tau=1}^{T}\sum_{i=1}^{n}\tilde{x}_{it}\tilde{x}_{is}^2\tilde{x}_{i\tau}\\&\quad+\frac{1}{nT(T-1)(T-2)}\sum_{t\neq s\neq\tau}^{T}\sum_{s\neq\tau}^{T}\sum_{\tau=1}^{T}\sum_{i\neq j}^{n}\sum_{j=1}^{n}\tilde{x}_{it}\tilde{x}_{is}\tilde{x}_{js}\tilde{x}_{j\tau}\\&=O_p(1)+O_p(n)\end{aligned}$$

利用$\tilde{\beta}-\beta=O_p\left(\frac{1}{\sqrt{nT}}\right)$，我们可以得到：

$$D_{10}=O_p\left(\frac{1}{nT^2}\right)$$

1.8.3 命题1.2第（3）部分的证明

$$\begin{aligned}\frac{1}{n}\hat{M}_{5,T}&=\frac{1}{nT_4}\sum_{t,s,\tau,\eta}^{T}\hat{v}_t'\hat{v}_s\hat{v}_\tau'\hat{v}_\eta\\&=\frac{1}{nT_4}\sum_{t,s,\tau,\eta}^{T}(\tilde{v}_t-\tilde{x}_t(\tilde{\beta}-\beta))'(\tilde{v}_s-\tilde{x}_s(\tilde{\beta}-\beta))\\&\quad(\tilde{v}_\tau-\tilde{x}_\tau(\tilde{\beta}-\beta))'(\tilde{v}_\eta-\tilde{x}_\eta(\tilde{\beta}-\beta))\\&=\sum_{k=1}^{6}E_i\end{aligned}$$

其中，

$$E_1=\frac{1}{nT_4}\sum_{t,s,\tau,\eta}^{T}\tilde{v}_t'\tilde{v}_s\tilde{v}_\tau'\tilde{v}_\eta$$

$$E_2=-\frac{4}{nT_4}\sum_{t,s,\tau,\eta}^{T}\tilde{v}_t'\tilde{v}_s\tilde{v}_\tau'\tilde{x}_\eta(\tilde{\beta}-\beta)$$

$$E_3=\frac{2}{nT_4}\sum_{t,s,\tau,\eta}^{T}(\tilde{\beta}-\beta)'\tilde{x}_t'\tilde{v}_s\tilde{v}_\tau'\tilde{x}_\eta(\tilde{\beta}-\beta)$$

$$E_4=\frac{4}{nT_4}\sum_{t,s,\tau,\eta}^{T}(\tilde{\beta}-\beta)'\tilde{x}_t'\tilde{x}_s(\tilde{\beta}-\beta)\tilde{v}_\tau'\tilde{v}_\eta$$

$$E_5 = -\frac{4}{nT_4}\sum_{t,s,\tau,\eta}^{T}(\tilde{\beta}-\beta)'\tilde{x}_t'\tilde{v}_s(\tilde{\beta}-\beta)'\tilde{x}_\tau'\tilde{x}_\eta(\tilde{\beta}-\beta)$$

$$E_6 = -\frac{1}{nT_4}\sum_{t,s,\tau,\eta}^{T}(\tilde{\beta}-\beta)'\tilde{x}_t'\tilde{x}_s(\tilde{\beta}-\beta)(\tilde{\beta}-\beta)'\tilde{x}_\tau'\tilde{x}_\eta(\tilde{\beta}-\beta)$$

引理 1.20 在假设 1.1、假设 1.2、假设 1.3 以及原假设的条件下，

(1) $E_1 = \frac{1}{n}M_{5,T} + 4\frac{n-1}{T^2}\sigma_v^4 - \frac{3n}{T^2}\sigma_v^4 + O_p\left(\frac{\sqrt{n}}{T^2}\right)$；

(2) $E_2 = O_p\left(\frac{1}{T^2}\right)$；

(3) $E_3 = O_p\left(\frac{1}{nT^2}\right)$；

(4) $E_4 = O_p\left(\frac{1}{T^2}\right)$；

(5) $E_5 = O_p\left(\frac{1}{nT^2}\right)$；

(6) $E_6 = O_p\left(\frac{1}{nT^2}\right)$。

1. (1) 部分的证明

$$\begin{aligned}E_1 &= \frac{1}{nT_4}\sum_{t,s,\tau,\eta}^{T}\tilde{v}_t'\tilde{v}_s\tilde{v}_\tau'\tilde{v}_\eta \\ &= \frac{1}{nT_4}\sum_{t,s,\tau,\eta}^{T}(v_t-\bar{v}_.)'(v_s-\bar{v}_.)(v_\tau-\bar{v}_.)'(v_\eta-\bar{v}_.) \\ &= \frac{1}{n}M_{5,T} + \sum_{k=1}^{5}E_1^k\end{aligned}$$

其中，

$$E_1^1 = -\frac{4}{nT(T-1)(T-2)}\sum_{t\neq s\neq\tau}^{T}\sum_{s\neq\tau}^{T}\sum_{\eta=1}^{T}v_t'v_sv_\tau'\bar{v}_.$$

$$E_1^2 = \frac{3}{nT(T-1)}\sum_{t\neq s}^{T}\sum_{s=1}^{T}v_t'v_s\bar{v}_.'\bar{v}_.$$

$$E_1^3 = \frac{3}{nT(T-1)}\sum_{t\neq\tau}^{T}\sum_{\tau=1}^{T}v_t'\bar{v}_.v_\tau'\bar{v}_.$$

$$E_1^4 = -\frac{3}{n}\bar{v}_.'\bar{v}_.\bar{v}_.'\bar{v}_.$$

容易证得：

$E_1^1 = 2D_1^2 = O_p\left(\frac{\sqrt{n}}{T^2}\right)$；$E_1^2 = D_1^3 = O_p\left(\frac{\sqrt{n}}{T^2}\right)$；$E_1^3 = 2C_1^4 = 4\frac{n-1}{T^2}\sigma_v^4 + O_p\left(\frac{\sqrt{n}}{T^2}\right)$和

$E_1^4 = D_1^6 = -\frac{3n}{T^2}\sigma_v^4 + O_p\left(\frac{\sqrt{n}}{T^2}\right)$，所以我们可以得到：

$$E_1 = \frac{1}{n}M_{5,T} + 4\frac{n-1}{T^2}\sigma_v^4 - \frac{3n}{T^2}\sigma_v^4 + O_p\left(\frac{\sqrt{n}}{T^2}\right)$$

2. （2）部分的证明

$$E_2 = -\frac{4}{nT_4}\sum_{t,s,\tau,\eta}^{T}(v_t - \bar{v}_{\cdot})'(v_s - \bar{v}_{\cdot})(v_\tau - \bar{v}_{\cdot})'\tilde{x}_\eta(\tilde{\beta} - \beta) = \sum_{k=1}^{6}E_2^k$$

其中，

$$E_2^1 = -\frac{4}{nT_4}\sum_{t,s,\tau,\eta}^{T}v_t'v_sv_\tau'\tilde{x}_\eta(\tilde{\beta} - \beta)$$

$$E_2^2 = \frac{4}{nT(T-1)(T-2)}\sum_{t\neq s\neq\eta}^{T}\sum_{s\neq\eta}^{T}\sum_{\eta=1}^{T}v_t'v_s\bar{v}_{\cdot}'\tilde{x}_\eta(\tilde{\beta} - \beta)$$

$$E_2^3 = \frac{8}{nT(T-1)(T-2)}\sum_{t\neq\tau\neq\eta}^{T}\sum_{s\neq\tau}^{T}\sum_{\eta=1}^{T}v_t'\bar{v}_{\cdot}v_\tau'\tilde{x}_\eta(\tilde{\beta} - \beta)$$

$$E_2^4 = -\frac{8}{nT(T-1)}\sum_{t\neq\eta}^{T}\sum_{\eta=1}^{T}v_t'\bar{v}_{\cdot}\bar{v}_{\cdot}'\tilde{x}_\eta(\tilde{\beta} - \beta)$$

$$E_2^5 = -\frac{4}{nT(T-1)}\sum_{\tau\neq\eta}^{T}\sum_{\eta=1}^{T}\bar{v}_{\cdot}'\bar{v}_{\cdot}v_\tau'\tilde{x}_\eta(\tilde{\beta} - \beta)$$

$$E_2^6 = \frac{4}{nT}\sum_{\eta=1}^{T}\bar{v}_{\cdot}'\bar{v}_{\cdot}\bar{v}_{\cdot}'\tilde{x}_\eta(\tilde{\beta} - \beta)$$

为了证明它，我们首先考虑 E_2^1，

$$E_2^1 = -\frac{4}{nT_4}\sum_{t,s,\tau,\eta}^{T}\sum_{i=1}^{n}v_{it}v_{is}v_{i\tau}\tilde{x}_{i\eta}(\tilde{\beta} - \beta) - \frac{4}{nT_4}\sum_{t,s,\tau,\eta}^{T}\sum_{i\neq j}^{n}\sum_{j=1}^{n}v_{it}v_{is}v_{j\tau}\tilde{x}_{j\eta}(\tilde{\beta} - \beta)$$

$$= O_p\left(\frac{1}{nT^2}\right) + O_p\left(\frac{1}{T^2\sqrt{n}}\right) = O_p\left(\frac{1}{T^2\sqrt{n}}\right)$$

然后，我们容易证得 $E_2^2 = 4D_2^5 = O_p\left(\frac{1}{T^2\sqrt{n}}\right)$；$E_2^3 = 8D_2^2 = O_p\left(\frac{1}{T^2}\right)$；$E_2^4 = 4D_2^6 = O_p\left(\frac{1}{T^2}\right)$；$E_2^5 = 4D_2^4 = O_p\left(\frac{1}{T^2}\right)$和 $E_2^6 = 4D_2^7 = O_p\left(\frac{1}{T^2}\right)$，然后我们可以

得到：

$$E_2 = O_p\left(\frac{1}{T^2}\right)$$

3. （3）部分的证明

$$E_3 = \frac{3}{nT_4}(\tilde{\beta}-\beta)'\sum_{t,s,\tau,\eta}^{T}\tilde{x}_t'(v_s-\bar{v}_.)(v_\tau-\bar{v}_.)'\tilde{x}_\eta(\tilde{\beta}-\beta) = \sum_{k=1}^{3}E_3^k$$

其中，

$$E_3^1 = \frac{3}{nT_4}(\tilde{\beta}-\beta)'\sum_{t,s,\tau,\eta}^{T}\tilde{x}_t'v_s v_\tau'\tilde{x}_\eta(\tilde{\beta}-\beta)$$

$$E_3^2 = -\frac{6}{nT(T-1)(T-2)}(\tilde{\beta}-\beta)'\sum_{t\neq\tau\neq\eta}^{T}\sum_{\tau\neq\eta}^{T}\sum_{\eta=1}^{T}\tilde{x}_t'\bar{v}_. v_\tau'\tilde{x}_\eta(\tilde{\beta}-\beta)$$

$$E_3^3 = \frac{3}{nT(T-1)}(\tilde{\beta}-\beta)'\sum_{t\neq\tau\neq\eta}^{T}\sum_{\tau\neq\eta}^{T}\sum_{\eta=1}^{T}\tilde{x}_t'\bar{v}_.\bar{v}_.'\tilde{x}_\eta(\tilde{\beta}-\beta)$$

我们首先考虑 E_3^1，

$$\begin{aligned}E_3^1 &= \frac{3}{nT_4}(\tilde{\beta}-\beta)'\sum_{t,s,\tau,\eta}^{T}\sum_{i=1}^{n}\tilde{x}_{it}v_{is}v_{i\tau}\tilde{x}_{i\eta}(\tilde{\beta}-\beta)\\ &\quad+\frac{3}{nT_4}(\tilde{\beta}-\beta)'\sum_{t,s,\tau,\eta}^{T}\sum_{i\neq j}^{n}\sum_{j=1}^{n}\tilde{x}_{it}v_{is}v_{j\tau}\tilde{x}_{j\eta}(\tilde{\beta}-\beta)\\ &= O_p\left(\frac{1}{nT^2\sqrt{n}}\right)+O_p\left(\frac{1}{nT^2}\right)=O_p\left(\frac{1}{nT^2}\right)\end{aligned}$$

然后我们利用 $E_3^2 = 6D_5^2 = O_p\left(\frac{1}{nT^2}\right)$；$E_3^3 = 3D_5^4 = O_p\left(\frac{1}{nT^2}\right)$，我们可以得到结果：

$$E_3 = O_p\left(\frac{1}{nT^2}\right)$$

4. （4）部分的证明

$$E_4 = \frac{3}{nT_4}(\tilde{\beta}-\beta)'\sum_{t,s,\tau,\eta}^{T}\tilde{x}_t'\tilde{x}_s(v_\tau-\bar{v}_.)'(v_\eta-\bar{v}_.)(\tilde{\beta}-\beta) = \sum_{k=1}^{k}E_4^k$$

其中，

$$E_4^1 = \frac{3}{nT_4}(\tilde{\beta}-\beta)'\sum_{t,s,\tau,\eta}^{T}\tilde{x}_t'\tilde{x}_s v_\tau'v_\eta(\tilde{\beta}-\beta)$$

$$E_4^2 = -\frac{6}{nT(T-1)(T-2)}(\tilde{\beta}-\beta)'\sum_{t,s,\tau,\eta}^{T}\tilde{x}_t'\tilde{x}_s v_\tau'\bar{v}_.(\tilde{\beta}-\beta)$$

$$E_4^3 = \frac{3}{nT(T-1)}(\tilde{\beta}-\beta)'\sum_{t,s,\tau,\eta}^{T}\tilde{x}_t'\tilde{x}_s\bar{v}_.'\bar{v}_.(\tilde{\beta}-\beta)$$

我们首先考虑 E_4^1,

$$E_4^1 = \frac{3}{nT_4}(\tilde{\beta}-\beta)'\sum_{t,s,\tau,\eta}^{T}\sum_{i=1}^{n}\tilde{x}_{it}\tilde{x}_{is}v_{i\tau}v_{i\eta}(\tilde{\beta}-\beta)$$

$$+\frac{3}{nT_4}(\tilde{\beta}-\beta)'\sum_{t,s,\tau,\eta}^{T}\sum_{i\neq j}^{n}\sum_{j=1}^{n}\tilde{x}_{it}\tilde{x}_{is}v_{j\tau}v_{j\eta}(\tilde{\beta}-\beta)$$

$$= O_p\left(\frac{1}{nT^2\sqrt{n}}\right)+O_p\left(\frac{1}{T^2\sqrt{n}}\right)=O_p\left(\frac{1}{T^2\sqrt{n}}\right)$$

然后容易证明 $E_4^1=6D_4^2=O_p\left(\frac{1}{T^2}\right)$; $E_4^2=3D_4^4=O_p\left(\frac{1}{T^2}\right)$，我们可以得到:

$$E_4=O_p\left(\frac{1}{T^2}\right)$$

5. (5) 部分的证明

$$E_5 = -\frac{4}{nT_4}\sum_{t,s,\tau,\eta}^{T}(\tilde{\beta}-\beta)'\tilde{x}_t'(v_s-\bar{v}_.)(\tilde{\beta}-\beta)'\tilde{x}_\tau'\tilde{x}_\eta(\tilde{\beta}-\beta)$$

$$= -\frac{4}{nT_4}\sum_{t,s,\tau,\eta}^{T}(\tilde{\beta}-\beta)'\tilde{x}_t'v_s(\tilde{\beta}-\beta)'\tilde{x}_\tau'\tilde{x}_\eta(\tilde{\beta}-\beta)$$

$$+\frac{4}{nT(T-1)(T-2)}\sum_{t,s,\tau,\eta}^{T}(\tilde{\beta}-\beta)'\tilde{x}_t'\bar{v}_.(\tilde{\beta}-\beta)'\tilde{x}_\tau'\tilde{x}_\eta(\tilde{\beta}-\beta)$$

我们可以将 $\frac{4}{nT_4}\sum_{t,s,\tau,\eta}^{T}\tilde{x}_t'v_s\tilde{x}_\tau'\tilde{x}_\eta$ 写作:

$$\frac{4}{nT_4}\sum_{t,s,\tau,\eta}^{T}\tilde{x}_t'v_s\tilde{x}_\tau'\tilde{x}_\eta = \frac{4}{nT_4}\sum_{t,s,\tau,\eta}^{T}\sum_{i=1}^{n}\tilde{x}_{it}v_{is}\tilde{x}_{i\tau}\tilde{x}_{i\eta}+\frac{4}{nT_4}\sum_{t,s,\tau,\eta}^{T}\sum_{i\neq j}^{n}\sum_{j=1}^{n}\tilde{x}_{it}v_{is}\tilde{x}_{j\tau}\tilde{x}_{j\eta}$$

$$= O_p\left(\frac{1}{\sqrt{nT}}\right)+O_p\left(\frac{\sqrt{n}}{\sqrt{T}}\right)=O_p\left(\frac{\sqrt{n}}{\sqrt{T}}\right)$$

因为第二项式子 $\frac{4}{nT(T-1)(T-2)}\sum_{t,s,\tau,\eta}^{T}\tilde{x}_t'\bar{v}_.\tilde{x}_\tau'\tilde{x}_\eta$ 等于 D_9 的第二项的二次方，然后得到:

$$\frac{4}{nT(T-1)(T-2)}\sum_{t,s,\tau,\eta}^{T}\tilde{x}_t'\bar{v}_{\cdot}\,\tilde{x}_\tau'\tilde{x}_\eta = O_p\left(\frac{\sqrt{n}}{\sqrt{T}}\right)$$

利用已有结果 $\tilde{\beta}-\beta=O_p\left(\frac{1}{\sqrt{nT}}\right)$，我们可以得到：

$$E_5=O_p\left(\frac{1}{nT^2}\right)$$

6.（6）部分的证明

因为 $\tilde{\beta}-\beta = O_p\left(\frac{1}{\sqrt{nT}}\right)$，所以可以得到：

$$\begin{aligned}
E_6 &= -\frac{1}{nT_4}\sum_{t,s,\tau,\eta}^{T}(\tilde{\beta}-\beta)'\tilde{x}_t'\tilde{x}_s(\tilde{\beta}-\beta)(\tilde{\beta}-\beta)'\tilde{x}_\tau'\tilde{x}_\eta(\tilde{\beta}-\beta)\\
&= -O_p\left(\frac{1}{n^2T^2}\right)\frac{1}{nT_4}\sum_{t,s,\tau,\eta}^{T}\tilde{x}_t'\tilde{x}_s\tilde{x}_\tau'\tilde{x}_\eta\\
&= -O_p\left(\frac{1}{n^2T^2}\right)\frac{1}{nT_4}\sum_{t,s,\tau,\eta}^{T}\sum_{i=1}^{n}\tilde{x}_{it}\tilde{x}_{is}\tilde{x}_{i\tau}\tilde{x}_{i\eta} - O_p\left(\frac{1}{n^2T^2}\right)\frac{1}{nT_4}\sum_{t,s,\tau,\eta}^{T}\sum_{i\neq j}^{n}\sum_{j=1}^{n}\tilde{x}_{it}\tilde{x}_{is}\tilde{x}_{j\tau}\tilde{x}_{j\eta}\\
&= O_p\left(\frac{1}{n^2T^2}\right)+O_p\left(\frac{1}{nT^2}\right)\\
&= O_p\left(\frac{1}{nT^2}\right)
\end{aligned}$$

第2章 固定效应面板数据模型中具有时变方差的球形检验研究

本章提出了一个针对在具有时变方差的固定效应面板数据模型中是否存在球形结构的检验。最近研究发现，当扰动项随时间推移具有异方差性时，由巴尔塔基等（2011，2015）提出的 John 型检验会出现严重的水平尺度扭曲。为了弥补上述检验的不足，我们在李和姚（Li and Yao，2018）提出的检验程序基础上，利用固定效应面板数据回归模型的组内残差构建了一个新的检验统计量。我们证明了当 $(n, T)\to\infty$ 并且 $n/T\to c\in(0,\infty)$ 时，新提出的检验统计量收敛于标准正态分布。在弱因子和强因子模型作为备择假设下研究了该检验功效的性质。我们利用蒙特卡洛模拟来考察该检验的有限样本性质。此外，面板数据应用实例表明，当不存在球形结构时使用该检验，时变方差不能忽略。

2.1 研究背景和意义

本章提出了一个新的检验，用于在固定效应面板数据模型中检验剩余扰动项是否存在球形结构。该检验允许时变方差和具有大的横截面单位（n）和长的时间序列（T），且允许非正态假设。此外，该检验还可用于检验横截面是否具有异方差、个体单位间的截面相关性或者两者兼而有之。忽略异方差和截面相关性可能会导致无效甚至不一致的估计（Lee，2002；Andrews，2005）。在大维固定效应面板数据模型估计中，如果存在异方差性，可以使用 HAC 校正（Hansen，2007；Stock and Watson，2008）。为了处理大维面板数据中的截面相关性，我们可以使用新提出的空间计量模型和交互效应模型（Pesaran，2006；Kapoor et al.，2007；Yu et al.，2008；Bai，2009）。因此，在建模之前必须检验面板数据中扰动项的协方差矩阵的结构。

误差随机向量 $v_t=(v_{1t}, v_{2t}, \cdots, v_{nt})'$；$t=1, 2, \cdots, T$，的样本协方差矩阵 S_n 被广泛地用于构建球形检验，因为它与 n 固定的总体协方差矩阵 Σ_n 一致。但是，各种数据库的可用性不断增加导致了横截面数量 n 不断增加。当 n 超过 T 时，因为样本协方差矩阵是奇异矩阵，传统的似然比检验不能使用。如果 n 比 T 小，但是 $n/T \to c \in (0, 1)$，样本协方差矩阵不与总体协方差矩阵一致（Johnstone，2001）。因此，由约翰（1972）提出的传统 John 检验不再适用。关于随机矩阵理论（RMT）的文献（Marcenko and Pastur，1967；Bai and Silverstein，2004）表明样本协方差矩阵 S_n 的经验谱分布（ESD）将收敛于著名的 Marčenko - Pastur（M - P）定律。基于 MP 定律，新发展的 John 型检验是针对高维情况提出的（Ledoit and Wolf，2002；Wang and Yao，2013）。

在固定效应面板数据回归模型中，扰动项是不可观测的。我们可以用组内残差来构建检验统计量。巴尔塔基等（2011）扩展了勒杜瓦和沃夫（2002）提出的在面板数据模型中的 John 检验，他们发现基于组内残差的 John 检验与基于原始数据的 John 检验有偏差。因此，他们提出了适用于大 n 和大 T 的固定效应面板数据模型校正偏差的 John 检验。卯（Mao，2014）证明使用调整的组内残差时偏差校正是可以避免的。卯（2014）也用适当变换的残差将巴尔塔基等（2011）提出的 John 检验延伸到双项固定效应面板数据模型中。然而，如果扰动项不是正态分布的，上述的 John 型检验会出现水平尺度的扭曲。因此，巴尔塔基等（2015）将陈等（2010）提出的检验在没有正态假设的条件下应用到固定效应面板数据模型。除了这些球形 John 型检验，还存在其他在大 n 和大 T 的面板数据中直接检验是否存在截面相关性。佩萨兰（Pesaran，2004；2015）提出了基于相关系数平均值的横截面相关性检验（CD）并且证明了当 $(n, T) \to \infty$ 时它收敛于标准正态分布。巴尔塔基等（2012）将佩萨兰（2004）提出的向量形式的拉格朗日乘数检验扩展到固定效应面板数据模型中，他们发现它存在偏差并且提出了一个偏差校正的 LM 检验。在大维面板中检验不存在横截面相关性的其他研究由巴尔塔基等（2016）、德梅雷斯库和霍姆（Demetrescu and Homm，2016）、卯（2016）提出。

上述检验中一个强假设是扰动项的方差不随时间改变。然而，在宏观经济学和实证金融文献中充分记载了很多时间序列模型中同方差假设的失效。假设一只股票收益的方差不变是不现实的，特别是在长期时。实证应用中通常用恩格尔（Engle，1982）和波勒斯勒夫（Bollerslev，1986）提出的自回归条件异方差模型（ARCH）或广义自回归条件异方差模型（GARCH）来模拟股票收益的时变方差。如果随机向量 v_t 的方差随时间变化，李和姚（2018）证明了样本协方差矩阵的 EDS 不遵循著名的 M—P 定律。因此，John 型检验的理论基础不成立了。作为补救措施，他们提出了一个用于检验球形新的检验程序，并且允许原始数据样本的异方差性。哈伦加等（Halunga et al.，2017）是第一个在大维面板数据模型中检验横截面相关性考虑到时变方差的。他们提出在动态异质性面板数据模型中一个异方差稳健的 LM 检验。然而，检验要求 $n^2/T\to 0$ 意味着 n 必须比 T 小。为了满足这一要求，他们还设计了当 T/n 很小时一些没有规律的自助抽样方案来提高有限样本的表现。然而，在固定效应面板数据模型中对球形或截面相关性检验并且对时变方差稳健的研究仍然不足。

在本章中，我们聚焦于在具有时变方差的固定效应面板数据回归模型的球形检验。参照李和姚（2018）的检验，我们提出了在 n 和 T 相当大的固定效应面板数据模型中一个新的基于残差的检验。我们首先推导出它在原假设下的极限分布，并且研究它在弱因子和强因子模型作为备择假设下功效的性质。然后，我们进行了蒙特卡洛实验研究它的有限样本性质。最后我们提供了一个实证范例来作为阐释。

我们按照如下方式组织本章剩余部分。2.2 节中，我们简要介绍了固定效应面板数据模型和假设。在 2.3 节中，我们讨论了现有的球形检验并且提出了检验统计量。在 2.4 节中，我们推导出该检验的极限分布，并且研究了将弱因子和强因子模型作为备择假设时功效的性质。在 2.5 节中，我们进行蒙特卡洛模拟比较了提出的检验与现有的检验的水平尺

度和功效。在 2.6 节中，我们提供了一个实证应用。在 2.7 节中我们进行了总结。所有的证明和技术细节都会在最后附录中介绍。我们用 $\xrightarrow{p}$ 和 $\xrightarrow{d}$ 分别表示依概率收敛于和依分布收敛于。我们用 $\mathrm{tr}(B)$ 和 $\|B\|$ 分别定义一个随机向量或矩阵 B 的迹和 Frobenius 范数。$\sum\limits_{0}^{T}$ 是指相互不同索引的和，例如，$\sum\limits_{(t,s,\tau)}^{T}$ 表示 $\{(t, s, \tau): t \neq s, s \neq \tau, \tau \neq t\}$ 成立时的和。

2.2 模型和假设

考虑如下面板数据模型：

$$y_{it} = \alpha + x_{it}'\beta + \mu_i + v_{it}, \quad i = 1, 2, \cdots, n; \ t = 1, 2, \cdots, T \tag{2.1}$$

其中（i，t）分别列举横截面单元和时间段。y_{it} 代表被解释变量，x_{it} 是 $k \times 1$ 阶的外生变量，β 是对应的 $k \times 1$ 阶参数向量。μ_i 是可以与 x_{it} 相关的特定个体效应，v_{it} 是异质性误差。定义 $v_t = (v_{1t}, v_{2t}, \cdots, v_{nt})'$，其对应的协方差矩阵 Σ_t。那么检验的假设是：

$$H_0: \Sigma_t = \sigma_t^2 I_n \quad V.S. \quad H_1: \Sigma_t \neq \sigma_t^2 I_n \tag{2.2}$$

其中 I_n 代表维数为 n 的单位矩阵，σ_t^2 未知但是可能会随着时间改变。

对于面板回归模型（2.1），v_{it} 是不可观测的。因此，球形检验是建立在回归残差的一致估计上。我们使用组内残差估计斜率参数 β，由下式给出：

$$\hat{\beta} = \left[\sum_{i=1}^{n}\sum_{t=1}^{T}\tilde{x}_{it}\tilde{x}_{it}'\right]^{-1}\left[\sum_{i=1}^{n}\sum_{t=1}^{T}\tilde{x}_{it}\tilde{y}_{it}\right] \tag{2.3}$$

其中 $\tilde{x}_{it} = x_{it} - \bar{x}_{i.}$，$\bar{x}_{i.} = \frac{1}{T}\sum\limits_{t=1}^{T} x_{it}$；并且 $\tilde{y}_{it} = y_{it} - \bar{y}_{i.}$，$\bar{y}_{i.} = \frac{1}{T}\sum\limits_{t=1}^{T} y_{it}$。残差的估计是通过

$$\hat{v}_{it} = \tilde{y}_{it} - \tilde{x}_{it}'\hat{\beta} = v_{it} - \bar{v}_{i.} - \tilde{x}_{it}'(\hat{\beta} - \beta) \tag{2.4}$$

这里 $\bar{v}_{i.} = \frac{1}{T}\sum\limits_{t=1}^{T} v_{it}$。与统计文献相比，本书采用 $\hat{v}_{it}$ 而不是 v_{it}，很明显的是，由于估计和组内变换有额外的两项可能会造成检验统计量的偏误。为了便

于我们分析，我们需要以下假设：

假设 2.1 对于任意的 i，$j=1$，2，…，n 和 t，$s=1$，2，…，T，回归量 x_{it} 独立于 v_{js}；并且 $E(\|x_{it}\|^4)<K<\infty$，这里 K 是一个有限的正常数。

假设 2.2 当 n 和 T 共同向无穷大增大时，$n/T=c_n\to c\in(0,\infty)$。

假设 2.3 存在独立同分布的随机向量 z_{it} 的独立数组，其中 $i=1$，2，…，n；$t=1$，2，…，T 满足 $E(z_{11})=0$，$E(z_{11}^2)=1$ 和 $E(z_{11}^4)<\infty$。对于任意 $t=1$，2，…，T，$v_t=\sigma_t H_n z_t$，其中 σ_t；$t=1$，2，…，T 是未知的并且随时间变化，$n\times n$ 阶矩阵 H_n 满足 $H_n'H_n=\Sigma$，并且 $z_t=(z_{1t}, z_{2t}, \cdots, z_{nt})$。

巴尔塔基等（2011）也要求假设 2.1 和假设 2.2 成立。假设 2.1 是保证固定效应面板数据模型估计量的一致性需要。假设 2.2 允许我们在大 n 的情况下检验原假设。假设 2.3 与巴尔塔基等（2011）中的不同，这个假设是依据李和姚（2018）的研究框架而来，它没有强加扰动项服从任何假设分布，它只需要有限的四阶矩条件。假设 2.3 允许 r 扰动项的方差随时间改变。在原假设条件下，$\mathrm{Var}(v_t)=\sigma_t^2 I_n$。这里 σ_t 是非随机的，它也可以放松假设为随机的，参见李和姚（2018）。

2.3 已有的球形检验

如果 v_t 是可以观测的，约翰（1972）提出了一个对正态总体协方差矩阵球形的局部最强不变检验。检验统计量如下定义：

$$U=\frac{1}{n}\left[\left(\frac{1}{n}\mathrm{tr}S_n\right)^{-1}S_n-I_n\right]^2=\left(\frac{1}{n}\mathrm{tr}S_n\right)^{-2}\left(\frac{1}{n}\mathrm{tr}S_n^2\right)-1 \tag{2.5}$$

其中 S_n 是样本协方差矩阵。事实上，John 统计量 U 衡量了标准化样本协方差矩阵和单位矩阵的差距。约翰证明了在原假设条件下当 n 不变并且 T 向无穷大增大时，

$$J=\frac{nT}{2}U\xrightarrow{d}\chi^2_{n(n+1)/2-1} \tag{2.6}$$

当 n 向无穷大增大时，该检验过大。为了解决这个问题，勒杜瓦和沃夫

(2002) 提出了一个新的 John 检验，定义为：

$$J_{LW}=\frac{TU-n-1}{2}=\frac{1}{n}\left(J-\frac{n^2}{2}-\frac{n}{2}\right) \tag{2.7}$$

在原假设条件下，当 $(n,\ T)\to\infty$ 并且 $c_n\to c\in(0,\ \infty)$ 时，$J_{LW}\xrightarrow{d}N(0,\ 1)$。然而，该检验需要正态假设。为了放宽这个限制，最近的研究例如陈等 (2010)、王和姚 (Wang and Yao，2013) 假设 v_t；$t=1,\ 2,\ \cdots,\ T$ 遵循 $v_t=\boldsymbol{\Sigma}_n^{1/2}z_t$ 和某些矩条件结构。王和姚 (2013) 证明当 $(n,\ T)\to\infty$ 时，

$$J_{WY}=\frac{TU-n-1-\kappa}{2}\xrightarrow{d}N(0,\ 1) \tag{2.8}$$

其中 $\kappa=\mathrm{E}(z_{it}^4)-3$。陈等 (2010) 提出了估计 $\mathrm{tr}\boldsymbol{\Sigma}_n$ 和 $\mathrm{tr}\boldsymbol{\Sigma}_n^2$ 的 U 统计量，定义为：

$$M_{1,T}=\frac{1}{T}\sum_{t=1}^{T}v_t'v_t;\ M_{2,T}=\frac{1}{C_T^2}\sum_{(t,s)}^{T}v_t'v_s;\ M_{3,T}=\frac{1}{C_T^2}\sum_{(t,s)}^{T}(v_t'v_s)^2;$$

$$M_{4,T}=\frac{1}{C_T^3}\sum_{(t,s,\tau)}^{T}v_t'v_sv_s'v_\tau;\ M_{5,T}=\frac{1}{C_T^4}\sum_{(t,s,\tau,\eta)}^{T}v_t'v_sv_\tau'v_\eta,$$

其中 $C_T^i=T!\ /(T-i)!$。定义 $R_1=M_{1,T}-M_{2,T}$，$R_2=M_{3,T}-2M_{4,T}+M_{5,T}$，并且他们证明了当 $(n,\ T)\to\infty$ 并且在原假设条件下，

$$J_{CZZ}=\frac{T}{2}\left(n\frac{R_2}{R_1^2}-1\right)\xrightarrow{d}N(0,\ 1) \tag{2.9}$$

上述的 John 型检验是基于原始数据的，而在固定效应面板数据模型 (2.1) 中，检验统计量使用的是组内残差。更具体地说，我们用 $\hat{v}_t$ 代替 v_t。当 n 不变 T 很大时，组内残差的额外估计噪声会随着 $T\to\infty$ 消失。然而，在大 n 和大 T 体系中，噪声可能会累计并导致偏差。巴尔塔基等 (2011) 研究了基于残差的统计量 $\hat{J}_{LW}$，他们证明在原假设条件下当 $(n,\ T)\to\infty$ 并且 $c_n\to c\in(0,\ \infty)$ 时，$\hat{J}_{LW}-\frac{n}{2(T-1)}\xrightarrow{d}J_{LW}$，然后提出由 J_{BFK} 定义的偏差校正的 John 检验，当 $(n,\ T)\to\infty$，并且在原假设条件下，

$$J_{BFK}=\hat{J}_{LW}-\frac{n}{2(T-1)}\xrightarrow{d}N(0,\ 1) \tag{2.10}$$

正如先前文献指出的，没有正态假设时 J_{BFK} 会遇到严重的检验水平扭曲。为了解决这个问题，巴尔塔基等 (2015) 研究了基于残差的统计量 J_{BKP}，

并且证明在原假设条件下，当（n，T）$\to\infty$ 时，$J_{BKP}\xrightarrow{p}J_{CZZ}$。

最近，李和姚（2018）指出当 v_t 的方差随样本变化时，样本协方差矩阵的 EDS 不遵循著名的 M－P 定律。他们证明对于所有大的（n，T），像 J_{WY}这类的 John 型检验将失效并且以概率接近 1 拒绝存在球形的假设。因此，他们提出了一个新的检验统计量，定义为：

$$T_n = \frac{1}{nT^2}\sum_{(t,s)}^{T}\left[(v_t'v_s)^2-(\tilde{v}_t'\tilde{v}_s)^2\right] \tag{2.11}$$

其中，（$\tilde{v}_1$，$\tilde{v}_2$，…，$\tilde{v}_T$）是（v_1，v_2，…，v_T）的一个改变序列的对应向量。具体来说，就是对每个 v_t，随机置换 n 个坐标。记作 $\tilde{v}_t=Q_tv_t$，其中 Q_t 是一系列独立的 $n\times n$ 阶随机置换矩阵。李和姚（2018）证明了在原假设条件下，当（n，T）$\to\infty$ 时，

$$J_{new}=\frac{TT_n}{\sqrt{8}\gamma/c_n}\xrightarrow{d}N(0,1) \tag{2.12}$$

其中，$\gamma = \frac{1}{n}\mathrm{tr}\left(\frac{1}{T}\sum_{t=1}^{T}\tilde{v}_t\tilde{v}_t'\right)^2-\left(\frac{1}{n}\mathrm{tr}S_n\right)^2$。在允许非正态和时变方差的假设 2.3 条件下，$J_{new}$检验是有效的。

在固定效应面板数据模型（2.1）中，误差项是不可观测的，我们可以利用组内残差 $\hat{v}_t$。基于残差的 T_n 可以如下定义：

$$\hat{T}_n = \frac{1}{nT^2}\sum_{(t,s)}^{T}\left[(\hat{v}_t'\hat{v}_s)^2-(\breve{v}_t'\breve{v}_s)^2\right] \tag{2.13}$$

其中，对于任意 $t=1$，2，…，T，$\breve{v}_t=Q_t\hat{v}_t$；因此，给出基于残差的检验统计量为：

$$\hat{J}_{new}=\frac{T\hat{T}_n}{\sqrt{8}\hat{\gamma}/c_n} \tag{2.14}$$

然而，$\hat{J}_{new}$不能直接使用于在固定效应面板数据模型（2.1）中检验球形，因为我们将在下节中证明残差中的组内变换会导致偏差。所以，我们提出了一个新的检验统计量，定义为：

$$J_{bc}=\hat{J}_{new}-\frac{B_n}{\sqrt{8}\sum_{t=1}^{T}\sigma_t^4/T} \tag{2.15}$$

其中

$$B_n = \frac{4}{nT^3}\sum_{(t,s)}^{T}\sigma_s^4[n^2 - \mathrm{tr}^2(Q_t'Q_s)] + \frac{1}{nT^5}\sum_{(t,s)}^{T}\sum_{(\tau_1,\tau_2)}^{T}\sigma_{\tau_1}^2\sigma_{\tau_2}^2[n^2 - \mathrm{tr}^2(Q_t'Q_s)]$$
$$- \frac{4}{nT^4}\sum_{t=1}^{T}\sum_{s\neq t}^{T}\sum_{\tau\neq t}^{T}\sigma_t^2\sigma_\tau^2[n^2 - \mathrm{tr}^2(Q_t'Q_s)]$$

从上述表达式来看，所提出的检验就是一个偏差校正的 $\hat{J}_{new}$。

2.4 渐进性

在2.4节中，我们首先证明在固定效应面板数据模型（2.1）的原假设条件下，提出的检验统计量收敛于标准正态分布；然后我们在弱因子和强因子模型作为备择假设条件下考察了新提出的检验的功效性质。

2.4.1 原假设下新检验量的极限分布

从式（2.11）我们知道统计量 J_{bc}是误差校正的 $\hat{J}_{new}$。我们重写提出的检验统计量为:

$$J_{bc} = J_{new} + (\hat{J}_{new} - J_{new}) - \frac{B_n}{\sqrt{8}\sum_{t=1}^{T}\sigma_t^4/T} \tag{2.16}$$

其中

$$\hat{J}_{new} - J_{new} = \frac{T(\hat{T}_n - T_n)}{\sqrt{8}\hat{\gamma}/c_n} - \frac{TT_n(\hat{\gamma} - \gamma)}{\sqrt{8}\hat{\gamma}\gamma/c_n} \tag{2.17}$$

在式（2.16）中，我们可以看出第一部分收敛于标准正态分布。为了推导出提出的检验的极限分布，我们只需要研究 $\hat{J}_{new} - J_{new}$的极限特性。从式（2.17）可以看出，它取决于 T_n，$\hat{\gamma}$，γ，$\hat{T}_n - T_n$ 和 $\hat{\gamma} - \gamma$ 的极限特性，这会在下述命题2.1中给出。

命题2.1 在假设2.1～假设2.3和原假设条件下，

(a) $T_n = O_p\left(\frac{1}{T}\right)$;

(b) $\gamma = \frac{n}{T^2}\sum_{t=1}^{T}\sigma_t^4 + O_p\left(\frac{1}{T}\right)$;

(c) $\hat{\gamma} = \frac{n}{T^2}\sum_{t=1}^{T}\sigma_t^4 + O_p\left(\frac{\sqrt{n}}{T}\right)$;

(d) $\hat{\gamma} - \gamma = O_p\left(\frac{\sqrt{n}}{T}\right)$;

(e) $\hat{T}_n - T_n = \frac{B_n}{T} + O_p\left(\frac{\sqrt{n}}{T^2}\right) + O_p\left(\frac{1}{T^{3/2}}\right)$。

从命题 2.1 我们可以直接得到 $\hat{J}_{new} - J_{new}$ 的极限。当 $(n, T)\to\infty$ 并且 $n/T\to c\in(0, \infty)$ 时，J_{bc} 和 J_{new} 之间差别渐进为零。我们在命题 2.2 中进行了总结。

命题 2.2 在假设 2.1 ~ 假设 2.3 和原假设条件下，

$$\hat{J}_{new} - J_{new} - \frac{B_n}{\sqrt{8}\sum_{t=1}^{T}\sigma_t^4/T} = O_p\left(\frac{\sqrt{n}}{T}\right) + O_p\left(\frac{1}{\sqrt{T}}\right) \tag{2.18}$$

命题 2.2 表明在 $\hat{J}_{new} - J_{new}$ 中存在偏差，当 $(n, T)\to\infty$ 并且 $c_n\to c$ 时偏差不会消失。偏差项取决于时变方差和 c_n 的极限。因此，基于残差的检验 $\hat{J}_{new}$ 与标准正态分布渐进有偏。命题 2.2 意味着我们要调整 $\hat{J}_{new}$ 的偏差。利用命题 2.2 的结果，修正误差的检验统计量 J_{bc} 和 J_{new} 有相同的极限分布。下述定理给出了 J_{bc} 的极限分布。

定理 2.1 在假设 2.1 ~ 假设 2.3 和原假设条件下，固定效应面板数据模型 (2.1) 中，当 $(n, T)\to\infty$ 时，

$$J_{bc} \xrightarrow{d} N(0, 1) \tag{2.19}$$

然而，由于误差项是未知的，提出的检验 J_{bc} 是不可行的，我们需要用偏差项的估计量来构建一个可行的检验。我们提出以下对偏差项的估计值，定义为：

$$\hat{B}_v = \frac{\hat{B}_{n1} + \hat{B}_{n2} + \hat{B}_{n3}}{\sqrt{8}\hat{\gamma}/c_n} \tag{2.20}$$

其中

$$\hat{B}_{n1} = \frac{4}{nT^3}\sum_{(t,s)}^{T}\left[(\hat{v}_s'\hat{v}_s)^2 - (\hat{v}_s'P_{ts}\hat{v}_s)^2\right]$$

$$\hat{B}_{n2} = \frac{1}{nT^5}\sum_{(t,s)}^{T}\sum_{(\tau_1,\tau_2)}^{T}(\hat{v}_{\tau_1}'\hat{v}_{\tau_1}\hat{v}_{\tau_2}'\hat{v}_{\tau_2} - \hat{v}_{\tau_1}'P_{ts}\hat{v}_{\tau_1}\hat{v}_{\tau_2}'P_{ts}\hat{v}_{\tau_2})$$

$$\hat{B}_{n3} = -\frac{4}{nT^4}\sum_{s=1}^{T}\sum_{s\neq t}^{T}\sum_{\tau\neq t}^{T}(\hat{v}_t'\hat{v}_t\hat{v}_\tau'\hat{v}_\tau - \hat{v}_t'P_{ts}\hat{v}_t\hat{v}_\tau'P_{ts}\hat{v}_\tau)$$

并且 $P_{ts}=Q_t'Q_s$。因此，提出一个可行的误差修正检验 $\hat{J}_{bc}=J_{new}-\hat{B}_v$。为了得到 $\hat{J}_{bc}$ 的极限分布，我们需要下述命题。

命题 2.3 在假设 2.1 ~ 假设 2.3 和原假设条件下，当（n，T）→∞ 并且 $c_n \to c \in (0, \infty)$ 时，

(a) $\hat{B}_{n1} \xrightarrow{p} \frac{4}{nT^3}\sum_{(t,s)}^{T}\sigma_s^4[n^2 - \mathrm{tr}^2(Q_t'Q_s)]$；

(b) $\hat{B}_{n2} \xrightarrow{p} \frac{1}{nT^5}\sum_{(t,s)}^{T}\sum_{(\tau_1,\tau_2)}^{T}\sigma_{\tau_1}^2\sigma_{\tau_2}^2[n^2 - \mathrm{tr}^2(Q_t'Q_s)]$；

(c) $\hat{B}_{n3} \xrightarrow{p} \frac{-4}{nT^4}\sum_{t=1}^{T}\sum_{s\neq t}^{T}\sum_{\tau\neq t}^{T}\sigma_t^2\sigma_\tau^2[n^2 - \mathrm{tr}^2(Q_t'Q_s)]$。

结合命题2.1的（d）部分和命题2.3，我们得到，当（n，T）→∞ 时，

$$\hat{B}_v \xrightarrow{p} \frac{B_n}{\sqrt{8}\sum_{t=1}^{T}\sigma_t^4/T} \tag{2.21}$$

由此得出，在原假设条件下，$\hat{J}_{bc}$ 和 J_{bc} 有相同的极限分布，并且它收敛于标准正态分布。$\hat{J}_{bc}$ 的极限分布由下述定理给出。

定理 2.2 在假设 2.1 ~ 假设 2.3 和原假设条件下，固定效应面板数据模型（2.1）中，当（n，T）→∞ 时，

$$\hat{J}_{bc} \xrightarrow{d} N(0, 1) \tag{2.22}$$

2.4.2 检验的功效性质

为了研究提出的检验的功效性质，我们依照巴尔塔基等（2017）同时考虑弱因子和强因子模型的研究思路。该思路在文献中被广泛地参考，胡迪克和佩萨兰（Chudik and Pesaran，2011）以及昂纳斯基等（Onaski et al.，2013）。更具体地说，在备择假设条件下，$v_{it} = \sum_{j=1}^{r}\lambda_{ij}f_{tj} + \epsilon_{it}$，其中 r 代表因子的固定数目，λ_{ij} 代表个体 i 对于因子 j 的载荷因子，f_{tj} 代表在 t 时期因子 j。因此 $\Sigma_n = \mathrm{E}(v_t v_t') = \mathrm{E}(\sum_{j=1}^{r}\lambda_{ij}f_{tj} + \epsilon_{it})(\sum_{j=1}^{r}\lambda_{ij}f_{tj} + \epsilon_{it})'$。为了便于

我们分析，我们列出以下假设，它和巴尔塔基等（2017）的假设4相似。

假设2.4 对于每个因子，$f_{tj} \sim i.i.d.N(0, \sigma_j^2)$，$0 < \sigma_j^2 < K < \infty$；对于所有的$j$，$k$和$t$，$f_{tj}$和$f_{tk}$不相关；载荷因子$\lambda_j$之间相互正交。假设异质性误差$\epsilon_{it}$服从$i.i.d.(0, \sigma_t^2)$，并且独立于所有的因子。

在上述的所有假设下，我们可以简化备择假设为：

$$\Sigma_t = \sigma_t^2 (I_n + \sum_{j=1}^{r} h_j e_j e_j') \tag{2.23}$$

其中$h_j = \frac{\sigma_j^2}{\sigma_t^2} \| \lambda_j \|^2$，$\lambda_j = (\lambda_{1j}, \lambda_{2j}, \cdots, \lambda_{rj})'$，并且$e_j = \frac{\lambda_j}{\| \lambda_j \|}$。在我们的研究中，我们将考虑两种情况，$h_j \to d_j/n \in (0, \infty)$和$h_j \to d_j \in (0, \infty)$，它们分别代表弱因子和强因子。为了研究功效的渐进性，我们首先推导出J_{new}在备择假设下的极限分布，之后我们检验$\hat{J}_{new} - J_{new}$在备择假设下的渐进行为。它进一步引导我们得到J_{bc}功效的渐进性。功效性质总结在下述定理中。

定理2.3 令z_α为标准正态分布（$1-\alpha$）分位数。在假设2.1、假设2.3和假设2.4条件下，我们得到：

（a）在弱因子备择假设下$h_j \to d_j \in (0, \infty)$，对于$j = 1, 2, \cdots, r$，当$(n, T) \to \infty$并且$c_n \to c \in (0, \infty)$时，$P(J_{bc} \geqslant z_\alpha) \to \kappa_1 \in (0, 1)$并且$P(\hat{J}_{bc} \geqslant z_\alpha) \to \kappa_2 \in (0, 1)$。

（b）在强因子备择假设下$h_j/n \to d_j \in (0, \infty)$，对于$j = 1, 2, \cdots, r$，当$(n, T) \to \infty$并且$c_n \to c \in (0, \infty)$，$P(J_{bc} \geqslant z_\alpha) \to 1$并且$P(\hat{J}_{bc} \geqslant z_\alpha) \to 1$。

定理2.3有两个重要启示。首先，当因子是强的时，我们的偏差修正模型在检验因子结构时是一致的。其次，当备择假设是弱因子模型$h_j \to d_j \in (0, \infty)$，$j = 1, 2, \cdots, r$时，提出的检验是不一致的但是功效渐进非零。我们的结果和巴尔塔基等（2017）研究的J_{BFK}功效性质相似。

2.5 蒙特卡洛模拟实验

在这一节中，我们进行蒙特卡洛模拟来评估本书提出的$\hat{J}_{bc}$的经验检验水平和势。我们还报告了 J_{BFK} 和 J_{BKP} 以做比较。遵循巴尔塔基等（2011），我们考虑以下的数据生成过程：

$$y_{it}=1+2x_{it}+\mu_i+v_{it},\ i=1,\ 2,\ \cdots,\ n;\ t=1,\ 2,\ \cdots,\ T \quad (2.24)$$

$$x_{it}=0.7x_{i,t-1}+\mu_i+\eta_{it} \quad (2.25)$$

其中 μ_i 代表个体固定效应，μ_i 假设服从 $i.i.d.\ N(0,\ 0.25)$。v_{it} 代表异质性误差。x_{it} 假设和 $\mu's$ 相关，所以它是内生的。η_{it} 服从 $i.i.d.\ N(0,\ 0.25)$。

为了研究在 H_0 下检验的表现，我们考虑了随着时间推移的同方差性和异方差性的情况：

（a）存在同方差性，假设 v_{it} 的均值为 0，方差为 1。

（b）遵循卡瓦列雷（Cavaliere，2004），我们考虑了在波动性中一次间断模型，假设 $v_{it}=\sigma_t z_{it}$，其中 $\sigma_t=g(t/T)$，将产生异方差性的函数作为阶跃函数：$g(r)^2=\sigma_0^2+(\sigma_1^2-\sigma_0^2)I_{(r\geqslant\tau)}$，$r\in[0,\ 1]$，其中 I 是指示函数。间断日期部分 r 选择为 0.5 并且间断前和间断后的方差比率 σ_1^2/σ_0^2 被设定值为 4 并且 $\sigma_0^2=0.5$。

（c）与卡瓦列雷和泰勒（Cavaliere and Taylor，2008）的模型 2 相似，v_{it} 遵循趋势波动性模型，$\sigma_t=\sigma_0-(\sigma_1-\sigma_0)t/T$，其中 $\sigma_0=0.8$ 并且 $\sigma_1=1.2$。

（d）最后，我们考虑 GARCH(1，1）模型，其中 $\sigma_t^2=0.1+0.8\sigma_{t-1}^2+0.1\|v_{t-1}\|^2/n$。$\sigma_1$ 是从 $N(0,\ 1)$ 和 $v_{1t}\sim i.i.d.\ (0,\ 1)$ 中随机抽取的。

为了研究正态和非正态情形，我们设 v_{it} 服从正态分布和自由度为 6 的卡方分布。

为了研究功效性质，我们考虑以下两个备择假设：分别是因子模型和空间自相关模型 SAR(1)：

$$v_{it}=\gamma_i f_t+\varepsilon_{it} \quad (2.26)$$

和

$$v_{it}=0.4(0.5v_{i-1,t}+0.5v_{i+1,t})+\varepsilon_{it} \quad (2.27)$$

我们考虑和 v_{it} 列在检验水平尺度部分中一样的关于 ε_{it} 假设两种情形。在因子模型中，γ_i，$i=1,\ 2,\ \cdots,\ n$ 表示载荷因子，f_t，$t=1,\ 2,\ \cdots,\ T$ 表示因子。我们假设 $\gamma_i\sim i.i.d.\ U(-0.5,\ 0.55)$ 并且 $f_t\sim i.i.d.\ N(0,\ 1)$。

我们对 $n=10,\ 20,\ 30,\ 50,\ 100$ 和 $t=10,\ 20,\ 30,\ 50$ 进行蒙特卡洛模拟，并且我们重复 1000 次。为了获得实证水平尺度，所有检验均在双边名义显著水平为5%下进行。

表2－1给出了同方差误差下提出的检验 $\hat{J}_{bc}$，J_{BFK}和 J_{BKP}的实证水平尺度和调整水平尺度的功效。表的第一部分给出了检验的水平尺度；在正态情形和原假设条件下，对于所有的（n，T）组合 $\hat{J}_{bc}$的水平尺度接近5%，此时 J_{BFK}和 J_{BKP}略微过大。在非正态情形和原假设条件下，对于不同的（n，T）组合 J_{BFK}会有中等大小的水平尺度扭曲，当 n 和 T 变大时，扭曲程度会更加严重。当 n 和 T 很小时，J_{BKP}会有水平尺度扭曲；但是当 n 和 T 很大时，它的水平尺度接近5%。对于所有的 n 和 T 组合，$\hat{J}_{bc}$的水平尺度接近5%。表的第二部分和第三部分分别给出了在因子模型和SAR(1)模型的替代形式下，这些检验的调整水平尺度后的功效。值得注意的是，在正态和非正态误差下，这些检验的调整水平尺度后的功效都随着 n 和 T 的增加而增加。相比于其他两个检验，我们提出的检验的调整水平尺度后的功效在 n 和 T 很小时更小；然而，随着 n 和 T 变大，它的调整水平尺度后的功效与 J_{BFK}和 J_{BKP}更加接近。

表2－1　同方差情形下各种检验的实证水平尺度和调整水平尺度后的功效性质

检验	（T，N）	正态分布					卡方分布				
		10	20	30	50	100	10	20	30	50	100
原假设下的实证水平尺度											
$\hat{J}_{bc}$	10	3.4	4.5	2.4	3.3	5.1	3.4	4.0	4.1	4.6	6.8
	20	3.8	3.1	4.0	4.1	4.9	4.4	4.5	4.9	4.7	5.6
	30	3.7	3.7	5.5	4.3	4.7	4.2	4.6	5.5	5.2	6.4
	50	5.1	4.0	3.8	5.2	5.6	5.8	3.8	5.5	4.8	6.6
J_{BFK}	10	7.8	8.6	6.5	7.6	6.8	15.8	15.4	18.0	19.2	18.3
	20	5.7	2.8	7.4	5.4	5.7	15.4	17.6	17.4	19.4	20.1
	30	6.7	4.8	6.8	6.6	7.2	16.2	20.5	18.4	19.4	17.8
	50	5.3	5.4	5.1	6.2	5.7	18.2	18.8	19.0	18.4	18.7
J_{BKP}	10	8.0	9.0	8.2	9.6	8.0	11.9	11.7	9.5	10.2	12.2
	20	7.8	4.9	8.0	5.0	6.9	11.4	9.8	8.8	8.8	8.4
	30	6.3	4.5	6.3	6.7	6.7	11.5	9.2	8.2	6.9	7.9
	50	5.8	6.1	5.9	6.6	6.0	12.0	8.4	9.4	7.5	6.3

续表

检验	(T, N)	正态分布					卡方分布				
		10	20	30	50	100	10	20	30	50	100
因子模型下的水平尺度调整的功效											
$\hat{J}_{bc}$	10	5.7	7.7	13.7	22.4	40.3	5.5	8.3	14.5	17.4	33.2
	20	9.1	18.4	27.1	49.9	75.2	6.2	16.0	23.9	45.2	72.1
	30	11.3	27.7	43.9	70.2	93.0	11.1	23.0	36.9	70.1	91.4
	50	16.8	47.9	72.4	92.5	99.6	16.7	46.7	64.0	89.1	99.6
J_{BFK}	10	6.5	11.7	16.3	31.3	53.6	5.5	8.0	10.9	15.4	45.6
	20	12.7	32.3	37.8	67.1	85.6	6.0	17.4	31.2	52.1	80.8
	30	20.5	42.4	60.2	81.6	97.0	10.7	27.6	45.4	75.5	95.0
	50	34.8	66.8	85.9	97.0	99.9	20.4	49.8	74.3	94.3	100.0
J_{BKP}	10	5.4	10.4	14.8	26.4	46.4	5.2	9.8	15.1	21.5	43.8
	20	13.7	27.6	35.5	63.7	83.2	7.9	20.6	32.8	56.2	84.0
	30	19.8	45.2	58.3	82.0	96.7	16.2	35.1	51.5	80.8	95.8
	50	30.4	67.7	85.1	97.0	99.8	25.1	58.6	76.8	95.1	100.0
SAR(1) 模型下水平尺度调整的功效											
$\hat{J}_{bc}$	10	6.4	13.0	16.1	19.4	19.3	5.9	12.0	15.7	17.1	16.4
	20	13.6	36.0	47.2	54.7	53.3	12.6	31.6	38.4	47.6	19.4
	30	22.9	59.5	66.7	83.1	84.1	20.5	49.5	61.3	79.6	82.7
	50	33.3	89.5	97.4	99.5	99.7	26.2	89.4	94.5	99.6	99.5
J_{BFK}	10	23.8	27.5	28.0	30.7	38.3	16.1	18.2	17.1	17.2	25.5
	20	61.2	85.3	78.5	84.8	81.1	34.0	58.4	66.6	67.2	69.9
	30	93.2	96.6	96.9	98.5	99.1	79.6	89.7	92.4	95.5	96.4
	50	100.0	100.0	100.0	100.0	100.0	99.6	100.0	99.9	100.0	100.0
J_{BKP}	10	18.1	23.0	24.8	27.3	28.7	19.1	18.3	21.1	20.8	22.5
	20	67.9	78.3.	74.7	82.1	76.7	50.7	64.4	68.8	72.0	76.0
	30	91.6	97.3	95.9	98.2	98.4	86.9	94.0	94.9	97.7	97.8
	50	100.0	100.0	100.0	100.0	100.0	99.6	100.0	99.9	100.0	100.0

表2－2给出了存在一个结构变化的异方差误差结果。表2－2的第一部分报告了检验量的实证水平尺度。当 n 和 T 很小时，在原假设条件和正态误差下，$\hat{J}_{bc}$的水平尺度略小于5%；当 n 和 T 都很大时，它接近5%；但是当 n 比 T 大得多时，水平尺度过大，例如，当 $n=100$ 和 $T=10$ 时，水平尺度是19.2%。对于所有的组合 J_{BKP}有严重的水平尺度扭曲；实证水平尺度都在14.1%～19.9%之间。值得注意的是，J_{BFK}表现出严重的水平尺度扭曲，并且当 $(n, T)\to\infty$ 时，扭曲程度更大，更具体地说，当 $n\geqslant50$ 时，水平尺度为100%。三个检验的调整水平尺度的功效都随着 n 和 T 的增加而增加。$\hat{J}_{bc}$和 J_{BKP}有更相近的调整水平尺度的功效，当 n 和 T 很小时，$\hat{J}_{bc}$稍微更大一些，但是随着 n 和 T 的增大，这种情况会扭转。$\hat{J}_{bc}$和 J_{BKP}都比 J_{BFK}表现得更好。在原假设和服从卡方分布的误差下，只有当大 n 小 T 时，提出的检验会有水平尺度扭曲；其他两个检验对于所有的 n 和 T 的组合都会有严重的水平尺度扭曲。第二部分和第三部分分别呈现了在因子模型和SAR（1）模型的备择假设下调整水平尺度的功效。值得注意的是在正态和非正态情形下，随着 n 和 T 的增加，这些检验的调整水平尺度的功效都会增加，当 n 和 T 很小时，提出的检验比其他两个检验有更小的调整水平尺度的功效；然而，当 n 和 T 很大时，它和其他两个检验的调整水平尺度的功效相近。

表2－2　在一个方差结构变化下的各种检验的实证水平尺度以及实证功效性质

检验	（T，N）	正态分布					卡方分布				
		10	20	30	50	100	10	20	30	50	100
原假设下的实证水平尺度											
$\hat{J}_{bc}$	10	2.9	2.9	3.7	5.2	19.2	2.5	2.6	4.2	8.2	25.9
	20	3.1	3.5	4.7	5.1	12.9	3.5	4.9	4.9	6.8	12.7
	30	4.6	3.6	4.5	4.2	9.8	3.9	3.7	4.2	5.6	9.0
	50	3.6	3.2	5.2	5.8	6.0	5.3	5.4	3.6	4.4	6.6
J_{BFK}	10	37.0	79.9	97.3	100.0	100.0	46.8	83.8	97.2	100.0	100.0
	20	39.0	86.7	99.0	100.0	100.0	53.7	90.7	99.4	100.0	100.0
	30	41.3	89.2	99.8	100.0	100.0	61.1	93.9	99.4	100.0	100.0
	50	38.6	87.1	99.0	100.0	100.0	62.9	95.2	99.9	100.0	100.0

续表

检验	(T, N)	正态分布					卡方分布				
		10	20	30	50	100	10	20	30	50	100
J_{BKP}	10	15.7	18.6	14.1	19.7	19.1	19.7	20.1	19.7	19.2	19.1
	20	15.8	16.2	16.9	16.0	18.1	19.4	20.4	19.4	19.0	16.6
	30	16.9	16.6	16.0	15.3	19.9	27.5	22.0	18.5	19.2	18.4
	50	16.8	16.5	18.1	15.0	15.9	25.5	22.1	19.1	19.6	18.3
因子模型下的水平尺度调整的功效											
$\hat{J}_{bc}$	10	5.2	7.5	10.2	15.8	22.7	5.4	9.4	7.5	11.8	27.7
	20	8.3	8.9	11.8	27.5	51.6	6.1	7.9	13.7	24.9	50.4
	30	6.4	14.1	22.5	41.0	72.1	8.3	13.2	20.8	38.7	76.1
	50	11.4	24.2	40.4	68.3	95.0	6.8	16.4	39.5	63.3	93.0
J_{BFK}	10	4.7	5.6	7.0	10.2	14.1	4.6	5.1	6.3	8.6	6.6
	20	6.3	9.2	11.8	17.4	28.0	5.6	5.9	5.8	9.5	20.9
	30	7.9	12.2	19.4	29.8	51.6	5.4	6.7	8.2	19.0	46.8
	50	12.9	23.2	39.3	68.1	89.9	7.2	15.6	29.1	46.8	82.2
J_{BKP}	10	5.8	7.0	8.4	13.9	24.4	5.2	7.0	8.2	11.6	23.1
	20	6.9	13.7	14.1	30.3	60.0	6.5	9.6	17.4	27.2	60.0
	30	8.7	17.6	30.3	51.0	81.1	8.6	17.2	23.9	47.1	85.9
	50	12.7	33.0	55.5	83.0	98.3	13.3	28.7	50.2	75.8	96.6
SAR(1)模型下水平尺度调整的功效											
$\hat{J}_{bc}$	10	5.4	12.0	13.5	16.5	12.8	7.2	12.1	10.1	14.7	17.0
	20	13.7	22.0	26.7	37.3	39.3	9.6	18.4	27.7	32.4	34.6
	30	14.0	43.2	51.5	62.3	62.1	13.4	40.4	46.5	57.0	64.6
	50	32.8	77.3	83.8	92.7	95.9	18.3	62.9	83.5	91.7	95.7
J_{BFK}	10	13.1	17.0	17.0	16.6	16.7	10.0	10.0	11.3	15.6	9.9
	20	44.9	51.2	50.8	50.6	44.6	26.2	27.1	25.4	26.5	28.8
	30	75.5	77.5	81.9	79.5	72.1	46.2	55.0	52.0	58.1	60.2
	50	99.1	99.7	99.2	99.9	99.7	90.0	96.0	96.3	96.1	96.5

续表

检验	(T, N)	正态分布					卡方分布				
		10	20	30	50	100	10	20	30	50	100
J_{BKP}	10	18.0	21.0	17.1	17.7	18.5	12.6	12.2	16.1	14.6	17.4
	20	43.5	57.3	46.9	54.2	56.0	40.5	40.5	51.0	49.2	53.7
	30	77.4	78.6	85.6	87.0	84.1	70.6	77.9	75.8	80.6	87.5
	50	99.0	99.9	99.7	99.8	100.0	96.0	99.0	99.5	99.9	99.8

表2－3和表2－4显示了在时间趋势波动模型和方差取自 GARCH(1，1）模型下的结果。在原假设和方差服从正态分布和卡方分布时，随着 n 和 T 的增大 J_{BFK} 会有严重的水平尺度扭曲。对于所有的 n 和 T 组合，J_{BKP} 有中等大小的水平尺度扭曲。在大多数的 n 和 T 组合中，新的 $\hat{J}_{bc}$ 检验的水平尺度均在5%的名义水平附近；它只在 n 比 T 大得多时会有水平尺度扭曲；因为它要求 n 和 T 相对较大。在因子模型和 SAR(1)模型作为备择假设时，当（n，T)→∞，这三个检验的调整水平尺度后的功效都增加至100%。对于大多数（n，T）组合，J_{BKP} 调整水平尺度后的功效比 $\hat{J}_{bc}$ 大，因为 J_{BKP} 会有更大的水平尺度扭曲，$\hat{J}_{bc}$ 比 J_{BFK} 更占有主导地位。

表2－3　　趋势波动异方差情形下各种检验的实证水平尺度和水平尺度调整后的功效性质

检验	(T, N)	正态分布					卡方分布				
		10	20	30	50	100	10	20	30	50	100
原假设下的实证水平尺度											
$\hat{J}_{bc}$	10	3.6	3.1	4.3	4.1	6.9	3.7	3.0	4.0	5.4	6.8
	20	4.0	4.1	5.0	3.7	5.7	4.3	3.9	4.6	5.6	6.4
	30	5.4	4.0	3.6	4.0	6.1	5.9	5.4	5.1	4.3	5.2
	50	5.4	4.3	5.3	6.0	4.6	5.7	5.6	3.9	5.5	5.1
J_{BFK}	10	9.1	8.2	17.1	29.6	60.3	19.4	23.5	32.9	46.6	73.0
	20	9.5	13.7	16.5	26.8	66.9	22.5	28.6	38.4	53.9	82.4
	30	9.0	11.3	14.7	24.9	72.1	23.2	31.1	42.7	54.1	85.8
	50	7.6	11.1	13.4	29.4	70.9	19.7	32.8	38.7	62.3	89.0

续表

检验	(T, N)	正态分布					卡方分布				
		10	20	30	50	100	10	20	30	50	100
J_{BKP}	10	8.4	7.7	10.5	11.3	10.1	12.3	12.0	10.5	11.1	11.0
	20	10.3	9.8	9.0	6.6	8.8	15.2	11.7	8.9	10.8	8.6
	30	7.8	7.8	7.2	6.8	8.5	13.5	10.5	10.2	9.9	8.6
	50	8.9	9.3	7.3	8.3	6.9	13.0	12.7	8.9	9.3	7.3
因子模型下的水平尺度调整的功效											
$\hat{J}_{bc}$	10	6.0	9.2	15.2	19.9	39.8	6.4	9.7	14.7	18.7	39.7
	20	5.4	13.0	21.8	46.9	72.5	7.9	18.3	25.6	41.9	75.5
	30	10.9	26.8	45.7	67.9	91.9	7.9	25.9	37.9	67.2	93.7
	50	16.8	40.4	64.0	87.9	99.6	16.4	43.7	70.4	89.6	99.6
J_{BFK}	10	8.0	12.8	15.3	22.1	40.0	4.6	6.2	9.5	14.2	24.8
	20	8.8	23.1	29.6	56.7	77.3	6.6	12.6	22.3	40.6	65.2
	30	13.1	32.1	53.3	74.0	94.4	9.5	21.7	39.2	66.6	92.7
	50	28.5	58.1	77.2	94.4	99.8	17.5	48.7	73.6	92.5	99.4
J_{BKP}	10	7.5	12.4	15.4	28.5	48.7	6.3	9.3	16.7	23.6	46.2
	20	12.8	25.2	32.8	61.6	81.0	10.7	21.1	37.3	55.2	84.1
	30	15.0	37.4	56.3	77.7	96.5	14.4	34.2	49.0	76.5	97.0
	50	30.3	56.9	79.7	95.8	100.0	26.1	58.3	82.9	95.9	99.9
SAR(1)模型下水平尺度调整的功效											
$\hat{J}_{bc}$	10	7.5	14.2	17.6	18.0	20.3	7.4	11.5	14.4	13.0	18.6
	20	8.6	26.6	36.8	45.7	48.7	10.3	31.4	36.7	41.9	47.7
	30	21.7	59.1	71.8	81.0	79.2	15.2	49.2	61.0	76.0	84.4
	50	32.8	86.3	95.8	98.6	99.7	29.3	84.5	95.6	98.8	99.8
J_{BFK}	10	24.3	26.3	20.0	21.3	22.9	13.8	13.8	17.5	14.7	13.3
	20	60.0	72.5	71.6	75.5	65.4	38.0	44.2	47.4	49.4	43.4
	30	85.8	91.3	95.8	97.0	95.4	72.1	78.8	84.0	88.6	86.7
	50	99.8	100.0	100.0	100.0	100.0	98.9	99.3	100.0	100.0	100.0
J_{BKP}	10	21.3	24.2	21.9	25.0	24.4	18.2	19.6	20.8	22.6	25.2
	20	66.5	70.5	71.1	76.5	70.8	53.1	57.4	72.3	67.1	72.8
	30	86.9	93.7	95.3	96.6	97.9	83.5	90.1	91.0	95.6	97.1
	50	99.7	100.0	100.0	100.0	100.0	99.6	99.6	100.0	100.0	100.0

表 2－4　GARCH(1，1) 模型下各种检验的实证水平尺度和水平尺度调整后的功效性质

检验	(T，N)	正态分布					卡方分布				
		10	20	30	50	100	10	20	30	50	100
原假设下的实证水平尺度											
$\hat{J}_{bc}$	10	3.6	4.2	4.9	5.0	5.7	3.3	3.5	3.1	4.9	7.6
	20	5.2	3.8	3.0	4.5	4.1	4.6	3.6	4.3	4.6	5.7
	30	4.7	4.6	4.3	3.3	4.0	4.5	3.5	4.2	4.7	5.3
	50	5.2	3.6	5.6	4.5	3.3	5.1	5.4	5.7	4.8	4.0
J_{BFK}	10	8.6	16.4	22.7	38.7	57.0	10.4	18.1	24.0	38.6	55.4
	20	8.0	11.2	13.5	30.1	55.7	8.7	12.4	16.5	30.2	57.0
	30	8.7	11.9	18.7	29.5	53.8	8.6	12.2	20.5	25.8	52.4
	50	6.6	11.2	15.2	23.3	44.6	7.8	13.2	16.7	24.1	43.0
J_{BKP}	10	9.4	11.2	10.6	13.6	10.9	9.6	10.4	9.3	10.8	10.9
	20	8.4	7.8	8.8	6.9	7.2	7.5	7.7	9.4	8.1	10.0
	30	6.7	6.5	8.1	8.1	6.5	7.5	7.2	7.1	7.1	6.5
	50	5.2	7.0	6.2	7.7	6.8	7.0	8.8	7.5	7.9	7.5
因子模型下的水平尺度调整的功效											
$\hat{J}_{bc}$	10	5.4	12.5	17.9	30.3	50.6	6.5	15.5	19.1	32.1	52.7
	20	10.4	22.9	37.1	55.0	76.1	11.2	22.1	34.5	55.3	76.7
	30	15.2	31.2	48.6	74.9	89.6	13.2	32.3	50.2	70.1	87.9
	50	16.7	50.0	65.5	87.6	98.6	19.1	44.0	65.9	87.7	97.9
J_{BFK}	10	7.1	16.1	18.2	21.9	28.6	8.9	13.6	15.1	23.9	27.1
	20	13.7	30.1	41.6	47.2	58.0	15.9	25.9	37.6	48.9	56.7
	30	20.7	36.9	46.3	64.7	49.7	17.1	37.6	49.8	57.8	53.1
	50	31.3	56.9	64.6	69.6	81.9	31.0	52.2	66.7	75.8	84.6
J_{BKP}	10	7.0	18.4	23.0	35.4	55.1	9.2	18.1	21.8	38.4	55.4
	20	16.0	31.4	42.6	64.3	83.2	18.5	31.0	42.5	65.4	81.4
	30	21.5	46.7	61.6	83.0	93.2	18.3	47.9	60.2	80.7	93.9
	50	37.1	63.7	82.4	94.5	99.5	30.7	60.6	79.6	93.8	99.0

续表

检验	(T, N)	正态分布					卡方分布				
		10	20	30	50	100	10	20	30	50	100
SAR(1) 模型下水平尺度调整的功效											
$\hat{J}_{bc}$	10	6.9	15.1	16.2	14.4	19.2	6.9	12.9	15.7	18.1	20.2
	20	12.5	32.8	45.0	50.6	52.1	14.0	31.5	41.3	46.7	54.8
	30	21.2	53.0	68.4	82.6	83.4	20.7	53.5	71.2	77.5	85.0
	50	28.3	88.7	93.1	98.2	99.4	35.9	83.3	94.2	98.1	99.6
J_{BFK}	10	19.3	22.1	17.3	10.0	7.7	20.9	16.8	14.2	10.5	5.3
	20	58.9	68.3	71.3	46.8	24.6	63.4	60.2	65.3	48.9	25.5
	30	90.0	90.2	84.1	74.0	6.0	88.8	90.0	89.4	67.9	8.2
	50	99.9	100.0	100.0	90.0	19.1	99.9	99.8	99.8	96.3	26.9
J_{BKP}	10	29.3	26.6	23.4	18.2	25.3	21.6	22.4	26.7	27.0	26.1
	20	65.4	67.5	69.4	77.8	78.2	66.2	68.3	70.4	73.9	76.2
	30	89.1	96.3	96.9	97.3	98.3	87.8	95.4	96.4	97.6	99.0
	50	99.8	100.0	100.0	100.0	100.0	99.8	100.0	100.0	100.0	100.0

2.6 应用实例

在这一节中，我们再次讨论维斯特卢和莎玛（Westerlund and Sharma，2018）的实证研究，他们研究了石油收益对股票收益的预测。他们使用了G7 国家的面板数据集，并且采用佩萨兰（2006）提出的共同相关效应（CCE）方法用于解释结果。G7 国家分别是加拿大、法国、德国、意大利、日本、英国和美国。他们的研究试图为这项研究提供面板数据证据，而大多数先前的研究使用多个国家的时间序列数据。

该研究问题是检验是否能用石油收益（OR）预测股票收益（SR）。因此，其实证策略是将 SR 对控制某些变量和可能的其他混杂因素的 OR 进行回归。面板数据回归模型由式（2.28）给出：

$$SR_{it} = \alpha + \beta_1 OR_{it} + \beta_2 MR_{it} + \beta_3 ER_{it} + \beta_4 IP_{it} + u_{it} \tag{2.28}$$

因变量 SR 定义为当前收益减去无风险利率，即三个月的短期利率。OR

被定义为 WTI 原油价格指数收益的滞后项。控制变量包括超额市场收益（MR）、汇率收益（ER）和工业生产指数（IP）。MR 是超额市场回报，其被定义为超过无风险利率的价值加权市场组合的（对数）回报的滞后项。ER 是汇率收益，它定义为现货美元汇率（对数）收益的滞后项，而 IP 是工业生产指数增长率的滞后项①。误差项通常由特定单位和特定时间效应组成。如果存在横截面相关性，那么交互效应也包括在内，具体而言，

$$u_{it} = \mu_i + \gamma_t + \lambda_i' f_t + \varepsilon_{it}$$

在选择模型设定之前，在控制固定效应之后检验横截面相关的存在是必要的。我们应用了五个检验包括 CD 检验（Pesaran，2004；2015），LM 检验（Baltagi et al.，2012），J_{BFK}、J_{BKP}和我们提出的检验量 $\hat{J}_{bc}$来检验主回归模型（2.28）的组内残差。使用的数据集是 G7 国家的月度数据，涵盖 2002 年 8 月 ~2015 年 4 月期间，包含 153 个时间区间。注意，因变量是股票收益率，已被广泛证明在长期内具有时变条件方差；在实践中，通常假设它们遵循一些 ARCH 或 GARCH 类型的模型。此外，许多研究工作都找到了在波动率中存在结构间断的有力证据。因此，残差的时变方差很可能出现在回归模型（2.28）中。我们使用 Engle 的 LM 检验检查残差中是否有自回归条件方差，检验值是 4.79，它的 P 值是 0.029，这意味着在 5% 的显著性水平下拒绝不存在 ARCH 效应的原假设。因此，使用对时变方差稳健的新提出的检验 $\hat{J}_{bc}$更合适。我们还通过将样本分为三个时期来研究 2008 年金融危机的影响：危机前（2002 年 8 月 ~2006 年 9 月）；危机期间（2006 年 12 月 ~2010 年 11 月）和危机后（2010 年 12 月 ~2015 年 4 月）。

表 2－5 列出了检验量的大小和 P 值。所有的检验拒绝了整体样本在 1% 显著性水平下的原假设。然而，特别的是，提出的检验值比其他检验值要小得多；LM 检验、J_{BFK}和 J_{BKP}分别是 38.18、52.22 和 51.52，而只有 $\hat{J}_{bc}$是 3.64。对于拆分样本，结果类似。一个例外是，在危机之前，$\hat{J}_{bc}$的值

① Westerlund and Sharma（2018）的补充数据可以在网站 https：//doi.org/10.1016/j.eneco.2018.05.007. 上找到。

是 2.18，在 5% 的显著性水平下拒绝原假设，而其他的检验在 1% 的显著性水平下拒绝原假设。这是因为残差具有自回归条件方差，忽略时变方差可能导致其他四个检验过度拒绝原假设。

表 2-5　　　　模型（2.28）下各检验统计量的表现

时期	CD	LM	J_{BFK}	M_{BKP}	$\hat{J}_{bc}$
整个样本	-8.39	38.18	52.22	51.52	3.64
	(0.000)	(0.000)	(0.000)	(0.000)	(0.000)
危机前	-4.02	9.12	26.58	26.62	2.18
	(0.000)	(0.000)	(0.000)	(0.000)	(0.015)
危机期间	-4.58	21.38	23.50	22.98	4.49
	(0.000)	(0.000)	(0.000)	(0.000)	(0.000)
危机后	-5.11	18.27	19.71	18.33	2.44
	(0.000)	(0.000)	(0.000)	(0.000)	(0.007)

2.7 本章小结

在本章中，我们提出了一个新的检验，用于在大 n 和大 T 的固定效应面板数据回归模型中检验扰动项的球形结构。新提出的检验对于跨时间和非正态的异方差是稳健的。在干扰项横截面同方差的假设下，提出的检验统计量可以用于检验是否存在横截面相关性。借鉴李和姚（2018）最近的研究，我们提出了一个利用组内转换残差构建的偏差修正检验。我们首先推导了检验的极限分布。我们也研究了它在弱因子和强因子模型作为备择假设条件下的功效性质。在强因子模型条件下，该检验是一致的；在弱因子模型下，它不是一致的，但其功效具有非零渐进性。模拟结果显示 $\hat{J}_{bc}$ 表现出正确的水平尺度，而 J_{BFK} 和 J_{BKP} 在大多数 n 和 T 的组合中在三种异方差性方案下具有不同程度的检验水平尺度扭曲。在因子模型和 SAR(1) 模型下，它的调整检验水平的功效随着 n 和 T 的增大而增大；然而，它的增长速度比其他两个检验略小。最后，实证实例表明现有的检验不考虑时变方差会过度拒绝原假设，而我们提出的新的检验对时变方差时是稳健的。

2.8 命题和定理的证明

2.8.1 重要引理

为了证明本章的命题和定理，我们需要以下的重要引理。

引理 2.1 在假设 2.1 ~ 假设 2.3 和原假设条件下，我们有：

(a) $$\frac{1}{nT^2}\sum_{(t,s)}^{T}[(\breve{v}_t'\breve{v}_s)^2-(\hat{v}_t'\hat{v}_s)^2]=-\frac{(2T+4)}{T^4}\sum_{(t,s)}^{T}\sigma_t^2\sigma_s^2+\frac{4}{nT^4}\sum_{(t,s)}^{T}\sigma_s^4\text{tr}^2(Q_t'Q_s)+\frac{1}{nT^6}\times\sum_{(t,s)}^{T}\sum_{(\tau_1,\tau_3)}^{T}\sigma_{\tau_1}^2\sigma_{\tau_3}^2\text{tr}^2(Q_t'Q_s)-\frac{4}{nT^5}\sum_{(t,s)}^{T}\sum_{t\neq\tau}^{T}\sigma_t^2\sigma_\tau^2\text{tr}^2(Q_t'Q_s)+O_p\left(\frac{\sqrt{n}}{T^2}\right)+O_p\left(\frac{1}{T\sqrt{T}}\right);$$

(b) $$\frac{1}{nT^2}\sum_{(t,s)}^{T}[(\hat{v}_t'\hat{v}_s)^2-(v_t'v_s)^2]=-\frac{2T+4}{T^4}\sum_{(t,s)}^{T}\sigma_t^2\sigma_s^2+\frac{4n(T-1)}{T^4}\sum_{s=1}^{T}\sigma_s^4+\frac{n(T-1)}{T^5}\times\sum_{(t,s)}^{T}\sigma_t^2\sigma_s^2-\frac{4(T-1)}{nT^5}\sum_{(t,s)}^{T}\sigma_t^2\sigma_s^2+O_p\left(\frac{\sqrt{n}}{T^2}\right)+O_p\left(\frac{1}{T\sqrt{T}}\right)。$$

证明：我们首先考虑（a）部分。从表达式 $\hat{v}_t=\tilde{v}_t-\tilde{x}_t'(\hat{\beta}-\beta)$，我们有：

$$\begin{aligned}\frac{1}{nT^2}\sum_{(t,s)}^{T}(\breve{v}_t'\breve{v}_s)^2&=\frac{1}{nT^2}\sum_{(t,s)}^{T}(\hat{v}_t'Q_t'Q_s\hat{v}_s)^2\\&=\frac{1}{nT^2}\sum_{(t,s)}^{T}[\tilde{v}_t'Q_t'-(\hat{\beta}-\beta)'\tilde{x}_tQ_t']^2[Q_s\tilde{v}_s-Q_s\tilde{x}_s'(\hat{\beta}-\beta)]^2\\&=\frac{1}{nT^2}\sum_{(t,s)}^{T}[\tilde{v}_t'Q_t'Q_s\tilde{v}_s-\tilde{v}_t'Q_t'Q_s\tilde{x}_s'(\hat{\beta}-\beta)-(\hat{\beta}-\beta)'\tilde{x}_tQ_t'Q_s\tilde{v}_s\\&\quad+(\hat{\beta}-\beta)'\tilde{x}_tQ_t'Q_s\tilde{x}_s'(\hat{\beta}-\beta)]^2\\&=\sum_{i=1}^{10}A_i\end{aligned}$$

其中 $A_1 = \frac{1}{nT^2}\sum_{(t,s)}^{T}(\hat{v}_t'\hat{v}_s)^2$；

$$A_2 = \frac{1}{nT^2}\sum_{(t,s)}^{T}[\tilde{v}_t'Q_t'Q_s\tilde{x}_s'(\hat{\beta}-\beta)]^2;$$

$$A_3 = \frac{1}{nT^2}\sum_{(t,s)}^{T}[(\hat{\beta}-\beta)'\tilde{x}_tQ_t'Q_s\tilde{v}_s]^2;$$

$$A_4 = \frac{1}{nT^2}\sum_{(t,s)}^{T}[(\hat{\beta}-\beta)'\tilde{x}_tQ_t'Q_s\tilde{x}_s'(\hat{\beta}-\beta)]^2;$$

$$A_5 = -\frac{1}{nT^2}\sum_{(t,s)}^{T}2\tilde{v}_t'Q_t'Q_s\tilde{v}_s\tilde{v}_t'Q_t'Q_s\tilde{x}_s'(\hat{\beta}-\beta);$$

$$A_6 = -\frac{1}{nT^2}\sum_{(t,s)}^{T}2\tilde{v}_t'Q_t'Q_s\tilde{v}_s(\hat{\beta}-\beta)'\tilde{x}_tQ_t'Q_s\tilde{v}_s;$$

$$A_7 = \frac{1}{nT^2}\sum_{(t,s)}^{T}2\tilde{v}_t'Q_t'Q_s\tilde{v}_s(\hat{\beta}-\beta)'\tilde{x}_tQ_t'Q_s\tilde{x}_s'(\hat{\beta}-\beta);$$

$$A_8 = \frac{1}{nT^2}\sum_{(t,s)}^{T}2\tilde{v}_t'Q_t'Q_s\tilde{x}_s'(\hat{\beta}-\beta)(\hat{\beta}-\beta)'\tilde{x}_tQ_t'Q_s\tilde{v}_s;$$

$$A_9 = -\frac{1}{nT^2}\sum_{(t,s)}^{T}2\tilde{v}_t'Q_t'Q_s\tilde{x}_s'(\hat{\beta}-\beta)'\tilde{x}_tQ_t'Q_s\tilde{x}_s'(\hat{\beta}-\beta);$$

$$A_{10} = -\frac{1}{nT^2}\sum_{(t,s)}^{T}2(\hat{\beta}-\beta)'\tilde{x}_tQ_t'Q_s\tilde{v}_s(\hat{\beta}-\beta)'\tilde{x}_tQ_t'Q_s\tilde{x}_s'(\hat{\beta}-\beta)。$$

对于 A_2，我们有

$$A_2 \leqslant \frac{1}{nT^2}\sum_{(t,s)}^{T}[\tilde{v}_t'\tilde{x}_s'(\hat{\beta}-\beta)]^2 = O_p\left(\frac{1}{nT}\right)+O_p\left(\frac{1}{\sqrt{n}T^{3/2}}\right)$$

上述结果直接从巴尔塔基等（2015）的附录中得到。虽然我们允许时变方差，但是它不会随着这些项的随机序列而改变。类似巴尔塔基等（2015）的结果，我们有 $\sum_{k=2}^{10}A_k = O_p\left(\frac{1}{nT}\right)+O_p\left(\frac{1}{T^2}\right)+O_p\left(\frac{1}{\sqrt{n}T^{3/2}}\right)$。接下来，我们考虑 A_1。

$$\begin{aligned}A_1 &= \frac{1}{nT^2}\sum_{(t,s)}^{T}(\hat{v}_t'Q_t'Q_s\hat{v}_s)^2\\ &= \frac{1}{nT^2}\sum_{(t,s)}^{T}[(v_t-\bar{v}_.)'Q_t'Q_s(v_s-\bar{v}_.)]^2\end{aligned}$$

$$= \frac{1}{nT^2}\sum_{(t,s)}^{T}[v_t'Q_t'Q_sv_s - \bar{v}_.'Q_t'Q_sv_s - v_t'Q_t'Q_s\bar{v}_. + \bar{v}_.'Q_t'Q_s\bar{v}_.]^2$$

$$= \sum_{i=1}^{6}B_i$$

其中，$B_1 = \frac{1}{nT^2}\sum_{(t,s)}^{T}(v_t'Q_t'Q_sv_s)^2$；

$$B_2 = \frac{2}{nT^2}\sum_{(t,s)}^{T}(\bar{v}_.'Q_t'Q_sv_s)^2;$$

$$B_3 = \frac{1}{nT^2}\sum_{(t,s)}^{T}(\bar{v}_.'Q_t'Q_s\bar{v}_.')^2;$$

$$B_4 = \frac{-4}{nT^2}\sum_{(t,s)}^{T}(v_t'Q_t'Q_sv_sv_t'Q_t'Q_s\bar{v}_.);$$

$$B_5 = \frac{4}{nT^2}\sum_{(t,s)}^{T}v_t'Q_t'Q_sv_s\bar{v}_.'Q_t'Q_s\bar{v}_.;$$

$$B_6 = \frac{-4}{nT^2}\sum_{(t,s)}^{T}v_t'Q_t'Q_s\bar{v}_.\bar{v}_.'Q_t'Q_s\bar{v}_.。$$

B_1 就是 $\frac{1}{nT^2}\sum_{(t,s)}^{T}(\hat{v}_t'\hat{v}_s)^2$ 这一项，所以我们只用计算 $B_2 \sim B_6$。首先，我们考虑 B_2。

$$B_2 = \frac{2}{nT^2}\sum_{(t,s)}^{T}\left[\left(\frac{1}{T}\sum_{\tau=1}^{T}v_\tau\right)'Q_tQ_sv_s\right]^2$$

$$= \frac{2}{nT^4}\sum_{(t,s)}^{T}[v_s'Q_t'Q_sv_s + v_t'Q_t'Q_sv_s + (\sum_{\tau\neq t\neq s}^{T}v_\tau)'Q_t'Q_sv_s]^2$$

$$= \frac{2}{nT^4}\sum_{(t,s)}^{T}(v_s'Q_t'Q_sv_s)^2 + \frac{2}{nT^4}\sum_{(t,s)}^{T}(v_t'Q_t'Q_sv_s)^2 + \frac{2}{nT^4}\sum_{(t,s)}^{T}[(\sum_{\tau\neq t\neq s}^{T}v_\tau)'Q_t'Q_sv_s]^2$$

$$+ \frac{4}{nT^4}\sum_{(t,s)}^{T}v_s'Q_t'Q_sv_sv_t'Q_t'Q_sv_s + \frac{4}{nT^4}\sum_{(t,s,\tau)}^{T}v_s'Q_t'Q_sv_sv_\tau'Q_t'Q_sv_s$$

$$+ \frac{4}{nT^4}\sum_{(t,s,\tau)}^{T}v_t'Q_t'Q_sv_sv_\tau'Q_t'Q_sv_s$$

考虑上述表达式的第一项。利用已有结果 $\mathrm{tr}(Q_t'Q_s)^2 = O_p(n)$，我们得到

$$\frac{2}{nT^4}\sum_{(t,s)}^{T}E(v_s'Q_t'Q_sv_s)^2 = \frac{2}{nT^4}\sum_{(t,s)}^{T}\sigma_s^4[\mathrm{tr}(Q_t'Q_s)^2 + 2\mathrm{tr}^2(Q_t'Q_s) + \Delta\mathrm{tr}(Q_t'Q_s^{\circ}Q_t'Q_s)]$$

$$= \frac{4}{nT^4}\sum_{(t,s)}^{T}\sigma_s^4 \mathrm{tr}^2(Q_t'Q_s) + O_p\left(\frac{1}{T^2}\right)$$

对于它的方差

$$\mathrm{Var}\left[\frac{2}{nT^4}\sum_{(t,s)}^{T}(v_s'Q_t'Q_sv_s)^2\right] \leqslant \frac{4}{n^2T^4}\sum_{s=1}^{T}\mathrm{Var}[(v_s'v_s)^2] = O_p\left(\frac{1}{T^3}\right)$$

因此，$\frac{2}{nT^4}\sum_{(t,s)}^{T}(v_s'Q_t'Q_sv_s)^2 = \frac{4}{nT^4}\sum_{(t,s)}^{T}\sigma_s^4 \mathrm{tr}^2(Q_t'Q_s) + O_p\left(\frac{1}{T^2}\right)$。

对于第二项，我们有

$$\frac{2}{nT^4}\sum_{(t,s)}^{T}E(v_t'Q_t'Q_sv_s)^2 = \frac{2}{nT^4}\sum_{(t,s)}^{T}\sigma_t^2\sigma_s^2\mathrm{tr}(Q_t'Q_s)^2 = O_p\left(\frac{1}{T^2}\right)$$

类似陈等（2010）中命题 A. 2 的结果，它的方差满足

$$\mathrm{Var}\left[\frac{2}{nT^4}\sum_{(t,s)}^{T}(v_t'Q_t'Q_sv_s)^2\right] \leqslant \frac{4}{n^2T^8}\mathrm{Var}\left[\sum_{(t,s)}^{T}(v_t'Q_t'Q_sv_s)^2\right] = O_p\left(\frac{1}{T^4}\right)$$

因此，第二项是 $O_p\left(\frac{1}{T^2}\right)$。考虑第三项。

$$\frac{2}{nT^4}\sum_{(t,s)}^{T}\left[\left(\sum_{\tau\neq t\neq s}^{T}v_\tau\right)'Q_t'Q_sv_s\right]^2$$

$$= \frac{2}{nT^4}\sum_{(t,s,\tau)}^{T}(v_\tau'Q_t'Q_sv_s)^2 + \frac{2}{nT^4}\sum_{(t,s,\tau_1,\tau_2)}^{T}v_{\tau_1}'Q_t'Q_sv_sv_{\tau_2}'Q_t'Q_sv_s。$$

利用 $\mathrm{E}(v_\tau'Q_t'Q_sv_s)^2 = \sigma_\tau^2\sigma_s^2\mathrm{tr}(Q_t'Q_s)^2$ 和 $\mathrm{Var}\left[\frac{2}{nT^4}\sum_{(t,s,\tau)}^{T}(v_\tau'Q_t'Q_sv_s)^2\right] = O_p\left(\frac{1}{T^4}\right)$。可以得到$\frac{2}{nT^4}\sum_{(t,s,\tau)}^{T}(v_\tau'Q_t'Q_sv_s)^2 = \frac{2(T-2)}{T^4}\sum_{(s,\tau)}^{T}\sigma_\tau^2\sigma_s^2 + O_p\left(\frac{1}{T^2}\right)$。接下来，我们考虑第二部分。

$$\frac{2}{nT^4}\sum_{(t,s,\tau_1,\tau_2)}^{T}v_{\tau_1}'Q_t'Q_sv_sv_{\tau_2}'Q_t'Q_sv_s \leqslant \frac{2}{nT^3}\sum_{(s,\tau_1,\tau_2)}^{T}v_{\tau_1}'v_sv_{\tau_2}'v_s$$

进而，我们得到

$$\frac{2}{nT^3}\sum_{(\tau_1,\tau_2,s)}^{T}v_{\tau_1}'v_sv_{\tau_2}'v_s = \frac{2}{nT^3}\sum_{(\tau_1,\tau_2,s)}^{T}\sum_{i=1}^{n}\sum_{j=1}^{n}v_{i\tau_1}v_{j\tau_2}v_{is}v_{js} = O_p\left(\frac{1}{T\sqrt{T}}\right)$$

对于上述结果，我们可以得到

$$\frac{2}{nT^3}\sum_{(t,s)}^{T}\left[\left(\sum_{\tau\neq t\neq s}^{T}v_\tau\right)'Q_t'Q_sv_s\right]^2 = \frac{2}{nT^4}\sum_{(t,s,\tau)}^{T}\sigma_\tau^2\sigma_s^2\mathrm{tr}(Q_t'Q_s)^2 + O_p\left(\frac{1}{T\sqrt{T}}\right)$$

考虑 $\frac{4}{nT^4}\sum_{(t,s)}^{T} v_s' Q_t' Q_s v_s v_t' Q_t' Q_s v_s$ 这一项，我们有

$$\frac{4}{nT^4}\sum_{(t,s)}^{T} v_s' Q_t' Q_s v_s v_t' Q_t' Q_s v_s \leqslant \frac{4}{nT^4}\sum_{(t,s)}^{T}\sum_{i=1}^{n}\sum_{j=1}^{n} v_{is}^2 v_{jt} v_{js} = O_p\left(\frac{\sqrt{n}}{T^3}\right)$$

考虑 $\frac{4}{nT^4}\sum_{(t,s,\tau)}^{T} v_s' Q_t' Q_s v_s v_\tau' Q_t' Q_s v_s$ 这一项，我们有

$$\frac{4}{nT^4}\sum_{(t,s,\tau)}^{T} v_s' Q_t' Q_s v_s v_\tau' Q_t' Q_s v_s \leqslant \frac{4}{nT^3}\sum_{(\tau,s)}^{T}\sum_{i=1}^{n}\sum_{j=1}^{n} v_{is}^2 v_{j\tau} v_{js} = O_p\left(\frac{\sqrt{n}}{T^2}\right)$$

我们考虑最后一项 $\frac{4}{nT^4}\sum_{(t,s,\tau)}^{T} v_t' Q_t' Q_s v_s v_\tau' Q_t' Q_s v_s$。

$$\frac{4}{nT^4}\sum_{(t,s,\tau)}^{T} v_t' Q_t' Q_s v_s v_\tau' Q_t' Q_s v_s \leqslant \frac{4}{nT^4}\sum_{(t,s,\tau)}^{T}\sum_{i=1}^{n}\sum_{j=1}^{n} v_{it} v_{is} v_{j\tau} v_{js} = O_p\left(\frac{1}{T^2\sqrt{T}}\right)$$

接下来我们研究 B_3。

$$\begin{aligned} B_3 &= \frac{1}{nT^4}\sum_{(t,s)}^{T}\left[\left(\sum_{\tau_1}^{T} v_{\tau_1}\right)' Q_t' Q_s \left(\sum_{\tau_2}^{T} v_{\tau_2}\right)\right]^2 \\ &= \frac{1}{nT^6}\sum_{(t,s)}^{T}\sum_{\tau_1=1}^{T}\sum_{\tau_2=1}^{T}\sum_{\tau_3=1}^{T}\sum_{\tau_4=1}^{T}(v_{\tau_1}' Q_t' Q_s v_{\tau_2})(v_{\tau_3}' Q_t' Q_s v_{\tau_4}) \end{aligned}$$

为了计算上述这些项，我们有下面这些情形需要考虑

(a) $\tau_1 = \tau_2 = \tau_3 = \tau_4$。

$$\frac{1}{nT^6}\sum_{(t,s)}^{T}\sum_{\tau_1=1}^{T}(v_{\tau_1}' Q_t' Q_s v_{\tau_1})^2 = O_p\left(\frac{n}{T^3}\right)$$

(b) $\tau_1 = \tau_2 = \tau_3 \neq \tau_4$。

$$\frac{1}{nT^6}\sum_{(t,s)}^{T}\sum_{(\tau_1,\tau_4)}^{T}(v_{\tau_1}' Q_t' Q_s v_{\tau_1} v_{\tau_1}' Q_t' Q_s v_{\tau_4}) \leqslant \frac{1}{nT^4}\sum_{(\tau_1,\tau_4)}^{T}\sum_{i=1}^{n}\sum_{j=1}^{n} v_{i\tau_1}^2 v_{j\tau_1} v_{j\tau_4} = O_p\left(\frac{\sqrt{n}}{T^3}\right)$$

(c) $\tau_1 = \tau_2 \neq \tau_3 = \tau_4$。

$$\frac{1}{nT^6}\sum_{(t,s)}^{T}\sum_{(\tau_1,\tau_3)}^{T}(v_{\tau_1}' Q_t' Q_s v_{\tau_1} v_{\tau_3}' Q_t' Q_s v_{\tau_3}) = \frac{1}{nT^6}\sum_{(t,s)}^{T}\sum_{(\tau_1,\tau_3)}^{T}\sigma_{\tau_1}^2\sigma_{\tau_3}^2 \operatorname{tr}^2(Q_t' Q_s) + O_p\left(\frac{\sqrt{n}}{T^2\sqrt{T}}\right)$$

(d) $\tau_1 = \tau_3 \neq \tau_2 = \tau_4$。

$$\frac{1}{nT^6}\sum_{(t,s)}^{T}\sum_{(\tau_1,\tau_2)}^{T}(v_{\tau_1}' Q_t' Q_s v_{\tau_2})^2 = O_p\left(\frac{1}{T^2}\right)$$

(e) $\tau_1 = \tau_2 \neq \tau_3 \neq \tau_4$。

$$\frac{1}{nT^6}\sum_{(t,s)}^{T}\sum_{(\tau_1,\tau_3,\tau_4)}^{T}(v'_{\tau_1}Q'_tQ_sv_{\tau_1}v'_{\tau_3}Q'_tQ_sv_{\tau_4}) \leqslant \frac{1}{nT^6}\sum_{(t,s)}^{T}\sum_{(\tau_1,\tau_3,\tau_4)}^{T}\sum_{i=1}^{n}\sum_{j=1}^{n}v_{i\tau_1}^2v_{j\tau_3}v_{j\tau_4} = O_p\left(\frac{\sqrt{n}}{T^2}\right)$$

(f) $\tau_1=\tau_3\neq\tau_2\neq\tau_4$。

$$\frac{1}{nT^6}\sum_{(t,s)}^{T}\sum_{(\tau_1,\tau_2,\tau_4)}^{T}(v'_{\tau_1}Q'_tQ_sv_{\tau_2}v'_{\tau_1}Q'_tQ_sv_{\tau_4}) \leqslant \frac{1}{nT^6}\sum_{(t,s)}^{T}\sum_{(\tau_1,\tau_2,\tau_4)}^{T}\sum_{i=1}^{n}\sum_{j=1}^{n}v_{i\tau_1}v_{i\tau_2}v_{j\tau_1}v_{j\tau_4}$$

$$= O_p\left(\frac{1}{T^2\sqrt{T}}\right)$$

(g) $\tau_1\neq\tau_2\neq\tau_3\neq\tau_4$。

$$\frac{1}{nT^6}\sum_{(t,s)}^{T}\sum_{(\tau_1,\tau_2,\tau_3,\tau_4)}^{T}(v'_{\tau_1}Q'_tQ_sv_{\tau_2}v'_{\tau_3}Q'_tQ_sv_{\tau_4}) \leqslant \frac{T-1}{nT^5}\sum_{(\tau_1,\tau_2,\tau_3,\tau_4)}^{T}\sum_{i=1}^{n}\sum_{j=1}^{n}v_{i\tau_1}v_{i\tau_2}v_{j\tau_3}v_{j\tau_4}$$

$$= O_p\left(\frac{1}{T^2}\right)$$

因此，$B_3 = \frac{1}{nT^6}\sum_{(t,s)}^{T}\sum_{(\tau_1,\tau_3)}^{T}\sigma_{\tau_1}^2\sigma_{\tau_3}^2\mathrm{tr}^2(Q'_tQ_s) + O_p\left(\frac{\sqrt{n}}{T^2}\right)$。

我们考虑 B_4。

$$B_4 = \frac{-4}{nT^3}\sum_{(t,s)}^{T}\sum_{\tau=1}^{T}(v'_tQ'_tQ_sv_sv'_tQ'_tQ_sv_\tau)$$

$$= \frac{-4}{nT^3}\sum_{(t,s)}^{T}(v'_tQ'_tQ_sv_s)^2 - \frac{4}{nT^3}\sum_{(t,s)}^{T}(v'_tQ'_tQ_sv_sv'_tQ'_tQ_sv_t) - \frac{4}{nT^3}\sum_{(t,s,\tau)}^{T}(v'_tQ'_tQ_sv_sv'_tQ'_tQ_sv_\tau)$$

$$= -\frac{4}{T^3}\sum_{(t,s)}^{T}\sigma_t^2\sigma_s^2 + O_p\left(\frac{\sqrt{n}}{T^2}\right) + O_p\left(\frac{1}{T\sqrt{T}}\right) + O_p\left(\frac{1}{T\sqrt{n}}\right)$$

利用已有结果，我们有

$$-\frac{4}{nT^3}\sum_{(t,s)}^{T}(v'_tQ'_tQ_sv_sv'_tQ'_tQ_sv_t) \leqslant -\frac{4}{nT^3}\sum_{(t,s)}^{T}\sum_{i=1}^{n}\sum_{j=1}^{n}v_{it}v_{is}v_{jt}^2 = O_p\left(\frac{\sqrt{n}}{T^2}\right)$$

和

$$-\frac{4}{nT^3}\sum_{(t,s,\tau)}^{T}(v'_tQ'_tQ_sv_sv'_tQ'_tQ_sv_\tau) \leqslant -\frac{4}{nT^3}\sum_{(t,s,\tau)}^{T}\sum_{i=1}^{n}\sum_{j=1}^{n}v_{it}v_{is}v_{jt}v_{j\tau}$$

$$= O_p\left(\frac{1}{T\sqrt{T}}\right) + O_p\left(\frac{1}{T\sqrt{n}}\right)$$

接下来，我们考虑 B_5。我们可以按照下述写法重写 B_5，

$$B_5 = \frac{-4}{nT^4}\sum_{(t,s)}^{T}\sum_{\tau_1=1}^{T}\sum_{\tau_2=1}^{T}(v'_tQ'_tQ_sv_sv'_{\tau_1}Q'_tQ_sv_{\tau_2})$$

为了计算它，我们考虑下述情形：

(a) $\tau_1 = \tau_2 = t.\ \frac{-4}{nT^4}\sum_{(t,s)}^{T}(v_t'Q_t'Q_sv_sv_t'Q_t'Q_sv_t) = O_p\left(\frac{\sqrt{n}}{T^3}\right)$。

(b) $\tau_1 = \tau_2 \neq t.\ \frac{-4}{nT^4}\sum_{(t,s,\tau_1)}^{T}(v_t'Q_t'Q_sv_sv_{\tau_1}'Q_t'Q_sv_{\tau_1}) = O_p\left(\frac{\sqrt{n}}{T^2}\right)$。

(c) $\tau_1 = t \neq \tau_2 = s.\ \frac{-4}{nT^4}\sum_{(t,s)}^{T}(v_t'Q_t'Q_sv_s)^2 = O_p\left(\frac{1}{T^2}\right)$。

(d) $t = \tau_1 \neq s \neq \tau_2.\ \frac{-4}{nT^4}\sum_{(t,s,\tau_2)}^{T}(v_t'Q_t'Q_sv_sv_t'Q_t'Q_sv_{\tau_2}) = O_p\left(\frac{1}{T^2}\right)$。

(e) $t \neq s \neq \tau_1 \neq \tau_2.\ \frac{-4}{nT^4}\sum_{(t,s,\tau_1,\tau_2)}^{T}(v_t'Q_t'Q_sv_sv_{\tau_1}'Q_t'Q_sv_{\tau_2}) = O_p\left(\frac{1}{T^2}\right)$。

根据以上结果，我们可以得到：

$$B_5 = O_p\left(\frac{1}{T^2}\right) + O_p\left(\frac{\sqrt{n}}{T^2}\right)$$

最后我们考虑 B_6 和 B_3 类似，我们有：

$$\begin{aligned} B_6 &= \frac{-4}{nT^5}\sum_{(t,s)}^{T}\sum_{\tau_1=1}^{T}\sum_{\tau_2=1}^{T}\sum_{\tau_3=1}^{T}(v_t'Q_t'Q_sv_{\tau_1}v_{\tau_2}'Q_t'Q_sv_{\tau_3}) \\ &= \frac{-4}{nT^5}\sum_{t=1}^{T}\sum_{t\neq s}^{T}\sum_{\tau\neq t}^{T}\sigma_t^2\sigma_\tau^2\mathrm{tr}^2(Q_t'Q_s) + O_p\left(\frac{\sqrt{n}}{T^2}\right) \end{aligned}$$

从 B_1 到 B_6 的结果，我们有：

$$\begin{aligned} A_1 &= \frac{1}{nT^2}\sum_{t=1}^{T}\sum_{t\neq s}^{T}(\breve{v}_t'\breve{v}_s)^2 - \frac{(2T+4)}{T^4}\sum_{(t,s)}^{T}\sigma_t^2\sigma_s^2 + \frac{4}{nT^4}\sum_{(t,s)}^{T}\sigma_s^4\mathrm{tr}^2(Q_t'Q_s) \\ &+ \frac{1}{nT^6}\sum_{(t,s)}^{T}\sum_{(\tau_1,\tau_3)}^{T}\sigma_{\tau_1}^2\sigma_{\tau_3}^2\mathrm{tr}^2(Q_t'Q_s) - \frac{4}{nT^5}\sum_{(t,s)}^{T}\sum_{t\neq\tau}^{T}\sigma_t^2\sigma_\tau^2\mathrm{tr}^2(Q_t'Q_s) \\ &+ O_p\left(\frac{\sqrt{n}}{T^2}\right) + O_p\left(\frac{1}{T\sqrt{T}}\right) \end{aligned}$$

这证明了（a）部分。与（a）部分的证明相似，我们有：

$$\begin{aligned} \frac{1}{nT^2}\sum_{(t,s)}^{T}(\hat{v}_t'\hat{v}_s)^2 &= \frac{1}{nT^2}\sum_{(t,s)}^{T}(v_t'v_s)^2 - \frac{2T+4}{T^4}\sum_{(t,s)}^{T}\sigma_t^2\sigma_s^2 + \frac{4n(T-1)}{T^4}\sum_{s=1}^{T}\sigma_s^4 \\ &+ \frac{n(T-1)}{T^5}\sum_{(t,s)}^{T}\sigma_t^2\sigma_s^2 - \frac{4(T-1)}{nT^5}\sum_{(t,s)}^{T}\sigma_t^2\sigma_s^2 + O_p\left(\frac{\sqrt{n}}{T^2}\right) + O_p\left(\frac{1}{T\sqrt{T}}\right) \end{aligned}$$

我们可以证明（b）部分。

引理 2.2 在假设 2.1 ~ 假设 2.3 和原假设条件下，我们有

(a) $\frac{1}{n}\text{tr}S_n = \frac{1}{T}\sum_{t=1}^{T}\sigma_t^2 + O_p\left(\frac{1}{\sqrt{nT}}\right)$；

(b) $\frac{1}{nT^2}\sum_{(t,s)}^{T}(v_t'Q_t'Q_sv_s)^2 = \frac{1}{T^2}\sum_{(t,s)}^{T}\sigma_t^2\sigma_s^2 + O_p\left(\frac{1}{T}\right)$；

(c) $\frac{1}{nT^2}\sum_{(t,s)}^{T}(v_t'v_s)^2 = \frac{1}{T^2}\sum_{(t,s)}^{T}\sigma_t^2\sigma_s^2 + O_p\left(\frac{1}{T}\right)$；

(d) $\frac{1}{n}\text{tr}\hat{S}_n - \frac{1}{n}\text{tr}S_n = O_p\left(\frac{1}{T}\right)$；

(e) $\frac{1}{n}\text{tr}\breve{S}_n^2 - \left(\frac{1}{n}\text{tr}\hat{S}_n\right)^2 = \frac{n}{T^2}\sum_{t=1}^{T}\sigma_t^4 + O_p\left(\frac{\sqrt{n}}{T}\right)$。

证明：对于（a）部分，

$$
\begin{aligned}
\frac{1}{n}\text{tr}S &= \frac{1}{nT}\sum_{t=1}^{T}\sum_{i=1}^{n}v_{it}^2 \\
&= \frac{1}{T}\sum_{t=1}^{T}\sigma_t^2 + \frac{1}{nT}\sum_{t=1}^{T}\sum_{i=1}^{n}[v_{it}^2 - E(v_{it}^2)] \\
&= \frac{1}{T}\sum_{t=1}^{T}\sigma_t^2 + O_p\left(\frac{1}{\sqrt{nT}}\right)
\end{aligned}
$$

对于（b）部分，我们考虑 $\frac{1}{nT^2}\sum_{t=1}^{T}\sum_{t\neq s}^{T}\text{E}(v_t'Q_t'Q_sv_s)^2$。

$$
\frac{1}{nT^2}\sum_{t=1}^{T}\sum_{t\neq s}^{T}\text{E}(v_t'Q_t'Q_sv_s)^2 = \frac{1}{T^2}\sum_{t=1}^{T}\sum_{t\neq s}^{T}\sigma_t^2\sigma_s^2
$$

接下来，我们考虑

$$
\frac{1}{n^2T^4}\text{E}\left(\sum_{t=1}^{T}\sum_{t\neq s}^{T}(v_t'Q_t'Q_sv_s)^2\right)^2 = \frac{1}{n^2T^4}\sum_{(t,s)}^{T}\sum_{(\tau_1,\tau_2)}^{T}\text{E}(v_t'Q_t'Q_sv_s)^2(v_{\tau_1}'Q_t'Q_sv_{\tau_2})^2
$$

我们考虑下述情形：

（1）$\tau_1 = t \neq \tau_2 = s$。

$$
\frac{1}{n^2T^4}\sum_{t=1}^{T}\sum_{t\neq s}^{T}\text{E}(v_t'Q_t'Q_sv_s)^4 = O_p\left(\frac{1}{T^2}\right)
$$

（2）$\tau_1 \neq \tau_2 \neq t \neq s$。

$$
\frac{1}{n^2T^4}\sum_{(t,s,\tau_1,\tau_2)}^{T}\text{E}(v_t'Q_t'Q_sv_s)^2(v_{\tau_1}'Q_t'Q_sv_{\tau_2})^2 = \left(\frac{1}{nT^2}\sum_{(t,s)}^{T}\sigma_t^2\sigma_s^2\right)^2
$$

（3）$\tau_1 = t \neq \tau_2 \neq s$。

$$\begin{aligned}
&\frac{1}{n^2 T^4} \sum_{(t,s,\tau_2)}^{T} \mathrm{E}(v_t' Q_t' Q_s v_s)^2 (v_t' Q_t' Q_s v_{\tau_2})^2 \\
&\leqslant \frac{1}{n^2 T^4} \sum_{(t,s,\tau_2)}^{T} \mathrm{E}(v_t' v_s)^2 (v_t' v_{\tau_2})^2 \\
&= \frac{1}{n^2 T^4} \sum_{(t,s,\tau_2)}^{T} \sum_{i_1=1}^{n} \sum_{i_2=1}^{n} \sum_{j_1=1}^{n} \sum_{j_2=1}^{n} \mathrm{E}(v_{i_1 t} v_{i_1 s} v_{i_2 t} v_{i_2 s} v_{j_1 t} v_{j_1 \tau_2} v_{j_2 t} v_{j_2 \tau_2}) \\
&= \frac{1}{n^2 T^4} \sum_{(t,s,\tau_2)}^{T} \sum_{i=1}^{n} \sum_{j=1}^{n} \mathrm{E}(v_{it}^2 v_{is}^2 v_{jt}^2 v_{j\tau_2}^2) \\
&= O_p\left(\frac{1}{T}\right)
\end{aligned}$$

因此，$\mathrm{Var}\left[\frac{1}{nT^2} \sum_{t=1}^{T} \sum_{t \neq s}^{T} (v_t' Q_t' Q_s v_s)^2\right] = O_p\left(\frac{1}{T}\right)$，我们得到（b）部分。类似（b）部分的证明，我们可以得到（c）部分。

根据巴尔塔基等（2011）中的命题 4.1，我们得到 $\frac{1}{n}\mathrm{tr}\hat{S} - \frac{1}{n}\mathrm{tr}S = O_p\left(\frac{1}{T}\right)$。接下来，我们考虑（e）部分。$\frac{1}{n}\mathrm{tr}\hat{S}^2 = \frac{1}{nT^2} \sum_{t=1}^{T} (v_t' v_t)^2 + \frac{1}{nT^2} \sum_{t=1}^{T} \sum_{s \neq t}^{T} (v_t' Q_t' Q_s v_s)^2$。由于 $\frac{1}{nT^2} \sum_{t=1}^{T} \mathrm{E}(v_t' v_t)^2 = \frac{1}{nT^2} \sum_{t=1}^{T} \sigma_t^4 (n^2 + (2 + \Delta) n)$，我们进一步可以得到，

$$\frac{1}{nT^2} \sum_{t=1}^{T} (v_t' v_t)^2 = \frac{n}{T^2} \sum_{t=1}^{T} \sigma_t^4 + O_p\left(\frac{1}{T}\right)$$

结合（b）部分的结果，我们可以得到（d）部分。

对于（e）部分，我们首先考虑：

$$\frac{1}{n}\mathrm{tr}\breve{S}^2 = \frac{1}{nT^2} \sum_{t=1}^{T} (\hat{v}_t' \hat{v}_t)^2 + \frac{1}{nT^2} \sum_{t=1}^{T} \sum_{s \neq t}^{T} (\hat{v}_t' Q_t' Q_s \hat{v}_s)^2$$

定义 $C_1 = \bar{v}_t' \bar{v}_t$，$C_2 = \tilde{v}_t' \tilde{x}_t' (\hat{\beta} - \beta)$，$C_3 = C_2' = (\hat{\beta} - \beta)' \tilde{x}_t \tilde{v}_t$，$C_4 = (\hat{\beta} - \beta)' x_t x_t' (\hat{\beta} - \beta)$，那么

$$\begin{aligned}
\frac{1}{nT^2} \sum_{t=1}^{T} (\hat{v}_t' \hat{v}_t)^2 &= \frac{1}{nT^2} \sum_{t=1}^{T} (\tilde{v}_t' \tilde{v}_t - C_2 - C_3 + C_4)^2 \\
&= \frac{1}{nT^2} \sum_{t=1}^{T} (\tilde{v}_t' \tilde{v}_t)^2 + \frac{1}{nT^2} \sum_{t=1}^{T} C_2^2 + \frac{1}{nT^2} \sum_{t=1}^{T} C_3^2
\end{aligned}$$

$$- \frac{2}{nT^2}\sum_{t=1}^{T}(\tilde{v}_t'\tilde{v}_t C_2) - \frac{2}{nT^2}\sum_{t=1}^{T}(\tilde{v}_t'\tilde{v}_t C_3)$$

$$+ \frac{2}{nT^2}\sum_{t=1}^{T}(\tilde{v}_t'\tilde{v}_t C_4) + \frac{2}{nT^2}\sum_{t=1}^{T}C_2C_3 - \frac{2}{nT^2}\sum_{t=1}^{T}C_2C_4 - \frac{2}{nT^2}\sum_{t=1}^{T}C_3C_4$$

为了计算 $\frac{1}{nT^2}\sum_{t=1}^{T}(\tilde{v}_t'\tilde{v}_t)^2$，我们有

$$\frac{1}{nT^2}\sum_{t=1}^{T}(\tilde{v}_t'\tilde{v}_t)^2 = \frac{1}{nT^2}\sum_{t=1}^{T}(v_t'v_t - 2\bar{v}_.'v_t + \bar{v}_.'\bar{v}_.)^2$$

$$= \frac{1}{nT^2}\sum_{t=1}^{T}[(v_t'v_t)^2 + 4(\bar{v}_.'v_t)^2 + (\bar{v}_.'\bar{v}_.)^2$$

$$- 4v_t'v_t\bar{v}_.'v_t + 4v_t'v_t\bar{v}_.'\bar{v}_. - 4\bar{v}_.'v_t\bar{v}_.'\bar{v}_.]$$

我们已经知道 $\frac{1}{nT^2}\sum_{t=1}^{T}(v_t'v_t)^2 = \frac{n}{T^2}\sum_{t=1}^{T}\sigma_t^4 + O_p\left(\frac{1}{T}\right)$。我们接下来考虑 $\frac{1}{nT^2}\sum_{t=1}^{T}4(\bar{v}_.'v_t)^2$。

$$\frac{1}{nT^2}\sum_{t=1}^{T}4(\bar{v}_.'v_t)^2 = \frac{4}{nT^4}\sum_{t=1}^{T}\sum_{s=1}^{T}\sum_{\tau=1}^{T}v_t'v_sv_t'v_\tau$$

$$= \frac{4}{nT^4}\sum_{t=1}^{T}(v_t'v_t)^2 + \frac{4}{nT^4}\sum_{(t,s)}^{T}(v_t'v_s)^2$$

$$+ \frac{8}{nT^4}\sum_{(t,s)}^{T}v_t'v_sv_t'v_t + \frac{4}{nT^4}\sum_{(t,s,\tau)}^{T}v_t'v_sv_t'v_\tau$$

$$= O_p\left(\frac{n}{T^3}\right) + O_p\left(\frac{1}{T^2}\right) + O_p\left(\frac{\sqrt{n}}{T^2}\right)$$

对于 $\frac{1}{nT}(\bar{v}_.'\bar{v}_.)^2$ 这一项，它可以被重新写作 $\frac{1}{nT^5}\sum_{t=1}^{T}\sum_{s=1}^{T}\sum_{\tau=1}^{T}\sum_{\eta=1}^{T}v_t'v_sv_\tau'v_\eta$。

我们讨论下述情形：

(a) $t = s = \tau = \eta$. $\frac{1}{nT^5}\sum_{t=1}^{T}\sum_{i=1}^{n}\sum_{j=1}^{n}v_{it}^2v_{jt}^2 = O_p\left(\frac{n}{T^4}\right)$。

(b) $t = s = \tau \neq \eta$. $\frac{1}{nT^5}\sum_{(t,\tau)}^{T}\sum_{i=1}^{n}\sum_{j=1}^{n}v_{it}^2v_{jt}v_{j\eta} = O_p\left(\frac{\sqrt{n}}{T^3}\right)$。

(c) $t = s \neq \tau = \eta$. $\frac{1}{nT^5}\sum_{(\tau,t)}^{T}\sum_{i=1}^{n}\sum_{j=1}^{n}v_{it}^2v_{j\tau}^2 = O_p\left(\frac{n}{T^3}\right)$。

(d) $t=\tau\neq s=\eta$. $\frac{1}{nT^5}\sum_{(t,s)}^{T}\sum_{i=1}^{n}\sum_{j=1}^{n}v_{it}v_{is}v_{jt}v_{js}=O_p\left(\frac{1}{T^3}\right)$。

(e) $t=s\neq\tau\neq\eta$. $\frac{1}{nT^5}\sum_{(\eta,\tau,t)}^{T}\sum_{i=1}^{n}\sum_{j=1}^{n}v_{it}^2v_{j\tau}v_{j\eta}=O_p\left(\frac{\sqrt{n}}{T^3}\right)$。

(f) $t=\tau\neq s\neq\eta$. $\frac{1}{nT^5}\sum_{(\eta,s,t)}^{T}\sum_{i=1}^{n}\sum_{j=1}^{n}v_{it}v_{is}v_{jt}v_{j\eta}=O_p\left(\frac{1}{T^3}\right)$。

(g) $t\neq s\neq\tau\neq\eta$. $\frac{1}{nT^5}\sum_{(\eta,\tau,s,t)}^{T}\sum_{i=1}^{n}\sum_{j=1}^{n}v_{it}v_{is}v_{j\tau}v_{j\eta}=O_p\left(\frac{1}{T^3}\right)$。

因此，$\frac{1}{nT}(\bar{v}_{.}'\bar{v}_{.})^2=O_p\left(\frac{n}{T^3}\right)$。对于 $\frac{1}{nT^2}\sum_{t=1}^{T}(-4v_t'v_t\bar{v}_{.}'v_t)$ 这一项，我们有

$$\frac{1}{nT^2}\sum_{t=1}^{T}(-4v_t'v_t\bar{v}_{.}'v_t)=\frac{-4}{nT^3}\sum_{t=1}^{T}(v_t'v_t)^2-\frac{4}{nT^3}\sum_{(t,s)}^{T}(v_t'v_tv_s'v_t)$$

$$=O_p\left(\frac{n}{T^2}\right)+O_p\left(\frac{\sqrt{n}}{T}\right)$$

对于 $\frac{1}{nT^2}\sum_{t=1}^{T}v_t'v_t\bar{v}_{.}'\bar{v}_{.}$ 这一项，我们有：

$$\frac{1}{nT^2}\sum_{t=1}^{T}v_t'v_t\bar{v}_{.}'\bar{v}_{.}\leqslant\frac{1}{nT^2}\left(\sum_{t=1}^{T}(v_t'v_t)^2\right)^{1/2}\left(\sum_{t=1}^{T}(\bar{v}_{.}'\bar{v}_{.})^2\right)^{1/2}=O_p\left(\frac{n}{T^2}\right)$$

对于 $\frac{1}{nT^2}\sum_{t=1}^{T}(\bar{v}_{.}'v_t\bar{v}_{.}'\bar{v}_{.})$ 这一项，我们有：

$$\frac{1}{nT^2}\sum_{t=1}^{T}(\bar{v}_{.}'v_t\bar{v}_{.}'\bar{v}_{.})\leqslant\left(\frac{1}{nT^2}\sum_{t=1}^{T}(\bar{v}_{.}'v_t)^2\right)^{1/2}\left(\frac{1}{nT^2}\sum_{t=1}(\bar{v}_{.}'\bar{v}_{.})^2\right)^{1/2}=O_p\left(\frac{n}{T^3}\right)$$

依照巴尔塔基等（2011）中引理 A. 3 的证明，我们有 $\frac{1}{nT^2}\sum_{t=1}^{T}C_1^2=O_p\left(\frac{1}{nT^2}\right)$；$\frac{1}{nT^2}\sum_{t=1}^{T}C_3^2=O_p\left(\frac{1}{nT^2}\right)$；$\frac{1}{nT^2}\sum_{t=1}^{T}C_4^2=O_p\left(\frac{1}{nT^2}\right)$；$\frac{1}{nT^2}\sum_{t=1}^{T}(\tilde{v}_t'\tilde{v}_tC_2)=O_p\left(\frac{1}{T^{3/2}}\right)$；$\frac{1}{nT^2}\sum_{t=1}^{T}(\tilde{v}_t'\tilde{v}_tC_3)=O_p\left(\frac{1}{T^{3/2}}\right)$；$\frac{1}{nT^2}\sum_{t=1}^{T}(\tilde{v}_t'\tilde{v}_tC_4)=O_p\left(\frac{1}{T^{3/2}}\right)$；$\frac{1}{nT^2}\sum_{t=1}^{T}C_1C_2=O_p\left(\frac{1}{nT^2}\right)$；$\frac{1}{nT^2}\sum_{t=1}^{T}C_1C_3=O_p\left(\frac{1}{nT^2}\right)$；$\frac{1}{nT^2}\sum_{t=1}^{T}C_2C_3=O_p\left(\frac{1}{nT^2}\right)$。

因此，我们有：

$$\frac{1}{nT^2}\sum_{t=1}^{T}(\hat{v}_t'\hat{v}_t)^2=\frac{n}{T^2}\sum_{t=1}^{T}\sigma_t^4+O_p\left(\frac{\sqrt{n}}{T}\right)$$

结合引理2.2的（a）~（d）部分，我们可以证明（e）

$$\hat{\gamma} = \frac{n}{T^2}\sum_{t=1}^{T}\sigma_t^4 + O_p\left(\frac{\sqrt{n}}{T}\right)$$

2.8.2 命题和定理的证明

1. 命题2.1的证明

对于（a）部分，使用 T_n 的表达式和（b）部分、引理2.2的（c）部分，我们得到（a）部分。从引理2.2的(a)~(d)，我们可以直接得到（b）部分，（c）部分直接从引理2.2的（e）部分得到，（d）部分直接从（b）和（c）得到，（e）部分直接从引理2.1得到，我们可以证明出命题2.1。

2. 定理2.1的证明

定义 $\hat{\gamma} = \gamma + a_n$。从 $\hat{J}_{new}$ 和 J_{new} 的表达式中，我们可以得到

$$\begin{aligned}\hat{J}_{new} - J_{new} &= \frac{T(\hat{T}_n\gamma - T_n\hat{\gamma})}{\sqrt{8}\hat{\gamma}\gamma/c_n} = \frac{T(\hat{T}_n\gamma - T_n(\gamma + a_n))}{\sqrt{8}\hat{\gamma}\gamma/c_n} \\ &= \frac{T(\hat{T}_n - T_n)\gamma - TT_n a_n}{\sqrt{8}\hat{\gamma}\gamma/c_n} = \frac{T(\hat{T}_n - T_n)}{\sqrt{8}\hat{\gamma}/c_n} - \frac{TT_n a_n}{\sqrt{8}\hat{\gamma}\gamma/c_n}\end{aligned}$$

从命题2.1的（e）部分，我们得到

$$T(\hat{T}_n - T_n) = TB_n + O_p\left(\frac{\sqrt{n}}{T}\right) + O_p\left(\frac{1}{\sqrt{T}}\right)$$

而且，我们得到

$$TT_n a_n = T \times O_p\left(\frac{1}{T}\right)O_p\left(\frac{\sqrt{n}}{T}\right) = O_p\left(\frac{\sqrt{n}}{T}\right)$$

此外，我们得到 $\sqrt{8}\hat{\gamma}\gamma/c_n = \frac{\sqrt{8}n^2}{T^4}\left(\sum_{t=1}^{T}\sigma_t^4\right)^2 + O_p\left(\frac{\sqrt{n}}{T}\right)$。因此，当（$n$，$T$)$\to\infty$ 并且 $c_n \to c$，我们得到

$$\hat{J}_{new} - \frac{B_n}{\sqrt{8}\sum_{t=1}^{T}\sigma_t^4/T} = J_{new} + O_p\left(\frac{\sqrt{n}}{T}\right) + O_p\left(\frac{1}{\sqrt{T}}\right) \xrightarrow{d} N(0,\ 1)$$

3. 命题 2.3 的证明

为了证明（a）部分，我们首先考虑 $\frac{1}{nT^2}\sum_{t=1}^{T}(\hat{v}_s'\hat{v}_s)^2$。

$$\frac{1}{nT^2}\sum_{s=1}^{T}(\hat{v}_s'\hat{v}_s)^2 = \frac{1}{nT^2}\sum_{s=1}^{T}(\tilde{v}_s - \tilde{x}_s'(\hat{\beta}-\beta))'(\tilde{v}_s - \tilde{x}_s'(\hat{\beta}-\beta))$$

$$(\tilde{v}_s - \tilde{x}_s'(\hat{\beta}-\beta)'(\tilde{v}_s - \tilde{x}_s'(\hat{\beta}-\beta))$$

$$= \frac{1}{nT^2}\sum_{s=1}^{T}(\tilde{v}_s'\tilde{v}_s)^2 + \sum_{i=1}^{5}D_{1i}$$

其中 $D_{11} = \frac{1}{nT^2}\sum_{s=1}^{T}4[(\hat{\beta}-\beta)'\tilde{x}_s\tilde{v}_s]^2$；$D_{12} = \frac{1}{nT^2}\sum_{s=1}^{T}[(\hat{\beta}-\beta)'\tilde{x}_s\tilde{x}_s'(\hat{\beta}-\beta)]^2$；$D_{13} = \frac{-4}{nT^2}\sum_{s=1}^{T}\tilde{v}_s'\tilde{v}_s(\hat{\beta}-\beta)'\tilde{x}_s\tilde{v}_s$；$D_{14} = \frac{2}{nT^2}\sum_{s=1}^{T}\tilde{v}_s'\tilde{v}_s(\hat{\beta}-\beta)'\tilde{x}_s\tilde{x}_s'(\hat{\beta}-\beta)$；$D_{15} = \frac{-4}{nT^2}\sum_{s=1}^{T}(\hat{\beta}-\beta)'\tilde{x}_s\tilde{v}_s(\hat{\beta}-\beta)'\tilde{x}_s\tilde{x}_s'(\hat{\beta}-\beta)$。

类似巴尔塔基等（2011），我们可以证明 $\sum_{i=1}^{5}D_i = O_p\left(\frac{1}{T\sqrt{T}}\right)$。对于 $\frac{1}{nT^2}\sum_{s=1}^{T}(\tilde{v}_s'\tilde{v}_s)^2$ 这一项：

$$\frac{1}{nT^2}\sum_{s=1}^{T}(\tilde{v}_s'\tilde{v}_s)^2 = \frac{1}{nT^2}\sum_{s=1}^{T}(v_s'v_s)^2 + \sum_{i=1}^{5}D_{2i},$$

其中 $D_{21} = \frac{1}{nT^2}\sum_{s=1}^{T}(\bar{v}_{\cdot}'v_s)^2$；$D_{22} = \frac{1}{nT}(\bar{v}_{\cdot}'\bar{v}_{\cdot})^2$；$D_{23} = \frac{-4}{nT^2}\sum_{s=1}^{T}v_s'v_s\bar{v}_{\cdot}'v_s$；$D_{24} = \frac{2}{nT^2}\sum_{s=1}^{T}v_s'v_s\bar{v}_{\cdot}'\bar{v}_{\cdot}$；$D_{25} = \frac{-4}{nT^2}\sum_{s=1}^{T}\bar{v}_{\cdot}'v_s\bar{v}_{\cdot}'\bar{v}_{\cdot}$。

类似巴尔塔基等（2011），我们可以得到 $\sum_{i=1}^{5}D_{2i} = O_p\left(\frac{1}{T}\right)$。从引理 2.1 中，我们可以得到 $\frac{1}{nT^2}\sum_{s=1}^{T}(v_s'v_s)^2 \xrightarrow{p} \frac{1}{nT^2}\sum_{s=1}^{T}n^2\sigma_s^4$。因此，$\frac{1}{nT^3}\sum_{(t,s)}^{T}(\hat{v}_s'\hat{v}_s)^2 \xrightarrow{p} \frac{n}{T^3}\sum_{(t,s)}^{T}\sigma_s^4$。类似地，我们可以得到 $\frac{1}{nT^3}\sum_{(t,s)}^{T}(\hat{v}_s'P_{ts}\hat{v}_s)^2 \xrightarrow{p} \frac{1}{nT^3}\sum_{(t,s)}^{T}\sigma_s^4\mathrm{tr}^2(Q_t'Q_s)$。从上述结果，我们证明了（a）部分。

我们考虑（b）部分。

$$\frac{1}{nT^3}\sum_{(\tau_1,\tau_2)}^{T}\hat{v}'_{\tau_1}\hat{v}_{\tau_1}\hat{v}'_{\tau_2}\hat{v}_{\tau_2} = \frac{1}{nT^3}\sum_{(\tau_1,\tau_2)}^{T}(\tilde{v}_{\tau_1}-\tilde{x}_{\tau_1}(\hat{\beta}-\beta))'(\tilde{v}_{\tau_1}-\tilde{x}_{\tau_1}(\hat{\beta}-\beta))$$
$$(\tilde{v}_{\tau_2}-\tilde{x}_{\tau_2}(\hat{\beta}-\beta))'(\tilde{v}_{\tau_2}-\tilde{x}_{\tau_2}(\hat{\beta}-\beta))$$
$$= \frac{1}{nT^3}\sum_{(\tau_1,\tau_2)}^{T}\tilde{v}'_{\tau_1}\tilde{v}_{\tau_1}\tilde{v}'_{\tau_2}\tilde{v}_{\tau_2} + \sum_{i=1}^{5}E_{1i}$$

其中，

$$E_{11} = -\frac{4}{nT^3}\sum_{(\tau_1,\tau_2)}^{T}\tilde{v}'_{\tau_1}\tilde{v}_{\tau_1}\tilde{v}'_{\tau_2}\tilde{x}_{\tau_2}(\hat{\beta}-\beta)$$

$$E_{12} = \frac{2}{nT^3}\sum_{(\tau_1,\tau_2)}^{T}\tilde{v}'_{\tau_1}\tilde{v}_{\tau_1}(\hat{\beta}-\beta)'\tilde{x}'_{\tau_2}\tilde{x}_{\tau_2}(\hat{\beta}-\beta)$$

$$E_{13} = \frac{4}{nT^3}\sum_{(\tau_1,\tau_2)}^{T}\tilde{v}'_{\tau_1}\tilde{x}_{\tau_1}(\hat{\beta}-\beta)\tilde{v}'_{\tau_2}\tilde{x}_{\tau_2}(\hat{\beta}-\beta)$$

$$E_{14} = -\frac{4}{nT^3}\sum_{(\tau_1,\tau_2)}^{T}\tilde{v}'_{\tau_1}\tilde{x}_{\tau_1}(\hat{\beta}-\beta)(\hat{\beta}-\beta)'\tilde{x}'_{\tau_2}\tilde{x}_{\tau_2}(\hat{\beta}-\beta)$$

$$E_{15} = \frac{1}{nT^3}\sum_{(\tau_1,\tau_2)}^{T}(\hat{\beta}-\beta)'\tilde{x}'_{\tau_1}\tilde{x}_{\tau_1}(\hat{\beta}-\beta)(\hat{\beta}-\beta)'\tilde{x}'_{\tau_2}\tilde{x}_{\tau_2}(\hat{\beta}-\beta)$$

利用已有结果 $\hat{\beta}-\beta = O_p\left(\frac{1}{\sqrt{nT}}\right)$ 和假设，我们很容易得到 $\sum_{i=1}^{5}E_{1i} = O_p\left(\frac{1}{T\sqrt{T}}\right)$。接下来，我们考虑左边这一项。

$$\frac{1}{nT^3}\sum_{(\tau_1,\tau_2)}^{T}\tilde{v}'_{\tau_1}\tilde{v}_{\tau_1}\tilde{v}'_{\tau_2}\tilde{v}_{\tau_2} = \frac{1}{nT^3}\sum_{(\tau_1,\tau_2)}^{T}[(v_{\tau_1}-\bar{v}_{.})'(v_{\tau_1}-\bar{v}_{.})(v_{\tau_2}-\bar{v}_{.})'(v_{\tau_2}-\bar{v}_{.})]$$
$$= \frac{1}{nT^3}\sum_{(\tau_1,\tau_2)}^{T}v'_{\tau_1}v_{\tau_1}v'_{\tau_2}v_{\tau_2} + \sum_{i=1}^{5}E_{2i}$$

其中 $E_{21} = \frac{-4}{nT^3}\sum_{(\tau_1,\tau_2)}^{T}v'_{\tau_1}v_{\tau_1}v'_{\tau_2}\bar{v}_{.}$；$E_{22} = \frac{2}{nT^2}\sum_{(\tau_1,\tau_2)}^{T}v'_{\tau_1}v_{\tau_1}\bar{v}'_{.}\bar{v}_{.}$；$E_{23} = \frac{4}{nT^3}\sum_{(\tau_1,\tau_2)}^{T}v'_{\tau_1}\bar{v}_{.}v'_{\tau_2}\bar{v}_{.}$；$E_{24} = \frac{-4}{nT^3}\sum_{(\tau_1,\tau_2)}^{T}v'_{\tau_1}\bar{v}_{.}\bar{v}'_{.}\bar{v}_{.}$；$E_{25} = \frac{T-1}{nT^2}(\bar{v}'_{.}\bar{v}_{.})^2$。与巴尔塔基等（2011）的结果相似，我们得到 $\sum_{i=1}^{5}E_{2i} = O_p\left(\frac{1}{T}\right)$。此外，

$$\frac{1}{nT^3}\sum_{(\tau_1,\tau_2)}^{T}v'_{\tau_1}v_{\tau_1}v'_{\tau_2}v_{\tau_2} = \frac{1}{nT^3}\sum_{(\tau_1,\tau_2)}^{T}\sum_{i=1}^{n}\sum_{j=1}^{n}v_{i\tau_1}^2v_{j\tau_2}^2 \xrightarrow{p} \frac{n}{T^3}\sum_{(\tau_1,\tau_2)}^{T}\sigma_{\tau_1}^2\sigma_{\tau_2}^2$$

因此，我们得到 $\frac{1}{nT^3}\sum_{(\tau_1,\tau_2)}^{T}\hat{v}'_{\tau_1}\hat{v}_{\tau_1}\hat{v}'_{\tau_2}\hat{v}_{\tau_2}\xrightarrow{p}\frac{n}{T^3}\sum_{(\tau_1,\tau_2)}^{T}\sigma_{\tau_1}^2\sigma_{\tau_2}^2$。类似地，我们得到

$$\frac{1}{nT^5}\sum_{(t,s)}^{T}\sum_{(\tau_1,\tau_2)}^{T}\hat{v}'_{\tau_1}P_{ts}\hat{v}_{\tau_1}\hat{v}'_{\tau_2}P_{ts}\hat{v}_{\tau_2}\xrightarrow{p}\frac{1}{nT^5}\sum_{(t,s)}^{T}\sum_{(\tau_1,\tau_2)}^{T}\text{tr}^2(Q'_tQ_s)\sigma_{\tau_1}^2\sigma_{\tau_2}^2$$

上述结果可以证明（b）部分。类似（a）和（b），我们可以得到（c）部分。

4. 定理 2.3 的证明

我们已知 $\hat{J}_{new}-J_{new}$ 的表达式，我们考虑下面这一项 $\hat{T}_n-T_n$。

$$\hat{T}_n-T_n=\frac{1}{n}\text{tr}\hat{S}_n^2-\frac{1}{n}\text{tr}S_n^2-\left(\frac{1}{n}\text{tr}\breve{S}_n^2-\frac{1}{n}\text{tr}\hat{S}_n^2\right)$$

类似于巴尔塔基等（2017），在弱因子模型备择假设下，我们有 $\frac{1}{n}\text{tr}\hat{S}_n^2-\frac{1}{n}\text{tr}S_n^2=O_p\left(\frac{1}{T}\right)+O_p\left(\frac{n}{T^2}\right)$，$\frac{1}{n}\text{tr}\breve{S}_n^2-\frac{1}{n}\text{tr}\hat{S}_n^2=O_p\left(\frac{1}{T}\right)+O_p\left(\frac{n}{T^2}\right)$ 和 $\hat{B}_v=O_p(1)$。在弱因子备择假设下，$\gamma=O_p(1)$。此外，类似巴尔塔基等（2017），我们有 $T_n=O_p(1)$、$\hat{\gamma}=O_p(1)$ 和 $a_n=\hat{\gamma}-\gamma=O_p\left(\frac{1}{T}\right)+O_p\left(\frac{n}{T^2}\right)$。

$$\hat{J}_{new}-J_{new}=\frac{T(\hat{T}_n-T_n)}{\sqrt{8}\hat{\gamma}/c_n}-\frac{TT_na_n}{\sqrt{8}\hat{\gamma}\gamma/c_n}=O_p(1)$$

进一步得到 $J_{bc}-J_{new}=O_p(1)$ 和 $\hat{J}_{bc}-J_{new}=O_p(1)$。接下来我们研究 J_{new}。在弱因子备择假设下，我们很容易证明：

$$\delta_n=\text{E}(T_n)=\frac{T-1}{nT}\sum_{(i,j)}^{n}\left(\sigma_{ij}-\frac{\sum_{(i,j)}^{n}\sigma_{ij}}{n(n-1)}\right)^2=O_p\left(\frac{1}{n}\right)\neq 0$$

因此，$TT_n=O_p\left(\frac{T}{n}\right)$。当 $(n, T)\to\infty$ 并且 $c_n\to c<\infty$，我们得到 $TT_n=O_p(1)$，进一步得到 $J_{new}\xrightarrow{p}\kappa_0$，其中 $\kappa_0<\infty$ 是某个非零常数。利用上述结果，$\hat{J}_{bc}$ 和 J_{bc} 收敛到某个非零常数，在概率上分别是 κ_1 和 κ_2。

类似巴尔塔基等（2017）中引理 2.2 的结果，在强因子备择假设下，我们有：（1）$\frac{1}{n}\text{tr}S_n=O_p(1)$；（2）$\frac{1}{n}\text{tr}S_n^2=O_p(n)$；（3）$\frac{1}{n}\text{tr}\hat{S}_n-\frac{1}{n}\text{tr}S_n=$

$O_p\left(\frac{1}{T}\right)$；（4）$\frac{1}{n}\mathrm{tr}\hat{S}_n^2-\frac{1}{n}\mathrm{tr}S_n^2=O_p\left(\frac{n}{T}\right)$；（5）$\hat{B}_v=O_p(n)$。进一步，我们有 $T_n=O_p(n)$ 和 $\gamma=O_p(n)$。因此，$J_{new}\to\infty$ 当（n，T）$\to\infty$ 并且 $c_n\to c$。容易证明的是在强因子备择假设下 $J_{bc}-J_{new}=O_p(1)$ 和 $\hat{J}_{bc}-J_{new}=O_p(1)$。利用李和姚（2018）中定理4 的（b）部分，在强因子备择假设下，当（n，T）$\to\infty$ 时，我们有 $J_{new}\to\infty$。因此，我们可以证明当（n，T）$\to\infty$ 并且 $c_n\to c$，J_{bc} 和 $\hat{J}_{bc}$ 无穷大。

第3章 具有序列相关误差的大维面板数据模型的截面相关性检验

本章研究了具有序列相关误差的大维面板数据模型的截面相关检验问题。研究发现，现有的横截面相关检验在误差中会遇到由序列相关造成的水平尺度扭曲。为了控制水平尺度，本章提出了一种考虑了误差项中未知形式的序列相关的改进的 Pesaran 的 CD 检验。我们在 $(N, T)\to\infty$ 下推导出检验的联合极限分布，这一检验允许出现未知形式的序列相关形式。蒙特卡洛模拟实验显示，当序列相关问题存在时，该检验对大型面板数据有很好的水平尺度和功效表现。

3.1 研究背景

本章研究了在存在序列相关干扰情况时面板数据的截面相关性检验。横截面相关性可能是未知的共同冲击、空间效应或社会网络内的相互作用造成的。忽略面板数据中的横截面相关性可能会产生严重后果。在具有序列相关的面板数据中，存在横截面相关导致最小二乘法的效率缺失，从而使统计推断失效。在某些情况下，甚至会导致估计量不一致，见李（Lee，2002）和安德鲁斯（Andrews，2005）。检验面板数据残差的横截面相关也因此十分重要。

现有的大维面板数据模型中的截面相关性检验的渐进性和偏差校正都是基于一些严格的假设。例如，误差项是正态分布的，且当 $(N, T)\to\infty$

或 $N/T \to c \in (0, \infty)$，等等。另一个最基本的假设是误差项在时间上是独立的。事实上，在面板数据实证研究中出现序列相关是极其常见的，尤其在宏观经济学应用中且 T 较大时。忽略序列相关并不影响估计的一致性，但会导致错误的统计推断。在 RMT 中，当 u_1，u_2，…，u_T 在 $t=1$，…，T 上，且 N 很大的情况下是独立时，对应样本协方差矩阵的极限谱分布（LSD）是 Marčhenko - Pastur（M - P）定律（Bai and Silverstein，2004）。这些干扰之间的现有相关性可能导致 LSD 偏离 M - P 定律。高等（Gao et al.，2017）对样本相关矩阵给出了类似的结果。因此，如果扰动项存在序列相关性的话，那些依赖于序列独立假设的检验统计量将不再成立。

为了更好地了解潜在的序列相关对现有的截面相关性检验的影响，我们假定 $T \times 1$ 的独立随机向量 $u_i = (u_{i1}, \cdots, u_{iT})'$，在 $i=1$，…，N 是可观测的。任何 u_i 和 u_j，$(i \neq j)$ 的相关系数 ρ_{ij} 被定义为 $u_i'u_j/(\|u_i\| \cdot \|u_j\|)$，它们的均值是零向量。如果每一个 u_i 的元素是独立且服从椭球形分布的，缪尔黑德（Muirhend，1982）证明了 $E(\rho_{ij}^2) = 1/T$。当 N 是固定的且 $T \to \infty$，$N(N-1)/2$ 个不同的 ρ_{ij}^2 的总和将会很小。在 3.3 节中，我们证明如果每一个 u_i 的元素都遵循着参数为 θ 的一阶多元移动平均模型（即 MA(1)），那么 $\mathrm{E}(\rho_{ij}^2) = [1/T + \theta^2/(T + T\theta^2)]$。当 $N \to \infty$ 时，额外的 $\theta^2/(T + T\theta^2)$ 会累积并导致面板数据中现有 LM 类型检验出现额外偏差。虽然 CD_P 是均值并且为零，但是如果忽略序列相关性，它会出现水平尺度的扭曲。

本章首先在大维面板数据模型中，当扰动项存在序列相关时，提出了修正后的 Pesaran 的 CD 检验。我们首先利用 RMT 的结果，在原假设下计算了检验统计量的一二阶矩大小，并提出了具有未知的序列相关的无偏和一致的方差估计量。其次，我们得到了当 $(N, T) \to \infty$ 时，没有任何分布假设的检验的联合极限分布。最后本书还讨论了一个多因子模型备择假设下的功效。通过蒙特卡洛模拟实验，考察了有限样本下检验统计量的表现。模拟结果证实了我们的理论。

本章其他内容结构如下：3.2 节将介绍模型和符号、现有的 LM 类型检验和截面相关性（CD）检验。然后提出了我们的假设和提出修改 Pesaran 的 CD 统计检验。3.3 节研究了检验统计量的渐进性质。3.4 节报告了蒙特卡洛模拟实验的结果。3.5 节进行了本章小结。3.6 节给出了所有的数学证明。

在本章中，我们采用了以下符号。$\mathrm{tr}(B)$ 是矩阵 B 的迹；$\|B\| = (\mathrm{tr}(B'B))^{1/2}$ 表示矩阵的 Frobenius 范数或向量 B 的欧几里得范数；$\xrightarrow{d}$ 表示依分布收敛；以及 $\xrightarrow{p}$ 表示依概率收敛。我们用 $(N, T)\to\infty$ 表示当 N 和 T 同时趋近于无穷大时，N 和 T 的联合收敛。K 是一个不依赖于 N 或 T 的正的常数。

3.2 模型与检验

3.2.1 模型

考虑以下异质面板数据模型：

$$y_{it} = \beta_i' x_{it} + u_{it}，\text{其中 } i = 1, \cdots, N;\ t = 1, \cdots, T \tag{3.1}$$

其中 i 和 t 分别为截面维度和时间长度；y_{it} 是因变量，x_{it} 是一个 $k\times 1$ 的外生回归向量。系数 β_i 定义在一个紧集内，并且允许在 i 之间变化。没有截面相关性的原假设是：

$$H_0:\ cov(u_{it}, u_{jt}) = 0，\text{对于所有的 } t,\ i\neq j$$

或等价于：

$$H_0:\ \rho_{ij} = 0，\text{对于 } i\neq j \tag{3.2}$$

其中 ρ_{ij} 是由以下公式定义的扰动项的两两相关系数。

$$\rho_{ij} = \frac{\sum_{t=1}^{T} u_{it}u_{jt}}{(\sum_{t=1}^{T} u_{it}^2)^{1/2}(\sum_{t=1}^{T} u_{jt}^2)^{1/2}}$$

在备择假设中，对一些 $i\neq j$ 来说，存在至少一个 $\rho_{ij}\neq 0$，对于面板回归模型（3.1），残差是不可观测的。在这种情况下，检验统计量是基于残差相关系数 $\hat{\rho}_{ij}$ 的。特别地，

$$\hat{\rho}_{ij} = \frac{\sum_{t=1}^{T} e_{it}e_{jt}}{(\sum_{t=1}^{T} e_{it}^2)^{1/2}(\sum_{t=1}^{T} e_{jt}^2)^{1/2}} \tag{3.3}$$

其中，e_{it}是普通最小二乘法（OLS）在（i，t）观测的残差项。这些OLS残差如下：

$$e_{it} = y_{it} - x_{it}'\hat{\beta}_i \tag{3.4}$$

其中，$\hat{\beta}_i$是对$i=1$，…，N，OLS在模型（3.1）中β_i的估计量。令$M_i = I_T - P_{X_i}$，其中$P_{X_i} = X_i(X_i'X_i)^{-1}X_i'$并且$X_i$是一个$T\times k$的回归变量矩阵，第$t$行是$1\times k$的向量$x_{it}'$。我们同样定义$u_i = (u_{i1}, \cdots, u_{iT})'$，$e_i = (e_{i1}, \cdots, e_{iT})'$和$v_i = e_i/\|e_i\|$，其中$i=1$，…，$N$。对于任何$1\leqslant i\neq j\leqslant N$而言，OLS残差可以被写作$e_i = M_iu_i$的向量形式，并且基于残差的两两相关系数可以重写为$\hat{\rho}_{ij} = v_i'v_j$。

3.2.2 LM检验和CD检验

当N固定且$T\to\infty$时，布伦斯和帕甘（Breusch and Pagan，1980）提出了一个LM检验来检验在式（3.2）中没有截面相关性的原假设。其检验统计量如下：

$$LM_{BP} = T\sum_{i=1}^{N-1}\sum_{j=i+1}^{N}\hat{\rho}_{ij}^2 \tag{3.5}$$

LM_{BP}在原假设下渐进收敛为自由度为$N(N-1)/2$的卡方分布。然而，对于典型的微观面板数据集，N比T大；并且Breusch - Pagan LM检验统计量在这种“大N，小T”的设定下是无效的。事实上，佩萨兰（2004）提出了一个标准化的LM检验，检验统计量如下：

$$LM_P = \sqrt{\frac{1}{N(N-1)}}\sum_{i=1}^{N-1}\sum_{j=i+1}^{N}(T\hat{\rho}_{ij}^2 - 1) \tag{3.6}$$

佩萨兰证明在原则假设下，$T\to\infty$，然后$N\to\infty$，LM_P服从$N(0,1)$分布。然而在固定的T和大N的条件下，$\mathrm{E}(T\hat{\rho}_{ij}^2 - 1)$不为0。因此，佩萨兰等（2008）提出了一个偏差调整的LM检验，记为LM_{PUY}。他们证明$(T-k)\hat{\rho}_{ij}^2$的均值和方差如下：

$$\mu_{Tij} = \mathrm{E}[(T-k)\hat{\rho}_{ij}^2] = \frac{1}{T-k}\mathrm{tr}[\mathrm{E}(M_iM_j)] \tag{3.7}$$

以及

$$\nu_{Tij}^2 = \mathrm{Var}[(T-k)\hat{\rho}_{ij}] = \{\mathrm{tr}^2[\mathrm{E}(M_iM_j)]\}a_{1T} + 2\mathrm{tr}\{[\mathrm{E}(M_iM_j)]^2\}a_{2T} \tag{3.8}$$

其中 $a_{1T}=a_{2T}-\frac{1}{(T-k)^2}$，并且 $a_{2T}=3\left[\frac{(T-k-8)(T-k+2)}{(T-k+2)(T-k-2)(T-k-4)}\right]^2$。

LM_{PUY}形式如下：

$$LM_{PUY} = \sqrt{\frac{2}{N(N-1)}}\frac{(T-k)\hat{\rho}_{ij}^2-\mu_{Tij}}{\nu_{Tij}} \tag{3.9}$$

佩萨兰等（2008）证明 LM_{PUY}在原假设下当 $T\to\infty$ 接着 $N\to\infty$ 时的渐近分布为 $N(0,1)$。另外，佩萨兰（2004）提出了一种基于两两相关系数的平均值而不是平方的检验方法。检验统计量如下：

$$CD_P = \sqrt{\frac{2T}{N(N-1)}}\sum_{i=1}^{N-1}\sum_{j=i+1}^{N}\hat{\rho}_{ij} \tag{3.10}$$

佩萨兰（2015）证明这个检验统计量在 $(N, T)\to\infty$ 时渐近分布为 $N(0, 1)$，并且将其扩展到检验弱截面相关的原假设中。

3.2.3 校正的 CD 检验统计量及其假设

到目前为止，上述用于检验面板数据模型中横截面相关性的所有方法都假定扰动项随时间独立。忽略序列相关性通常会导致估计效率的损失和错误的统计推断。事实上，我们在第三节中指出，在 LM 类型检验中，序列相关的存在会导致额外的偏差。对于式（3.10）的 CD_P 检验，它仍然以零为均值；但是当存在序列相关性，其方差将受到较大影响。因此我们预测 CD_P 的水平尺度会扭曲。为了修正这个问题，我们考虑一个校正的检验统计量，它考虑了扰动项中未知形式的序列相关。首先，我们需要以下假设：

假设 3.1 定义 $\xi_i=(\xi_{i0}, \xi_{i1}, \cdots, \xi_{iT})'$和 $\varepsilon_i=(\varepsilon_{i0}, \varepsilon_{i1}, \cdots, \varepsilon_{iT})'$。我们同样假定对于 $i=1, \cdots, N$，$\xi_i=\sigma_i\varepsilon_i$，其中 ε_i 是一个均值为零、协方差矩阵为 I_T 的随机向量。令 ε_{it}表示为对任意 $i=1, \cdots, N$ 时，ε_i 的第 t 项 ε_{it}有有界的四阶矩，并且存在确定的常数 Δ，例如 $E(\varepsilon_{it}^4)=3+\Delta$。根据白和周（Bai and Zhou，2008），扰动项 $u_t=(u_{1t}, u_{2t}, \cdots, u_{Nt})'$生成如下：

$$u_t = \sum_{s=0}^{\infty} d_s \xi_{t-s}, \text{对于 } t = 1, \cdots, T \tag{3.11}$$

其中 $\xi_t = (\xi_{1t}, \xi_{2t}, \cdots, \xi_{Nt})'$，在 $t=0, 1, \cdots, T$ 时，在时间上是独立同分布（IID）的随机向量，并且$\{d_s\}_{s=0}^{\infty}$是一个数列且满足 $\sum_{s=0}^{\infty} |d_s| < K < \infty$。

假设3.1允许误差项 u_{it}在时间上存在相关性。条件 $\sum_{s=0}^{\infty} |d_s| < K < \infty$ 不包括长期记忆类的强相关。我们需要有界矩条件来确保具有序列相关性的面板数据模型在无限（N，T）的渐进性。假设3.1中的条件是非常放松的；它们满足于多种参数的弱相关过程，例如平稳和可逆的有限阶自回归和移动平均模型（ARMA）。在假设3.1中，每一个 u_i 的协方差矩阵是 $\boldsymbol{\Sigma}_i = \sigma_i^2 \boldsymbol{\Sigma}$，其中 $\boldsymbol{\Sigma}$ 是一个 $T \times T$ 的对称正定矩阵。随机变量 u_i 可以被写作 $u_i = \boldsymbol{\sigma}_i \Gamma \boldsymbol{\varepsilon}_i$，其中 $\Gamma\Gamma' = \boldsymbol{\Sigma}$。每一个 u_i 的一般化的协方差矩阵 $\boldsymbol{\Sigma}_i$ 中都包含了序列相关性。白和周（2008）用此表示并且证明 $1/T\mathrm{tr}$（$\boldsymbol{\Sigma}^{\kappa}$）对于任何固定的正整数 $\boldsymbol{\kappa}$ 都是有界的。更具体地说，考虑一阶多元移动平均模型MA(1)

$$u_t = \xi_t + \theta \xi_{t-1}, \quad t = 1, \cdots, T \tag{3.12}$$

其中 $|\theta| < 1$，u_t，ξ_t，u_i 和 ξ_i 在假设3.1中都有定义。对此，$\boldsymbol{\Sigma}^{\mathrm{MA}} = (\delta_{lr})_{T \times T}$，其中，

$$\delta_{lr} = \begin{cases} (1+\theta^2), & l = r \\ \theta, & |l-r| = 1 \\ 0, & |l-r| > 1 \end{cases} \tag{3.13}$$

也可以验证式（3.11），我们有如下的一般表示：

$$\boldsymbol{\Sigma} = (\boldsymbol{\varpi}_{lr})_{T\times T}, \text{这里} \boldsymbol{\varpi}_{lr} = \sum_{s=0}^{\infty} d_s d_{(|l-r|+s)} \tag{3.14}$$

为了方便起见，我们在本章中使用这种表示法。

假设3.2 回归变量 x_{it}是严格外生的，具体如下：

$$\mathrm{E}(u_{it} | X_i) = 0, \text{对所有的 } i = 1, \cdots, N \text{ 和 } t = 1, \cdots, T \tag{3.15}$$

并且 $X_i'X_i$ 是正定矩阵。

假设3.3 $T > k$ 并且OLS的残差项 e_{it}在式（3.4）中定义，它们不都是零的概率接近为1。

假设3.2和假设3.3是模型（3.1）的标准假设；见佩萨兰（2004）

和佩萨兰等（2008）。我们假设回归变量是严格外生的。我们不对扰动项的分布或（N, T）相对收敛速度施加任何限制。这个框架是非常放松的，而 LM 类型检验通常对 N 和 T 的相对速度施加限制和正态性假设，即 $N/T \to c \in (0, \infty)$。在这些假设下，模型（3.1）的 OLS 估计量是一致的，但不是有效的。我们考虑 Pesaran 的 CD 检验：

$$T_n = \left(\frac{2}{N(N-1)}\right)^{1/2} \sum_{i=2}^{N} \sum_{j=1}^{i-1} \hat{\rho}_{ij} \tag{3.16}$$

在下一节中，我们推导出这个检验统计量的前二阶矩，然后在存在一般的未知序列相关形式下，推导出它的联合极限分布。

3.3 检验的渐进性质

3.3.1 原假设下的渐进分布

在本节中，我们研究定义在式（3.16）的检验统计量 T_n 的渐进性。为了证明其极限分布，我们先计算其前两阶矩。

定理 3.1 在假设 3.1～假设 3.3 和式（3.2）给出的原假设下，

$$E(T_n) = 0 \tag{3.17}$$

以及

$$\begin{aligned} \gamma^2 = \operatorname{var}(T_n) &= \frac{2}{N(N-1)} \sum_{i=2}^{N} \sum_{j=1}^{i-1} E(\hat{\rho}_{ij}^2) \\ &= \frac{2}{N(N-1)} \sum_{i=2}^{N} \sum_{j=1}^{i-1} \frac{\operatorname{tr}(M_j \Sigma M_j M_i \Sigma M_i)}{\operatorname{tr}(M_i \Sigma) \operatorname{tr}(M_j \Sigma)} \end{aligned} \tag{3.18}$$

其中 $M_i = I_T - X_i'(X_i'X_i)^{-1}X_i$，$\Sigma$ 在假设 3.2 中定义过。

定理 3.1 表明了检验统计量的均值为零。其方差取决于 Σ，它是包含序列相关的一般形式。事实上，正如定理 3.1 的证明中所展示的一样，

$$E(\hat{\rho}_{ij}^2) = \operatorname{tr}(M_j \Sigma M_j M_i \Sigma M_i) / [\operatorname{tr}(M_i \Sigma) \operatorname{tr}(M_j \Sigma)]$$

在特殊情况下，扰动项在时间上是独立的，$\Sigma = I_T$，和 $E(\hat{\rho}_{ij}^2)$ 退化到 $\operatorname{tr}(M_j M_i)/(T-k)^2$，它与方程（3.7）中给出的 LM_{PUY} 检验统计量的结果一

致，这个是没有序列相关的情形。然而，在有序列相关的情况下，额外的偏误会在LM_{PUY}中出现，因为

$$\frac{\mathrm{tr}(M_j\Sigma M_j M_i\Sigma M_i)}{\mathrm{tr}(M_i\Sigma)\mathrm{tr}(M_j\Sigma)}-\frac{\mathrm{tr}(M_jM_i)}{(T-k)^2}\neq 0\text{，如果 }\Sigma\neq I_T$$

更具体地说，让我们假定 u_i，$i=1$，…，N 是可以观测的，那么$(\rho_{ij}^2)=\mathrm{tr}(\Sigma^2)/\mathrm{tr}^2(\Sigma)$。对于式（3.12）中定义的 MA(1) 过程，$\theta\neq0$ 且 $\mathrm{tr}(\Sigma^2)/\mathrm{tr}^2(\Sigma)=1/T+\theta^2/(T+T\theta^2)$以及 $\mathrm{tr}(\Sigma^2)/\mathrm{tr}^2(\Sigma)=1/T$。额外项 $\theta^2/(T+T\theta^2)$在 LM 检验统计量中累积，在 $N\to\infty$ 时出现额外的偏差。正如上面所讨论，我们预计当扰动项中存在序列相关时，LM_{PUY}会有严重的水平尺度的扭曲。

不像 LM 类检验需检验统计量 T_n 中心化于零，它不需要进行偏误的调整。注意，如果 u_{it}在时间上时独立的，我们的检验会退化到佩萨兰（2004）提出的检验。令 γ_0^2 为 T_n 的方差且没有序列相关性，则它的具体表达为：

$$\gamma_0^2=\frac{2}{N(N-1)}\sum_{i=2}^{N}\sum_{j=1}^{i-1}\left[\frac{T-2k}{(T-k)^2}+\frac{\mathrm{tr}(P_{X_i}P_{X_j})}{(T-k)^2}\right]\tag{3.19}$$

其中 $P_{X_i}=X_i(X_i'X_i)^{-1}X_i'$并且 $P_{X_j}=X_j(X_j'X_j)^{-1}X_j'$。上述结果是没有序列相关性的 T_n 的方差，其也被佩萨兰（2015）证明。佩萨兰（2015）使用新的方差所给出了修正的CD_P。从定理 3.1 来看，如果 $\Sigma\neq I_T$，γ^2 不同于 γ_0^2。因此，我们同样预计当扰动项中存在序列相关时，CD_P 会出现水平尺度的严重扭曲。接下来，我们考虑本书提出检验的极限分布。其性质在下面的定理中给出。

定理 3.2 在假设 3.1 ~ 假设 3.3 和式（3.2）下时，当（N，T）$\to\infty$，我们有：

$$\gamma^{-1}T_n\xrightarrow{d}N(0,\ 1)\tag{3.20}$$

定理 3.2 表明，适当标准化的 $\gamma^{-1}T_n$ 的渐近分布是标准正态分布。它对于 N 和 T 以任何速度共同趋于无穷大是有效的。然而，我们不能观测到面板回归模型的 Σ，并且方差 γ^2 的估计量需要从实际应用中获取。根据陈和秦（Chen and Qin，2010），在原假设下，一个无偏且一致的估计量 γ^2 可以用下面定理提到的交叉验证方法获得：

定理 3.3 令 $\hat{\gamma}^2 = \frac{1}{N(N-1)}\sum_{i=2}^{N}\sum_{j=1}^{i-1} v_i'(v_j - \bar{v}_{(i,j)})v_j'(v_i - \bar{v}_{(i,j)})$，其中 $\bar{v}_{(i,j)} = \frac{1}{N-2}\sum_{1\leqslant\tau\neq i,j\leqslant N} v_\tau$。在假设 3.1～假设 3.3 且在式（3.2）中，$E(\hat{\gamma}^2) = \gamma^2$。当（$N$，$T$）→∞，

$$\hat{\gamma}^2 \xrightarrow{p} \gamma^2 \tag{3.21}$$

当（N，T）→∞时，定义 $CD_R = \hat{\gamma}^{-1}T_n$。

$$CD_R \xrightarrow{d} N(0,\ 1) \tag{3.22}$$

定理 3.3 表明 $\hat{\gamma}^2$ 是方差的一个很好的近似值，并且我们不需要指定 Σ 的结构。换句话说，检验统计量允许模型（3.1）中的统计量在时间上存在相关性。此外，CD_R 是 CD_P 的改进版本，因此，它们在许多模型的性能可能非常相似，参见佩萨兰（2004）。

3.3.2 统计量的功效性质

我们现在考虑检验的功效。当然，功效取决于备择假设的设定。一般来说，考虑到面板中的整体横截面相关的多因子模型是较为常见的形式，在这个备择假设下，新的扰动项定义如下：

$$u_i' = u_i + \sigma_i F\boldsymbol{\lambda}_i = \sigma_i(\Gamma\varepsilon_i + F\boldsymbol{\lambda}_i) \tag{3.23}$$

其中，$F = (f_1,\ f_2,\ \cdots,\ f_T)'$ 用来表示一个 $T\times r$ 的普通因子矩阵，并且 $\boldsymbol{\lambda}_i$ 是 $r\times 1$ 的因子载荷向量。在原假设下，对于所有的 i，$\boldsymbol{\lambda}_i = 0$。我们现在考虑接下来的 Pitman 型备择假设

$$H_a:\ \boldsymbol{\lambda}_i = \frac{1}{T^{1/4}N^{1/2}}\delta_i，对于一些\ i^{①} \tag{3.24}$$

其中，δ_i 是一个非随机且非零的 $r\times 1$ 向量，其不依赖于 N 或 T。为了简化分析，我们增加了如下假设：

假设 3.4 （1）$f_t \sim \mathrm{IID}(0,\ I_r)$；（2）$f_t$ 独立于 ε_{it}、x_{it}，对所有的 i 和 t；

---

① 我们只考虑非零因子加载向量数为 n 或 n 阶的情况，这意味着模型具有很强的误差截面相关性。对于弱误差截面相关情况时，我们推测其与 Pesaran（2015）相似。

(3) 对于每一个 i，$T^{-1/2}\sum_{t=1}^{T}u_{it}f_t = O_p(1)$，$T^{-1/2}\sum_{t=1}^{T}x_{it}f_t' = O_p(1)$ 且 $T^{-1}\sum_{t=1}^{T}f_t f_t' = I_r + O_p(T^{-1/2})$；(4) 对于所有 i 和 j，$T^{-1/2}X_{i'}X_j = O_p(1)$ 且 $T^{-1/2}X_{i'}u_i = O_p(1)$。

下面的定理给出了备择假设下的功效性质。

定理3.4 在假设3.1～假设3.4以及式（3.24）下，当 $(N, T)\to\infty$ 时，

$$\gamma^{-1}T_n \xrightarrow{d} N(\psi,\ 1) \tag{3.25}$$

其中，$\psi = plim_{(N,T)\to\infty}\gamma^{-1}\left(\frac{2}{N(N-1)}\right)^{1/2}\sum_{i=2}^{N}\sum_{j=1}^{i-1}\left(\frac{T^{1/2}N^{-1}\delta_i'\delta_j}{\mathrm{tr}^{1/2}(M_i\Sigma)\mathrm{tr}^{1/2}(M_j\Sigma)}\right)\neq 0$。

从定理3.4来看，该检验在式（3.24）下有以速度 $T^{-1/4}N^{-1/2}$ 衰减的不可忽略的功效。因此，定理3.4建立了备择假设下，只要 $\psi\neq 0$ 检验统计量在 $N\sqrt{T}$ 的速率上的一致性。

3.4 蒙特卡洛模拟实验

本节安排了蒙特卡洛模拟来检验式（3.22）中提出的 CD_R 检验在异质性面板数据回归模型上的实证水平尺度和功效。我们同样观察定义在式（3.9）和式（3.10）上的 LM_{PUY} 和 CD_P 检验的表现情况，分别用于对比。我们考虑四种情况：(1) 误差项在时间上是独立的，不存在序列相关；(2) 误差项在时间上遵循一阶的移动平均模型 MA(1)；(3) 扰动项在时间上遵循一阶自回归模型 AR(1)；(4) 扰动项在时间上遵循阶数为（1，1）的自回归移动平均模型 ARMA(1，1)。最后，我们提供了小样本的证据，证明了修正的 CD_R 检验对一阶备择假设的一个因子和空间自回归模型的功效表现，这在经济学中被广泛用于刻画截面相关性。

3.4.1 实验设计

根据佩萨兰等（2008），我们的实验使用如下数据生成过程：

$$y_{it}=\alpha_i+\beta_i x_{it}+u_{it},\ i=1,\ \cdots,\ N;\ t=1,\ \cdots,\ T \tag{3.26}$$

$$x_{it}=\eta x_{it-1}+v_{it} \tag{3.27}$$

其中 $\alpha_i\sim \text{IID}N(1,\ 1)$；$\beta_i\sim \text{IID}N(1,\ 0.04)$。$x_{it}$ 是严格外生的回归变量，并且对于 $i=1,\ \cdots,\ N$，我们设定 $\eta=0.6$ 以及 $v_{it}\sim \text{IID}N(\phi_i^2/(1-0.6^2))$，$\phi_i\sim \text{IID}\chi^2(6)/6$。式（3.26）的扰动项用以下 4 个数据生成过程来生成：

（1）IID： $$u_{it}=\xi_{it} \tag{3.28}$$

（2）MA(1)： $$u_{it}=\xi_{it}+\theta\xi_{it-1} \tag{3.29}$$

（3）AR(1)： $$u_{it}=\rho u_{it-1}+\xi_{it} \tag{3.30}$$

（4）ARMA(1, 1)： $$u_{it}=\rho u_{it-1}+\xi_{it}+\theta\xi_{it-1} \tag{3.31}$$

其中，$\xi_{it}=\sigma_i\varepsilon_{it}$；$\sigma_i^2\sim \text{IID}\chi^2(2)/2$ 并且 $\varepsilon_{it}\sim \text{IID}(0,\ 1)$。我们另外设定 $\theta=0.8$ 以及 $\rho=0.6$。为了检查检验对非正态分布的稳健性，ε_{it} 由一个标准正态分布和一个卡方分布（$\chi^2(2)/2-1$）生成。

为了考察检验的实证功效，我们考虑备择假设的两种不同的截面相关性：因子和空间模型。因子模型生成如下：

$$u_{it}^*=\lambda_i f_t+u_{it},\ \text{对于}\ i=1,\ \cdots,\ N;\ t=1,\ \cdots,\ T \tag{3.32}$$

其中，$f_t\sim \text{IID}N(0,\ 1)$ 且 $\lambda_i\sim \text{IID}U[0.1,\ 0.3]$。在这里，$u_{it}^*$ 替代式（3.26）中的 u_{it} 用于功效的研究。u_{it} 由定义在式（3.28）~式（3.31）的四种情况分别生成。对于空间模型，我们考虑一阶空间自相关模型（SAR(1)）。

$$u_{it}^*=\delta(0.5u_{i-1,t}^*+0.5u_{i+1,t}^*)+u_{it} \tag{3.33}$$

其中，$\delta=0.4$ 和 u_{it} 在式（3.28）~式（3.31）中分别被定义。

实验选取 $N=10$，20，30，50，100，200 和 $T=10$，20，30，50，100。对于每一对（N，T），我们重复 2000 次。为了获得实证水平尺度，我们对提出的 CD_R 和 CD_P 进行 5% 名义显著性水平的双边检验，LM_{PUY} 进行 5% 名义显著性水平的单边检验。

3.4.2 模拟结果

表 3-1 提供了 CD_P、LM_{PUY} 和 CD_R 在误差项服从正态分布和卡方分布时的实证水平尺度。假定扰动项在时间上独立。结果显示在所有的（N，

T）组合中，在正态分布和卡方分布情况下，所有的检验都有正确的水平尺度，这与前面的理论是一致的。唯一的特例是小 N 和 T 等于10，尤其对于 LM_{PUY} 而言。表3－2汇报了服从定义于式（3.29）的MA(1）的扰动项情形的三个检验的水平尺度。结果显示，对于所有的（N，T）组合，CD_R 都有正确的水平尺度，但是 CD_P 在不同的（N，T）下有水平尺度的扭曲，因为扰动项在时间上遵循MA(1）过程。例如，在正态分布的情况下，当 $N=10$ 且 $T=20$ 时，CD_P 的水平尺度是9.35%；但当 T 增长到100时，水平尺度就变成了11.1%。LM_{PUY} 有着严重的水平尺度的扭曲，因为忽略序列相关产生了额外的偏误。从表3－2来看，当 N 或 T 大于30时，LM_{PUY} 的实证水平尺度为100%。表3－3和表3－4同样汇报了分别在正态和卡方方分布下AR(1)和ARMA(1，1）过程的扰动项的水平尺度。注意，当 $T=10$ 时，表3－4显示当为卡方分布时，CD_R 的值偏大。然而，当 T 大于20之后，它就有了正确的水平尺度了。相反，LM_{PUY} 有很严重的水平尺度的扭曲问题，100%拒绝原假设，CD_P 水平尺度接近25%。总体来说，相对于 CD_P 和 LM_{PUY}，当扰动项存在未知情况的序列相关时，提出的 CD_R 控制了水平尺度的扭曲。表3－5展示了在因子模型的备择假设下，CD_R 在MA(1)、AR(1)和ARMA(1，1）误差项的调整水平尺度后的功效。结果显示，CD_R 在两种分布情况下表现都不错，尤其是 N 和 $T>10$ 时。表3－6确认了 CD_R 对MA(1)、AR(1)和ARMA(1，1）误差项在SAR(1)备择假设下的功效特性，尤其是在大的 N 和 T 的情形下。

表3－1　　误差项在时间上是独立同分布时检验的水平尺度

检验	(N，T)	正态分布					卡方分布				
		10	20	30	50	100	10	20	30	50	100
CD_R	10	5.75	5.90	5.50	4.75	6.45	5.90	4.80	5.55	5.15	6.45
	20	3.85	4.55	5.05	4.70	5.15	4.60	4.50	4.50	5.85	5.40
	30	4.45	4.10	4.70	5.10	4.60	4.40	4.80	4.45	4.50	6.25
	50	4.45	4.75	5.40	5.25	4.50	4.10	3.65	4.75	4.05	4.60
	100	4.65	4.85	4.20	5.65	5.30	4.35	4.80	4.70	4.35	4.95
	200	4.05	4.65	3.90	4.60	5.00	5.65	5.05	4.85	4.65	5.40

续表

检验	(N, T)	正态分布					卡方分布				
		10	20	30	50	100	10	20	30	50	100
CD_P	10	5.60	5.50	5.25	4.10	6.00	5.60	4.70	5.05	4.70	5.65
	20	4.05	4.75	5.05	4.90	5.30	4.90	4.70	4.65	5.85	5.30
	30	4.90	4.45	4.85	5.20	5.00	5.20	5.20	4.55	5.00	6.05
	50	4.95	5.20	5.60	5.55	4.45	5.00	4.15	5.00	4.55	4.70
	100	5.65	5.15	4.50	5.95	5.45	5.15	5.65	5.05	4.50	5.05
	200	5.00	5.00	4.45	4.85	5.15	6.35	5.75	5.15	4.70	5.5
LM_{PUY}	10	6.75	6.05	6.10	6.00	5.60	6.60	6.85	7.65	7.95	6.60
	20	6.20	5.45	6.75	7.00	5.50	7.05	6.40	6.40	7.15	5.60
	30	6.20	6.25	5.40	6.35	5.95	7.65	5.95	6.35	5.85	7.00
	50	6.55	4.95	5.25	5.60	5.40	7.00	6.85	7.20	5.40	5.85
	100	8.10	5.45	5.40	4.60	4.55	7.00	5.85	6.10	5.85	5.90
	200	8.60	5.75	6.50	5.90	5.35	8.00	7.20	6.30	6.40	6.70

注：本表展示了 CD_P、LM_{PUY}和 CD_R 在$\mu_{it}=\xi_{it}$的水平尺度，其中 $\xi_{it}=\sigma_i\varepsilon_{it}$，$\sigma_i^2\sim \mathrm{IID}\chi^2(2)/2$，$\varepsilon_{it}\sim IID(0，1)$，并且由正态分布和卡方分布生成。检验在5%名义显著性水平上进行。

表3-2　　误差项服从MA(1)过程时检验的水平尺度

检验	(N, T)	正态分布					卡方分布				
		10	20	30	50	100	10	20	30	50	100
CD_R	10	6.10	6.25	4.45	5.35	6.25	6.30	5.40	5.90	5.85	6.50
	20	5.15	4.80	5.05	4.60	5.30	5.20	5.35	4.70	6.15	4.75
	30	4.50	4.35	4.20	5.35	4.95	5.55	4.75	4.90	5.30	6.15
	50	5.25	4.50	5.30	5.70	4.30	5.00	4.65	4.60	4.35	4.85
	100	4.75	5.35	4.50	5.45	5.60	5.80	4.15	5.45	4.35	4.90
	200	4.35	4.95	3.50	4.50	4.90	6.20	6.30	4.30	4.30	5.50
CD_P	10	7.60	9.35	8.40	10.05	11.10	7.80	7.75	10.30	10.25	10.95
	20	6.60	8.30	9.95	9.10	10.90	7.00	8.95	9.30	10.70	10.50
	30	6.45	8.35	8.30	10.50	10.60	7.90	9.65	9.50	10.80	10.60
	50	7.45	7.95	10.75	11.30	9.65	7.55	7.90	9.20	9.70	9.15

续表

检验	(N, T)	正态分布					卡方分布				
		10	20	30	50	100	10	20	30	50	100
CD_P	100	6.50	9.35	9.00	10.85	11.55	7.85	8.35	10.60	9.30	10.20
	200	6.65	8.45	8.45	9.70	10.95	9.90	9.50	9.35	9.65	11.20
LM_{PUY}	10	37.95	54.40	57.10	59.55	60.70	39.15	53.00	56.50	60.75	61.55
	20	81.55	96.00	96.80	98.25	97.90	83.25	95.45	97.05	97.70	98.20
	30	98.30	100.00	100.00	100.00	100.00	98.45	100.00	100.00	100.00	100.00
	50	100.00	100.00	100.00	100.00	100.00	100.00	100.00	100.00	100.00	100.00
	100	100.00	100.00	100.00	100.00	100.00	100.00	100.00	100.00	100.00	100.00
	200	100.00	100.00	100.00	100.00	100.00	100.00	100.00	100.00	100.00	100.00

注：本表展示了 CD_P、LM_{PUY}和 CD_R 在 $\mu_{it}=\xi_{it}+\theta\xi_{it-1}$ 的 s 水平尺度，其中 $\xi_{it}=\sigma_i\varepsilon_{it}$，$\sigma_i^2\sim IID\chi^2(2)/2$，$\varepsilon_{it}\sim IID(0,1)$ 并且由正态分布和卡方分布生成。检验在5%名义显著性水平上进行。

表3-3　　　　误差项服从AR(1)过程时检验的水平尺度

检验	(N, T)	正态分布					卡方分布				
		10	20	30	50	100	10	20	30	50	100
CD_R	10	6.10	6.25	4.90	6.15	6.75	6.05	4.80	6.10	6.00	5.65
	20	4.75	5.65	4.65	4.70	5.00	4.85	5.60	4.50	5.55	4.80
	30	4.15	4.85	4.00	4.55	4.65	5.50	4.25	5.75	5.10	6.65
	50	4.15	4.50	5.20	5.45	4.40	5.25	5.35	4.60	4.40	4.35
	100	4.35	4.80	4.80	5.45	4.80	5.75	4.15	5.30	4.05	5.10
	200	4.85	4.60	4.05	4.55	5.05	7.80	5.35	4.95	4.20	4.55
CD_P	10	6.80	9.65	10.20	14.55	16.80	6.55	8.25	12.25	13.90	16.30
	20	5.75	9.50	11.35	13.25	16.85	5.90	9.60	11.50	15.05	15.45
	30	5.65	9.80	10.00	13.30	14.05	7.35	9.65	12.00	15.20	17.15
	50	5.90	8.45	11.95	14.80	14.10	7.10	9.55	9.70	12.40	15.80
	100	6.05	10.00	10.40	14.70	16.55	7.25	8.70	12.25	13.85	15.00
	200	6.65	9.00	10.25	13.30	16.70	9.40	10.30	10.85	13.70	16.10

续表

检验	(N, T)	正态分布					卡方分布				
		10	20	30	50	100	10	20	30	50	100
LM_{PUY}	10	37.95	54.40	57.10	59.55	60.70	27.60	66.30	82.45	90.80	95.35
	20	55.50	97.90	99.85	100.00	100.00	59.95	98.40	99.85	100.00	100.00
	30	98.30	99.95	100.00	100.00	100.00	82.75	100.00	100.00	100.00	100.00
	50	97.80	100.00	100.00	100.00	100.00	98.60	100.00	100.00	100.00	100.00
	100	100.00	100.00	100.00	100.00	100.00	100.00	100.00	100.00	100.00	100.00
	200	100.00	100.00	100.00	100.00	100.00	100.00	100.00	100.00	100.00	100.00

注：本表展示了 CD_P、LM_{PUY} 和 CD_R 在 $\mu_{it}=\rho\mu_{it-1}+\xi_{it}$ 的水平尺度，其中 $\xi_{it}=\sigma_i\varepsilon_{it}$，$\sigma_i^2\sim$ IID$\chi^2(2)/2$，$\varepsilon_{it}\sim$ IID(0, 1) 并且由正态分布和卡方分布生成。检验在5%名义显著性水平上进行。

表3－4　误差项服从ARMA(1,1)过程时检验的水平尺度

检验	(N, T)	正态分布					卡方分布				
		10	20	30	50	100	10	20	30	50	100
CD_R	10	6.95	6.45	4.90	6.20	5.85	7.20	5.25	6.40	5.40	5.45
	20	5.40	5.55	4.95	4.75	4.95	6.40	5.70	4.95	5.55	4.70
	30	4.65	4.75	4.05	4.80	4.65	7.45	4.60	5.95	5.10	6.50
	50	4.95	4.95	5.25	5.30	4.50	7.50	5.70	4.80	4.35	4.80
	100	5.05	5.15	4.60	5.10	4.90	10.25	5.10	4.65	4.00	4.80
	200	5.75	4.65	4.45	4.85	5.20	17.45	6.60	5.75	4.50	4.25
CD_P	10	9.10	15.95	16.35	22.50	24.30	10.95	13.80	19.20	21.70	25.15
	20	8.30	14.40	17.80	20.15	25.05	10.10	14.80	18.90	22.85	23.15
	30	8.30	15.40	17.70	21.55	22.55	10.95	15.25	19.25	23.55	24.25
	50	8.70	14.85	18.80	22.70	23.40	11.75	15.40	17.30	19.15	23.95
	100	9.35	15.90	17.50	22.15	24.20	17.20	14.45	17.95	22.05	22.70
	200	9.50	14.05	18.35	20.00	24.95	25.45	17.00	18.55	21.35	24.65
LM_{PUY}	10	83.65	98.45	99.45	99.75	99.80	83.65	98.40	99.70	99.90	100.00
	20	99.85	100.00	100.00	100.00	100.00	99.85	100.00	100.00	100.00	100.00
	30	100.00	100.00	100.00	100.00	100.00	100.00	100.00	100.00	100.00	100.00

续表

检验	(N, T)	正态分布					卡方分布				
		10	20	30	50	100	10	20	30	50	100
LM_{PUY}	50	100.00	100.00	100.00	100.00	100.00	100.00	100.00	100.00	100.00	100.00
	100	100.00	100.00	100.00	100.00	100.00	100.00	100.00	100.00	100.00	100.00
	200	100.00	100.00	100.00	100.00	100.00	100.00	100.00	100.00	100.00	100.00

注：本表展示了 CD_P、LM_{PUY} 和 CD_R 在 $\mu_{it}=\rho\mu_{it-1}+\xi_{it}+\theta\xi_{it-1}$ 的水平尺度，其中 $\xi_{it}=\sigma_i\varepsilon_{it}$，$\sigma_i^2\sim \mathrm{IID}\chi^2(2)/2$，$\varepsilon_{it}\sim\mathrm{IID}(0,\ 1)$ 并且由正态分布和卡方分布生成。检验在 5% 名义显著性水平上进行。

表 3-5　　因子模型下 CD_R 的调整水平尺度后的功效

DGP	(N, T)	正态分布					卡方分布				
		10	20	30	50	100	10	20	30	50	100
MA(1)	10	14.55	23.95	30.30	45.40	63.05	21.95	30.75	33.65	46.00	66.10
	20	35.70	56.65	68.95	84.05	95.95	47.30	63.25	75.80	86.00	97.40
	30	59.65	81.70	91.75	97.65	99.95	69.75	87.50	92.60	98.00	99.95
	50	83.65	96.60	99.30	100.00	100.00	88.75	98.00	99.55	100.00	100.00
	100	96.75	99.95	100.00	100.00	100.00	98.90	99.90	100.00	100.00	100.00
	200	99.70	100.00	100.00	100.00	100.00	99.70	100.00	100.00	100.00	100.00
AR(1)	10	18.95	23.95	32.40	38.10	56.75	26.95	35.00	28.90	37.15	61.25
	20	45.60	62.10	69.95	81.45	94.20	55.10	67.45	74.85	85.65	96.60
	30	68.80	83.50	92.30	97.60	99.75	78.15	90.85	92.70	97.40	99.85
	50	88.55	97.45	99.40	100.00	100.00	92.90	98.50	99.65	100.00	100.00
	100	98.80	100.00	100.00	100.00	100.00	99.60	99.95	100.00	100.00	100.00
	200	99.90	100.00	100.00	100.00	100.00	99.85	100.00	100.00	100.00	100.00
ARMA(1, 1)	10	7.70	7.70	10.00	10.80	14.80	9.65	10.35	8.80	9.60	19.60
	20	22.05	18.85	24.25	27.80	39.50	24.85	22.35	23.40	30.60	46.20
	30	37.75	37.45	46.15	48.90	75.00	41.75	47.35	44.15	53.15	71.25
	50	66.50	66.75	71.60	83.10	96.20	66.25	72.35	82.45	88.20	98.00
	100	91.15	96.60	98.75	99.90	100.00	90.45	98.55	99.40	99.95	100.00
	200	98.95	100.00	100.00	100.00	100.00	98.45	99.95	100.00	100.00	100.00

注：本表计算了允许序列相关的因子模型中 CD_R 的调整水平尺度后的功效：$\mu_{it}^*=\lambda_i f_t+\mu_{it}$。$\mu_{it}$ 由定义在式（3.29）~式（3.31）的 MA(1)、AR(1) 和 ARMA(1, 1) 生成。$\xi_{it}=\sigma_i\varepsilon_{it}$，$\sigma_i^2\sim\mathrm{IID}\chi^2(2)/2$，$\varepsilon_{it}\sim\mathrm{IID}(0,\ 1)$ 并且由正态和卡方分布生成。

表 3-6　　SAR(1)模型中 CD_R 的调整水平尺度后的功效

DGP	(N, T)	正态分布					卡方分布				
		10	20	30	50	100	10	20	30	50	100
MA(1)	10	38.85	60.55	72.20	88.25	97.30	43.05	67.15	72.55	88.45	97.70
	20	37.45	61.70	76.00	92.15	99.05	39.25	61.25	76.80	89.55	99.10
	30	39.60	64.55	78.60	92.00	99.60	40.30	65.65	78.80	91.90	99.35
	50	40.05	66.45	79.15	92.70	99.75	39.95	66.55	78.65	94.65	99.70
	100	33.60	62.70	80.55	92.55	99.65	37.85	64.65	79.20	94.40	99.90
	200	40.65	64.50	80.65	94.70	99.8	37.75	62.50	81.25	95.65	99.80
AR(1)	10	37.20	53.95	68.20	79.20	92.10	42.85	63.20	61.15	78.00	94.80
	20	38.25	56.50	69.30	82.90	95.85	38.55	55.50	68.65	83.70	97.20
	30	37.90	56.90	71.80	84.65	98.10	38.70	62.00	66.25	85.70	96.90
	50	38.80	59.80	71.40	86.60	98.60	39.70	59.15	71.25	89.00	99.00
	100	38.85	57.85	70.90	86.60	98.75	35.25	59.85	72.55	88.95	98.60
	200	40.75	55.95	74.40	87.75	98.80	33.80	56.00	70.85	90.40	99.10
ARMA (1, 1)	10	29.00	43.40	58.05	70.20	85.90	32.75	49.75	51.30	67.40	88.20
	20	31.05	43.55	56.65	72.10	89.10	28.35	43.45	54.80	71.35	91.35
	30	30.00	45.70	59.35	71.35	94.20	28.10	48.10	54.00	73.05	91.90
	50	33.05	45.30	54.40	71.70	93.30	27.30	43.90	58.00	75.75	94.45
	100	30.60	45.15	55.50	75.40	94.95	21.80	45.45	57.85	77.35	94.75
	200	30.30	42.05	58.15	75.75	95.15	21.05	38.80	55.70	77.50	95.80

注：本表计算了允许序列相关的 SAR(1) 中 CD_R 水平尺度调整后的功效：$\mu_{it}^* = \delta(0.5\mu_{i-1,t}^* + 0.5\mu_{i+1,t}^*) + \mu_{it}$，且 $\delta = 0.4$。μ_{it} 由定义在式（3.29）~式（3.31）的 MA(1)、AR(1) 和 ARMA(1, 1) 生成。$\xi_{it} = \sigma_i \varepsilon_{it}$，$\sigma_i^2 \sim IID\chi^2(2)/2$，$\varepsilon_{it} \sim IID(0, 1)$ 并且由正态和卡方分布生成。

3.5　本章小结

在本章中，我们发现在大型维异质性面板数据模型中，当扰动项中存在序列相关时，LM_{PUY} 表现出了严重的水平尺度的扭曲。尽管 CD_P 期望为零，由于忽略了序列相关仍然导致了水平尺度的扭曲。我们修正了佩萨兰

的 CD_P 检验来解释误差项中未知形式的序列相关，并且称它为 CD_R。本章创新点如下：第一，在序列相关性随时间的变化形式未知的情况下，提出了无横截面相关性的原假设中方差的无偏一致估计量。第二，检验的极限分布是在（N，T）$\to\infty$ 推导得到的。第三，提出的检验没有假设扰动项的分布。模拟结果显示提出的 CD_R 检验统计量成功地控制了误差项中存在序列相关时水平尺度的扭曲。它同样在不同序列相关特性的因子模型和空间自相关模型 SAR(1)模型中有着具有较好的功效。

3.6 本章定理的证明

本节包括本章中主要结果的证明。附录包括两部分：第一部分包括一些常用于定理证明的有用引理；第二部分给出了本书所有定理的证明。

3.6.1 一些有用引理

引理 3.1 令 F 和 G 为非随机的 $N\times N$ 对称正定矩阵。定义 $r=\frac{u_i'Fu_i}{u_i'Gu_i}$。在假设 3.1 下，我们有

(a) $\mathrm{E}(r^k)=\frac{\mathrm{E}[(\varepsilon_i'F\varepsilon_i)^k]}{[\mathrm{E}(\varepsilon_i'G\varepsilon_i)]^k}$；

(b) $\mathrm{E}(\varepsilon_i'F\varepsilon_i)=\mathrm{tr}(F)$；

(c) $\mathrm{E}(\varepsilon_i'F\varepsilon_i)^2=\mathrm{tr}(F^2)+2\mathrm{tr}^2(F)+\Delta\mathrm{tr}(F\circ F)$；

(d) $\mathrm{tr}(F\circ F)\leqslant\mathrm{tr}(F^2)$。

（a）部分的证明由李伯曼（Lieberman，1994）给出，并且（b）~（d）部分的证明来自陈等（2010）的命题1；因此，我们不再进行证明。

引理 3.2 对于任何一个 j，相应地，定义 $B_j=M_j\Sigma M_j$。在假设 3.1 ~ 假设 3.3 以及式（3.2）下，我们有：

(a) $\mathrm{E}(\hat{\rho}_{ij}^2)=\frac{\mathrm{tr}(B_iB_j)}{\mathrm{tr}(B_i)\mathrm{tr}(B_j)}$；

(b) $E(\hat{\rho}_{ij}^4) \leqslant (3+\Delta)\dfrac{(2+\Delta)\mathrm{tr}(B_iB_j)^2+\mathrm{tr}^2(B_iB_j)}{\mathrm{tr}^2(B_i)\mathrm{tr}^2(B_j)}$;

(c) 对于任意 $j_1 \neq j_2$,

$$E(\hat{\rho}_{ij_1}^2\hat{\rho}_{ij_2}^2) \leqslant \frac{((2+\Delta)\mathrm{tr}(B_iB_{j_1})^2+\mathrm{tr}^2(B_iB_{j_1}))^{1/2}((2+\Delta)\mathrm{tr}(B_iB_{j_2})^2+\mathrm{tr}^2(B_iB_{j_2}))^{1/2}}{\mathrm{tr}(B_{j_1})\mathrm{tr}(B_{j_2})\mathrm{tr}^2(B_i)}。$$

证明：相关系数定义为：

$$\hat{\rho}_{ij} = v_i'v_j = \sum_{t=1}^{T} v_{it}v_{jt}$$

其中 v_i 是由 $v_i = \dfrac{e_i}{(e_i'e_i)^{1/2}}$定义的比例残差向量，$e_i$ 是个别特定最小二乘回归的 OLS 残差向量，由以下给出

$$e_i = M_iu_i = M_i\sigma_i\Gamma\varepsilon_i，其中 M_i = I_T - P_{X_i} = I_T - X_i(X_i'X_i)^{-1}X_i'$$

其中 M_i 是等幂的。考虑（a）部分，

$$E(\hat{\rho}_{ij}^2) = E(v_i'v_j)^2 = E\left(\frac{e_i'e_j}{(e_i'e_i)^{1/2}(e_j'e_j)^{1/2}\%}\right)^2 = E\left(\frac{e_i'A_je_i}{e_i'e_i}\right)$$

其中，$A_j = \dfrac{e_je_j'}{e_j'e_j}$。然后

$$E(\hat{\rho}_{ij}^2) = E[E(\hat{\rho}_{ij}^2 \mid \varepsilon_j)] = E\left[E\left(\frac{e_i'A_je_i}{e_i'e_i\%}\middle|\varepsilon_j\right)\right]$$

其中 $e_i = M_i\sigma_i\Gamma\varepsilon_i$，并且使用引理 3.1 的（a）和（b），我们有 $E\left(\dfrac{e_i'A_je_i}{e_i'e_i}\middle|\varepsilon_j\right) = \dfrac{\mathrm{tr}(\Gamma'M_iA_jM_i\Gamma)}{\mathrm{tr}(\Gamma'M_i\%\Gamma)}$。此外，

$$\begin{aligned}
E[\mathrm{tr}(\Gamma'M_iA_jM_i\Gamma)] &= E\left(\frac{\varepsilon_j'\Gamma'M_jM_i\Gamma\Gamma'M_iM_j\Gamma\varepsilon_j}{\varepsilon_j'\Gamma'M_j\Gamma\varepsilon_j}\right)\\
&= \frac{\mathrm{tr}(\Gamma'M_jM_i\Gamma\Gamma'M_iM_j\Gamma)}{\mathrm{tr}(\Gamma'M_j\Gamma)}\\
&= \frac{\mathrm{tr}(M_j\Sigma M_jM_i\Sigma M_i)}{\mathrm{tr}(M_j\Sigma)}
\end{aligned}$$

综上，我们得到：

$$E(\hat{\rho}_{ij}^2) = \frac{\mathrm{tr}(M_j\Sigma M_jM_i\Sigma M_i)}{\mathrm{tr}(M_i\Sigma)\mathrm{tr}(M_j\Sigma)} = \frac{\mathrm{tr}(B_iB_j)}{\mathrm{tr}(B_i)\mathrm{tr}(B_j)}$$

考虑（b）部分

$$
\begin{aligned}
\mathrm{E}(\rho_{ij}^4) &= \mathrm{E}[\mathrm{E}(\rho_{ij}^4 | v_j)] \\
&= \mathrm{E}\left(\mathrm{E}\left[\left(\left(\frac{e_i' A_j e_i}{e_i' e_i}\right)^2 \middle| v_j\right)\right]\right) \\
&= \mathrm{E}\left[\frac{\mathrm{E}(\varepsilon_i' \Gamma' M_i A_j M_i \Gamma \varepsilon_i)^2}{\mathrm{tr}^2(\Gamma' M_i \Gamma)} \middle| v_j\right] \\
&= \mathrm{E}\left[\frac{2\mathrm{tr}(\Gamma' M_i A_j M_i \Gamma)^2 + \mathrm{tr}^2(\Gamma' M_i A_j M_i \Gamma) + \Delta \mathrm{tr}(\Gamma' M_i A_j M_i \Gamma \circ \Gamma' M_i A_j M_i \Gamma)}{\mathrm{tr}^2(B_i)}\right]
\end{aligned}
$$

使用引理3.1的（a）部分，我们有：

$$
\begin{aligned}
\mathrm{E}[\mathrm{tr}^2(\Gamma' M_i A_j M_i \Gamma)] &= \mathrm{E}\left(\frac{\varepsilon_j' \Gamma' M_j M_i \Gamma \Gamma' M_i M_j \Gamma \varepsilon_j}{\varepsilon_j' \Gamma' M_j \Gamma \varepsilon_j}\right)^2 \\
&= \frac{\mathrm{E}(\varepsilon_j' \Gamma' M_j M_i \Gamma \Gamma' M_i M_j \Gamma \varepsilon_j)^2}{[\mathrm{E}(\varepsilon_j' \Gamma' M_j \Gamma \varepsilon_j)]^2}
\end{aligned}
$$

使用引理3.1的（c）部分，我们有：

$$
\begin{aligned}
&\mathrm{E}(\varepsilon_j' \Gamma' M_j M_i \Gamma \Gamma' M_i M_j \Gamma \varepsilon_j)^2 \\
&= 2\mathrm{tr}(\Gamma' M_j M_i \Gamma \Gamma' M_i M_j \Gamma)2 + \mathrm{tr}^2(\Gamma' M_j M_i \Gamma \Gamma' M_i M_j \Gamma) \\
&\quad + \Delta \mathrm{tr}(\Gamma' M_j M_i \Gamma \Gamma' M_i M_j \Gamma \circ \Gamma' M_j M_i \Gamma \Gamma' M_i M_j \Gamma) \\
&= 2\mathrm{tr}(B_i B_j)^2 + \mathrm{tr}^2(B_i B_j) + \Delta \mathrm{tr}(\Gamma' M_j M_i \Gamma \Gamma' M_i M_j \Gamma \circ \Gamma' M_j M_i \Gamma \Gamma' M_i M_j \Gamma) \\
&= (2+\Delta)\mathrm{tr}(B_i B_j)^2 + \mathrm{tr}^2(B_i B_j)
\end{aligned}
$$

由于 $\mathrm{E}(\varepsilon_j' \Gamma' M_j \Gamma \varepsilon_j) = \mathrm{tr}(B_j)$，我们得到：

$$
\mathrm{E}[\mathrm{tr}^2(\Gamma' M_i A_j M_i \Gamma)] \leqslant \frac{(2+\Delta)\mathrm{tr}(B_i B_j)^2 + \mathrm{tr}^2(B_i B_j)}{\mathrm{tr}^2(B_j)}
$$

接下来，我们考虑 $\mathrm{E}[\mathrm{tr}(\Gamma' M_i A_j M_i \Gamma)^2]$

$$
\begin{aligned}
\mathrm{E}[\mathrm{tr}(\Gamma' M_i A_j M_i \Gamma)^2] &= \mathrm{E}\left[\left(\frac{\varepsilon_j' \Gamma' M_j M_i \Gamma \Gamma' M_i M_j \Gamma \varepsilon_j}{\varepsilon_j' \Gamma' M_j \Gamma \varepsilon_j}\right)^2\right] \\
&\leqslant \frac{(2+\Delta)\mathrm{tr}(B_i B_j)^2 + \mathrm{tr}^2(B_i B_j)}{\mathrm{tr}^2(B_j)}
\end{aligned}
$$

因此，

$$
\mathrm{E}(\hat{\rho}_{ij}^4) \leqslant (3+\Delta)\frac{(2+\Delta)\mathrm{tr}(B_i B_j)^2 + \mathrm{tr}^2(B_i B_j)}{\mathrm{tr}^2(B_i)\mathrm{tr}^2(B_j)}
$$

考虑（c）部分：由于

$$
\mathrm{E}(\hat{\rho}_{ij_1}^2 \hat{\rho}_{ij_2}^2) = \mathrm{E}\mathrm{E}(\hat{\rho}_{ij_1}^2 \hat{\rho}_{ij_2}^2 | v_i)
$$

$$= \mathrm{E}(\mathrm{E}(\hat{\rho}_{ij_1}^2 \mid v_i)\mathrm{E}(\hat{\rho}_{ij_2}^2 \mid v_i))$$
$$= \frac{\mathrm{E}(v_i' B_{j_1} v_i v_i' B_{j_2} v_i)}{\mathrm{tr}(B_{j_1})\mathrm{tr}(B_{j_2})}$$

注意 $|\mathrm{E}(v_i' B_{j_1} v_i v_i' B_{j_2} v_i)| \leqslant [\mathrm{E}(v_i' B_{j_1} v_i)^2]^{1/2}[\mathrm{E}(v_i' B_{j_2} v_i)^2]^{1/2}$，这里我们用到 Cauchy - Schwarz 不等式。与此同时，我们有

$$\mathrm{E}(v_i' B_{j_1} v_i)^2 = \mathrm{E}\left(\frac{\varepsilon_i' \Gamma' M_i M_{j_1} \Gamma \Gamma' M_{j_1} M_i \Gamma \varepsilon_i}{\varepsilon_i' \Gamma' M_i \Gamma \varepsilon_i}\right)^2 \leqslant \frac{(2+\Delta)\mathrm{tr}(B_i B_{j_1})^2 + \mathrm{tr}^2(B_i B_{j_1})}{\mathrm{tr}^2(B_i)}$$

因此

$$\mathrm{E}(\hat{\rho}_{ij_1}^2 \hat{\rho}_{ij_2}^2) \leqslant \frac{((2+\Delta)\mathrm{tr}(B_i B_{j_1})^2 + \mathrm{tr}^2(B_i B_{j_1}))^{1/2}((2+\Delta)\mathrm{tr}(B_i B_{j_2})^2 + \mathrm{tr}^2(B_i B_{j_2}))^{1/2}}{\mathrm{tr}(B_{j_1})\mathrm{tr}(B_{j_2})\mathrm{tr}^2(B_i)}$$

引理 3.3 在假设 3.1 ~ 假设 3.3 以及式（3.2）之下，对于任意常数 k，我们有

（a）$\frac{1}{T}\mathrm{tr}(\Sigma^k) = O(1)$；

（b）$\frac{1}{T}\mathrm{tr}(B_i^k) = O(1)$；

（c）$\frac{1}{T}\mathrm{tr}(B_{i_1} B_{i_2} \cdots B_{i_k}) = O(1)$，对于 $i_1 \neq i_2 \neq \cdots \neq i_k$。

证明：（a）部分直接来源于白和周（2008），因此，我们忽略证明。接下来，我们考虑（b）部分。对于任何 $i = 1, \cdots, N$，$I_T - P_{X_i}$ 是等幂的，因此

$$\mathrm{tr}(B_i^k) = \mathrm{tr}[(I_T - P_{X_i})\Sigma(I_T - P_{X_i})]^k = \mathrm{tr}([(I_T - P_{X_i})\Sigma]^k)$$

使用对于任何正定矩阵 A 和 B 的不等式（Bushell and Trustrum，1990）

$$\mathrm{tr}(AB)^k \leqslant \mathrm{tr}(A^k B^k)$$

我们有：

$$\mathrm{tr}(B_i^k) \leqslant \mathrm{tr}((I_T - P_{X_i})\Sigma^k) \leqslant \mathrm{tr}(\Sigma^k)$$

使用（a）部分，那么：

$$\frac{1}{T}\mathrm{tr}(B_i^k) \leqslant \frac{1}{T}\mathrm{tr}(\Sigma^k) = O(1)$$

对于（c）部分，每一个 B_{i_l}；$l = 1, \cdots, k$，都是半正定的。我们同样有 $B_{i_l} \leqslant \Sigma$；$l = 1, \cdots, k$。运用这样一个事实，对于任何矩阵 A，B，有 $A \leqslant B$ 以及 C 是正定的。

$\mathrm{tr}(AC) \leqslant \mathrm{tr}(BC)$，我们得到结论

$$\frac{1}{T}\mathrm{tr}(B_{i_1}B_{i_2}\cdots B_{i_k}) \leqslant \frac{1}{T}\mathrm{tr}(\Sigma^k) = O(1)$$

（c）部分得证。

3.6.2 定理的证明

1. 定理 3.1 的证明

由于 $\mathrm{E}(e_i \mid X_i) = 0$ 和 ε_i；$i = 1, \cdots, N$ 是独立的，很容易得出

$$\mathrm{E}(\hat{\rho}_{ij}) = 0$$

进一步可以得出 $\mathrm{E}(T_n) = 0$。接下来，我们考虑 T_n 的方差。

$$\mathrm{var}\left(\sum_{i=1}^{N}\sum_{j=1}^{i-1}\hat{\rho}_{ij}\right) = \mathrm{E}\left(\sum_{i=1}^{N}\sum_{j=1}^{i-1}\hat{\rho}_{ij}\right)^2 = \mathrm{E}\left(\sum_{i_1=1}^{N}\sum_{j_1=1}^{i_1-1}\sum_{i_2=1}^{N}\sum_{j_2=1}^{i_2-1}\hat{\rho}_{i_1j_1}\hat{\rho}_{i_2j_2}\right)$$

为了计算上面的项，我们考虑以下 3 种情况：

（1）i_1，i_2，j_1，j_2 是完全不同的。$\mathrm{E}(\hat{\rho}_{i_1j_1}\hat{\rho}_{i_2j_2}) = 0$。

（2）$i_1 = i_2$，$j_1 = j_2$。利用引理 3.2，我们有 $\mathrm{E}(\hat{\rho}_{ij}^2) = \dfrac{\mathrm{tr}(B_iB_j)}{\mathrm{tr}(B_i)\mathrm{tr}(B_j)}$。

（3）$i_1 = i_2$，$i_1 \neq j_1 \neq j_2$。因为 v_{i_1}，v_{j_1}，v_{i_1} 和 v_{j_2} 是独立的，我们有

$$\mathrm{E}(\hat{\rho}_{i_1j_1}\hat{\rho}_{i_1j_2}) = \mathrm{E}(v_{i_1}'v_{j_1}v_{i_1}'v_{j_2}) = 0。$$

因此，上面的结果给出了 T_n 的方差如下：

$$\gamma^2 = \mathrm{var}(T_n) = \frac{2}{N(N-1)}\sum_{i=1}^{N}\sum_{j=1,j\neq i}^{N}\frac{\mathrm{tr}(M_j\Sigma M_jM_i\Sigma M_i)}{\mathrm{tr}(M_i\Sigma)\mathrm{tr}(M_j\Sigma)}$$
$$= \frac{2}{N(N-1)}\sum_{i=2}^{N}\sum_{j=1}^{i-1}\frac{\mathrm{tr}(B_iB_j)}{\mathrm{tr}(B_i)\mathrm{tr}(B_j)}$$

定理 3.1 得证。

2. 定理 3.2 的证明

为了证明这一定理，我们需要引入鞅中心极限理论（Billingsley, 1995）。为此，我们定义 $\mathcal{F}_0 = \{\phi, \Omega\}$，$\mathcal{F}_{Ni}$ 作为由 $\{\varepsilon_1, \varepsilon_2, \cdots, \varepsilon_i\}$ 生成的 σ-域，当 $1 \leqslant i \leqslant N$。令 $E_{Nr}(\cdot)$ 表示过滤 $\mathcal{F}_{Nr}[\mathrm{E}_0(\cdot) = \mathrm{E}(\cdot)]$ 的

条件期望，写出 $L_n = \sum_{i=1}^{N} D_{N,i}$，$D_{N,1}=0$。更具体地：

$$D_{N,i} = \left(\frac{1}{N(N-1)}\right)^{1/2} \sum_{j=1}^{i-1} v_i' v_j$$

对于每一个 N，我们可以更进一步地表示

$$\mathrm{E}(D_{N,i} \mid \mathcal{F}_{N,i-1}) = 0$$

因此，$D_{N,i}(1 \leqslant i \leqslant N)$ 是一个关于 $\mathcal{F}_{N,i}(1 \leqslant i \leqslant N)$ 的鞅差数列。令 $\delta_{Ni}^2 = \mathrm{E}[(D_{Ni})^2 \mid \mathcal{F}_{N,i-1}]$。通过运用鞅中心极限定理，它充分表示了当 $(N, T) \to \infty$，

$$\frac{\sum_{i=1}^{N} \delta_{Ni}^2}{\mathrm{var}(T_n)} \xrightarrow{p} 1 \text{ and } \frac{\sum_{i=1}^{N} \mathrm{E}(D_{N,i}^4)}{\mathrm{var}^2(T_n)} \longrightarrow 0$$

引理 3.4 和引理 3.5 证明了以上条件。因此，我们可以应用鞅中心极限定理，且当 $(N, T) \to \infty$，我们有

$$\gamma^{-1} T_n \xrightarrow{d} N(0, 1)$$

下面我们介绍引理 3.4 和引理 3.5。

引理 3.4 在假设 3.1～假设 3.3 和式（3.2）下，当 $(N, T) \to \infty$，

$$\frac{\sum_{i=1}^{N} \delta_{Ni}^2}{\mathrm{var}(T_n)} \xrightarrow{p} 1$$

其中，$\delta_{Ni}^2 = \mathrm{E}[(D_{Ni})^2 \mid \mathcal{F}_{N,i-1}]$。

证明：为了证明引理 3.4，我们首先得到 $\mathrm{E}(\sum_{i=1}^{N} \delta_{Ni}^2) = \mathrm{var}(T_n)$。然后我们将证明，当 $(N, T) \to \infty$ 时，$\mathrm{var}(\sum_{i=1}^{N} \delta_{Ni}^2)/\mathrm{var}^2(T_n) \to 0$。我们可以较为容易地得到：

$$\mathrm{E}(\sum_{i=1}^{N} \delta_{Ni}^2) = \sum_{i=1}^{N} \mathrm{E}\{\mathrm{E}[(D_{Ni})^2 \mid \mathcal{F}_{N,i-1}]\} = \mathrm{var}(T_n)$$

接下来，我们只需要证明第二个条件是否满足。我们先来考虑 $\mathrm{var}(T_n)$ 的阶数。从引理 3.3 我们得到：

$$\frac{\mathrm{tr}(B_j B_i)}{\mathrm{tr}(B_i)\mathrm{tr}(B_j)} = O(T^{-1})$$

它表示了 $\mathrm{var}^2(T_n) = O(T^{-2})$。现在考虑 $\mathrm{var}(\sum_{i=1}^{N} \delta_{Ni}^2)$。令 $Q_j = \sum_{j=1}^{i-1} v_j$，

那么：

$$\begin{aligned}\delta_{Ni}^2 &= \mathrm{E}(D_{Ni})^2 \mid \mathcal{F}_{N,i-1}]\\&= \frac{2}{N(N-1)}\mathrm{E}(v_i' Q_j Q_j' v_i \mid \mathcal{F}_{N,i-1})\\&= \frac{2}{N(N-1)}\mathrm{E}\left(\frac{\varepsilon_i'\Gamma' M_i Q_j Q_j' M_i \Gamma\varepsilon_i}{(\varepsilon_i' M_i \Gamma'\Gamma M_i \varepsilon_i)}\middle| \mathcal{F}_{N,i-1}\right)\\&= \frac{2}{N(N-1)}\frac{(Q_j' M_i \Gamma\Gamma' M_i Q_j)}{\mathrm{tr}(B_i)}\end{aligned}$$

因此，我们需要计算 $\mathrm{var}(\sum_{i=1}^{N} Q_j' M_i \Gamma\Gamma' M_i Q_j)$ 的阶数。重写该项，我们有：

$$Q_j' M_i \Gamma\Gamma' M_i Q_j = \sum_{j_1=1}^{i-1}\sum_{j_2=1}^{i-1} v_{j_1}' B_i v_{j_2}$$

并且，

$$\begin{aligned}\mathrm{E}(\sum_{j_1=1}^{i-1}\sum_{j_2=1}^{i-1} v_{j_1}' M_i \Gamma\Gamma' M_i v_{j_2}) &= \mathrm{E}(\sum_{j=1}^{i-1} v_j' B_i v_j)\\&= \sum_{j=1}^{i-1} E\left[\frac{\varepsilon_j'\Gamma' M_j B_i M_j \Gamma\varepsilon_j}{(\varepsilon_j'\Gamma' M_j \Gamma\varepsilon_j)}\right]\\&= \sum_{j=1}^{i-1}\frac{\mathrm{tr}(B_j B_i)}{\mathrm{tr}(B_j)}\end{aligned}$$

接下来，我们考虑 $\mathrm{E}(\sum_{j_1=1}^{i-1}\sum_{j_2=1}^{i-1} v_{j_1}' B_i v_{j_2})^2$。

$$\mathrm{E}(\sum_{j_1=1}^{i-1}\sum_{j_2=1}^{i-1} v_{j_1}' B_i v_{j_2})^2 = \mathrm{E}\sum_{j_1=1}^{i-1}\sum_{j_2=1}^{i-1}\sum_{j_3=1}^{i-1}\sum_{j_4=1}^{i-1}(v_{j_1}' B_i v_{j_2} v_{j_3}' B_i v_{j_4})$$

为了计算上述项的阶数，我们有三种情况要讨论。

（1）$j_1 = j_2 = j_3 = j_4 = j$。

$$\begin{aligned}\mathrm{E}(v_j' B_i v_j)^2 &= \mathrm{E}\frac{(\varepsilon_j'\Gamma' M_j B_i M_j \Gamma\varepsilon_j)^2}{(\varepsilon_j'\Gamma' M_j \Gamma\varepsilon_j)^2}\\&= \frac{\mathrm{E}(\varepsilon_j'\Gamma' M_j B_i M_j \Gamma\varepsilon_j)^2}{[\mathrm{E}(\varepsilon_j'\Gamma' M_j \Gamma\varepsilon_j)]^2}\\&= \frac{\mathrm{tr}^2(B_j B_i) + 2\mathrm{tr}(B_j B_i)^2 + \Delta\mathrm{tr}(B_j B_i \circ B_j B_i)}{\mathrm{tr}^2(B_j)}\end{aligned}$$

$$\leqslant \frac{(3+\Delta)\operatorname{tr}^2(B_jB_i)}{\operatorname{tr}^2(B_j)}$$

（2） $j_1=j_2\neq j_3=j_4$。

$$\begin{aligned}\mathrm{E}(v_{j_1}'B_iv_{j_1})(v_{j_3}'B_iv_{j_3}) &= \mathrm{E}(v_{j_1}'B_iv_{j_1})\mathrm{E}(v_{j_3}'B_iv_{j_3})\\ &= \frac{\operatorname{tr}(B_{j_1}B_i)}{\operatorname{tr}(B_{j_1})}\frac{\operatorname{tr}(B_{j_3}B_i)}{\operatorname{tr}(B_{j_3})}\end{aligned}$$

（3） $j_1=j_3\neq j_2=j_4$。

$$\begin{aligned}\mathrm{E}(v_{j_1}'B_iv_{j_2})(v_{j_1}'B_iv_{j_2}) &= \mathrm{E}[\mathrm{E}(v_{j_1}'B_iv_{j_2}v_{j_2}'B_iv_{j_1}\mid v_{j_2})]\\ &= \mathrm{E}\left[\frac{\operatorname{tr}(\Gamma'M_{j_1}B_iM_{j_2}\Gamma\varepsilon_{j_2}\varepsilon_{j_2}'\Gamma'M_{j_2}B_iM_{j_1}\Gamma)}{\operatorname{tr}(M_{j_1}\Sigma)\varepsilon_{j_2}'\Gamma'M_{j_2}\Gamma\varepsilon_{j_2}}\right]\\ &= \frac{\operatorname{tr}(B_{j_2}B_iB_{j_1}B_i)}{\operatorname{tr}(B_{j_1})\operatorname{tr}(B_{j_2})}\end{aligned}$$

因此，

$$\begin{aligned}\operatorname{var}(Q_j'\Gamma M_i\Gamma'Q_j) &= \mathrm{E}(Q_j'\Gamma M_i\Gamma'Q_j)2-[\mathrm{E}(Q_j'\Gamma M_i\Gamma'Q_j)]^2\\ &\leqslant \sum_{j_1=1}^{i-1}\sum_{j_2=1,j_2\neq j_1}^{i-1}\frac{\operatorname{tr}(B_{j_1}B_i)\operatorname{tr}(B_{j_2}B_i)}{\operatorname{tr}(B_{j_1})\operatorname{tr}(B_{j_2})}+(3+\Delta)\sum_{j=1}^{i-1}\frac{\operatorname{tr}^2(B_jB_i)}{\operatorname{tr}^2(B_j)}\\ &\quad +2\sum_{j_1=1}^{i-1}\sum_{j_2=1,j_2\neq j_1}^{i-1}\frac{\operatorname{tr}(B_{j_2}B_iB_{j_1}B_i)}{\operatorname{tr}(B_{j_1})\operatorname{tr}(B_{j_2})}-\left(\sum_{j=1}^{i-1}\frac{\operatorname{tr}(B_jB_i)}{\operatorname{tr}(B_j)}\right)^2\\ &= 2\sum_{j_1=1}^{i-1}\sum_{j_2=1,j_2\neq j_1}^{i-1}\frac{\operatorname{tr}(B_{j_2}B_iB_{j_1}B_i)}{\operatorname{tr}(B_{j_1})\operatorname{tr}(B_{j_2})}+(2+\Delta)\sum_{j=1}^{i-1}\frac{\operatorname{tr}^2(B_jB_i)}{\operatorname{tr}^2(B_j)}\end{aligned}$$

进一步推出

$$\begin{aligned}\operatorname{var}\left(\sum_{i=1}^{N}\delta_{Ni}^2\right) &\leqslant \frac{4}{N^2(N-1)^2}N\sum_{i=1}^{N}\operatorname{var}(\delta_{Ni}^2)\\ &\leqslant \frac{8}{N(N-1)^2}\sum_{i=1}^{N}\sum_{j_1=1}^{i-1}\sum_{j_2=1,j_2\neq j_1}^{i-1}\frac{\operatorname{tr}(B_{j_2}B_iB_{j_1}B_i)}{\operatorname{tr}^2(B_i)\operatorname{tr}(B_{j_1})\operatorname{tr}(B_{j_2})}\\ &\quad +\frac{4(2+\Delta)}{N(N-1)^2}\sum_{i=1}^{N}\sum_{j=1}^{i-1}\frac{\operatorname{tr}^2(B_jB_i)}{\operatorname{tr}^2(B_i)\operatorname{tr}^2(B_j)}\end{aligned}$$

通过运用引理3.3，我们有：

$$\operatorname{var}\left(\sum_{i=1}^{N}\delta_{Ni}^2\right)\leqslant K\left[O\left(\frac{1}{T^3}\right)+O\left(\frac{1}{NT^2}\right)\right]$$

当 $(N,T)\to\infty$，$\operatorname{var}\left(\sum_{i=1}^{N}\delta_{Ni}^2\right)/\operatorname{var}^2(T_n)\to 0$。引理3.4得证。

引理3.5 在假设3.1～假设3.3和式（3.2）下，当（N，T）$\to\infty$，

$$\frac{\sum_{i=1}^{N}\mathrm{E}(D_{N,i}^4)}{\mathrm{var}^2(T_n)}\longrightarrow 0$$

证明：我们展开分子项，

$$\begin{aligned}
&\mathrm{E}(D_{N,i}^4)\\
&=\mathrm{E}[\mathrm{E}(D_{N,i}^4\mid\mathcal{F}_{N,i-1})]\\
&=\mathrm{E}\{\mathrm{E}[(v_i'Q_jQ_j'v_i)^2\mid\mathcal{F}_{N,i-1}]\}\\
&=E\left[\frac{\mathrm{tr}^2(\Gamma'M_iQ_jQ_j'M_i\Gamma)+2\mathrm{tr}(\Gamma'M_iQ_jQ_j'M_i\Gamma)^2+\Delta\mathrm{tr}(\Gamma'M_iQ_jQ_j'M_i\Gamma\circ\Gamma'M_iQ_jQ_j'M_i\Gamma)}{\mathrm{tr}^2(B_i)}\right]
\end{aligned}$$

使用引理3.4的结果，我们有

$$\begin{aligned}
\mathrm{E}[\mathrm{tr}^2(\Gamma'M_iQ_jQ_j'M_i\Gamma)]&=\mathrm{E}(Q_j'B_iQ_j)^2\\
&\leqslant\sum_{j_1=1}^{i-1}\sum_{j_3=1,j_3\neq j_1}^{i-1}\frac{\mathrm{tr}(B_{j_1}B_i)\mathrm{tr}(B_{j_3}B_i)}{\mathrm{tr}(B_{j_1})\mathrm{tr}(B_{j_3})}+(3+\Delta)\sum_{j=1}^{i-1}\frac{\mathrm{tr}^2(B_jB_i)}{\mathrm{tr}^2(B_j)}\\
&\quad+2\sum_{j_1=1}^{i-1}\sum_{j_2=1,j_2\neq j_1}^{i-1}\frac{\mathrm{tr}(B_{j_2}B_iB_{j_1}B_i)}{\mathrm{tr}(B_{j_1})\mathrm{tr}(B_{j_2})}
\end{aligned}$$

由于

$$\mathrm{tr}(\Gamma'M_iQ_jQ_j'M_i\Gamma)^2\leqslant\mathrm{tr}^2(\Gamma'M_iQ_jQ_j'M_i\Gamma)$$

以及

$$\mathrm{tr}(\Gamma'M_iQ_jQ_j'M_i\Gamma\circ\Gamma'M_iQ_jQ_j'M_i\Gamma)\leqslant\mathrm{tr}^2(\Gamma'M_iQ_jQ_j'M_i\Gamma)$$

因此，

$$\begin{aligned}
\sum_{i=1}^{N}\mathrm{E}(D_{N,i}^4)&\leqslant\frac{K}{N^2(N-1)^2}\sum_{i=1}^{N}\sum_{j_1=1}^{i-1}\sum_{j_2=1,j_2\neq j_1}^{i-1}\frac{\mathrm{tr}(B_{j_1}B_i)\mathrm{tr}(B_{j_2}B_i)}{\mathrm{tr}^2(B_i)\mathrm{tr}(B_{j_1})\mathrm{tr}(B_{j_3})}\\
&\quad+\frac{K}{N^2(N-1)^2}\sum_{i=1}^{N}\sum_{j=1}^{i-1}\frac{\mathrm{tr}^2(B_jB_i)}{\mathrm{tr}^2(B_i)\mathrm{tr}^2(B_j)}\\
&\quad+\frac{K}{N^2(N-1)^2}\sum_{i=1}^{N}\sum_{j_1=1}^{i-1}\sum_{j_2=1,j_2\neq j_1}^{i-1}\frac{\mathrm{tr}(B_{j_2}B_iB_{j_1}B_i)}{\mathrm{tr}^2(B_i)\mathrm{tr}(B_{j_1})\mathrm{tr}(B_{j_2})}\\
&\leqslant\frac{K^2}{NT^2}=O\left(\frac{1}{NT^2}\right)
\end{aligned}$$

因此，当（N，T）$\to\infty$，$\dfrac{\sum_{i=1}^{N}\mathrm{E}(D_{N,i}^4)}{\mathrm{var}^2(T_n)}\to 0$。引理3.5得证。

3. 定理 3.3 的证明

为了证明定理3.3，我们需要证明如下：

$$\mathrm{E}(\hat{\gamma}^2)=\gamma^2 \text{ 且 } \hat{\gamma}^2-\gamma^2=O_p(1)$$

注意到

$$\begin{aligned}\hat{\gamma}^2 &= \frac{1}{2N(N-1)}\sum_{(i,j)}^{N} v_i'(v_j-\bar{v}_{(i,j)})v_j'(v_i-\bar{v}_{(i,j)}) \\ &= \frac{1}{2N(N-1)}\left[\sum_{(i,j)}^{N}(v_i'v_j)^2 - v_i'v_jv_j'\bar{v}_{(i,j)} - v_i'\bar{v}_{(i,j)}v_j'v_i + v_i'\bar{v}_{(i,j)}v_j'\bar{v}_{(i,j)}\right] \\ &= a_1+a_2+a_3+a_4\end{aligned}$$

上述的 a_1、a_2、a_3、a_4 为相对应的展开各项。很容易得出第一项 $\mathrm{E}(a_1)=\gamma^2$，以及 $\mathrm{E}(a_i)=0$，$i=2$，3，4。因此我们证明第一部分。通过使用引理3.3和定理3.1，我们有 $\gamma^2=O(T^{-1})$。因此，为了证明 $\hat{\gamma}^2-\gamma^2=O_p(1)$，我们只需要证明当 $i=2$，3，4，$\mathrm{var}(a_1)=O_p(T^{-2})$ 以及 $a_i=O_p(\gamma^2)$。让我们考虑 $\mathrm{var}(a_1)$。

$$\begin{aligned}\mathrm{var}(a_1) &= \mathrm{E}(a_1^2)-\gamma^4 \\ &= \frac{4}{N^2(N-1)^2}\mathrm{E}\Big(\sum_{i=1}^{N}\sum_{j=1}^{i-1}\hat{\rho}_{ij}^2\Big)^2 - \frac{4}{N^2(N-1)^2}\left(\sum_{i=2}^{N}\sum_{j=1}^{i-1}\frac{\mathrm{tr}(B_jB_i)}{\mathrm{tr}(B_i)\mathrm{tr}(B_j)}\right)^2 \\ &= \frac{4}{N^2(N-1)^2}\mathrm{E}\Big(\sum_{i_1=2}^{N}\sum_{j_1=1}^{i-1}\sum_{i_2=2}^{N}\sum_{j_2=1}^{i_2-1}\rho_{i_1j_1}^2\rho_{i_2j_2}^2\Big) \\ &\quad - \frac{4}{N^2(N-1)^2}\left(\sum_{i=2}^{N}\sum_{j=1}^{i-1}\frac{\mathrm{tr}(B_jB_i)}{\mathrm{tr}(B_i)\mathrm{tr}(B_j)}\right)^2\end{aligned}$$

现在我们只考虑 $\mathrm{E}\Big(\sum_{i_1=2}^{N}\sum_{j_1=1}^{i-1}\sum_{i_2=2}^{N}\sum_{j_2=1}^{i-1}\rho_{i_1j_1}^2\rho_{i_2j_2}^2\Big)$。有三种要考虑的情况，我们将使用引理3.2的结论：

（1）i_1，i_2，j_1 和 j_2 是完全不同的。

$$\mathrm{E}(\rho_{i_1j_1}^2\rho_{i_2j_2}^2)=\frac{\mathrm{tr}(B_{i_1}B_{j_1})\mathrm{tr}(B_{i_2}B_{j_2})}{\mathrm{tr}(B_{i_1})\mathrm{tr}(B_{i_1})\mathrm{tr}(B_{i_2})\mathrm{tr}(B_{i_2})}=O_p\left(\frac{1}{T^2}\right)$$

（2）$i_1=i_2$，$j_1=j_2$ 和 $i_1\neq j_1$。

$$\mathrm{E}(\rho_{ij}^4)\leqslant(3+\Delta)\frac{(2+\Delta)\mathrm{tr}(B_iB_j)^2+\mathrm{tr}^2(B_iB_j)}{\mathrm{tr}^2(B_i)\mathrm{tr}^2(B_j)}=O_p\left(\frac{1}{T^2}\right)$$

（3）$i_1=i_2$，$i_1\neq j_1\neq j_2$。

$$E(\rho_{ij_1}^2\rho_{ij_2}^2)\leqslant\frac{((2+\Delta)\mathrm{tr}(B_iB_{j_1})^2+\mathrm{tr}^2(B_iB_{j_1}))^{1/2}((2+\Delta)\mathrm{tr}(B_iB_{j_2})^2+\mathrm{tr}^2(B_iB_{j_2}))^{1/2}}{\mathrm{tr}(B_{j_1})\mathrm{tr}(B_{j_2})\mathrm{tr}^2(B_i)}$$

$$=O_p\left(\frac{1}{T^2}\right)$$

从以上结果中，我们有：

$$\mathrm{var}(a_1)=O_p\left(\frac{1}{N^2T^2}\right)$$

因此$a_1\xrightarrow{p}\gamma^2$。考虑第二项$a_2$，它等于$\frac{1}{2N(N-1)(N-2)}\sum_{(i,j,\tau)}^{N}v_i'v_jv_j'v_\tau$。考虑$E(\sum_{(i,j,\tau)}^{N}v_i'v_jv_j'v_\tau)^2$，

$$\sum_{(i,j_1,j_2,\tau)}^{N}E(v_i'v_{j_1}v_{j_1}'v_\tau v_i'v_{j_2}v_{j_2}'v_\tau)=\sum_{(i,j_1,j_2,\tau)}^{N}\frac{\mathrm{tr}(M_{j_2}M_\tau\Sigma M_\tau M_i\Sigma M_iM_{j_1}\Sigma M_{j_1}M_{j_2}\Sigma)}{\mathrm{tr}(B_\tau)\mathrm{tr}(B_{j_2})\mathrm{tr}(B_{j_1})tr(B_i)}$$

$$=O(N^4T^{-3})$$

上述结果使用了引理3.2和引理3.3。通过使用引理3.3的（c）部分，我们有$E(\sum_{(i,j,\tau)}^{N}v_i'v_jv_j'v_\tau)^2$的第二项为：

$$E[\sum_{(i,j,\tau)}^{N}(v_i'v_jv_j'v_\tau)^2]=O_p(N^3T^{-2})$$

因此，$a_2=O_p(N^{-1}T^{-3/2})+O_p(N^{-3/2}T^{-1})$，这进一步表明$a_2=O_p(\gamma^2)$。由于$a_2=a_3$，$a_3=O_p(\gamma^2)$，考虑$a_4$，它能被分成两部分。

$$\frac{1}{2N(N-1)(N-2)^2}\sum_{(i,j,\tau)}^{N}(v_i'v_\tau v_j'v_\tau)\text{ 和 }\frac{1}{2N(N-1)(N-2)^2}\sum_{(i,j,\tau_1,\tau_2)}^{N}(v_i'v_{\tau_1}v_j'v_{\tau_2})$$

易证明前一项是$O_p(N^{-1}a_2)$，且是$O_p(\gamma^2)$。我们只需要去考虑后一项$E(\sum_{(i,j,\tau_1,\tau_2)}^{N}(v_i'v_{\tau_1}v_j'v_{\tau_2}))^2$。

$$E[\sum_{(i,j,\tau_1,\tau_2)}^{N}(v_i'v_{\tau_1}v_j'v_{\tau_2})^2]=\sum_{(i,j,\tau_1,\tau_2)}^{N}E[(v_i'v_{\tau_1})^2(v_j'v_{\tau_2})^2]=O(N^4T^{-2})$$

上述结果使用了引理3.2～引理3.3。因此，后一项是$O_p(N^{-2}T^{-1})$。以上结果一起得到$a_4=O_p(\gamma^2)$。定理3.3的第一部分成立。第二部分直接使用引理定理3.2和定理3.3直接推出。

4. 证明定理 3.4

OLS 在备择假设下 OLS 残差项的定义为 $M_i u_i' = \sigma_i(M_i\Gamma\varepsilon_i + M_i F\lambda_i)$，因此

$$T_n = \left(\frac{2}{N(N-1)}\right)^{1/2}\sum_{i=2}^{N}\sum_{j=1}^{i-1}\frac{(M_i\Gamma\varepsilon_i + M_iF\lambda_i)'(M_j\Gamma\varepsilon_j + M_jF\lambda_j)}{\| M_i\Gamma\varepsilon_i + M_iF\lambda_i \| \; \| M_j\Gamma\varepsilon_j + M_jF\lambda_j \|}$$

$$= \left(\frac{2}{N(N-1)}\right)^{1/2}\sum_{i=2}^{N}\sum_{j=1}^{i-1}\frac{(M_i\Gamma\varepsilon_i + M_iF\lambda_i)'(M_j\Gamma\varepsilon_j + M_jF\lambda_j)}{(\varepsilon_i'\Gamma' M_i\Gamma\varepsilon_i + 2\varepsilon_i'\Gamma' M_iF\lambda_i + \lambda_i'F'M_iF\lambda_i)^{1/2}(\varepsilon_j'\Gamma' M_j\Gamma\varepsilon_j + 2\varepsilon_j'\Gamma' M_jF\lambda_j + \lambda_j'F'M_jF\lambda_j)^{1/2}}$$

首先考虑分母部分。注意

$$\mathrm{E}(\varepsilon_i'\Gamma' M_i\Gamma\varepsilon_i)^2 = \mathrm{tr}(\Sigma M_i)^2 + 2[\mathrm{tr}(\Sigma M_i)]^2 + \Delta\mathrm{tr}(\Sigma M_i \circ \Sigma M_i) = O_p(T^2)$$

这使得 $\varepsilon_i'\Gamma' M_i\Gamma\varepsilon_i = O(T)$。考虑 $\varepsilon_i'\Gamma' M_iF\lambda_i$ 项，则

$$\varepsilon_i'\Gamma' M_iF\lambda_i = \varepsilon_i'\Gamma' F\lambda_i - \varepsilon_i'\Gamma' X_i(X_i''X_i)^{-1}X_i'F\lambda_i$$

从假设 3.4 看，我们有 $X_i'F = O_p(T^{1/2})$，$\varepsilon_i'\Gamma'F = O_p(T^{1/2})$ 以及 $\varepsilon_i'\Gamma'X_i = O_p(T^{1/2})$，这使得 $\| \varepsilon_i'\Gamma'F\lambda_i \| = O_p(T^{1/4}N^{-1/2})$ 以及 $\| \varepsilon_i'\Gamma'X_i(X_i'X_i)^{-1} X_i'F\lambda_i \| = O_p(T^{-1/4}N^{-1/2})$。因此，$\varepsilon_i'\Gamma' M_iF\lambda_i = O_p(\varepsilon_i'\Gamma' M_i\Gamma\varepsilon_i)$。相似地，通过使用假设 3.4，我们同样有 $\lambda_i'F'M_iF\lambda_i = O_p(\varepsilon_i'\Gamma' M_i\Gamma\varepsilon_i)$。从以上结果我们可以进一步得出，

$$\varepsilon_i'\Gamma' M_i\Gamma\varepsilon_i + 2\varepsilon_i'\Gamma' M_iF\lambda_i + \lambda_i'F'M_iF\lambda_i = (1 + O_p(1))\varepsilon_i'\Gamma' M_i\Gamma\varepsilon_i$$

它使得

$$T_n = \left(\frac{2}{N(N-1)}\right)^{1/2}\sum_{i=2}^{N}\sum_{j=1}^{i-1}\frac{\varepsilon_i'\Gamma' M_iM_j\Gamma\varepsilon_j + \varepsilon_i'\Gamma' M_iM_jF\lambda_j + \lambda_i'F'M_iM_j\Gamma\varepsilon_j + \lambda_i'F'M_iM_jF\lambda_j}{((1 + O_p(1))\varepsilon_i'\Gamma' M_i\Gamma\varepsilon_i)^{1/2}((1 + O_p(1))\varepsilon_j'\Gamma' M_j\Gamma\varepsilon_j)^{1/2}}$$

$$= T_{n1} + T_{n2} + T_{n3} + T_{n4}$$

其中，$T_{n1} = \left(\frac{2}{N(N-1)}\right)^{1/2}\sum_{i=2}^{N}\sum_{j=1}^{i-1}\frac{\varepsilon_i'\Gamma' M_iM_j\Gamma\varepsilon_j}{D_{ij}}$；$T_{n2} = \left(\frac{2}{N(N-1)}\right)^{1/2}\sum_{i=2}^{N}\sum_{j=1}^{i-1}\frac{\varepsilon'_i\Gamma' M_iM_jF\lambda_j}{D_{ij}}$；$T_{n3} = \left(\frac{2}{N(N-1)}\right)^{1/2}\sum_{i=2}^{N}\sum_{j=1}^{i-1}\frac{\lambda_i'F'M_iM_j\Gamma\varepsilon_j}{D_{ij}}$；$T_{n4} = \left(\frac{2}{N(N-1)}\right)^{1/2}\sum_{i=2}^{N}\sum_{j=1}^{i-1}\frac{\lambda_i'F'M_iM_jF\lambda_j}{D_{ij}}$；$D_{ij} = ((1 + O(1))\varepsilon_i'\Gamma' M_i\Gamma\varepsilon_i)^{1/2}((1 + O(1))\varepsilon_j'\Gamma' M_j\Gamma\varepsilon_j)^{1/2}$。

从定理3.2来看，$\gamma^{-1}T_{n1}\xrightarrow{d}N(0,1)$。从定理3.1来看，$T_{n1}=O_p(T^{-1/2})$。考虑$T_{n2}$。我们观察到$\mathrm{E}(T_{n2})=0$以及

$$\mathrm{E}(T_{n2})^2=\frac{2}{N(N-1)}\mathrm{E}\left(\sum_{i=2}^{N}\sum_{j=1}^{i-1}\frac{\varepsilon_i'\Gamma'M_iM_jF\lambda_j}{D_{ij}}\right)^2$$

$$=\frac{2}{N(N-1)}\left[\sum_{i=2}^{N}\sum_{j=1}^{i-1}\mathrm{E}\left(\frac{\varepsilon_i'\Gamma'M_iM_jF\lambda_j}{D_{ij}}\right)^2\right.$$

$$\left.+\sum_{i=2}^{N}\sum_{j_1=1}^{i-1}\sum_{j_2\neq j_1}^{i-1}\mathrm{E}\left(\frac{\varepsilon_i'\Gamma'M_iM_{j_1}F\lambda_{j_1}\lambda_{j_2}'F'M_{j_2}M_i\Gamma\varepsilon_i}{D_{ij_1}D_{ij_2}}\right)\right]$$

考虑$\varepsilon_i'\Gamma'M_iM_jF\lambda_j$这一项，

$$\varepsilon_i'\Gamma'M_iM_jF\lambda_j=\varepsilon_i'\Gamma'F\lambda_j-\varepsilon_i'\Gamma'X_i(X_{i'}X_i)^{-1}X_i'F\lambda_j-\varepsilon_i'\Gamma'X_j(X_j'X_j)^{-1}X_j'F\lambda_j$$
$$+\varepsilon_i'\Gamma'X_i(X_i'X_i)^{-1}X_i'X_j(X_j'X_j)^{-1}X_j'F\lambda_j$$

使用假设3.4并且在备择假设下，我们首先有$\|\varepsilon_i'\Gamma'F\lambda_j\|=O_p(T^{1/4}N^{-1/2})$；我们其次有$\|\varepsilon_i'\Gamma X_i(X_i'X_i)^{-1}X_i'F\lambda_j\|=O_p(T^{-1/4}N^{-1/2})$，则

$$\varepsilon_i'\Gamma X_i(X_i'X_i)^{-1}X_i'F=\left(\frac{\varepsilon_i'\Gamma X_i}{\sqrt{T}}\right)\left(\frac{X_i'X_i}{T}\right)^{-1}\left(\frac{X_i'F}{\sqrt{T}}\right)=O_p(1)$$

我们最后有$\|\varepsilon_i'\Gamma'X_i(X_i'X_i)^{-1}X_i'X_j(X_j'X_j)^{-1}X_j'F\lambda_j\|=O_p(T^{-1/4}N^{-1/2})$。因此，$\|\varepsilon_i'\Gamma'M_iM_jF\lambda_j\|=O_p(T^{1/4}N^{-1/2})$以及这样一个事实$\|D_{ij}\|=O_p(T)$，$\mathrm{E}(T_{n2})^2$的第一项是与$O_p(T^{-3/2}N^{-1})$同阶。相似地证明以上，$\|\varepsilon_i'\Gamma'M_iM_{j_1}F\lambda_{j_1}\lambda_{j_2}'F'M_{j_2}M_i\Gamma\varepsilon_i\|=O_p(T^{1/2}N^{-1})$以及这样一个事实$\|D_{ij_1}\|=O_p(T)$和$\|D_{ij_2}\|=O_p(T)$；$\mathrm{E}(T_{n2})^2$的第二项与$O_p(T^{-3/2})$同阶。因此，$T_{n2}=O_p(T^{-3/4})=O_p(T_{n1})$。相似地，$T_{n3}=O_p(T_{n1})$。

考虑T_{n4}，

$$\lambda_{i'}F'M_iM_jF\lambda_j=\lambda_{i'}F'F\lambda_j-\lambda_{i'}F'X_i(X_i'X_i)^{-1}X_{i'}F\lambda_j-\lambda_{i'}F'X_j(X_j'X_j)^{-1}X_{j'}F\lambda_j$$
$$+\lambda_{i'}F'X_i(X_i'X_i)^{-1}X_{i'}X_j(X_j'X_j)^{-1}X_{j'}F\lambda_j$$

从假设3.4来看，我们得到：

$$\lambda_iF'F\lambda_j=\lambda_i'T(I_r+O_p(T^{-1/2}))\lambda_j\xrightarrow{p}T\lambda_i'\lambda_j$$

因为，

$$F'X_i(X_i'X_i)^{-1}X_{i'}F=\left(\frac{F'X_i}{\sqrt{T}}\right)\left(\frac{X_{i'}X_i}{T}\right)^{-1}\left(\frac{X_{i'}F}{\sqrt{T}}\right)=O_p(1)$$

$$\lambda_{i'}F'X_i(X_i'X_i)^{-1}X_{i'}F\lambda_j = O_p(\lambda_{i'}F'F\lambda_j)$$

相似地，我们同样可以证明出比第一项阶数小的第三第四项。因此

$$\lambda_{i'}F'M_iM_jF\lambda_j = (1+O_p(1))\lambda_{i'}F'F\lambda_j$$

注意到 $E(\lambda_{i'}F'F\lambda_j) = T\lambda_{i'}\lambda_j \neq 0$，并且 $\left(\frac{2}{N(N-1)}\right)^{1/2}\sum_{i=2}^{N}\sum_{j=1}^{N}\frac{\lambda_{i'}F'F\lambda_j}{D_{ij}} = O_p(T^{-1/2})$；因此，$\gamma^{-1}T_{n4} = O_p(1)$。同样可以证明当 $(N, T)\to\infty$ 时，从以上结果可得

$$D_{ij} \xrightarrow{p} \mathrm{tr}^{1/2}(M_i\Sigma)\,\mathrm{tr}^{1/2}(M_j\Sigma)$$

令 $\psi = plim_{(N,T)\to\infty}\gamma^{-1}\left(\frac{2}{N(N-1)}\right)^{1/2}\sum_{i=2}^{N}\sum_{j=1}^{i-1}\left(\frac{T^{1/2}N^{-1}\delta_i'\delta_j}{\mathrm{tr}^{1/2}(M_i\Sigma)\,\mathrm{tr}^{1/2}(M_j\Sigma)}\right)$。从上述结果，我们有：

$$\gamma^{-1}T_{n1} - \psi \xrightarrow{d} N(0,1)$$

第4章 大维动态面板数据模型设定检验

本章考虑了大维动态面板数据模型的设定检验，包括序列相关性检验和过度识别检验。检验统计数据建立在使用三种不同工具变量矩阵的两步广义矩估计（GMM）估计的基础上：即具有所有可用工具变量的全集的块对角矩阵，具有所有可用工具变量子集的块对角矩阵和具有所有可用工具的子集的折叠矩阵。本章证明了，当使用的工具变量数量相对 N 较大时，传统的 Sargan 过度识别限制检验（Arellano and Bond，1991）并不渐进分布于卡方分布，因此，我们建议用不同的工具变量矩阵校正 Sargan 检验。所有设定检验的极限分布都是在 N 和 T 同时趋向于无穷大下推导出来的。在各种备择假设方案下讨论了功效特性，结果表明序列相关的检验对于不同的备择假设下是有效的，而且，随着 N 的增加，纠正的 Sargan 检验的功效也会增加。蒙特卡洛模拟证实了我们的理论结果，特别是表明经过校正的 Sargan 检验具有正确的水平尺度大小。此外，我们建议使用折叠工具变量矩阵进行应用。

4.1 研究背景和意义

动态面板数据模型多年来一直受到包括劳动参与、经济增长和金融等经济实证研究广泛关注。使用滞后一期作为工具变量的广义矩估计是估计动态面板数据模型的最常用方法（Eakin et al.，1988；Arellano and Bond，1991；Arellano and Bover，1995；Blundel and Bond，1998）。但是，模型中存在一些序列相关会使矩条件无效；此外，斜率异质性的存在或误差中的横截面相关性也将导致存在序列形式上的永久相关性，这也使得矩条件无效。在这种情况下，GMM 估计结果将不再是一致的。因此，必须通过检验来考察矩条件的有效性。我们可以使用过度识别检验作为一般的模型识别检验（Sargan，1958；Hansen，1982；Arellano and Bond，1991），或者在一次差分残差中检验无序列相关的原假设。阿雷拉诺和邦德（Arellano and Bond，1991）提出了检验一次差分残差中没有二阶序列相关的原假设。然而，对于更一般的高阶或持续序列相关，该检验可能在有限样本下缺少功效。山形（Yamagata，2008）提出了一个更有效的联合检验用于检验一次差分残差中无第二到第 p 阶序列相关的原假设。

众所周知，用于现有检验的渐进分布的理论框架是标准的：时间（T）的长度是固定的，横截面单元的数量（N）趋向于无穷大。随着面板数据集的可用性的增加，T 也变得越来越大并且相对于 N 而言不可忽略。长时间段为 GMM 估计提供了许多有效的矩条件。阿雷拉诺和邦德（1991）GMM（AB－GMM）估计在一次差分方程中使用所有可用的工具变量，因此正交条件的数量以 T^2 的速率增长：当 T 很大时，工具变量的数量很容易变成相对于样本大小 T 较大，使得 GMM 估计和相关检验的一些渐进结果产生了较大偏误和一些问题。如果工具变量的数量大于 N，GMM 的估计权重矩阵是不可逆的，即使数量小于 N，估计的权重矩阵可能不是总体对应的一个好的近似值。大量统计研究表明，随机向量的样本协方差矩阵在其维数与样本量相对较大时，对其总体协方差矩阵来说是一个较差的估计。此外，许多工具变量可以在动态面板数据模型中覆盖变量和偏差系数估计（Alvarez and Arellano，2003；Bun and Kiviet，2006；Hayakawa，2015；Hsiao and Zhang，2015；Hsiao and Zhou，2016），偏差可能会累积并使检验统计无效。

事实证明，阿雷拉诺和邦德（1991）针对动态面板数据模型提出的传统 Sargan 检验往往水平尺度过小，当矩条件的数量与样本量成正比时几乎没有功效，参见鲍舍（Bowsher，2002）和温梅杰（Windmeijer，2005）的模拟研究。当 T 固定时，Sargan 检验的渐进分布为具有 T^2 阶自由度的卡方分布。当 $T\to\infty$，检验将发散。唐纳德等（Donald et al.，2003）建议标准化卡方分布来在具有中等数量的工具变量的横截面回归模型中校正过度识别检验，其工具变量的数量渐进地以低于样本大小增长的速率渐增。然而，安纳托利亚夫和戈斯波迪诺夫（Anatolyev and Gospodinov，2001）表明，当工具变量的数量以与样本大小增加相同的速率增加时，这种过度识别的校正检验是渐进分布是不正确的，类似的结果也可以在早川（Hayakawa，2015）中找到，他们建议修改检验。在李和奥井（Lee and Okui，2012）以及赵等（Chao et al.，2014）的研究中，还可以找到更多关于横截面回归模型中使用多种工具变量进行过度识别限制检验的研究。尽管有上述文献，但对传统的 Sargan 大型动态面板检验的修正尚未有较好的研究。

需要指出的是，减少 GMM 中使用的工具变量数量可以减少动态面板中参数估计的偏差。因此，文献建议使用较少的工具变量进行 GMM 估计和相关检验。宾和基维（Bun and Kiviet，2006）研究了两种不同的工具变量矩阵，其中，动态面板中 GMM 估计的工具变量较少。第一个是块对角矩阵，其仅包括所有可用工具变量的子集；第二个是矩阵，其包括所有可用工具变量的子集的线性变换。后者也被称为折叠工具变量矩阵，并由鲁德曼（Roodman，2009）建议使用。该矩阵中使用的工具变量数量是固定的，而不随 T 增加：它们表明，与 AB－GMM 中使用的工具变量矩阵相比，这两个工具变量矩阵的 GMM 估计偏差较小。然而，很少有文献为相关检验的使用提供理论或实证指导，这些指导建立在用于大型动态面板的不同工具变量矩阵的 GMM 估计之上。更重要的是，大 N 和大 T 下的检验的渐进性质没有得到研究。

对于大型动态面板数据模型，本书考虑了多种模型识别检验，包括序列相关性检验（Arellano，2003；Yamagata，2008）和过度识别限制检验（Arellano and Bond，1991）。检验统计数据建立在使用三种不同工具变量矩阵的两步 GMM 估计的基础上：具有所有可用工具变量全集的块对角矩阵、具有所有可用工具变量子集的块对角矩阵和折叠工具变量矩阵。我们首先将序列相关的检验扩展到大 N 和大 T 框架；之后，当工具变量数量随 T 增长时，我们建议对 Sargan 检验进行精确校正：所有检验的限制分布都是在 N 和 T 同时进行时得出的。研究了 $MA(q)$ 和 $AR(q)$ 替代检验下的渐进局部功效，我们发现：首先，联合相关性检验在 $MA(q)$ 和 $AR(q)$ 备择假设下是有效的；并且第 2 到第 p 阶序列相关的联合检验比 s 阶序列相关的检验更强大，这与山形（Yamagata，2008）的结果一致。其次，在当地的

$MA(q)$和$AR(q)$替代方案中，当工具变量数量增加时，校正的 Sargan 检验的功效会降低。因此，它们的功效仅随着 N 的增加而增加，并且使用折叠工具变量矩阵的校正的 Sargan 检验更加强大。再次，本章在异质斜率和横截面相关性等情况下也讨论了功效的特性。最后，本章还进行蒙特卡洛模拟以考察小样本性质。仿真结果与我们的理论结果相似。结果显示，经过校正的 Sargan 检验具有良好的水平尺度，而传统的 Sargan 检验则存在水平尺度的扭曲。对于相同类型的检验，折叠工具变量矩阵的检验通常优于其他检验。

4.2 模型估计及假设

4.2.1 模型和估计

考虑一个动态面板数据模型

$$y_{it} = \rho y_{i,t-1} + \beta' x_{it} + \eta_i + u_{it},\ i=1,\ \cdots,\ N;\ t=2,\ \cdots,\ T \quad (4.1)$$

其中$|\rho|<1$，η_i 为具有有限均值和方差的未观察到的个体效应。x_{it}是$(k-1)\times 1$ 回归变量向量，且当 $s>t$ 时，$E(x_{is}u_{it})\neq 0$，否则为 0。u_{it}是时间效应和个体效应之间独立的残差。为了介绍下面的估计，我们对每一个 i 放一起将模型重写：

$$y_i = \rho y_{i,-1} + x_i\beta + \eta_i \iota_T + u_i;\ i=1,\ \cdots,\ N \quad (4.2)$$

其中 $y_i=(y_{i1},\ \cdots,\ y_{iT})'$，$y_{i,-1}=(y_{i0},\ \cdots,\ y_{i,T-1})'$，$x_i=(x_{i1},\ \cdots,\ x_{iT})'$，$\iota_T$ 是一个（$T\times 1$）的元素均为 1 的向量，并且 $u_i=(u_{i1},\ \cdots,\ u_{iT})'$。为了剔除固定效应 η_i，对模型（4.1）做一阶差分，模型变为

$$\Delta y_{it} = \rho \Delta y_{i,t-1} + \beta' \Delta x_{it} + \Delta u_{it};\ i=1,\ \cdots,\ N;\ t=3,\ \cdots,\ T \quad (4.3)$$

这里 $\Delta y_{it}=y_{it}-y_{i,t-1}$，$\Delta x_{it}=x_{it}-x_{i,t-1}$，$\Delta u_{it}=u_{it}-u_{i,t-1}$。同时，对每一个给定的 i 将上式放一起，模型将改写为如下向量形式：

$$\Delta y_i = \rho \Delta y_{i,-1} + \Delta x_i \beta + \Delta u_i;\ i=1,\ \cdots,\ N \quad (4.4)$$

其中 $\Delta y_i=(\Delta y_{i2},\ \cdots,\ \Delta y_{iT})'$，$\Delta y_{i,-1}=(\Delta y_{i1},\ \cdots,\ \Delta y_{i,T-1})'$，$\Delta x_i=$

$(\Delta x_{i2}, \cdots, \Delta x_{iT})'$, $\Delta u_i = (\Delta u_{i2}, \cdots, \Delta u_{iT})'$。为了估计参数 ρ 和 β，阿雷拉诺和邦德（Arellano and Bond, 1991）建议使用如下矩条件

$$E(y_{i(t-s)}\Delta u_{it}) = 0;\ 对于\ t=3, \cdots, T\ 和\ 2 \leqslant s \leqslant t-1 \tag{4.5}$$

$$E(x_{i(t-s)}\Delta u_{it}) = 0;\ 对于\ t=3, \cdots, T\ 和\ 1 \leqslant s \leqslant t-1 \tag{4.6}$$

定义

$$W_{li}^{(2)} = \begin{bmatrix} [y_{i1}, x'_{i1}, x'_{i2}] & 0 & \cdots & 0 \\ 0 & [y_{i,1}, y_{i,2}, x'_{i1}, x'_{i2}, x'_{i3}] & \cdots & 0 \\ \vdots & \vdots & \ddots & \vdots \\ 0 & 0 & \cdots & [y_{i,1}, \cdots, y_{i,T-2}, x'_{i1}, \cdots, x'_{i,T-1}] \end{bmatrix}$$

因此，工具变量矩阵为 $W^{(2)} = [W_{l1}^{(2)\prime}, \cdots, W_{lN}^{(2)\prime}]'$ 并且矩条件由 $E(W_{li}^{(2)\prime}\Delta u_i) = 0$ 给出。差分方程（4.3）前面乘以 $W^{(2)\prime}$，则变为

$$W^{(2)\prime}\Delta y = W^{(2)\prime}(\Delta y_{-1})\rho + W^{(2)\prime}(\Delta X)\beta + W^{(2)\prime}\Delta u \tag{4.7}$$

ΔX 是一个 $N(T-2)\times(k-1)$ 的矩阵。定义 $Z = [\Delta y_{-1}, \Delta X]$ 且 $Z_{it} = [\Delta y_{it-1}, \Delta x'_{it}]$ 和 $\theta = (\rho, \beta')'$。Arellano－Bond 的一步 GMM 估计量定义为：

$$\hat{\theta}_{FDGMM1}^{(2)} = [Z'W^{(2)}(W^{(2)\prime}AW^{(2)})^{-1}W^{(2)\prime}Z]^{-1}[Z'W^{(2)}(W^{(2)\prime}AW^{(2)})^{-1}W^{(2)\prime}\Delta y] \tag{4.8}$$

这里 $A = I_N \otimes D$ 和 D 是一个 $(T-2)\times(T-2)$ 矩阵，且在主对角线上均为 2，在第一个子对角线上均为 -1，其他均为 0。Arellano－Bond 两步 GMM（AB－GMM）由下式给出：

$$\hat{\theta}_{FDGMM2}^{(2)} = [Z'W^{(2)}\hat{\Omega}_{(2)}^{-1}W^{(2)\prime}Z]^{-1}[Z'W^{(2)}\hat{\Omega}_{(2)}^{-1}W^{(2)\prime}(\Delta y)] \tag{4.9}$$

其中 $\hat{\Omega}_{(2)} = \frac{1}{N}\sum_{i=1}^{N} W_{li}^{(2)\prime}(\Delta\breve{u}_i^{(2)})(\Delta\breve{u}_i^{(2)})'W_{li}^{(2)}$ 和 $\Delta\breve{u}_i^{(2)}$ 是在式（4.8）定义中的一步 GMM 估计残差来估计的。

给定式（4.5）和式（4.6），AB－GMM 估计使用了 $q_2 = (T-1)(T-2)/2 + (k-1)(T+1)(T-2)/2 = O(T^2)$ 个工具变量。当 T 固定时，AB－GMM 估计效果好且易于计算。但是当 T 变大，工具变量的数量 q_2 变得非常大；例如，假设 $k=1$ 且 $T=5$，$q_2=6$；当 T 为 50，$q_2=1176$。因此，求大矩阵的逆将很困难。如果 $q_2 > N$，我们无法计算 $\hat{\Omega}_{(2)}^{-1}$。当 $1/N\sum_{i=1}^{N} W_{li}^{(2)\prime}(\Delta\breve{u}_i^{(2)})(\Delta\breve{u}_i^{(2)})'W_{li}^{(2)}$ 是奇异的，即使 $q_2 < N$，$\hat{\Omega}_{(2)}$ 不能很好地近似

$E(W_{li}^{(2)}{}'\Delta u_i \Delta u_i' W_{li}^{(2)})$。事实上，如果 $T/N \to c \in (0, \infty)$，$\hat{\Omega}_{(2)}$ 与 $E(W_{li}^{(2)}{}'\Delta u_i \Delta u_i' W_{li}^{(2)})$ 不一致，请参阅本书 4.3 节中的详细讨论。因此，当 T 很大时，基于此方法的估计和检验可能表现不佳。

一些文献说明使用较少的工具变量可以减少估计的偏差。宾和基维（2006）用较少的工具变量研究了两种不同工具变量矩阵的性能。第一个定义为

$$W_{li}^{(1)} = \begin{bmatrix} y_{i1} & x'_{i2} & 0 & 0' & \cdots & 0 & 0' \\ 0 & 0' & y_{i2} & x'_{i3} & \cdots & 0 & 0' \\ \vdots & \vdots & \vdots & \vdots & \cdots & \vdots & \vdots \\ 0 & 0' & \cdots & \cdots & \cdots & y_{i,T-2} & x'_{i,T-1} \end{bmatrix} \tag{4.10}$$

该工具变量矩阵仅包括所有可用工具变量的一个子集 $q_1 = k(T-2)$。第二个包括了 $W_{li}^{(2)}$ 的线性转换，也被鲁德曼（2009）称为折叠矩阵。比方说，如果我们将滞后期数确定为常数 $\kappa(\kappa \geqslant 2)$，然后定义相应的工具变量矩阵：

$$W_{li}^{(0)} = \begin{bmatrix} y_{i1} & x'_{i2} & 0 & 0' & \cdots & 0 & 0' \\ y_{i2} & x'_{i3} & y_{i1} & x'_{i2} & \cdots & 0 & 0' \\ \vdots & \vdots & \vdots & \vdots & \cdots & \vdots & \vdots \\ y_{i,T-2} & x'_{i,T-1} & y_{i,T-3} & x'_{i,T-2} & \cdots & y_{i,T-\kappa} & x'_{i,T-\kappa+1} \end{bmatrix} \tag{4.11}$$

以上矩阵仅包括 $q_0 = k \times \kappa$ 工具变量。使用上述两个工具变量矩阵的一步和两步 GMM 估计由下式相应给出：

$$\hat{\theta}_{FDGMM1}^{(j)} = [Z'W^{(j)}(W^{(j)}{}'AW^{(j)})^{-1}W^{(j)}{}'Z]^{-1}[Z'W^{(j)}(W^{(j)}{}'AW^{(j)})^{-1}W^{(j)}{}'\Delta y] \tag{4.12}$$

和

$$\hat{\theta}_{FDGMM2}^{(j)} = [Z'W^{(j)}\hat{\Omega}_{(j)}^{-1}W^{(j)}{}'Z]^{-1}[Z'W^{(j)}\hat{\Omega}_{(j)}^{-1}W^{(j)}{}'\Delta y];\ j=0,\ 1 \tag{4.13}$$

其中

$$\hat{\Omega}_{(1)} = \frac{1}{N}\sum_{i=1}^{N} W_{li}^{(1)}(\Delta\breve{u}_i^{(1)})(\Delta\breve{u}_i^{(1)})'W_{li}^{(1)}$$

和

$$\hat{\Omega}_{(0)} = \frac{1}{(NT_0)}\sum_{i=1}^{N} W_{li}^{(0)}(\Delta\breve{u}_i^{(0)})(\Delta\breve{u}_i^{(0)})'W_{li}^{(0)}$$

$\Delta\breve{u}_i^{(j)}$ 是式（4.12）中定义的一步 GMM 估计的残差，$W^{(j)}=[W_{l1}^{(j)}, \cdots, W_{lN}^{(j)}{}']'$；$j=0, 1$。上述估计的一致性可以直接从宾和基维（2006）获得，即

$$\| \hat{\theta}_{FDGMM2}^{(j)}-\theta \| = O_p\left(\frac{1}{\sqrt{NT}}\right); \ j=0, 1 \qquad (4.14)$$

为了便于我们的分析，我们需要以下假设。

4.2.2 假设条件

假设 4.1 $\{y_i\}_{i=1}^N$ and $\{x_i\}_{i=1}^N$是独立同分布的随机矩阵（i. i. d）。对于每一个 y_{it}，x_{it}，$i=1, \cdots, N$；$t=1, \cdots, T$，他们有有限的四阶矩：$E(y_{it}^4)\leqslant K<\infty$ 和 $E[\|x_{it}\|^4]\leqslant K<\infty$。

假设 4.2 （1）$\{u_{it}\}(t=1, \cdots, T; \ i=1, \cdots, N)$ 在时间效应和个体效应上是独立同分布（i. i. d.），均值为 0，方差为正 σ_u^2，且到四阶矩是有限的。

（2）$E(u_{it} | y_{i,t-1}, \cdots, y_{i1}, x_{it}, \cdots, x_{i1}, \eta_i)=0$，$t=2, \cdots, T$。

假设 4.3 （1）$\Sigma_1^{(0)}=E(Q_i^{(0)}Q^{(0)}{}'_i)$，$\Sigma_{2s}^{(j)}=E(Q_{iTs}^{(0)}Q_{iTs}^{(0)}{}')$ 和 $\Sigma_3^{(0)}=E(w_{iTs}^{(0)}w_{iTs}^{(0)}{}')$是对称正定矩阵，$Q_i^{(0)}=(v_{ip}, w_{iT2}^{(0)})'$，$Q_{iTs}^{(0)}=(v_{iTs}, w_{iTs}^{(0)})'$且 $v_{ip}=(v_{iT2}, \cdots, v_{iTp})'$，$v_{iTs}=T_s^{-1/2}\sum_{t=3}^{T-s}\Delta u_t\Delta u_{t+s}$；$w_{iTs}^{(0)}=T_s^{-1/2}W_{li}^{(0)}{}'\Delta u_i$；$s=2, \cdots, p$。

（2）$\lim\inf_T \lambda_{\min}(\Sigma_1^{(0)})>0$；$\lim\inf_T \lambda_{\min}(\Sigma_{2s}^{(0)})>0$，$\lim\inf_T \lambda_{\min}(\Sigma_3^{(0)})>0$，$\lambda_{\min}$表示矩阵的最小特征值。

假设 4.1～假设 4.2 遵循文献，参见阿雷拉诺（2003）、山形（2008）。假设 4.1 要求所有变量对于 i 都是 i. i. d. 的并且具有有限的四阶矩，因为他们需要在本书中应用中心极限定理。假设 4.2 的第（1）部分不包括异方差时间序列；假设 4.2 的第（2）部分确保矩条件（5）和（6）的有效性。假设 4.3 提供了菲利普斯和文（Phillips and Moon，1999）的中心极限定理的条件。

4.3 现有的设定检验

用于检查动态面板模型中工具变量有效性的标准检验是 Sargan 的检验和序列相关检验。对于二阶序列相关性的检验，Sargan 检验和阿雷拉诺和邦德（1991）提出的过度识别限制的 Sargan 差异检验在实证应用中得到最广泛的应用。在本节中，将讨论更多通用版本的序列关联检验和过度识别限制检验。还介绍了山形（2008）提出的从 2 到 p 阶序列相关性的联合检验。此外，我们还讨论了大的 T 引发的问题。

4.3.1 序列相关性检验

阿雷拉诺和邦德（1991）提出了一个检验（$m_2^{(2)}$）来检验一阶差分方程残差没有二阶序列相关的假设。阿雷拉诺（Arellano，2003）扩展了这个检验来检验 s 阶序列相关性的原假设，$s=2$，…，p。这个检验的假设是：

$$H_0: \mathrm{E}(\Delta u_{it}\Delta u_{i,t+s})=0 \quad \text{vs} \quad H_1: \mathrm{E}(\Delta u_{it}\Delta u_{i,t+s})\neq 0 \tag{4.15}$$

检验统计量是：

$$m_s^{(2)} = \frac{1}{\sqrt{N\hat{\gamma}_{(2)}^2}}\sum_{i=1}^{N}\hat{v}_{iTs}^{(0)} \tag{4.16}$$

$$\hat{v}_{iTs}^{(2)} = \sum_{t=3}^{T-s}\Delta\hat{u}_{it}^{(2)}\Delta\hat{u}_{i,t+s}^{(2)},\ \Delta\hat{u}_{i,t}^{(2)} = \Delta y_{it} - Z'_{it}\hat{\theta}_{FDGMM2}^{(2)} \text{ 和}$$

$$\hat{\gamma}_{(2)}^2 = \frac{1}{N}\sum_{i=1}^{N}(\hat{v}_{iTs}^{(2)})^2 + \hat{\varpi}_{Ns}^{(2)\prime}\hat{\Psi}_N^{(2)-1}\hat{\varpi}_{Ns}^{(2)} - 2\hat{\varpi}_{Ns}^{(2)\prime}\hat{\Psi}_N^{(2)-1}$$

$$\left(\frac{Z'W^{(2)}\hat{\Omega}_{(2)}^{-1}}{N}\right)\left(\frac{1}{N}\sum_{i=1}^{N}W_{li}^{(2)\prime}\Delta\breve{u}_i^{(2)}\hat{v}_{iTs}^{(2)}\right) \tag{4.17}$$

其中 $\hat{\varpi}_{Ns}^{(2)} = 1/N\sum_{i=1}^{N}(\sum_{t=3}^{T-s}\Delta\hat{u}_{it}^{(2)}Z_{i,t+s})$ 和 $\hat{\Psi}_N^{(2)} = [1/N\sum_{i=1}^{N}W_{li}^{(2)\prime}Z_i]'\ \hat{\Omega}_{(2)}^{-1}$ $[1/N\sum_{i=1}^{N}W_{li}^{(2)\prime}Z_i]$。在原假设之下，$N\to\infty$ 且 T 固定，$m_s^{(2)}$ 收敛到标准正态分布。山形（2008）指出它可能没有足够的功效来检验更普遍的更高的

序列相关性。他考虑了一个联合检验，检验没有从2阶到p阶序列相关性的原假设。这个联合检验的原假设是：

$$H_0: \mathrm{E}(\Delta u_{it}\Delta u_{i,t+s})=0; \ s=2, \cdots, p(\leqslant T-3) \tag{4.18}$$

备择假设为：

$$H_1: \mathrm{E}(\Delta u_{it}\Delta u_{i,t+s})\neq 0; \ 对于某些 s \tag{4.19}$$

这个联合检验的统计量的定义为：

$$m_{(2,p)}^{(2)2}=\iota_N'\hat{V}^{(2)}(\hat{G}^{(2)\prime}\hat{G}^{(2)})^{-1}\hat{V}^{(2)\prime}\iota_N \tag{4.20}$$

ι_N是一个$N\times 1$的向量；$\hat{V}^{(2)}=(\hat{v}_1^{(2)}, \cdots, \hat{v}_N^{(2)})'$，$\hat{v}_i^{(2)}=(\hat{v}_{iT2}^{(2)}, \cdots, \hat{v}_{iTp}^{(2)})'$；$\hat{G}^{(2)}=(\hat{g}_1^{(2)}, \cdots, \hat{g}_N^{(2)})'$；$\hat{g}_1^{(2)}=(\hat{g}_{i2}^{(2)}, \cdots, \hat{g}_{ip}^{(2)})$；$\tilde{g}_{is}=\hat{v}_{iTs}^{(2)}-\hat{\varpi}_{Ns}^{(2)\prime}\hat{\Psi}_N^{(2)-1}[N^{-1}Z'W^{(2)}\hat{\Omega}_{(2)}^{-1}]W_{li}^{(2)\prime}\Delta\breve{u}_i^{(2)}$，$s=2, \cdots, p$。在式（4.18）下，$N\rightarrow\infty$和固定的$T$，$m_{(2,p)}^{(2)2}\xrightarrow{d}\chi_{p-1}^2$。

类似的$m_s^{(1)}$和$m_{(2,p)}^{(1)2}$是基于两步GMM估计的工具变量矩阵$W^{(1)}$，可以分别通过修改符号“2”为“1”来定义。

4.3.2 过度识别检验

阿雷拉诺和邦德（1991）提出了Sargan动态面板数据模型的过度识别检验。检验统计量定义为：

$$S_{(2)}=\left(\sum_{i=1}^{N}\Delta\hat{u}_i^{(2)\prime}W_{li}^{(2)}\right)\left[\sum_{i=1}^{N}(W_{li}^{(2)\prime}\Delta\breve{u}_i^{(2)}\Delta\breve{u}_i^{(2)\prime}W_{li}^{(2)})\right]^{-1}\left(\sum_{i=1}^{N}W_{li}^{(2)\prime}\Delta\hat{u}_i^{(2)}\right) \tag{4.21}$$

在原假设下$\mathrm{E}(W_{li}^{(2)\prime}\Delta u_i)=0$，当$N\rightarrow\infty$，$T$固定，$S_{(2)}$收敛于自由度为$q_2-k$的$\chi^2$分布。为了考察矩条件子集的有效性，他们建议进行Sargan差异检验。进一步，若$W_{li}^{(2)}$可以如下分解为两个工具变量子集，

$$W_{li}^{(2)}=[W_{li1}^{(2)}, W_{li2}^{(2)}] \tag{4.22}$$

$W_{li1}^{(2)}$是（$T-2$）$\times q_{21}$有效工具变量集，$W_{li2}^{(2)}$是（$T-2$）$\times q_{22}$在备择假设下无效工具变量集的矩阵，且$q_{21}+q_{22}=q_2$。例如，如果残差为$MA(1)$，$W_{li2}^{(2)}$包括y_{it-2}、$x_{i,t-1}$和$x_{i,t-2}$，当$W_{li1}^{(1)}$包含其他的滞后期数。动态面板数据模型中Sargan差异检验定义为：

$$DS_{(2)}=S_{(2)}-S_{(2)I} \tag{4.23}$$

且

$$S_{(2)I}=\left(\sum_{i=1}^{N}\Delta\hat{u}_{i1}^{(2)\prime}W_{li1}^{(2)}\right)\left[\sum_{i=1}^{N}\left(W_{li1}^{(2)\prime}\Delta\breve{u}_{i1}^{(2)}\Delta\breve{u}_{i1}^{(2)\prime}W_{li1}^{(2)}\right)\right]^{-1}\left(\sum_{i=1}^{N}W_{li1}^{(2)\prime}\Delta\hat{u}_{i1}^{(2)}\right) \tag{4.24}$$

$\breve{u}_{li1}^{(2)}$和$\Delta\hat{u}_{i1}^{(2)}$分别是使用工具变量矩阵的一步和两步 AB－GMM 残差 $W_{li1}^{(2)}$。在原假设下 $E(W_{li}^{(2)\prime}\Delta u_i)=0$，当 $N\to\infty$，T 固定，$DS_{(2)}\xrightarrow{d}\chi_{q_{22}}^2$。

我们基于工具变量矩阵的两步 GMM 估计来定义 Sargan 检验。通过替换所有的“2”为“1”，如 $W^{(1)}$ 以及 $S_{(1)}$，在原假设下 $E(W_{li}^{(1)\prime}\Delta u_i)=0$，当 $N\to\infty$，T 固定，$S_{(1)}$ 收敛于自由度为 q_1-k 的 χ^2 分布。我们没有在这里定义 Sargan 差异检验，因为 $W^{(1)}$ 仅包括一个滞后的工具变量。

4.3.3 大 T 导致的问题

众所周知，现有检验的渐进性是用固定的 T 导出的。由于 T 很大，因此设定检验中存在一些问题。首先，现有检验的分布仅以固定的 T 得出。例如，当 T 固定时 $N\to\infty$，$S_{(2)}$ 的分布为 χ^2，自由度 q_2-k。但是，作为 $T\to\infty$，检验统计量发散。如何在大的（N，T）框架下推导出检验的分布没有被研究过。其次，几个模拟显示，如果 T 相对较大，则过度识别检验表现不佳。鲍舍（Bowsher，2002）使用蒙特卡洛实验并显示固定 N 为 100，并且让 T 在（5，7，9，11，13，15）范围内增加，Sargan 的检验（$S_{(2)}$）使用矩条件的全集是不够的。他检验的蒙特卡洛方差远小于卡方近似值，例如，当 $T=15$ 时，它为 13.7，这个值本应为 180。导致这一结果的原因有两个，第一个原因是估计有偏；第二个原因是当使用的工具变量数量相对大到 N 时，卡方分布近似值并不准确。

首先考虑估计有偏的影响，萧和周（Hsiao and Zhou，2016）表明 GMM 估计量在当 $c=T/N\in(0,\infty)$ 使用所有滞后或一个滞后作为工具变量下是渐进有偏的。进一步，$E[\sqrt{NT}(\hat{\theta}_{FDGMM2}^{(j)}-\theta)]=b_j/N\neq 0$，$j=1, 2$，$b_j$ 是某些非零常数。当 T 很大时，由于偏差的积累，$E(W_{li}^{(2)}\Delta\hat{u}_i^{(2)})$ 不是零或不是渐近零。为了更好地理解这个问题，我们首先考虑估计的矩条件，

$$\mathrm{E}(W_{li}^{(2)\prime}\Delta\hat{u}_i^{(2)})=\mathrm{E}(W_{li}^{(2)\prime}\Delta u_i)-\mathrm{E}[W_{li}^{(2)}\Delta Z_i'(\hat{\theta}_{FDGMM2}^{(2)}-\theta)] \quad (4.25)$$

与此同时 $\| W_{li}^{(2)}\Delta Z_{it}' \|=O_p(T^2)$，我们得到

$$\| \mathrm{E}[W_{li}^{(2)}\Delta Z_i'(\hat{\theta}_{FDGMM2}^{(j)}-\theta)] \|=\left(\frac{T}{N}\right)^{3/2}C \quad (4.26)$$

当 C 有时是非零常数。在原假设下，当（N，T）$\to\infty$ 并且 $T/N\to c\in(0,\infty)$，$\mathrm{E}(W_{li}^{(2)\prime}\Delta\hat{u}_i^{(2)})\neq\mathrm{E}(W_{li}^{(2)\prime}\Delta u_i)=0$。根据以上结论，当（$N$，$T$）$\to\infty$，$T/N\to c\in(0,\infty)$，我们得到 $\| W_{li}^{(2)\prime}\Delta\hat{u}_i^{(2)}-W_{li}^{(2)\prime}\Delta u_i \|=O_p(1)$；它进一步导致估计方差的不准确性。因此，当 T 增长相对于 N 一样时，使用工具变量全集的 Sargan 检验表现不佳。由于工具变量矩阵的维数以 T 增长，传统 Sargan 检验中的偏差将会积累。但是偏差不会在序列相关检验中累积。

最近的文献还指出，传统的 Sargan 检验的不良性质是由于当工具变量数量变得相对较大时，分布的不准确近似所导致的。更具体地说，考虑过度识别一般检验统计量，其定义如下 $\hat{T}=N\bar{g}(\hat{\theta})'\hat{\Omega}_g^{-1}\bar{g}(\hat{\theta})$，其中 $\bar{g}(\hat{\theta})=\sum_{i=1}^{N}g_i(\hat{\theta})$，$\hat{\Omega}_g=N^{-1}\sum_{i=1}^{N}g_i(\hat{\theta})g_i(\hat{\theta})'$ 且 $g_i(\hat{\theta})$ 是 $p_1\times1$ 矩条件估计向量，回归变量的数量为 k。在原假设下，$\hat{T}$ 渐进为自由度是 p_1-k 的 χ^2 分布。但是，随着 p_1 增加，$\hat{T}$ 发散。唐纳德等（2003）建议在其自由度增加时修正 $\hat{T}$，这就有

$$\hat{J}=\frac{\hat{T}-p_1+k}{\sqrt{2(p_1-k)}}\xrightarrow{d}N(0,1) \quad (4.27)$$

但是，从安纳托利亚夫和戈斯波迪诺夫（Anatolyev and Gospodinov，2010）的第（i）部分定理1中可以看出当 $\lim_{(N,T)\to\infty}(p_1-k)/N\in(0,1)$，

$$\frac{\hat{J}}{\sqrt{1-\frac{p_1-k}{N}}}\xrightarrow{d}N(0,1) \quad (4.28)$$

与上述结果相似，早川（Hayakawa，2016）也证明了 $\hat{J}/N$ 近似于带参数 $(p_1-k)/2$ 和 $(N-p_1+k)/2$ 的 Beta 分布。因此，$\hat{J}$ 的均值和方差为 p_1-k 和 $2(p_1-k)(N-p_1+k)/(N+2)$。需要注意方差

$$2(p_1-k)\left(\frac{N-p_1+k}{N+2}\right)\approx2(p_1-k)\left(1-\frac{p_1-k}{N}\right) \quad (4.29)$$

当我们使用自由度为（p_1-k）的卡方近似时，如果 p_1 和 N 在一个数量级，

则 $2(p_1-k)\left(1-\frac{p_1-k}{N}\right)$ 比 $2(p_1-k)$ 小，这解释了为什么 $S_{(2)}$ 的方差远小于鲍舍（2002）模拟中的卡方方差。

总的来说，当动态面板中使用的工具变量矩阵的维度随着 T 增加而增加时，它可能导致检验统计量中的偏差累积。更重要的是，当工具变量的数量变得与 N 一个数量级大时，卡方近似是无效的。

4.4 检验统计量及渐进性

在本节中，我们介绍了使用工具变量矩阵 $W_{li}^{(0)}$ 的序列相关的检验和基于两步 GMM 估计的过度识别检验。我们在这里介绍与4.3节中不同的检验统计量。使用折叠的工具变量矩阵 $W_{li}^{(0)}$ 检验统计数据是双指数求和，其元素之间存在一些相关性。使用工具变量矩阵 $W_{li}^{(0)}$ 有两个优点：首先，折叠形式实际上是所有有效工具变量的子集的线性变换，它保留更多信息而不会丢失太多滞后变量；其次，工具变量数量急剧减少，与样本量相比要小得多。$S_{(j)}$；$j=0, 1, 2$，的修正建议用于大的 q_j，我们将使用不同工具变量 $W_{li}^{(j)}$；$j=0, 1, 2$ 在 $(N, T)\to\infty$ 下推导出检验的联合极限分布。

4.4.1 序列相关检验的渐进性

与式（4.16）类似，我们基于工具变量矩阵的两步 GMM 估计来定义序列相关性的检验 $W_{li}^{(0)}$，

$$m_s^{(0)} = \frac{1}{\sqrt{N\hat{\gamma}_{(0)}^2}}\sum_{i=1}^{N}\hat{v}_{iTs}^{(0)} \tag{4.30}$$

其中 $\hat{v}_{iTs}^{(0)} = \frac{1}{\sqrt{T_s}}\sum_{t=3}^{T-s}\Delta\hat{u}_{it}^{(0)}\Delta\hat{u}_{i,t+s}^{(0)}$，当 $\Delta\hat{u}_{it}^{(0)} = \Delta y_{it} - Z'_{it}\hat{\theta}_{FDGMM2}^{(0)}$，且

$$\hat{\gamma}_{(0)}^2 = \frac{1}{N}\sum_{i=1}^{N}(\hat{v}_{iTs}^{(0)})^2 + \hat{\boldsymbol{\varpi}}_{Ns}^{(0)\prime}\hat{\boldsymbol{\Psi}}_N^{(0)-1}\hat{\boldsymbol{\varpi}}_{Ns}^{(0)} - 2\hat{\boldsymbol{\varpi}}_{Ns}^{(0)\prime}\hat{\boldsymbol{\Psi}}_N^{(0)-1}$$

$$\left(\frac{Z'W^{(0)}\hat{\Omega}_{(0)}^{-1}}{NT_s}\right)\left(\frac{1}{N}\sum_{i=1}^{N}\frac{1}{T_s^{1/2}}W_{li}^{(0)}{}'\Delta\breve{u}_i^{(0)}\hat{v}_{iTs}^{(0)}\right),$$

$$\hat{\varpi}_{Ns}^{(0)} = (NT_s)^{-1}\sum_{i=1}^{N}\sum_{t=3}^{T-s}\Delta\hat{u}_{it}^{(0)}\Delta Z_{i,t+s}$$

且 $\hat{\Psi}_N^{(0)} = [(NT_s)^{-2}(\Delta y_{-1})'W^{(0)}\hat{\Omega}_{(0)}^{-1}W^{(0)}{}'(\Delta y_{-1})]$。

值得注意的是，作为 $T\to\infty$，得出序列相关性检验的渐进性并不是直接的。对于具有大的 N 和固定 T 的情况，极限理论已经得到很好的研究。然而，由式（4.30）定义的检验为多个元素求和，其元素之间存在一些相关性。因此，使用经典的多元中心极限理论不能直接获得其极限。为了解决这个问题，我们通过对菲利普斯和文（1999）给出的联合极限 CLT，推导出 $m_s^{(0)}$ 的极限分布，以下定理给出了结果。

定理 4.1　在假设 4.1 ~ 假设 4.3 和式（4.15）下，当 $(N,\ T)\to\infty$，

$$m_s^{(0)} \xrightarrow{d} N(0,\ 1) \tag{4.31}$$

与山形（2008）类似，我们也可以扩展这个结果来定义一个新的联合检验，在一阶差分残差中没有第二个到 p 阶序列相关性，由下式给出：

$$m_{(2,p)}^{(0)2} = \iota_N'\hat{V}^{(0)}(\hat{G}^{(0)}{}'\hat{G}^{(0)})^{-1}\hat{V}^{(0)}{}'\iota_N \tag{4.32}$$

这里 ι_N 是一个 $N\times 1$ 的元素为 1 的向量；$\hat{V}^{(0)} = (\hat{v}_1^{(0)},\ \cdots,\ \hat{v}_N^{(0)})'$ 且 $\hat{v}_i^{(0)} = (\hat{v}_{iT2}^{(0)},\ \cdots,\ \hat{v}_{iTp}^{(0)})'$；$\hat{G}^{(0)} = (\hat{g}_1^{(0)},\ \cdots,\ \hat{g}_N^{(0)})'$，$\hat{g}_i^{(0)} = (\hat{g}_{i2}^{(0)},\ \cdots,\ \hat{g}_{ip}^{(0)})$，$\hat{g}_{is}^{(0)} = \hat{v}_{iTs}^{(0)} - \hat{\varpi}_{Ns}^{(0)}{}'\hat{\Psi}_N^{(0)-1}\left(\frac{Z'W^{(0)}\hat{\Omega}_{(0)}^{-1}}{NT_s}\right)\left(\frac{W_{li}^{(0)}{}'\Delta\hat{u}_i^{(0)}}{T_s^{1/2}}\right)$。以下定理给出了极限分布 $m_{(2,p)}^{(0)2}$。

定理 4.2　在假设 4.1 ~ 假设 4.3 和式（4.18）下，当 $(N,\ T)\to\infty$，

$$m_{(2,p)}^{(0)2} \xrightarrow{d} \chi_{p-1}^2 \tag{4.33}$$

我们在具有大 T 的框架下推导出上述两个检验的限制分布。结果也适用于固定的 T。此外，山形（2008）表明 $m_2^{(2)}$ 检验相当于 $m_{(2,2)}^{(2)2}$；类似地，$m_2^{(j)}$ 检验相当于 $m_{(2,2)}^{(j)2}$，$j=0,\ 1$。当 $m_s^{(j)}$ 和 $m_{(2,p)}^{(j)}$ 与 $m_s^{(0)}$ 和 $m_{(2,p)}^{(j)}$，$j=1,\ 2$；相同时，我们可以轻松地将 $m_s^{(j)}$ 和 $m_{(2,p)}^{(j)}$ 扩展到大（N，T）框架下推导出渐进理论。

推论 4.1　在假设 4.1 ~ 假设 4.3，

（1）及式（4.15）下，当 $(N, T)\to\infty$，$\frac{q_2-k}{N}\in[0,1)$，$m_s^{(2)}\xrightarrow{d}N(0,1)$；

（2）及式（4.15）下，当 $(N, T)\to\infty$，$\frac{q_1-k}{N}\in[0,1)$，$m_s^{(1)}\xrightarrow{d}N(0,1)$；

（3）在式（4.18）下，当 $(N, T)\to\infty$，$\frac{q_2}{N}\in[0,1)$，$m_{(2,p)}^{(2)2}\xrightarrow{d}\chi_{p-1}^2$；

（4）在式（4.18）下，当 $(N, T)\to\infty$，$\frac{q_{1-k}}{N}\in[0,1)$，$m_{(2,p)}^{(1)2}\xrightarrow{d}\chi_{p-1}^2$。

推论 4.1 说明序列相关检验 $m_s^{(j)}$ 和 $m_{(2,p)}^{(j)2}$，$j=1, 2$；在大的 T 下是有效的。

4.4.2 修正的过度识别检验及其渐进性

Sargan 检验建立在带有工具变量矩阵 $W_{li}^{(0)}$ 的两步 GMM 之上，其定义为

$$S_{(0)}=\left(\sum_{i=1}^{N}\Delta\hat{u}_i^{(0)\prime}W_{li}^{(0)}\right)\left[\sum_{i=1}^{N}\left(W_{li}^{(0)\prime}\Delta\breve{u}_i^{(0)}\Delta\breve{u}_i^{(0)\prime}W_{li}^{(0)}\right)\right]^{-1}\left(\sum_{i=1}^{N}W_{li}^{(0)\prime}\Delta\hat{u}_i^{(0)}\right)$$

注意 $\sum_{i=1}^{N}W_{li}^{(0)\prime}\Delta u_i$ 可以改写为 $\sum_{i=1}^{N}\sum_{t=3}^{T-s}W_{lit}^{(0)}\Delta u_{it}$，这是多变量的双指数求和，它们的维数是固定的。$S_{(0)}$ 的限制分布由定理给出，如下所示：

定理 4.3 在假设 4.1～假设 4.3 和原假设 $E(W_{li}^{(0)\prime}\Delta u_i)=0$，$i=1, \cdots, N$ 下，当 $(N, T)\to\infty$，

$$S_{(0)}\xrightarrow{d}\chi_{q_0-k}^2 \tag{4.34}$$

同样，我们也可以定义一个 Sargan 差异检验来检查一个工具变量子集的有效性。分解工具变量矩阵 $W_{li}^{(0)}$ 为两个子集 $W_{li}^{(0)}=[W_{li1}^{(0)}, W_{li2}^{(0)}]$，此时 $W_{li1}^{(0)}$ 为一个有效工具变量集矩阵 $(T-2)\times q_{02}$，$W_{li2}^{(0)}$ 为一个无效工具变量集矩阵 $(T-2)\times(q_0-q_{02})$。Sargan 差异检验被定义为 $DS_{(0)}=S_{(0)}-S_{(0)I}$ 和

$$S_{(0)I}=\left(\sum_{i=1}^{N}\Delta\hat{u}_{i1}^{(0)\prime}W_{li1}^{(0)}\right)\left[\sum_{i=1}^{N}\left(W_{li1}^{(0)\prime}\Delta\breve{u}_{i1}^{(0)}\Delta\breve{u}_{i1}^{(0)\prime}W_{li1}^{(0)}\right)\right]^{-1}\left(\sum_{i=1}^{N}W_{li1}^{(0)\prime}\Delta\hat{u}_{i1}^{(0)}\right)$$

$DS_{(0)}$ 的极限分布由下面定理给出：

定理4.4 在假设4.1～假设4.3和原假设 $E(W_{li}^{(0)\prime}\Delta u_i)=0$，$i=1,\cdots,N$ 下，当 $(N, T)\to\infty$，

$$DS_{(0)}\xrightarrow{d}\chi^2_{q_0-q_{02}} \tag{4.35}$$

Sargan 检验使用了关于替代方案的精确信息，但我们无法在实践中观察到信息，因此我们忽略了本书中的功效讨论和模拟研究。

当 T 固定，当 $N\to\infty$，$S_{(j)}$ 收敛于自由度为 q_j-k 对于 $j=0, 1, 2$ 的 χ^2 分布，当 $T\to\infty$，q_1 和 q_2 发散。继唐纳德等（2003）后，我们使用卡方的渐近正态近似来更正较大的自由度。定义：

$$\hat{J}_{(j)}=\frac{S_{(j)}-q_j+k}{\sqrt{2(q_j+k)}},\ j=0, 1, 2 \tag{4.36}$$

如4.3节所述，上述正态近似值不准确。当 $\lim\limits_{(N,T)\to\infty}(q_j-k)/N=c_j\in(0, 1)$，根据安纳托利亚夫和戈斯波迪诺夫（2010），我们将修正后的 Sargan 检验定义如下，

$$\tilde{J}_{(j)}=\frac{S_{(j)}-q_j+k}{\sqrt{2q_j(1-(q_j-k)/N)}},\ j=0, 1, 2 \tag{4.37}$$

以下定理给出了上述修正的 Sargan 检验的极限分布：

定理4.5 在假设4.1～假设4.3和原假设 $E(W_{li}^{(0)\prime}\Delta u_i)=0$，$i=1,\cdots,N$ 下，当 $(N, T)\to\infty$，$q_j\to\infty$，$(q_j-k)/N\to c_j\in[0, 1)$，$\tilde{J}_{(j)}\xrightarrow{d}N(0, 1)$，对于 $j=0, 1, 2$。

定理4.5可以直接从安纳托利亚夫和戈斯波迪诺夫（2010）的定理1获得。因此，我们在本书中没有提供详细的证明。在 T 很大时，定理4.5很好地修正了 Sargan 检验。当 $(q_j-k)/N\to 0$，$\tilde{J}_{(j)}$ 和 $\hat{J}_{(j)}$ 是等价的。

4.5 功效性质

在本节中，我们将讨论序列相关检验和过度识别的检验的功效性质。

$m_s^{(j)}$ 和 $m_{(2,p)}^{(j)}$，$j=0$，1，2，可用于检验无序列相关的原假设。但是，拒绝原假设可能对指示残差项是否遵循任何形式的序列相关没有帮助。此外，拒绝无残差序列相关的原假设并不一定表示任何特定的备择假设。因此，序列相关性检验可视为模型误设检验。在本节中，我们考虑三个重要的三个模型误设：序列相关性、斜率异质性和横截面相关性。具体来讲，我们考虑 q 阶序列相关（$MA(q)$ 和 $AR(q)$）和代表截面相关的因子模型。

为了简单又不失一般性，我们专注于以下没有回归变量的 AR(1) 模型，

$$y_{it}=\rho y_{i,t-1}+\eta_i+u_{it},\ i=1,\ \cdots,\ N;\ t=2,\ \cdots,\ T \tag{4.38}$$

这里 $\eta_i\sim i.i.d.\ (0,\ \sigma_\eta^2)$，$u_{it}\sim i.i.d.\ (0,\ \sigma_u^2)$ 即没有模型误设。$N^{-1/2}\sum_{i=1}^{N}\hat{v}_{ip}^{(0)}$ 在 $\hat{\rho}=\rho$，周围近似展开，我们有

$$\frac{1}{\sqrt{N}}\sum_{i=1}^{N}\hat{v}_{ip}^{(0)}=\frac{1}{\sqrt{N}}\sum_{i=1}^{N}v_{ip}-\bar{\varpi}\ \bar{\Psi}_N^{(j)-1}\bar{a}_{(0)}\bar{\Omega}_{(0)}^{-1}\frac{1}{\sqrt{NT}}\sum_{i=1}^{N}W_{li}^{(0)}{}'\Delta u_i+O_p(1),$$
$$j=0,1,2 \tag{4.39}$$

这里 $\bar{\varpi}=[(T/T_2)^{1/2}\bar{\varpi}_2,\cdots,(T/T_p)^{1/2}\bar{\varpi}_p]$，$\bar{\varpi}_s=(NT_s)^{-1}\sum_{i=1}^{N}\sum_{t=3}^{T-s}\mathrm{E}(\Delta u_{it}\Delta Z_{i,t+s})$，$s=2,\ \cdots,\ p$；$\bar{\Psi}_N^{(0)-1}=\bar{a}'_{(0)}\bar{\Omega}_{(0)}^{-1}\bar{a}_{(0)}$；$\bar{a}_{(0)}=(NT_s)^{-1}\sum_{i=1}^{N}\mathrm{E}(W_{li}^{(0)}{}'\Delta y_{i,-1})$；$\bar{\Omega}_{(0)}=(NT_s)^{-1}\sum_{i=1}^{N}\mathrm{E}(W_{li}^{(0)}{}'\Delta u_i\Delta u_i W_{li}^{(0)})$。对于 Sargan 检验，我们考虑如下这一项 $(NT_0)^{-1/2}\sum_{i=1}^{N}W_{li}^{(0)}{}'\Delta u_i$。

4.5.1 $AR(q)$ 和 $MA(q)$ 模型下的局部功效性质

考虑备择假设为 $MA(q)$ 过程，

$$u_{it}=\sum_{l=1}^{q}\rho_l\varepsilon_{i,t-l}+\varepsilon_{it} \tag{4.40}$$

其中 $|\rho_l|<\infty$，或者 $AR(q)$ 过程

$$u_{it}=\sum_{l=1}^{q}\psi_l u_{i,t-l}+\varepsilon_{it} \tag{4.41}$$

$\varepsilon_{it} \sim i.i.d.(0, \sigma_{\varepsilon}^2)$。考虑局部备择假设 $MA(q)$ 和 $AR(q)$①，在式（4.39）中 $\rho_l = (NT)^{-1/2}\delta_l$ 及在式（4.40）中 $\psi_l = (NT)^{-1/2}\delta_l$，$l=1, 2, \cdots, q$。这里假设 $0 < |\delta_l| < \infty$，它满足了平稳性条件。s 阶残差的自协方差可以用 σ_{ε}^2 和 δ_l，$l=1, 2, \cdots, q$，这两个参数表示（Hamilton，1994）。

$$r_s = \begin{cases} \sigma_u^2 + o[(NT)^{-1/2}], & \text{当 } s=0; \\ \sigma_u^2\delta_l/(NT)^{-1/2} + o[(NT)^{-1/2}] & \text{当 } s=1, 2, \cdots, q; \\ o[(NT)^{-1/2}], & \text{当 } s>q \end{cases} \tag{4.42}$$

用非中心参数 ζ 的 $\chi^2(n, \zeta)$ 表示自由度为 n 的非中心卡方分布。在这些局部备择假设下，

$$m_{(2,p)}^{(0)2} \xrightarrow{d} \chi^2(p-1, \varphi_p^{(0)\prime} V_p^{(0)-1} \varphi_p^{(0)}) \tag{4.43}$$

$V_p^{(0)}$ 是 $plim_{(n,T)\to\infty}(G_p^{(0)\prime} G_p^{(0)\prime}/NT)$；$\varphi_p^{(0)} = \text{plim}_{(n,T)\to\infty} N^{-1/2} \sum_{i=1}^{N} \hat{v}_{ip}^{(0)}$，$\varphi_p$ 为

$$\varphi_p^{(0)} = c_p + d_p^{(0)} \tag{4.44}$$

此时，

$$c_p = \sigma_u^2 \begin{pmatrix} (2\delta_2 - \delta_3 - \delta_1) \\ \vdots \\ (2\delta_{q-1} - \delta_q - \delta_{q-2}) \\ 2\delta_{q-2} - \delta_{q-1} \\ -\delta_q \\ 0_{p-q-1} \end{pmatrix} \tag{4.45}$$

$d_p^{(0)} = \sigma_u^2 \bar{\boldsymbol{\varpi}}^* \bar{\Psi}_N^{(0)-1} \bar{a}_{(0)} \bar{\Omega}_{(0)}^{-1} e^{(0)}$，其中 $\bar{\boldsymbol{\varpi}}^* = (\bar{\boldsymbol{\varpi}}_2, \cdots, \bar{\boldsymbol{\varpi}}_p)$ 和 $e^{(0)} = \text{plim}_{(N,T)\to\infty} \frac{1}{\sqrt{NT_0}} \sum_{i=1}^{N} W_{li}^{(0)\prime} \Delta u_i = \text{plim}_{(N,T)\to\infty}(e_1^{(0)}, \cdots, e_{\kappa}^{(0)})'$，

$$e_i^{(0)} = \begin{cases} \frac{1}{T}\left[\sum_{h=i}^{q} \sum_{l=0}^{h-i} \rho^l(\delta_{1+l+i} - \delta_{i+l}) + (T-1-i-q)\left(\sum_{l=0}^{q-i} \rho^l(\delta_{i+l+1} - \delta_{i+l})\right)\right], & i \leqslant q; \\ 0, & i > q \end{cases} \tag{4.46}$$

① Yamagata（2008）指出 MA(q) 和 AR(q) 是局部等价的。

与 $m_{(2,p)}^{(0)2}$，相同，我们可以在 $MA(q)$ 或者 $AR(q)$ 的局部备择假设下考虑 $m_{(2,p)}^{(j)2}$，$j=1$，2，的功效性质，可以得到

$$m_{(2,p)}^{(j)2} \xrightarrow{d} \chi^2(p-1,\ \varphi_p^{(j)\prime} V_p^{(j)-1} \varphi_p^{(j)})\text{，对于} j=1,\ 2,\ \cdots,\ n \tag{4.47}$$

这里 $V_p^{(j)} = \text{plim}_{(n,T)\to\infty}(G_p^{(j)\prime} G_p^{(j)\prime}/N)$；$\varphi_p^{(j)} = c_p + d_p^{(j)}$，$d_p^{(j)} = \sigma_u^2 \bar{\varpi}^* \bar{\Psi}_N^{(j)-1} \bar{a}_{(j)} \bar{\Omega}_{(j)}^{-1} e^{(j)}$，其中 $\bar{\Psi}_N^{(j)-1} = \bar{a}'_{(j)} \bar{\Omega}_{(j)}^{-1} \bar{a}_{(j)}$；$\bar{a}_{(j)} = N^{-1} \sum_{i=1}^{N} \text{E}(W_{li}^{(j)\prime} \Delta y_{i,-1})$；$\bar{\Omega}_{(j)} = N^{-1} \sum_{i=1}^{N} \text{E}(W_{li}^{(j)\prime} \Delta u_i \Delta u_i W_{li}^{(j)})$，$j=1$，2。定义 $q'_0 = \kappa$，$q'_1 = T-2$ 和 $q'_2 = [(T-1)\times(T-2)]/2$。$e^{(1)}$ 是一个 $q'_1\times 1$ 的向量，$e^{(2)}$ 是一个 $q'_2\times 1$ 的向量。在 $e^{(1)}$ 里的第 i 元素被定义为

$$e_i^{(1)} = \begin{cases} \dfrac{1}{\sqrt{T}} \sum_{l=0}^{i-1} \rho^l(\delta_{2+l} - \delta_{1+l}), & i \leqslant q; \\ \dfrac{1}{\sqrt{T}} \sum_{l=0}^{q-1} \rho^l(\delta_{2+l} - \delta_{1+l}), & i > q \end{cases} \tag{4.48}$$

对于 $e^{(2)}$，非零元素的数量级为 T，每一个在 $e^{(2)}$ 里的非零元素可以被表示为 $\vartheta_i(\rho,\ \delta_s)/\sqrt{T}$，$\vartheta_i \leqslant K < \infty$。

以上的结果表明 $m_{(2,p)}^{(j)2}$ 在 $MA(q)$ 和 $AR(q)$ 的备择假设下是更有功效的。注意到 $m_{(2,p)}^{(j)2}$ 的功效性质依赖于 c_p 和 $d_p^{(j)}$ 的大小。c_p 取决于 $N^{-1/2} \sum_{i=1}^{N} v_{iT}$ 的渐进偏差。其前 q 个元素是非零的。$d_p^{(j)}$ 取决于非零的 $e^{(j)}$。即使 c_p 和 $d_p^{(j)}$，$j=0$，1，2 有相同的非零部分，它们也是不一样的。这三个检验没有明显的功效排名。

然后，我们考虑了 $S_{(0)}$ 的功效性质，在局部备择假设下，我们有

$$S_{(0)} \xrightarrow{d} \chi^2(p_1 - k,\ e^{(0)\prime} V^{(0)-1} e^{(0)}) \tag{4.49}$$

这里 $V^{(0)} = \text{plim}_{(N,T)\to\infty}(\sum_{i=1}^{N}(W_{li}^{(0)\prime} \Delta\check{u}_i^{(0)} \Delta\check{u}_i^{(0)\prime} W_{li}^{(0)})/NT)$。当 $e^{(0)}$ 有 q 个非零元素的 q'_0 维向量时，$S_{(0)}$ 在备择假设 $MA(q)$ 和 $AR(q)$ 下是有功效的。需要注意的是 q'_0 影响功效性质。因为 $e^{(0)}$ 的前 q 个元素是非零的并且它的左边为零时，相比 $q'_0 \neq q$，$q'_0 = q$ 时 $S_{(0)}$ 更有功效。我们再考虑修正后的大 q_j 的 Sarga 检验的功效性质。

在局部备择假设下，我们有

$$\tilde{J}_{(j)} \xrightarrow{d} N\left(\lim_{(N,T)\to\infty} \frac{\varsigma_{(j)}}{\sqrt{2(q_j' - k)(1 - (q_j' - k)/N)}}, 1\right), j = 0, 1, 2 \tag{4.50}$$

这里$\varsigma_{(0)} = e^{(0)\prime} V^{(0)-1} e^{(0)}$，$\varsigma_{(j)} = e^{(j)\prime} V^{(j)-1} e^{(j)}$，$V^{(j)} = \text{plim}_{(N,T)\to\infty} N^{-1} \sum_{i=1}^{N} (W_{li}^{(j)\prime} \Delta\breve{u}_i^{(j)} \Delta\breve{u}_i^{(j)\prime} W_{li}^{(j)})$，$j=1$，2。由以上结论，我们有$\varsigma_{(0)} = O_p(1)$，$\varsigma_{(1)} = O_p(1)$和$\varsigma_{(2)} = O_p(1)$。当 $q_j\to\infty$，$\varsigma_{(j)}/\sqrt{2(q_j-k)(1-(q_j'-k)/N)}\to 0$。在 $MA(q)$和 $AR(q)$局部备择假设下，当 $T\to\infty$，$S_{(1)}$和 $S_{(2)}$渐进地没有功效。因此他们在 $MA(q)$和 $AR(q)$备择假设下的功效只随 N 增加。

值得注意的是，在局部备择假设下，序列相关的检验具有一定的功效。但是随着工具变量矩阵变大，校正后的 Sarga 检验的功效也会降低。因此，使用具有固定数量工具变量的折叠矩阵的检验统计量应该比使用块对角工具变量矩阵的检验统计量更有功效。减小工具变量矩阵的维数可以增加 \$q\$ 阶序列相关备择假设下的功效。因此，使用 $W_{li}^{(0)}$ 构建基于两步 GMM 估计的设定检验可能比使用 $W_{li}^{(1)}$ 或 $W_{li}^{(2)}$ 检验更好。

4.5.2 斜率异质性和残差截面相关性

佩萨兰和史密斯（Pesaran and Smith，1995）表明，忽略动态面板模型中的斜率异质性可能导致残差中的持续序列相关性，考虑具有斜率异质性的模型：

$$y_{it} = \rho_i y_{i,t-1} + \eta_i + u_{it}, \quad i=1, \cdots, N; \ t=2, \cdots, T \tag{4.51}$$

其中 $\rho_i = \rho + v_i$，$\varsigma_i \sim i.i.d.(0, \sigma_v^2)$。如果忽略斜率异质性，式（4.51）中的扰动项可以写成

$$u_{it} = v_i y_{i,t-1} + \varepsilon_{it} \tag{4.52}$$

从上面的表达式中可以清楚地看出，残差项存在序列相关，并且这种相关性类似于 $AR(1)$过程，因此该替代下的功效性质类似于 $AR(1)$时的备择假设。

忽略残差项中的截面相关性也导致序列相关，考虑扰动项中含有因子

结构，

$$u_{it}=\lambda_i'f_t+\varepsilon_{it} \tag{4.53}$$

$\lambda_i \sim i.i.d.(0,\ \Sigma_\lambda)$，$\lambda_i$ 和 ε_{jt} 对于任意 i，j，t 是不相关的，$f_t \sim i.i.d(0,\ \Sigma_f)$。给定 f_t，

$$E(u_{it}u_{i,t+s})=E[(\Delta f_t'\lambda_i+\Delta\varepsilon_{it})(\lambda_i'\Delta f_{t+s}+\Delta\varepsilon_{i,t+s})]=\Delta f_t'\Sigma_\lambda\Delta f_{t+s} \tag{4.54}$$

$E(u_{it}u_{i,t+s})$ 的大小不会因为给定 t 而随着 s 的增加而减小。因此，联合序列相关性检验的功效会随着 p 的增加而增加，当 κ 很大时，Sargan 检验 $S_{(0)}$ 会更有功效。

4.5.3 p 和 κ 的选择

在实践中，我们无法观察到备择假设。由于已有的检验的功效性质取决于备择假设，因此没有明确的理论来指导选择 p 和 κ 的值。对于 p 的选择，可以按照山形（2008）的建议：如果有理由怀疑有 $MA(q)$ 或者 $AR(q)$ 的残差序列相关，则选择 p 等于或略大于 $q+1$；当 T 相对较小时，选择 p 作为其最大值或接近于检验的一般模型误设。对于 κ 的选择，给定 p 和 κ，可以设置 $\kappa=p$。两个检验的功效随着 T 的增加而增长。因此，当 T 相对较大时，与 T 的值相比较，我们可能只校正 p 和 κ 的值。

4.6 蒙特卡洛模拟

本节进行蒙特卡罗模拟，以检验二阶序列相关检验（$m_2^{(j)}$）的实证水平尺度和功效，从 2 阶到 p 阶的联合序列相关检验（$m_{(2,p)}^{(j)2}$）、Sargan 检验（$S_{(j)}$）和修正的 Sarga 检验（$\tilde{J}_{(j)}$），$j=0$，1，2。根据山形（2008），我们考虑了六种残差设定：$MA(1)$ 残差；$MA(2)$ 残差；$AR(1)$ 残差；$AR(2)$ 残差；斜率异质性；截面相关的残差。

4.6.1 实验设计

数据生成过程（DGP）由下式给出：

$$y_{it}=\rho y_{i,t-1}+\beta x_{it}+\eta_i+u_{it},\ |\rho|<1;\ i=1,\ \cdots,\ N;\ t=-48,\ -47,\ \cdots,\ T \tag{4.55}$$

和

$$x_{it}=\rho_x x_{i,t-1}+\tau u_{i,t-1}+v_{it},\ |\rho_x|<1;\ i=1,\ \cdots,\ N;\ t=-48,\ -47,\ \cdots,\ T \tag{4.56}$$

令 $y_{i,49}=0$，$x_{i,49}=0$，两个 *DGP* 的前 50 个观测值被丢弃。令 $\rho=\rho_x=\beta=\tau=0.5$，在原假设下，$u_{it}=\varepsilon_{it}$，这里 $\varepsilon_{it}\sim i.i.d.N(0,\ \sigma_\varepsilon^2)$，$\sigma_\varepsilon^2=1$，$v_{it}\sim i.i.d.N(0,\ \sigma_v^2)$，$\eta_i\sim i.i.d.N(0,\ \sigma_\eta^2)$。根据基维（Kiviet，1995）和宾和基维（2006），在原假设下 $u_{it}=\varepsilon_{it}$，我们通过 σ_v^2 控制原假设下的信息噪音比，信息噪音比定义为 $\omega=\sigma_s^2/\sigma_\varepsilon^2$，这里，$\sigma_s^2=va(y_{it}^*-\varepsilon_{it})$，$y_{it}^*=y_{it}-\eta_i/(1-\rho)$。具体而言，使用萨拉菲迪斯等（Sarafidis et al.，2009）的参数推导，我们得到：

$$\sigma_v^2=\frac{[\sigma_\varepsilon^2(1+\omega)]/a_1-b_1}{\beta^2}$$

这里，

$$a_1=\frac{1+\rho\rho_x}{(1-\rho_x^2)(1-\rho^2)(1-\rho\rho_x)}$$

$$b_1=1+(\beta\tau-\rho_x)^2+\frac{2(\beta\tau-\rho_x)(\rho+\rho_x)}{1+\rho\rho_x}$$

令 $\omega=3$ 并选择 $\sigma_\eta^2=(1-\rho^2)a_1b_1$。为了讨论功效，我们考虑了 6 种残差设定，用(1)～(6)来表示。控制所有的参数以便将 u_{it}的方差设置为 1。

（1）MA(1)：

$$u_{it}=\sigma_\varepsilon(\varepsilon_{it}+\psi_1\varepsilon_{i,t-1})$$

其中 $\psi_1=0.2$ 和 $\sigma_\varepsilon^2=1/(1+\psi_1^2)$；因此 $r_0=1$ 和 $r_1=0.2$。

（2）MA(2)：

$$u_{it}=\sigma_\varepsilon(\varepsilon_{it}+\psi_1\varepsilon_{i,t-1}+\psi_2\varepsilon_{i,t-2})$$

这里 $\psi_1=20/103$，$\psi_2=13/90$，$\sigma_\varepsilon^2=1/(1+\psi_1^2+\psi_2^2)$；$r_0=1$，$r_1=2/9$ 且 $r_2=13/90$。

（3）AR(1)：

$$u_{it}=\rho_1u_{i,t-1}+\sigma_\varepsilon\varepsilon_{it}$$

这里 $\rho_1=0.2$，$\sigma_\varepsilon^2=(1-\rho_1^2)$，使得 $r_0=1$ 且 $r_1=0.2$。

（4）AR(2)：

$$u_{it}=\rho_1 u_{i,t-1}+\rho_2 u_{i,t-2}+\sigma_\varepsilon\varepsilon_{it}$$

这里 $\rho_1=0.2$，$\rho_2=0.1$，$\sigma_\varepsilon^2=(1+\rho_2)[(1-\rho_2)^2-\rho_1^2]/(1-\rho_2)$；使得 $r_0=1$，$r_1=2/9$ 且 $r_2=13/90$。

（5）异质性斜率：

$$y_{it}=\rho y_{i,t-1}+\beta_i x_{it}+\eta_i+u_{it}$$

这里 $\beta_i\sim i.i.d.N(0.5, 1)$。

（6）截面相关性：

$$u_{it}=0.75(\lambda_i'f_t+\sigma_\varepsilon\varepsilon_{it})$$

这里 $\lambda_i\sim i.i.d.U[-1, 1]$，$f_t\sim i.i.d.N(0, 1)$ 且 $\sigma_\varepsilon^2=1$。

我们分别选取 $N=100$，150，200 和 $T=7$，11，20，30 进行实验，对所有的（N，T）我们重复 2000 次实验。

为了获得水平尺度，我们考虑 $m_2^{(j)}$ 和 $\tilde{J}_{(j)}$，$j=0$，1，2 的双边 5% 置信水平，$m_{(2,p)}^{(j)2}$ 和 $S_{(j)}$，$j=0$，1，2 的单边 5% 置信水平。p 被设置为 3，4，5，6，7，κ 被设置为 2，3，4，5，6，7。

4.6.2 实验结果

表 4-1 报告了每一个检验的水平尺度结果。这个结果表明所有的 $m_2^{(j)}$ 和 $m_{(2,p)}^{(j)2}$，$j=0$，1，2 对于不同的（N，T）有相同的水平尺度。使用 χ^2 的近似值，Sargan 检验 $S_{(0)}$ 表现了正确的水平尺度，而 $S_{(j)}$，$j=1$，2 时趋向于拒绝原假设。当 T 中等大小时，例如 $T=11$，$N=100$，这些检验水平尺度都非常小。$\tilde{J}_{(2)}$ 和 $\tilde{J}_{(1)}$ 的水平尺度分别是 0 和 0.4，这与先前文献中的模拟结果一致。当 T 增加时，$S_{(1)}$ 和 $S_{(2)}$ 有更多的水平尺度失真。相反，修正过的 Sargan 检验 $\tilde{J}_{(j)}$ 与 $S_{(j)}$，$j=1$，2 有较好的表现。例如，当 $N=100$，$T=11$，$\tilde{J}_{(2)}$ 和 $\tilde{J}_{(1)}$ 的水平尺度分别是 3 和 3.4，虽然略小但接近 5。

表 4－1 检验的水平尺度

Tests	(N, T)	工具变量矩阵类型/工具变量数量								(N, T)	工具变量矩阵类型/工具变量数量						
		$j=2$	$j=1$	$j=0$							$j=1$	$j=0$					
		$T(T-2)$	$2(T-2)$	4	6	8	10	12	14		$2(T-2)$	4	6	8	10	12	14
$m_2^{(j)}$	(100, 7)	6.25	5.95	5.90	6.00	5.90	6.15			(100, 20)	4.65	5.05	4.95	5.00	4.90	4.95	4.95
$m_{(2,3)}^{(j)2}$	(100, 7)	5.40	5.70	5.30	5.30	5.25	5.20			(100, 20)	5.25	5.20	5.20	5.30	5.30	5.20	5.25
$m_{(2,4)}^{(j)2}$	(100, 7)	5.55	4.80	4.55	4.25	4.40	4.45			(100, 20)	4.80	4.85	4.75	4.80	4.75	4.65	4.80
$m_{(2,5)}^{(j)2}$	(100, 7)									(100, 20)	4.45	4.95	4.85	4.85	4.90	4.90	4.85
$m_{(2,6)}^{(j)2}$	(100, 7)									(100, 20)	4.30	4.55	4.45	4.50	4.50	4.45	4.45
$m_{(2,7)}^{(j)2}$	(100, 7)									(100, 20)	3.95	4.20	4.25	4.15	4.20	4.25	4.25
$S_{(j)}$	(100, 7)	2.70	4.15	4.85	4.40	4.25	4.30			(100, 20)	1.30	4.50	4.20	4.20	4.20	4.30	4.20
$J_{(j)}$	(100, 7)	4.70	4.20	5.05	4.50	4.30	4.30			(100, 20)	3.25	4.65	4.20	4.20	4.15	4.45	4.45
$m_2^{(j)}$	(150, 7)	4.55	4.35	4.35	4.25	4.30	4.35			(150, 20)	5.25	5.10	5.15	5.15	5.15	5.10	5.10
$m_{(2,3)}^{(j)2}$	(150, 7)	4.40	4.45	4.25	4.25	4.30	4.10			(150, 20)	4.85	4.90	4.80	4.80	4.80	4.80	4.80
$m_{(2,4)}^{(j)2}$	(150, 7)	4.95	4.50	4.20	4.20	4.30	4.50			(150, 20)	4.85	4.70	4.65	4.70	4.65	4.65	4.70
$m_{(2,5)}^{(j)2}$	(150, 7)									(150, 20)	4.30	4.80	4.65	4.65	4.60	4.60	4.55
$m_{(2,6)}^{(j)2}$	(150, 7)									(150, 20)	5.20	5.65	5.85	5.85	5.85	6.00	5.85
$m_{(2,7)}^{(j)2}$	(150, 7)									(150, 20)	5.45	5.50	5.25	5.25	5.20	5.25	5.20
$S_{(j)}$	(150, 7)	2.80	4.95	4.65	4.80	5.90	4.75			(150, 20)	2.75	5.45	4.55	4.75	4.15	4.25	4.65
$J_{(j)}$	(150, 7)	4.05	4.80	4.90	4.80	5.75	4.45			(150, 20)	4.10	5.65	4.65	4.55	3.85	4.00	4.50

续表

Tests	(N, T)	工具变量矩阵类型/工具变量数量								(N, T)	工具变量矩阵类型/工具变量数量						
		$j=2$	$j=1$	$j=0$							$j=1$	$j=0$					
		$T(T-2)$	$2(T-2)$	4	6	8	10	12	14		$2(T-2)$	4	6	8	10	12	14
$m_2^{(j)}$	(200, 7)	5.30	5.35	5.50	5.45	5.40	5.40			(200, 20)	5.60	5.70	5.70	5.75	5.75	5.75	5.75
$m_{(2,3)}^{(j)2}$	(200, 7)	5.20	5.30	5.00	4.85	5.00	4.90			(200, 20)	5.85	6.25	6.00	6.15	6.15	6.15	6.15
$m_{(2,4)}^{(j)2}$	(200, 7)	5.45	4.75	4.80	4.75	4.60	4.75			(200, 20)	5.95	5.80	5.85	5.75	5.80	5.65	6.00
$m_{(2,5)}^{(j)2}$	(200, 7)									(200, 20)	5.65	5.80	6.05	6.05	6.05	6.05	5.80
$m_{(2,6)}^{(j)2}$	(200, 7)									(200, 20)	4.95	5.45	5.55	5.40	5.40	5.40	5.40
$m_{(2,7)}^{(j)2}$	(200, 7)									(200, 20)	5.40	6.35	5.90	5.80	5.75	5.75	5.85
$S_{(j)}$	(200, 7)	4.50	5.25	4.95	4.85	4.85	4.30			(200, 20)	2.65	4.35	4.05	4.60	5.05	4.75	6.00
$J_{(j)}$	(200, 7)	5.55	4.95	5.20	4.85	4.50	4.10			(200, 20)	3.35	4.45	4.05	3.90	4.75	4.45	5.60
$m_2^{(j)}$	(100, 11)	4.85	5.05	5.00	5.00	4.95	5.00	5.00	5.00	(100, 30)	4.50	4.65	4.70	4.70	4.65	4.75	4.75
$m_{(2,3)}^{(j)2}$	(100, 11)	4.35	4.65	4.50	4.40	4.45	4.50	4.55	4.55	(100, 30)	4.55	4.90	4.85	4.95	4.95	4.95	4.90
$m_{(2,4)}^{(j)2}$	(100, 11)	5.20	5.45	5.00	5.00	5.10	5.10	5.10	5.00	(100, 30)	4.25	4.55	4.40	4.35	4.45	4.45	4.35
$m_{(2,5)}^{(j)2}$	(100, 11)	5.05	4.70	5.05	5.05	5.05	5.00	5.05	5.00	(100, 30)	4.20	4.40	4.35	4.35	4.30	4.45	4.40
$m_{(2,6)}^{(j)2}$	(100, 11)	5.00	4.80	4.80	4.85	4.75	4.80	4.70	4.80	(100, 30)	4.10	4.60	4.60	4.75	4.70	4.75	4.90
$m_{(2,7)}^{(j)2}$	(100, 11)	5.95	5.20	5.50	5.45	5.55	5.55	5.60	5.45	(100, 30)	4.50	5.65	5.55	5.50	5.35	5.45	5.50
$S_{(j)}$	(100, 11)	0.00	0.40	5.10	4.50	3.90	3.85	4.25	4.80	(100, 30)	0.10	5.20	4.20	4.00	4.25	4.40	4.50
$J_{(j)}$	(100, 11)	3.00	3.70	5.65	4.65	3.90	3.80	4.25	5.15	(100, 30)	3.45	5.65	4.40	4.00	4.20	4.65	5.20

续表

Tests	(N, T)	工具变量矩阵类型/工具变量数量								(N, T)	工具变量矩阵类型/工具变量数量						
		$j=2$	$j=1$	$j=0$							$j=1$	$j=0$					
		$T(T-2)$	$2(T-2)$	4	6	8	10	12	14		$2(T-2)$	4	6	8	10	12	14
$m_2^{(j)}$	(150, 11)	5.55	5.20	5.45	5.45	5.45	5.40	5.35	5.35	(150, 30)	4.55	4.65	4.70	4.60	4.55	4.55	4.55
$m_{(2,3)}^{(j)2}$	(150, 11)	4.55	4.55	4.60	4.45	4.50	4.55	4.60	4.65	(150, 30)	4.70	4.90	4.90	4.90	5.10	5.10	5.15
$m_{(2,4)}^{(j)2}$	(150, 11)	5.15	5.00	5.40	5.25	5.20	5.20	5.20	5.20	(150, 30)	4.05	4.55	4.50	4.35	4.40	4.30	4.30
$m_{(2,5)}^{(j)2}$	(150, 11)	4.20	4.20	4.05	3.95	3.95	3.95	4.15	4.25	(150, 30)	4.10	4.50	4.40	4.50	4.40	4.70	4.55
$m_{(2,6)}^{(j)2}$	(150, 11)	4.45	4.40	4.35	4.40	4.40	4.40	4.40	4.55	(150, 30)	4.00	4.40	4.35	4.25	4.30	4.35	4.25
$m_{(2,7)}^{(j)2}$	(150, 11)	4.85	4.55	4.45	4.50	4.45	4.35	4.60	4.60	(150, 30)	4.05	4.55	4.60	4.35	4.25	4.10	4.20
$S_{(j)}$	(150, 11)	0.05	0.70	4.70	4.65	4.35	4.75	4.40	4.95	(150, 30)	1.75	4.10	4.90	3.80	3.85	3.75	4.40
$J_{(j)}$	(150, 11)	4.50	4.10	4.95	4.70	4.30	4.45	4.15	4.85	(150, 30)	4.45	4.15	4.90	3.75	3.55	3.70	4.30
$m_2^{(j)}$	(200, 11)	4.75	4.95	5.00	4.95	4.95	4.95	4.90	4.90	(200, 30)	5.15	5.20	5.05	5.05	5.15	5.15	5.15
$m_{(2,3)}^{(j)2}$	(200, 11)	4.55	4.90	4.70	4.80	4.75	4.75	4.70	4.65	(200, 30)	4.85	4.85	4.80	4.75	4.80	4.95	4.85
$m_{(2,4)}^{(j)2}$	(200, 11)	5.10	5.15	5.35	5.15	5.10	5.10	5.10	5.20	(200, 30)	4.75	5.00	4.85	4.80	4.80	4.75	4.75
$m_{(2,5)}^{(j)2}$	(200, 11)	4.95	5.05	5.00	4.90	4.95	4.85	4.90	4.95	(200, 30)	4.60	4.85	4.60	4.70	4.75	4.65	4.80
$m_{(2,6)}^{(j)2}$	(200, 11)	4.40	4.15	4.20	4.25	4.25	4.15	4.15	4.25	(200, 30)	4.90	5.05	4.95	5.00	5.05	5.05	5.00
$m_{(2,7)}^{(j)2}$	(200, 11)	4.50	4.25	4.35	4.20	4.10	4.00	4.05	4.05	(200, 30)	4.45	4.60	4.60	4.40	4.45	4.60	4.50
$S_{(j)}$	(200, 11)	1.05	0.80	5.80	4.30	5.15	5.40	5.05	4.85	(200, 30)	2.35	5.20	5.30	4.90	5.35	4.85	5.00
$J_{(j)}$	(200, 11)	5.45	4.20	6.25	4.30	5.05	4.85	4.50	4.70	(200, 30)	4.05	5.30	5.30	4.75	5.00	4.75	5.25

注：本表报告了 $m_s^{(j)}$，$m_{(2,p)}^{(j)2}$，$S_{(j)}$ 和 $J_{(j)}$ 的水平尺度；$j=0, 1, 2$；$p=3, 4, 5, 6, 7$。对于 $j=0$，我们选择 $\kappa=2, 3, 4, 5, 6, 7$。数据由 $y_{it}=\alpha_i+0.5y_{i,t-1}+0.5x_{it}+\mu_{it}$ 生成。此时 $\mu_{it}=\varepsilon_{it}\sim i.i.d.\ N(0, 1)$；$x_{it}=0.5x_{i,t-1}+0.5\mu_{i,t-1}+v_{it}$，$v_{it}\sim i.i.d.\ N(0, \sigma_v^2)$，$i=1, \cdots, N$；$t=-48, \cdots, T$，$y_{i,-49}=x_{i,-49}=0$。我们丢弃了前 50 个观测数据，通过 σ_v^2 信息噪音比被固定为 3。检验在正态分布 5% 的置信水平下进行。

表格剩下的部分包括了在备择假设下每个检验的水平尺度修正的功效。表4－2和表4－3给出了在MA(1)情形下功效的结果。就修正过水平尺度的功效而言，这个结果表明 $m_{(2,p)}^{(j)2}$ 总是优于 $m_2^{(j)}$，$j=0$，1，2。其中 $m_{(2,p)}^{(j)2}$，$j=0$，1，2，$m_{(2,p)}^{(0)2}$ 有最大的功效，但是他们差异不是很显著。$\tilde{J}_{(0)}$ 在指定的 κ 下，有更好的功效性质。一方面，当（N，T）变大，$m_2^{(j)}$，$m_{(2,p)}^{(j)2}$，$j=0$，1，2和 $\tilde{J}_{(0)}$ 的功效都接近1。另一方面，当 N 小 T 大时，$\tilde{J}_{(2)}$ 有更小的功效，$\tilde{J}_{(1)}$ 在所有的情况都有极低的功效值。即使固定 T 对于相对较大的 N，$\tilde{J}_{(1)}$ 的功效也没有显著增加。相比 $m_{(2,p)}^{(j)2}$ 和 $\tilde{J}_{(0)}$、$m_2^{(0)}$、$m_{(2,p)}^{(0)2}$、$\tilde{J}_{(2)}$ 和 $\tilde{J}_{(1)}$ 有更小的功效，当 κ 增加时，$\tilde{J}_{(0)}$ 有更小的功效，这也证明了我们的理论分析。

表4－4和表4－5报告了在MA(2)备择假设下的功效值。比较 $m_{(2,p)}^{(j)2}$，$j=0$，1，2，$m_2^{(j)}$ 有更小的功效值，这与山形（2008）的结论是一致的。当 N 小 T 中等大的时候，$\tilde{J}_{(2)}$ 有较小的功效。在各种组合下，$\tilde{J}_{(1)}$ 有极低的功效，$\tilde{J}_{(0)}$ 有一定的功效，但是相比较 $m_{(2,p)}^{(j)2}$，$j=0$，1，2来说，没有显著的优劣。

表4－6和表4－7报告了 AR(1)备择假设的功效结果，结论与MA(1)的情况相似。需要注意的是，在相同的 N 和 T 下，所有检验的功效都比MA(1)情形下更大。这是因为在AR(1)残差下，所有元素的有偏部分都是非零的，而在MA(1)残差情况下只有前两个元素是非零的。表4－8和表4－9报告了在AR(2)下的结果。$m_2^{(j)}$，$j=0$，1，2的功效较小，这可能是由自回归残差中的参数选择引起的。更具体地说，在这种情况下，$\mathrm{E}(\Delta u_{it}\Delta u_{i,t+2})=0.07$，$\mathrm{E}(\Delta u_{it}\Delta u_{i,t+3})=-0.14$；因此相比 $m_{(2,p)}^{(j)2}$，他们有更小的功效，该结果也可见山形（2008）。当 $\kappa=3$，$\tilde{J}_{(0)}$ 优于所有的其他检验，此外在任何（N，T）的组合下，$\tilde{J}_{(1)}$ 依旧没有功效。

在异质斜率模型下的功效结果见表4－10和表4－11。当 $\kappa=2$，且对于任意 N 和 T 的组合之下，$\tilde{J}_{(0)}$ 优于所有其他检验。对于大多数的（N，T）的组合，$m_{(2,p)}^{(j)2}$ 优于 $m_2^{(j)}$，$j=0$，1，2；在截面相关的备择假设下的功效的结果见表4－12和表4－13。所有检验的功效都随着 p 和 κ 的增加而增加。关于这个结论，我们可以发现，在任意（N，T）的组合下，给定相对较大的 p 和小的 κ，$m_{(2,p)}^{(j)2}$，$j=0$，1，2比 $\tilde{J}_{(0)}$ 有更大的功效。但是，若 p 小 κ 大，可能结果会反过来。在 T 较小的情形下 $\tilde{J}_{(2)}$ 比 $\tilde{J}_{(0)}$ 有更大的功效。

表 4-2　　检验功效（水平尺度修正的功效）：$MA(1)$

Tests	(N, T)	工具变量矩阵类型/工具变量数量							
		$j=2$	$j=1$	$j=0$					
		$T(T-2)$	$2(T-2)$	4	6	8	10	12	14
$m_2^{(j)}$	(100, 7)	45.90 (36.05)	44.30 (35.75)	46.35 (36.90)	46.35 (36.80)	46.30 (36.90)	46.15 (37.10)		
$m_{(2,3)}^{(j)2}$	(100, 7)	45.05 (42.15)	36.50 (34.00)	42.05 (40.90)	42.65 (41.65)	42.75 (41.80)	42.65 (42.15)		
$m_{(2,4)}^{(j)2}$	(100, 7)	42.95 (39.70)	33.10 (34.10)	37.65 (40.55)	38.20 (40.80)	38.45 (40.70)	38.55 (40.10)		
$S_{(j)}$	(100, 7)	11.40 (19.70)	4.70 (5.40)	42.70 (43.05)	32.90 (35.40)	27.55 (29.55)	23.30 (26.45)		
$J_{(j)}$	(100, 7)	25.10 (19.70)	7.25 (5.40)	48.55 (43.05)	40.10 (35.40)	32.90 (29.55)	28.95 (26.45)		
$m_2^{(j)}$	(150, 7)	62.95 (61.75)	60.55 (60.75)	62.60 (62.80)	62.50 (62.45)	62.50 (62.50)	62.55 (62.25)		
$m_{(2,3)}^{(j)2}$	(150, 7)	63.75 (65.50)	57.50 (60.25)	61.55 (64.25)	61.95 (64.40)	61.85 (65.40)	61.95 (64.85)		
$m_{(2,4)}^{(j)2}$	(150, 7)	63.60 (64.35)	55.75 (58.25)	59.65 (62.40)	60.00 (63.40)	60.05 (63.35)	59.95 (63.15)		
$S_{(j)}$	(150, 7)	30.90 (37.40)	4.85 (9.95)	58.90 (60.20)	50.85 (51.80)	44.45 (40.90)	37.50 (38.20)		
$J_{(j)}$	(150, 7)	41.95 (37.40)	6.60 (4.90)	64.65 (60.20)	56.75 (51.80)	50.10 (40.90)	43.65 (38.20)		
$m_2^{(j)}$	(200, 7)	73.60 (65.40)	71.55 (65.45)	72.80 (66.75)	73.10 (66.40)	73.05 (66.50)	73.10 (66.70)		
$m_{(2,3)}^{(j)2}$	(200, 7)	77.95 (77.75)	73.05 (72.20)	76.10 (76.15)	76.50 (76.85)	76.70 (76.70)	76.60 (77.10)		
$m_{(2,4)}^{(j)2}$	(200, 7)	79.15 (77.70)	72.25 (73.35)	76.15 (76.80)	76.35 (76.80)	76.45 (76.75)	76.30 (77.05)		
$S_{(j)}$	(200, 7)	48.20 (49.50)	4.55 (9.45)	71.85 (71.85)	63.10 (63.10)	57.05 (57.60)	50.55 (53.95)		
$J_{(j)}$	(200, 7)	58.35 (49.50)	6.95 (4.40)	76.40 (71.85)	68.50 (63.10)	62.30 (57.60)	56.05 (53.95)		

续表

Tests	(N, T)	工具变量矩阵类型/工具变量数量							
		$j=2$	$j=1$	$j=0$					
		$T(T-2)$	$2(T-2)$	4	6	8	10	12	14
$m_2^{(j)}$	(100, 11)	77.85 (73.50)	76.15 (73.60)	78.05 (74.70)	77.80 (74.35)	77.90 (74.10)	78.00 (74.50)	78.10 (73.80)	78.10 (73.80)
$m_{(2,3)}^{(j)2}$	(100, 11)	83.25 (85.15)	79.75 (80.50)	82.65 (83.95)	83.20 (84.40)	83.00 (84.15)	83.05 (84.55)	83.15 (84.55)	83.10 (84.20)
$m_{(2,4)}^{(j)2}$	(100, 11)	84.40 (83.50)	80.05 (78.65)	83.05 (83.05)	83.65 (83.55)	83.45 (83.30)	83.65 (83.30)	83.50 (83.45)	83.60 (83.65)
$m_{(2,5)}^{(j)2}$	(100, 11)	84.10 (84.00)	78.15 (78.25)	81.55 (81.35)	82.15 (82.15)	82.40 (82.00)	82.70 (82.65)	82.75 (82.50)	82.75 (82.85)
$m_{(2,6)}^{(j)2}$	(100, 11)	82.55 (82.55)	77.20 (78.45)	79.50 (80.20)	80.15 (81.80)	80.95 (82.20)	81.10 (82.10)	80.95 (81.85)	80.75 (81.35)
$m_{(2,7)}^{(j)2}$	(100, 11)	80.50 (78.20)	75.00 (74.00)	77.35 (75.85)	77.80 (76.60)	78.40 (77.00)	78.75 (77.05)	78.95 (77.25)	79.00 (76.90)
$S_{(j)}$	(100, 11)	0.00 (7.30)	3.80 (6.10)	83.45 (82.75)	76.15 (78.10)	69.50 (72.90)	64.15 (67.75)	57.55 (60.95)	52.50 (52.70)
$J_{(j)}$	(100, 11)	0.00 (7.30)	6.75 (6.10)	86.90 (82.75)	81.15 (78.10)	74.90 (72.90)	69.15 (67.75)	63.80 (60.95)	58.60 (52.70)
$m_2^{(j)}$	(150, 11)	92.50 (89.95)	91.50 (90.00)	92.40 (90.65)	92.45 (90.70)	92.50 (90.80)	92.55 (90.70)	92.55 (90.95)	92.55 (90.95)
$m_{(2,3)}^{(j)2}$	(150, 11)	95.45 (96.00)	94.05 (94.65)	95.35 (95.50)	95.30 (95.85)	95.30 (95.90)	95.35 (95.95)	95.40 (95.95)	95.35 (95.90)
$m_{(2,4)}^{(j)2}$	(150, 11)	96.55 (96.50)	95.30 (95.30)	96.45 (96.15)	96.70 (96.40)	96.60 (96.60)	96.60 (96.25)	96.55 (96.35)	96.55 (96.35)
$m_{(2,5)}^{(j)2}$	(150, 11)	96.90 (97.20)	95.40 (96.15)	96.30 (96.55)	96.45 (96.85)	96.60 (96.85)	96.50 (96.95)	96.55 (97.00)	96.55 (96.95)
$m_{(2,6)}^{(j)2}$	(150, 11)	96.40 (96.70)	95.15 (95.40)	95.85 (96.00)	95.85 (96.20)	95.95 (96.30)	95.90 (96.20)	95.90 (96.25)	95.95 (96.40)
$m_{(2,7)}^{(j)2}$	(150, 11)	96.30 (96.30)	94.70 (95.10)	95.55 (95.90)	95.70 (96.10)	95.85 (96.35)	95.85 (96.25)	95.90 (96.25)	95.95 (96.20)
$S_{(j)}$	(150, 11)	1.95 (25.20)	4.15 (4.85)	95.55 (95.65)	92.35 (92.95)	90.05 (91.10)	87.00 (87.30)	83.15 (85.10)	79.05 (79.50)

续表

Tests	(N, T)	工具变量矩阵类型/工具变量数量							
		$j=2$	$j=1$	$j=0$					
		$T(T-2)$	$2(T-2)$	4	6	8	10	12	14
$J_{(j)}$	(150, 11)	32.45 (25.20)	6.30 (4.85)	96.55 (95.65)	94.4 (92.95)	92.55 (91.10)	89.80 (87.30)	87.30 (85.10)	83.20 (79.50)
$m_2^{(j)}$	(200, 11)	97.05 (96.45)	96.50 (95.75)	97.15 (96.20)	97.10 (96.30)	97.10 (96.35)	97.10 (96.35)	97.00 (96.35)	97.00 (96.35)
$m_{(2,3)}^{(j)2}$	(200, 11)	98.65 (98.65)	98.15 (98.20)	98.40 (98.65)	98.50 (98.70)	98.55 (98.60)	98.55 (98.65)	98.55 (98.65)	98.55 (98.65)
$m_{(2,4)}^{(j)2}$	(200, 11)	98.95 (98.90)	98.50 (98.40)	98.85 (98.75)	98.85 (98.85)	98.85 (98.85)	98.90 (98.85)	98.90 (98.85)	98.85 (98.85)
$m_{(2,5)}^{(j)2}$	(200, 11)	99.15 (99.15)	98.65 (98.60)	98.85 (98.85)	98.85 (98.85)	98.85 (98.90)	98.95 (99.00)	98.95 (99.00)	98.95 (98.95)
$m_{(2,6)}^{(j)2}$	(200, 11)	99.45 (99.50)	99.00 (99.15)	99.15 (99.35)	99.20 (99.35)	99.25 (99.35)	99.30 (99.35)	99.25 (99.40)	99.25 (99.40)
$m_{(2,7)}^{(j)2}$	(200, 11)	99.30 (99.50)	98.75 (98.85)	99.15 (99.40)	99.30 (99.45)	99.25 (99.40)	99.30 (99.40)	99.30 (99.40)	99.30 (99.40)
$S_{(j)}$	(200, 11)	28.20 (48.95)	5.25 (7.15)	98.10 (97.95)	97.75 (98.00)	97.10 (96.95)	95.65 (95.45)	94.00 (94.00)	92.20 (92.55)
$J_{(j)}$	(200, 11)	59.65 (48.95)	7.70 (7.15)	98.65 (97.95)	98.40 (98.00)	97.85 (96.95)	96.85 (95.45)	95.50 (94.00)	94.05 (92.55)

注：本表报告了在 MA(1)备择假设下的 $m_s^{(j)}$，$m_{(2,p)}^{(j)2}$，$S_{(j)}$ 和 $J_{(j)}$ 的功效（水平尺度修正的功效）；$j=0, 1, 2$；$p=3, 4, 5, 6, 7$。对于 $j=0$，我们选择 $\kappa=2, 3, 4, 5, 6, 7$。数据由 $y_{it}=\alpha_i+0.5y_{i,t-1}+0.5x_{it}+\mu_{it}$ 生成。此时 $x_{it}=0.5x_{i,t-1}+0.5\mu_{i,t-1}+v_{it}$，$v_{it}\sim i.i.d.\ N(0, \sigma_v^2)$，$i=1, \cdots, N$；$t=-48, \cdots, T$，$y_{i,-49}=x_{i,-49}=0$。我们丢弃了前 50 个观测数据，通过 σ_v^2 信息噪音比被固定为 3。在这样的替代下，$\mu_{it}=\sigma_\varepsilon(\varepsilon_{it}+\varphi_1\varepsilon_{i,t-1})$，这里 $\sigma_\varepsilon^2=1/(1+\varphi_1^2)$，$\varphi_1=0.2$；$\varepsilon_{it}\sim i.i.d.\ N(0, 1)$。

表 4 – 3　　检验功效（水平尺度修正过的功效）：*MA*(1)

Tests	工具变量矩阵类型/工具变量数量							
		$j=1$			$j=0$			
	(N，T)	$2(T-2)$	4	6	8	10	12	14
$m_2^{(j)}$	(100，20)	97.85 (97.85)	98.20 (98.15)	98.25 (98.20)	98.30 (98.10)	98.25 (98.20)	98.35 (98.25)	98.35 (98.25)
$m_{(2,3)}^{(j)2}$	(100，20)	99.25 (99.15)	99.45 (99.45)	99.50 (99.45)	99.50 (99.45)	99.45 (99.45)	99.45 (99.45)	99.45 (99.45)
$m_{(2,4)}^{(j)2}$	(100，20)	99.55 (99.60)	99.70 (99.70)	99.70 (99.70)	99.70 (99.70)	99.70 (99.75)	99.75 (99.75)	99.75 (99.75)
$m_{(2,5)}^{(j)2}$	(100，20)	99.60 (99.60)	99.65 (99.65)	99.65 (99.65)	99.70 (99.70)	99.70 (99.75)	99.70 (99.80)	99.70 (99.80)
$m_{(2,6)}^{(j)2}$	(100，20)	99.40 (99.55)	99.55 (99.60)	99.60 (99.65)	99.65 (99.65)	99.65 (99.70)	99.70 (99.75)	99.75 (99.75)
$m_{(2,7)}^{(j)2}$	(100，20)	99.50 (99.60)	99.55 (99.60)	99.55 (99.60)	99.65 (99.65)	99.65 (99.65)	99.65 (99.65)	99.65 (99.65)
$S_{(j)}$	(100，20)	1.60 (4.65)	99.95 (99.95)	99.75 (99.85)	99.45 (99.65)	99.25 (99.45)	98.75 (99.00)	98.40 (98.80)
$J_{(j)}$	(100，20)	5.35 (4.65)	99.95 (99.95)	99.90 (99.85)	99.70 (99.65)	99.55 (99.45)	99.20 (99.00)	98.95 (98.80)
$m_2^{(j)}$	(150，20)	99.85 (99.80)	99.90 (99.80)	99.95 (99.80)	99.95 (99.80)	99.95 (99.80)	99.95 (99.80)	99.95 (99.80)
$m_{(2,3)}^{(j)2}$	(150，20)	99.95 (100.00)	100.00 (100.00)	100.00 (100.00)	100.00 (100.00)	100.00 (100.00)	100.00 (100.00)	100.00 (100.00)
$m_{(2,4)}^{(j)2}$	(150，20)	100.00 (100.00)	100.00 (100.00)	100.00 (100.00)	100.00 (100.00)	100.00 (100.00)	100.00 (100.00)	100.00 (100.00)
$m_{(2,5)}^{(j)2}$	(150，20)	100.00 (100.00)	100.00 (100.00)	100.00 (100.00)	100.00 (100.00)	100.00 (100.00)	100.00 (100.00)	100.00 (100.00)
$m_{(2,6)}^{(j)2}$	(150，20)	100.00 (100.00)	100.00 (100.00)	100.00 (100.00)	100.00 (100.00)	100.00 (100.00)	100.00 (100.00)	100.00 (100.00)
$m_{(2,7)}^{(j)2}$	(150，20)	100.00 (100.00)	100.00 (100.00)	100.00 (100.00)	100.00 (100.00)	100.00 (100.00)	100.00 (100.00)	100.00 (100.00)
$S_{(j)}$	(150，20)	2.25 (4.75)	100.00 (100.00)	100.00 (100.00)	100.00 (100.00)	100.00 (100.00)	99.95 (99.95)	99.95 (99.95)
$J_{(j)}$	(150，20)	5.70 (4.75)	100.00 (100.00)	100.00 (100.00)	100.00 (100.00)	100.00 (100.00)	99.95 (99.95)	99.95 (99.95)

续表

Tests	工具变量矩阵类型/工具变量数量							
		$j=1$			$j=0$			
	(N, T)	$2(T-2)$	4	6	8	10	12	14
$m_2^{(j)}$	(200, 20)	100.00 (100.00)	100.00 (100.00)	100.00 (100.00)	100.00 (100.00)	100.00 (100.00)	100.00 (100.00)	100.00 (100.00)
$m_{(2,3)}^{(j)2}$	(200, 20)	100.00 (100.00)	100.00 (100.00)	100.00 (100.00)	100.00 (100.00)	100.00 (100.00)	100.00 (100.00)	100.00 (100.00)
$m_{(2,4)}^{(j)2}$	(200, 20)	100.00 (100.00)	100.00 (100.00)	100.00 (100.00)	100.00 (100.00)	100.00 (100.00)	100.00 (100.00)	100.00 (100.00)
$m_{(2,5)}^{(j)2}$	(200, 20)	100.00 (100.00)	100.00 (100.00)	100.00 (100.00)	100.00 (100.00)	100.00 (100.00)	100.00 (100.00)	100.00 (100.00)
$m_{(2,6)}^{(j)2}$	(200, 20)	100.00 (100.00)	100.00 (100.00)	100.00 (100.00)	100.00 (100.00)	100.00 (100.00)	100.00 (100.00)	100.00 (100.00)
$m_{(2,7)}^{(j)2}$	(200, 20)	100.00 (100.00)	100.00 (100.00)	100.00 (100.00)	100.00 (100.00)	100.00 (100.00)	100.00 (100.00)	100.00 (100.00)
$S_{(j)}$	(200, 20)	2.70 (5.60)	100.00 (100.00)	100.00 (100.00)	100.00 (100.00)	100.00 (100.00)	100.00 (100.00)	100.00 (100.00)
$J_{(j)}$	(200, 20)	5.60 (5.60)	100.00 (100.00)	100.00 (100.00)	100.00 (100.00)	100.00 (100.00)	100.00 (100.00)	100.00 (100.00)
$m_2^{(j)}$	(100, 30)	99.85 (99.85)	99.85 (99.85)	99.85 (99.85)	99.85 (99.85)	99.85 (99.85)	99.85 (99.85)	99.85 (99.85)
$m_{(2,3)}^{(j)2}$	(100, 30)	99.90 (99.90)	99.95 (99.95)	99.95 (99.95)	100.00 (100.00)	100.00 (100.00)	100.00 (100.00)	100.00 (100.00)
$m_{(2,4)}^{(j)2}$	(100, 30)	100.00 (100.00)	100.00 (100.00)	100.00 (100.00)	100.00 (100.00)	100.00 (100.00)	100.00 (100.00)	100.00 (100.00)
$m_{(2,5)}^{(j)2}$	(100, 30)	100.00 (100.00)	100.00 (100.00)	100.00 (100.00)	100.00 (100.00)	100.00 (100.00)	100.00 (100.00)	100.00 (100.00)
$m_{(2,6)}^{(j)2}$	(100, 30)	100.00 (100.00)	100.00 (100.00)	100.00 (100.00)	100.00 (100.00)	100.00 (100.00)	100.00 (100.00)	100.00 (100.00)
$m_{(2,7)}^{(j)2}$	(100, 30)	100.00 (100.00)	100.00 (100.00)	100.00 (100.00)	100.00 (100.00)	100.00 (100.00)	100.00 (100.00)	100.00 (100.00)
$S_{(j)}$	(100, 30)	0.30 (5.05)	100.00 (100.00)	100.00 (100.00)	100.00 (100.00)	100.00 (100.00)	100.00 (100.00)	100.00 (100.00)
$J_{(j)}$	(100, 30)	5.00 (5.05)	100.00 (100.00)	100.00 (100.00)	100.00 (100.00)	100.00 (100.00)	100.00 (100.00)	100.00 (100.00)
$m_2^{(j)}$	(150, 30)	100.00 (100.00)	100.00 (100.00)	100.00 (100.00)	100.00 (100.00)	100.00 (100.00)	100.00 (100.00)	100.00 (100.00)

续表

Tests	工具变量矩阵类型/工具变量数量							
		j=1			j=0			
	(N, T)	2(T−2)	4	6	8	10	12	14
$m_{(2,3)}^{(j)2}$	(150, 30)	100.00 (100.00)	100.00 (100.00)	100.00 (100.00)	100.00 (100.00)	100.00 (100.00)	100.00 (100.00)	100.00 (100.00)
$m_{(2,4)}^{(j)2}$	(150, 30)	100.00 (100.00)	100.00 (100.00)	100.00 (100.00)	100.00 (100.00)	100.00 (100.00)	100.00 (100.00)	100.00 (100.00)
$m_{(2,5)}^{(j)2}$	(150, 30)	100.00 (100.00)	100.00 (100.00)	100.00 (100.00)	100.00 (100.00)	100.00 (100.00)	100.00 (100.00)	100.00 (100.00)
$m_{(2,6)}^{(j)2}$	(150, 30)	100.00 (100.00)	100.00 (100.00)	100.00 (100.00)	100.00 (100.00)	100.00 (100.00)	100.00 (100.00)	100.00 (100.00)
$m_{(2,7)}^{(j)2}$	(150, 30)	100.00 (100.00)	100.00 (100.00)	100.00 (100.00)	100.00 (100.00)	100.00 (100.00)	100.00 (100.00)	100.00 (100.00)
$S_{(j)}$	(150, 30)	1.55 (5.05)	100.00 (100.00)	100.00 (100.00)	100.00 (100.00)	100.00 (100.00)	100.00 (100.00)	100.00 (100.00)
$J_{(j)}$	(150, 30)	5.95 (5.05)	100.00 (100.00)	100.00 (100.00)	100.00 (100.00)	100.00 (100.00)	100.00 (100.00)	100.00 (100.00)
$m_2^{(j)}$	(200, 30)	100.00 (100.00)	100.00 (100.00)	100.00 (100.00)	100.00 (100.00)	100.00 (100.00)	100.00 (100.00)	100.00 (100.00)
$m_{(2,3)}^{(j)2}$	(200, 30)	100.00 (100.00)	100.00 (100.00)	100.00 (100.00)	100.00 (100.00)	100.00 (100.00)	100.00 (100.00)	100.00 (100.00)
$m_{(2,4)}^{(j)2}$	(200, 30)	100.00 (100.00)	100.00 (100.00)	100.00 (100.00)	100.00 (100.00)	100.00 (100.00)	100.00 (100.00)	100.00 (100.00)
$m_{(2,5)}^{(j)2}$	(200, 30)	100.00 (100.00)	100.00 (100.00)	100.00 (100.00)	100.00 (100.00)	100.00 (100.00)	100.00 (100.00)	100.00 (100.00)
$m_{(2,6)}^{(j)2}$	(200, 30)	100.00 (100.00)	100.00 (100.00)	100.00 (100.00)	100.00 (100.00)	100.00 (100.00)	100.00 (100.00)	100.00 (100.00)
$m_{(2,7)}^{(j)2}$	(200, 30)	100.00 (100.00)	100.00 (100.00)	100.00 (100.00)	100.00 (100.00)	100.00 (100.00)	100.00 (100.00)	100.00 (100.00)
$S_{(j)}$	(200, 30)	2.45 (5.25)	100.00 (100.00)	100.00 (100.00)	100.00 (100.00)	100.00 (100.00)	100.00 (100.00)	100.00 (100.00)
$J_{(j)}$	(200, 30)	5.40 (5.25)	100.00 (100.00)	100.00 (100.00)	100.00 (100.00)	100.00 (100.00)	100.00 (100.00)	100.00 (100.00)

注：本表报告了在MA(1)备择假设下的$m_s^{(j)}$，$m_{(2,p)}^{(j)2}$，$S_{(j)}$和$J_{(j)}$的功效（水平尺度修正过的功效）；$j=0,1,2$；$p=3,4,5,6,7$。对于$j=0$，我们选择$\kappa=2,3,4,5,6,7$。数据由$y_{it}=\alpha_i+0.5y_{i,t-1}+0.5x_{it}+\mu_{it}$生成。此时$x_{it}=0.5x_{i,t-1}+0.5\mu_{i,t-1}+v_{it}$，$v_{it}\sim i.i.d.\ N(0,\sigma_v^2)$，$i=1,\cdots,N$；$t=-48,\cdots,T$，$y_{i,-49}=x_{i,-49}=0$。我们丢弃了前50个观测数据，通过$\sigma_v^2$信息噪音比被固定为3。在这样的替代下，$\mu_{it}=\sigma_\varepsilon(\varepsilon_{it}+\varphi_1\varepsilon_{i,t-1})$，这里$\sigma_\varepsilon^2=1/(1+\varphi_1^2)$，$\varphi_1=0.2$；$\varepsilon_{it}\sim i.i.d.\ N(0,1)$。

表4－4　检验功效（水平尺度修正的功效）：$MA(2)$

检验	(N, T)	工具变量矩阵类型/工具变量数量							
		$j=2$	$j=1$	$j=0$					
		$T(T-2)$	$2(T-2)$	4	6	8	10	12	14
$m_2^{(j)}$	(100，7)	7.90（11.10）	8.55（10.50）	8.15（10.25）	7.85（10.70）	7.85（11.15）	7.85（10.90）		
$m_{(2,3)}^{(j)2}$	(100，7)	12.35（10.95）	9.35（8.25）	8.95（8.40）	10.25（9.55）	10.30（9.55）	10.45（10.25）		
$m_{(2,4)}^{(j)2}$	(100，7)	14.10（11.95）	9.10（9.70）	8.50（9.95）	9.65（11.15）	9.70（11.35）	9.95（11.10）		
$S_{(j)}$	(100，7)	6.20（12.65）	4.05（4.85）	8.50（8.95）	18.00（19.35）	14.00（16.00）	12.55（13.95）		
$J_{(j)}$	(100，7)	16.35（12.65）	6.35（4.85）	11.95（8.95）	22.70（19.35）	19.25（16.00）	15.30（13.95）		
$m_2^{(j)}$	(150，7)	9.90（12.80）	9.10（11.00）	9.50（11.90）	9.85（12.35）	9.80（12.05）	9.75（11.80）		
$m_{(2,3)}^{(j)2}$	(150，7)	19.25（20.60）	15.35（17.50）	15.00（17.70）	16.85（18.95）	16.80（19.55）	16.90（19.45）		
$m_{(2,4)}^{(j)2}$	(150，7)	23.40（24.15）	17.80（19.60）	17.40（20.05）	19.10（21.15）	19.30（21.75）	19.50（21.85）		
$S_{(j)}$	(150，7)	16.45（21.85）	4.35（9.45）	11.65（12.20）	27.45（28.50）	22.90（20.80）	20.15（20.55）		
$J_{(j)}$	(150，7)	25.75（21.85）	6.30（4.35）	14.50（12.20）	33.70（28.50）	28.05（20.80）	24.15（20.55）		
$m_2^{(j)}$	(200，7)	11.45（14.55）	11.75（14.00）	11.55（13.65）	11.50（14.05）	11.55（14.40）	11.55（14.45）		
$m_{(2,3)}^{(j)2}$	(200，7)	24.50（24.35）	20.75（20.35）	20.70（20.75）	22.00（22.30）	22.10（22.10）	22.20（22.55）		
$m_{(2,4)}^{(j)2}$	(200，7)	32.95（30.90）	26.05（27.05）	25.85（26.40）	27.85（28.25）	28.10（28.75）	28.05（28.90）		
$S_{(j)}$	(200，7)	27.65（28.60）	4.45（9.50）	13.65（13.80）	37.55（37.65）	31.90（32.40）	27.40（30.80）		
$J_{(j)}$	(200，7)	37.40（28.60）	6.25（4.25）	16.30（13.80）	42.75（37.65）	37.90（32.40）	32.65（30.80）		

续表

检验	(N, T)	工具变量矩阵类型/工具变量数量							
		$j=2$	$j=1$	$j=0$					
		$T(T-2)$	$2(T-2)$	4	6	8	10	12	14
$m_2^{(j)}$	(100, 11)	13.40 (16.20)	13.45 (16.65)	13.65 (15.70)	13.70 (15.55)	13.75 (15.65)	13.75 (15.75)	13.70 (15.65)	13.70 (15.65)
$m_{(2,3)}^{(j)2}$	(100, 11)	32.65 (35.10)	29.55 (31.20)	29.90 (32.00)	32.60 (34.50)	32.35 (33.85)	32.30 (33.80)	32.25 (33.55)	32.15 (33.60)
$m_{(2,4)}^{(j)2}$	(100, 11)	47.45 (46.75)	42.60 (40.85)	43.50 (43.50)	45.80 (45.75)	46.35 (46.05)	45.95 (45.45)	46.05 (45.85)	46.00 (46.00)
$m_{(2,5)}^{(j)2}$	(100, 11)	50.65 (50.65)	44.05 (44.50)	44.70 (44.10)	47.65 (47.35)	48.45 (47.75)	48.65 (48.50)	48.50 (48.25)	48.60 (48.70)
$m_{(2,6)}^{(j)2}$	(100, 11)	50.35 (50.45)	43.90 (45.45)	44.30 (45.30)	47.15 (48.85)	47.50 (49.95)	47.80 (49.80)	47.80 (49.35)	48.15 (49.20)
$m_{(2,7)}^{(j)2}$	(100, 11)	49.50 (46.50)	42.10 (41.15)	42.55 (40.55)	44.80 (43.40)	45.35 (43.75)	45.30 (43.90)	45.65 (43.90)	45.50 (43.65)
$S_{(j)}$	(100, 11)	0.00 (7.35)	3.25 (6.00)	14.90 (14.00)	57.00 (59.40)	54.30 (58.25)	46.40 (51.35)	41.60 (44.35)	38.45 (38.60)
$J_{(j)}$	(100, 11)	0.00 (7.35)	6.35 (6.00)	18.90 (14.00)	63.10 (59.40)	60.65 (58.25)	53.00 (51.35)	47.75 (44.35)	43.85 (38.60)
$m_2^{(j)}$	(150, 11)	16.60 (20.55)	15.80 (19.40)	16.15 (20.20)	16.40 (19.90)	16.30 (19.80)	16.25 (19.90)	15.95 (19.75)	15.95 (19.75)
$m_{(2,3)}^{(j)2}$	(150, 11)	46.05 (47.95)	42.45 (44.40)	42.55 (44.00)	44.65 (47.30)	44.50 (47.15)	44.60 (47.35)	44.80 (47.35)	44.90 (47.10)
$m_{(2,4)}^{(j)2}$	(150, 11)	67.00 (66.45)	62.35 (62.35)	62.15 (61.50)	65.45 (64.75)	65.85 (65.30)	65.60 (64.65)	65.70 (64.85)	65.65 (65.25)
$m_{(2,5)}^{(j)2}$	(150, 11)	72.65 (74.15)	66.00 (68.30)	66.75 (68.45)	69.50 (71.50)	70.00 (72.25)	70.30 (72.35)	70.25 (72.40)	70.10 (72.60)
$m_{(2,6)}^{(j)2}$	(150, 11)	73.20 (75.70)	67.25 (69.80)	67.80 (70.05)	70.15 (73.05)	70.45 (72.90)	70.85 (72.50)	70.95 (73.00)	70.90 (73.20)
$m_{(2,7)}^{(j)2}$	(150, 11)	73.70 (74.10)	67.75 (69.50)	67.70 (69.35)	69.70 (71.60)	70.10 (72.80)	70.70 (72.45)	70.45 (72.80)	70.60 (72.20)
$S_{(j)}$	(150, 11)	1.15 (17.45)	3.75 (4.25)	19.55 (20.15)	77.00 (78.15)	75.30 (77.45)	70.45 (71.20)	65.35 (67.45)	61.90 (62.15)

续表

检验	(N, T)	工具变量矩阵类型/工具变量数量							
		$j=2$	$j=1$	$j=0$					
		$T(T-2)$	$2(T-2)$	4	6	8	10	12	14
$J_{(j)}$	(150, 11)	23.00 (17.45)	5.65 (4.25)	23.60 (20.15)	82.00 (78.15)	80.00 (77.45)	75.65 (71.20)	69.95 (67.45)	67.00 (62.15)
$m_2^{(j)}$	(200, 11)	25.20 (21.55)	23.85 (21.20)	24.90 (20.95)	24.75 (21.35)	25.00 (21.45)	25.15 (21.35)	25.05 (21.45)	25.05 (21.45)
$m_{(2,3)}^{(j)2}$	(200, 11)	60.85 (59.85)	57.60 (57.05)	58.40 (57.05)	60.30 (59.00)	59.95 (58.80)	59.80 (58.90)	60.00 (58.95)	60.10 (58.90)
$m_{(2,4)}^{(j)2}$	(200, 11)	80.85 (81.25)	77.15 (77.55)	77.45 (78.05)	79.30 (79.70)	79.60 (79.80)	79.05 (79.75)	79.15 (79.85)	79.30 (79.85)
$m_{(2,5)}^{(j)2}$	(200, 11)	85.45 (85.40)	81.20 (81.25)	82.00 (82.00)	84.00 (83.65)	84.20 (84.00)	84.15 (84.10)	84.25 (84.15)	84.35 (84.10)
$m_{(2,6)}^{(j)2}$	(200, 11)	88.65 (87.75)	84.40 (83.25)	85.75 (84.00)	87.15 (85.35)	87.10 (85.70)	87.30 (85.90)	87.40 (85.95)	87.40 (85.90)
$m_{(2,7)}^{(j)2}$	(200, 11)	89.05 (87.50)	84.90 (83.10)	85.95 (83.90)	87.70 (85.20)	87.60 (85.45)	87.60 (85.45)	87.35 (85.50)	87.35 (85.45)
$S_{(j)}$	(200, 11)	32.20 (15.90)	5.75 (4.25)	24.45 (26.05)	90.10 (89.45)	88.20 (88.55)	86.05 (86.25)	81.55 (81.60)	79.70 (79.00)
$J_{(j)}$	(200, 11)	41.95 (32.20)	6.55 (5.75)	31.45 (24.45)	91.85 (90.10)	91.40 (88.20)	89.00 (86.05)	85.45 (81.55)	82.60 (79.70)

注：本表报告了在MA(2)备择假设下的 $m_s^{(j)}$，$m_{(2,p)}^{(j)2}$，$S_{(j)}$ 和 $J_{(j)}$ 的功效（水平尺度修正的功效）；$j=0, 1, 2$；$p=3, 4, 5, 6, 7$。对于 $j=0$，我们选择 $\kappa=2, 3, 4, 5, 6, 7$。数据由 $y_{it}=\alpha_i+0.5y_{i,t-1}+0.5x_{it}+\mu_{it}$ 生成。此时 $x_{it}=0.5x_{i,t-1}+0.5\mu_{i,t-1}+v_{it}$，$v_{it}\sim i.i.d.\,N(0, \sigma_v^2)$，$i=1, \cdots, N$；$t=-48, \cdots, T$，$y_{i,-49}=x_{i,-49}=0$。我们丢弃了前50个观测数据，通过 σ_v^2 信息噪音比被固定为3。在这样的替代下，$\mu_{it}=\sigma_\varepsilon(\varepsilon_{it}+\varphi_1\varepsilon_{i,t-1}+\varphi_2\varepsilon_{i,t-2})$，这里 $\sigma_\varepsilon^2=1/(1+\varphi_1^2+\varphi_2^2)$，$\varphi_1=20/103$；$\varphi_1=13/90$；$\varepsilon_{it}\sim i.i.d.\,N(0, 1)$。

表 4－5　检验的功效（水平尺度调整的功效）：*MA*(2)

检验	工具变量矩阵类型/工具变量数量							
		$j=1$			$j=0$			
	$(N,\ T)$	$2(T-2)$	4	6	8	10	12	14
$m_2^{(j)}$	(100，20)	23.55（26.80）	23.85（25.85）	23.85（26.10）	24.15（26.30）	24.15（26.50）	24.30（26.50）	24.30（26.50）
$m_{(2,3)}^{(j)2}$	(100，20)	66.95（66.40）	66.85（66.45）	68.75（67.40）	68.40（67.25）	68.55（67.55）	68.50（67.45）	68.65（67.50）
$m_{(2,4)}^{(j)2}$	(100，20)	87.35（88.00）	87.15（88.00）	88.45（89.20）	88.80（89.40）	88.75（89.60）	89.05（89.55）	89.05（89.60）
$m_{(2,5)}^{(j)2}$	(100，20)	90.50（91.15）	90.30（90.70）	91.65（92.05）	92.10（92.80）	92.30（93.05）	92.50（92.75）	92.55（93.00）
$m_{(2,6)}^{(j)2}$	(100，20)	92.15（92.75）	91.95（92.80）	92.80（93.25）	93.00（93.40）	93.10（93.80）	93.30（94.55）	93.60（94.55）
$m_{(2,7)}^{(j)2}$	(100，20)	92.30（93.70）	92.10（93.10）	93.00（93.80）	93.20（93.95）	93.25（94.10）	93.35（94.05）	93.50（94.20）
$S_{(j)}$	(100，20)	1.35（5.05）	30.95（33.10）	96.85（97.35）	97.40（97.80）	95.45（96.15）	94.25（94.85）	92.90（94.00）
$J_{(j)}$	(100，20)	5.40（5.05）	37.05（33.10）	97.90（97.35）	98.00（97.80）	96.60（96.15）	95.65（94.85）	94.35（94.00）
$m_2^{(j)}$	(150，20)	32.75（36.65）	33.55（36.40）	33.85（37.10）	33.75（38.00）	33.70（38.05）	33.90（38.25）	33.90（38.25）
$m_{(2,3)}^{(j)2}$	(150，20)	85.35（85.50）	85.80（86.00）	86.60（86.90）	86.70（86.90）	86.70（86.90）	86.75（86.90）	86.75（86.85）
$m_{(2,4)}^{(j)2}$	(150，20)	97.25（97.55）	97.40（97.55）	97.80（97.90）	97.80（97.95）	97.85（97.95）	97.90（97.95）	97.90（97.95）
$m_{(2,5)}^{(j)2}$	(150，20)	99.05（99.20）	99.05（99.05）	99.35（99.40）	99.40（99.40）	99.40（99.45）	99.45（99.45）	99.45（99.55）
$m_{(2,6)}^{(j)2}$	(150，20)	99.35（99.30）	99.35（99.35）	99.45（99.35）	99.55（99.40）	99.60（99.45）	99.70（99.50）	99.70（99.60）
$m_{(2,7)}^{(j)2}$	(150，20)	99.50（99.50）	99.50（99.30）	99.55（99.45）	99.55（99.55）	99.60（99.60）	99.65（99.60）	99.70（99.65）
$S_{(j)}$	(150，20)	2.45（4.70）	40.85（39.40）	99.85（99.85）	99.90（99.90）	99.70（99.85）	99.65（99.65）	99.50（99.65）
$J_{(j)}$	(150，20)	5.15（4.70）	47.25（39.40）	99.85（99.85）	99.95（99.90）	99.90（99.85）	99.65（99.65）	99.65（99.65）

续表

检验	工具变量矩阵类型/工具变量数量							
		$j=1$			$j=0$			
	$(N,\ T)$	$2(T-2)$	4	6	8	10	12	14
$m_2^{(j)}$	(200, 20)	40.05 (38.15)	40.80 (39.05)	41.05 (38.90)	41.10 (38.75)	41.15 (38.80)	41.15 (38.75)	41.15 (38.75)
$m_{(2,3)}^{(j)2}$	(200, 20)	93.10 (91.60)	93.55 (91.55)	94.20 (92.35)	94.20 (91.95)	94.25 (92.20)	94.25 (92.30)	94.30 (92.35)
$m_{(2,4)}^{(j)2}$	(200, 20)	99.90 (99.85)	99.90 (99.90)	99.90 (99.90)	99.90 (99.90)	99.95 (99.90)	99.95 (99.90)	99.95 (99.90)
$m_{(2,5)}^{(j)2}$	(200, 20)	99.95 (99.95)	99.95 (99.95)	100.00 (100.00)	100.00 (100.00)	100.00 (100.00)	100.00 (100.00)	100.00 (100.00)
$m_{(2,6)}^{(j)2}$	(200, 20)	100.00 (100.00)	100.00 (100.00)	100.00 (100.00)	100.00 (100.00)	100.00 (100.00)	100.00 (100.00)	100.00 (100.00)
$m_{(2,7)}^{(j)2}$	(200, 20)	100.00 (100.00)	100.00 (100.00)	100.00 (100.00)	100.00 (100.00)	100.00 (100.00)	100.00 (100.00)	100.00 (100.00)
$S_{(j)}$	(200, 20)	4.40 (6.95)	55.20 (57.90)	100.00 (100.00)	100.00 (100.00)	100.00 (100.00)	100.00 (100.00)	100.00 (100.00)
$J_{(j)}$	(200, 20)	7.00 (6.95)	60.80 (57.90)	100.00 (100.00)	100.00 (100.00)	100.00 (100.00)	100.00 (100.00)	100.00 (100.00)
$m_2^{(j)}$	(100, 30)	37.05 (39.00)	37.25 (38.25)	37.25 (38.10)	37.10 (38.10)	37.20 (38.00)	37.25 (38.20)	37.25 (38.20)
$m_{(2,3)}^{(j)2}$	(100, 30)	87.55 (88.15)	87.50 (87.55)	88.50 (88.75)	88.50 (88.55)	88.45 (88.55)	88.45 (88.55)	88.55 (88.80)
$m_{(2,4)}^{(j)2}$	(100, 30)	98.50 (98.70)	98.60 (98.75)	98.85 (98.90)	98.85 (99.10)	98.85 (99.10)	98.90 (99.05)	98.85 (99.15)
$m_{(2,5)}^{(j)2}$	(100, 30)	99.45 (99.65)	99.45 (99.60)	99.60 (99.75)	99.60 (99.75)	99.65 (99.75)	99.60 (99.75)	99.70 (99.75)
$m_{(2,6)}^{(j)2}$	(100, 30)	99.60 (99.80)	99.70 (99.80)	99.80 (99.80)	99.80 (99.80)	99.80 (99.80)	99.80 (99.80)	99.85 (99.85)
$m_{(2,7)}^{(j)2}$	(100, 30)	99.60 (99.65)	99.60 (99.60)	99.65 (99.65)	99.70 (99.65)	99.75 (99.70)	99.80 (99.70)	99.80 (99.70)
$S_{(j)}$	(100, 30)	0.25 (5.10)	45.05 (43.40)	99.95 (99.95)	100.00 (100.00)	99.95 (99.95)	99.90 (99.95)	99.90 (99.90)
$J_{(j)}$	(100, 30)	4.85 (5.10)	50.90 (43.40)	99.95 (99.95)	100.00 (100.00)	99.95 (99.95)	99.95 (99.95)	99.95 (99.90)
$m_2^{(j)}$	(150, 30)	51.80 (55.15)	52.20 (55.55)	52.40 (56.35)	52.45 (55.65)	52.30 (55.25)	52.25 (55.70)	52.25 (55.70)

续表

检验	工具变量矩阵类型/工具变量数量							
		$j=1$			$j=0$			
	$(N,\ T)$	$2(T-2)$	4	6	8	10	12	14
$m_{(2,3)}^{(j)2}$	(150，30)	97.30（97.30）	97.30（97.30）	97.60（97.60）	97.60（97.60）	97.65（97.60）	97.65（97.65）	97.65（97.65）
$m_{(2,4)}^{(j)2}$	(150，30)	100.00（100.00）	100.00（100.00）	100.00（100.00）	100.00（100.00）	100.00（100.00）	100.00（100.00）	100.00（100.00）
$m_{(2,5)}^{(j)2}$	(150，30)	100.00（100.00）	100.00（100.00）	100.00（100.00）	100.00（100.00）	100.00（100.00）	100.00（100.00）	100.00（100.00）
$m_{(2,6)}^{(j)2}$	(150，30)	100.00（100.00）	100.00（100.00）	100.00（100.00）	100.00（100.00）	100.00（100.00）	100.00（100.00）	100.00（100.00）
$m_{(2,7)}^{(j)2}$	(150，30)	100.00（100.00）	100.00（100.00）	100.00（100.00）	100.00（100.00）	100.00（100.00）	100.00（100.00）	100.00（100.00）
$S_{(j)}$	(150，30)	1.60（5.25）	60.05（62.75）	100.00（100.00）	100.00（100.00）	100.00（100.00）	100.00（100.00）	100.00（100.00）
$J_{(j)}$	(150，30)	5.90（5.25）	66.65（62.75）	100.00（100.00）	100.00（100.00）	100.00（100.00）	100.00（100.00）	100.00（100.00）
$m_2^{(j)}$	(200，30)	63.45（64.45）	64.50（65.10）	65.05（65.90）	64.75（66.10）	64.75（66.15）	64.85（65.85）	64.85（65.85）
$m_{(2,3)}^{(j)2}$	(200，30)	99.85（99.85）	99.85（99.85）	99.85（99.85）	99.85（99.85）	99.85（99.85）	99.85（99.85）	99.85（99.85）
$m_{(2,4)}^{(j)2}$	(200，30)	100.00（100.00）	100.00（100.00）	100.00（100.00）	100.00（100.00）	100.00（100.00）	100.00（100.00）	100.00（100.00）
$m_{(2,5)}^{(j)2}$	(200，30)	100.00（100.00）	100.00（100.00）	100.00（100.00）	100.00（100.00）	100.00（100.00）	100.00（100.00）	100.00（100.00）
$m_{(2,6)}^{(j)2}$	(200，30)	100.00（100.00）	100.00（100.00）	100.00（100.00）	100.00（100.00）	100.00（100.00）	100.00（100.00）	100.00（100.00）
$m_{(2,7)}^{(j)2}$	(200，30)	100.00（100.00）	100.00（100.00）	100.00（100.00）	100.00（100.00）	100.00（100.00）	100.00（100.00）	100.00（100.00）
$S_{(j)}$	(200，30)	2.05（5.00）	73.75（73.35）	100.00（100.00）	100.00（100.00）	100.00（100.00）	100.00（100.00）	100.00（100.00）
$J_{(j)}$	(200，30)	5.25（5.00）	79.20（73.35）	100.00（100.00）	100.00（100.00）	100.00（100.00）	100.00（100.00）	100.00（100.00）

注：本表报告了在 MA(2) 备择假设下的 $m_s^{(j)}$，$m_{(2,p)}^{(j)2}$，$S_{(j)}$ 和 $J_{(j)}$ 的功效（水平尺度修正的功效）；$j=0$，1，2；$p=3$，4，5，6，7。对于 $j=0$，我们选择 $\kappa=2$，3，4，5，6，7。数据由 $y_{it}=\alpha_i+0.5y_{i,t-1}+0.5x_{it}+\mu_{it}$ 生成。此时 $x_{it}=0.5x_{i,t-1}+0.5\mu_{i,t-1}+v_{it}$，$v_{it}\sim i.i.d.N(0,\ \sigma_v^2)$，$i=1$，…，$N$；$t=-48$，…，$T$，$y_{i,-49}=x_{i,-49}=0$。我们丢弃了前 50 个观测数据，通过 σ_v^2 信息噪音比被固定为 3。在这样的替代下，$\mu_{it}=\sigma_\varepsilon(\varepsilon_{it}+\varphi_1\varepsilon_{i,t-1}+\varphi_2\varepsilon_{i,t-2})$，这里 $\sigma_\varepsilon^2=1/(1+\varphi_1^2+\varphi_2^2)$，$\varphi_1=20/103$；$\varphi_1=13/90$；$\varepsilon_{it}\sim i.i.d.N(0,\ 1)$。

表 4 - 6 检验的功效（水平尺度修正的功效）：$AR(1)$a

Tests	(N, T)	工具变量矩阵类型/工具变量数量							
		$j=2$	$j=1$	$j=0$					
		$T(T-2)$	$2(T-2)$	4	6	8	10	12	14
$m_2^{(j)}$	(100, 7)	22.65 (16.45)	22.00 (16.25)	23.15 (16.80)	22.70 (16.90)	22.75 (16.90)	22.55 (17.05)		
$m_{(2,3)}^{(j)2}$	(100, 7)	25.85 (24.30)	19.45 (18.10)	22.70 (22.05)	23.20 (22.25)	23.45 (22.70)	23.50 (23.15)		
$m_{(2,4)}^{(j)2}$	(100, 7)	25.75 (23.20)	18.15 (19.05)	20.60 (22.45)	21.15 (22.85)	21.20 (23.10)	21.15 (22.50)		
$S_{(j)}$	(100, 7)	7.20 (14.10)	4.20 (5.10)	26.70 (27.15)	23.70 (25.50)	19.70 (21.15)	16.35 (18.70)		
$J_{(j)}$	(100, 7)	17.75 (14.10)	7.10 (5.10)	32.85 (27.15)	28.45 (25.50)	23.40 (21.15)	20.60 (18.70)		
$m_2^{(j)}$	(150, 7)	31.00 (29.95)	29.75 (29.95)	31.65 (31.75)	31.60 (31.60)	31.45 (31.45)	31.35 (31.15)		
$m_{(2,3)}^{(j)2}$	(150, 7)	36.65 (38.45)	31.00 (32.70)	34.05 (36.60)	34.55 (37.05)	34.45 (37.60)	34.70 (37.40)		
$m_{(2,4)}^{(j)2}$	(150, 7)	37.00 (37.85)	29.45 (31.65)	32.70 (35.95)	33.30 (36.40)	33.50 (36.55)	33.80 (36.65)		
$S_{(j)}$	(150, 7)	19.80 (26.25)	4.40 (9.60)	41.25 (42.80)	36.70 (37.90)	30.00 (27.35)	25.90 (26.70)		
$J_{(j)}$	(150, 7)	30.60 (26.25)	6.70 (4.60)	47.50 (42.80)	42.75 (37.90)	35.95 (27.35)	31.20 (26.70)		
$m_2^{(j)}$	(200, 7)	42.15 (34.80)	40.90 (34.70)	42.80 (35.95)	42.75 (35.30)	42.80 (35.50)	42.85 (35.55)		
$m_{(2,3)}^{(j)2}$	(200, 7)	52.00 (51.90)	45.35 (44.35)	50.25 (50.45)	50.85 (51.30)	50.80 (50.80)	50.75 (51.35)		
$m_{(2,4)}^{(j)2}$	(200, 7)	55.00 (51.75)	46.35 (47.70)	50.15 (50.90)	50.85 (51.95)	50.80 (52.25)	50.70 (51.90)		
$S_{(j)}$	(200, 7)	35.10 (36.65)	4.25 (9.30)	55.70 (55.85)	50.90 (51.10)	45.10 (46.10)	39.00 (42.15)		
$J_{(j)}$	(200, 7)	44.10 (36.65)	6.80 (4.05)	61.70 (55.85)	57.60 (51.10)	51.30 (46.10)	44.80 (42.15)		

续表

Tests	(N, T)	工具变量矩阵类型/工具变量数量							
		$j=2$	$j=1$	$j=0$					
		$T(T-2)$	$2(T-2)$	4	6	8	10	12	14
$m_2^{(j)}$	(100, 11)	46.05 (40.50)	44.65 (41.30)	46.95 (42.80)	46.55 (42.55)	46.65 (42.35)	46.65 (42.75)	46.70 (41.30)	46.70 (41.30)
$m_{(2,3)}^{(j)2}$	(100, 11)	56.20 (58.95)	51.35 (52.75)	55.75 (57.30)	56.50 (57.90)	56.25 (57.95)	56.30 (58.10)	56.35 (58.05)	56.70 (57.85)
$m_{(2,4)}^{(j)2}$	(100, 11)	61.10 (60.35)	55.05 (53.65)	58.70 (58.70)	59.80 (59.80)	60.05 (59.85)	60.15 (59.70)	59.95 (59.85)	60.15 (60.20)
$m_{(2,5)}^{(j)2}$	(100, 11)	63.25 (63.05)	55.35 (55.80)	58.60 (58.30)	59.90 (59.70)	60.55 (60.40)	60.70 (60.65)	60.90 (60.85)	60.90 (60.95)
$m_{(2,6)}^{(j)2}$	(100, 11)	61.20 (61.25)	54.85 (55.75)	57.50 (58.45)	58.40 (59.90)	59.00 (60.65)	59.05 (60.60)	59.05 (60.30)	59.05 (59.95)
$m_{(2,7)}^{(j)2}$	(100, 11)	59.55 (56.55)	52.85 (51.70)	55.70 (54.20)	56.80 (55.25)	56.90 (55.20)	57.15 (55.45)	57.15 (55.45)	57.40 (55.50)
$S_{(j)}$	(100, 11)	0.00 (5.85)	3.05 (5.15)	65.00 (63.95)	61.20 (62.90)	55.85 (59.75)	50.00 (54.75)	44.15 (46.85)	39.90 (40.05)
$J_{(j)}$	(100, 11)	0.00 (5.85)	5.50 (5.15)	71.85 (63.95)	66.20 (62.90)	62.55 (59.75)	56.40 (54.75)	50.45 (46.85)	45.30 (40.05)
$m_2^{(j)}$	(150, 11)	61.75 (56.80)	60.15 (56.70)	62.35 (57.95)	62.10 (57.95)	61.80 (57.95)	62.10 (58.00)	62.25 (58.10)	62.25 (58.10)
$m_{(2,3)}^{(j)2}$	(150, 11)	76.85 (77.90)	71.95 (73.75)	75.35 (76.65)	76.55 (77.85)	76.45 (78.05)	76.45 (78.10)	76.40 (78.05)	76.55 (77.90)
$m_{(2,4)}^{(j)2}$	(150, 11)	81.50 (80.90)	76.80 (76.90)	79.75 (78.75)	80.75 (80.20)	81.10 (80.75)	80.95 (80.35)	80.95 (80.55)	81.05 (80.70)
$m_{(2,5)}^{(j)2}$	(150, 11)	84.05 (84.95)	78.75 (80.75)	81.30 (82.60)	82.35 (83.65)	82.60 (84.05)	82.40 (84.15)	82.40 (83.95)	82.50 (84.10)
$m_{(2,6)}^{(j)2}$	(150, 11)	84.05 (85.10)	79.30 (81.05)	81.65 (82.95)	82.40 (84.15)	82.30 (83.65)	82.40 (83.25)	82.40 (83.45)	82.50 (83.55)
$m_{(2,7)}^{(j)2}$	(150, 11)	83.00 (83.30)	78.95 (79.95)	80.75 (81.35)	81.10 (82.15)	81.45 (82.65)	81.50 (82.35)	81.50 (82.60)	81.65 (82.40)
$S_{(j)}$	(150, 11)	0.80 (18.45)	3.65 (4.55)	82.70 (83.50)	82.90 (83.80)	78.95 (80.90)	74.55 (75.15)	70.00 (71.65)	65.35 (65.50)

续表

Tests	(N, T)	工具变量矩阵类型/工具变量数量							
		$j=2$	$j=1$	$j=0$					
		$T(T-2)$	$2(T-2)$	4	6	8	10	12	14
$J_{(j)}$	(150, 11)	24.55 (18.45)	5.80 (4.55)	86.15 (83.50)	87.00 (83.80)	82.65 (80.90)	78.30 (75.15)	73.75 (71.65)	70.50 (65.50)
$m_2^{(j)}$	(200, 11)	74.30 (71.75)	72.95 (70.95)	74.40 (72.00)	74.30 (72.20)	74.40 (72.20)	74.45 (72.30)	74.35 (72.20)	74.35 (72.20)
$m_{(2,3)}^{(j)2}$	(200, 11)	88.25 (88.80)	85.15 (85.30)	87.25 (87.95)	87.70 (88.40)	87.65 (88.30)	87.80 (88.35)	87.85 (88.30)	87.85 (88.35)
$m_{(2,4)}^{(j)2}$	(200, 11)	92.55 (92.35)	89.85 (89.60)	91.50 (91.05)	91.95 (91.65)	92.15 (91.85)	92.15 (91.70)	92.15 (91.85)	92.15 (91.90)
$m_{(2,5)}^{(j)2}$	(200, 11)	93.20 (93.20)	90.70 (90.60)	92.05 (92.05)	92.20 (92.35)	92.45 (92.60)	92.45 (92.60)	92.35 (92.45)	92.45 (92.50)
$m_{(2,6)}^{(j)2}$	(200, 11)	94.45 (94.90)	91.60 (92.15)	92.65 (93.70)	93.00 (94.10)	93.20 (94.10)	93.20 (94.20)	93.25 (94.35)	93.25 (94.40)
$m_{(2,7)}^{(j)2}$	(200, 11)	93.60 (94.55)	91.15 (92.35)	91.90 (93.15)	92.20 (93.65)	92.30 (93.70)	92.40 (93.60)	92.35 (93.75)	92.40 (93.55)
$S_{(j)}$	(200, 11)	16.05 (33.25)	4.15 (5.50)	92.25 (91.50)	93.65 (93.90)	91.65 (91.40)	88.45 (88.30)	85.25 (85.20)	82.65 (83.30)
$J_{(j)}$	(200, 11)	45.60 (33.25)	6.15 (5.50)	94.10 (91.50)	94.60 (93.90)	94.15 (91.40)	91.20 (88.30)	88.30 (85.20)	85.30 (83.30)

注：本表报告了在 AR(1)备择假设下的 $m_s^{(j)}$，$m_{(2,p)}^{(j)2}$，$S_{(j)}$ 和 $J_{(j)}$ 的功效（水平尺度修正的功效）；$j=0$，1，2；$p=3$，4，5，6，7。对于 $j=0$，我们选择 $\kappa=2$，3，4，5，6，7。数据由 $y_{it}=\alpha_i+0.5y_{i,t-1}+0.5x_{it}+\mu_{it}$ 生成。此时 $x_{it}=0.5x_{i,t-1}+0.5\mu_{i,t-1}+v_{it}$，$v_{it}\sim i.i.d.N(0, \sigma_v^2)$，$i=1, \cdots, N$；$t=-48, \cdots, T$，$y_{i,-49}=x_{i,-49}=0$。我们丢弃了前 50 个观测数据，通过 σ_v^2 信息噪音比被固定为 3。在这样的替代下，$\mu_{it}=\rho_1\mu_{i,t-1}+\sigma_\varepsilon\varepsilon_{i,t}$，这里 $\sigma_\varepsilon^2=1/(1-\rho_1^2)$，$\rho_1=0.2$；$\varepsilon_{it}\sim i.i.d.N(0, 1)$。

表 4 – 7　　检验的功效（水平尺度修正的功效）：**AR(1)b**

Tests	工具变量矩阵类型/工具变量数量							
	$j=1$				$j=0$			
	(N, T)	$2(T-2)$	4	6	8	10	12	14
$m_2^{(j)}$	(100, 20)	76.10 (75.95)	78.15 (77.50)	78.05 (77.30)	78.10 (77.50)	78.20 (77.65)	78.20 (77.95)	78.20 (77.95)
$m_{(2,3)}^{(j)2}$	(100, 20)	89.55 (89.35)	91.10 (90.80)	91.60 (90.90)	91.55 (90.95)	91.65 (91.15)	91.65 (91.00)	91.60 (91.05)
$m_{(2,4)}^{(j)2}$	(100, 20)	93.70 (94.30)	94.65 (95.00)	95.10 (95.25)	95.20 (95.35)	95.20 (95.50)	95.10 (95.55)	95.10 (95.55)
$m_{(2,5)}^{(j)2}$	(100, 20)	94.40 (94.85)	95.25 (95.45)	95.70 (95.85)	95.85 (96.05)	96.05 (96.20)	96.20 (96.35)	96.20 (96.40)
$m_{(2,6)}^{(j)2}$	(100, 20)	95.65 (95.75)	95.80 (96.00)	95.80 (96.15)	96.00 (96.25)	96.15 (96.35)	96.20 (96.60)	96.40 (96.65)
$m_{(2,7)}^{(j)2}$	(100, 20)	96.00 (96.55)	96.40 (96.55)	96.50 (96.70)	96.60 (96.70)	96.75 (96.75)	96.80 (96.80)	96.75 (96.85)
$S_{(j)}$	(100, 20)	1.50 (5.20)	97.05 (97.40)	98.05 (98.70)	97.35 (97.85)	96.15 (97.05)	93.75 (94.55)	92.25 (93.15)
$J_{(j)}$	(100, 20)	5.80 (5.20)	98.15 (97.40)	98.90 (98.70)	98.25 (97.85)	97.40 (97.05)	95.65 (94.55)	93.95 (93.15)
$m_2^{(j)}$	(150, 20)	90.00 (88.60)	90.95 (89.20)	90.65 (88.80)	90.70 (88.80)	90.70 (89.05)	90.90 (88.80)	90.90 (88.80)
$m_{(2,3)}^{(j)2}$	(150, 20)	97.55 (97.60)	97.75 (97.75)	97.95 (97.95)	97.95 (98.05)	98.00 (98.05)	98.05 (98.10)	98.10 (98.10)
$m_{(2,4)}^{(j)2}$	(150, 20)	99.20 (99.35)	99.45 (99.45)	99.55 (99.60)	99.55 (99.60)	99.55 (99.60)	99.60 (99.60)	99.60 (99.60)
$m_{(2,5)}^{(j)2}$	(150, 20)	99.55 (99.65)	99.70 (99.70)	99.70 (99.70)	99.75 (99.75)	99.75 (99.75)	99.75 (99.75)	99.75 (99.75)
$m_{(2,6)}^{(j)2}$	(150, 20)	99.55 (99.45)	99.70 (99.65)	99.75 (99.75)	99.75 (99.75)	99.75 (99.75)	99.75 (99.75)	99.75 (99.75)
$m_{(2,7)}^{(j)2}$	(150, 20)	99.45 (99.45)	99.50 (99.45)	99.55 (99.55)	99.60 (99.55)	99.70 (99.55)	99.65 (99.60)	99.80 (99.60)
$S_{(j)}$	(150, 20)	2.90 (5.45)	99.35 (99.30)	99.85 (99.85)	99.95 (99.95)	99.85 (99.85)	99.70 (99.80)	99.40 (99.45)
$J_{(j)}$	(150, 20)	6.05 (5.45)	99.50 (99.30)	99.85 (99.85)	99.95 (99.95)	99.85 (99.85)	99.80 (99.80)	99.55 (99.45)

续表

Tests	工具变量矩阵类型/工具变量数量							
		$j=1$			$j=0$			
	(N, T)	$2(T-2)$	4	6	8	10	12	14
$m_2^{(j)}$	(200, 20)	96.30 (96.10)	96.65 (96.55)	96.80 (96.50)	96.85 (96.60)	96.80 (96.75)	96.80 (96.70)	96.80 (96.70)
$m_{(2,3)}^{(j)2}$	(200, 20)	99.65 (99.60)	99.70 (99.60)	99.70 (99.60)	99.70 (99.65)	99.70 (99.65)	99.80 (99.65)	99.80 (99.65)
$m_{(2,4)}^{(j)2}$	(200, 20)	99.90 (99.90)	100.00 (99.90)	100.00 (100.00)	100.00 (100.00)	100.00 (100.00)	100.00 (100.00)	100.00 (100.00)
$m_{(2,5)}^{(j)2}$	(200, 20)	100.00 (100.00)	100.00 (100.00)	100.00 (100.00)	100.00 (100.00)	100.00 (100.00)	100.00 (100.00)	100.00 (100.00)
$m_{(2,6)}^{(j)2}$	(200, 20)	100.00 (100.00)	100.00 (100.00)	100.00 (100.00)	100.00 (100.00)	100.00 (100.00)	100.00 (100.00)	100.00 (100.00)
$m_{(2,7)}^{(j)2}$	(200, 20)	100.00 (100.00)	100.00 (100.00)	100.00 (100.00)	100.00 (100.00)	100.00 (100.00)	100.00 (100.00)	100.00 (100.00)
$S_{(j)}$	(200, 20)	3.50 (6.00)	99.95 (99.95)	100.00 (100.00)	100.00 (100.00)	100.00 (100.00)	100.00 (100.00)	99.90 (99.90)
$J_{(j)}$	(200, 20)	6.15 (6.00)	99.95 (99.95)	100.00 (100.00)	100.00 (100.00)	100.00 (100.00)	100.00 (100.00)	99.90 (99.90)
$m_2^{(j)}$	(100, 30)	91.85 (92.10)	92.65 (92.75)	92.60 (92.75)	92.70 (92.80)	92.65 (92.75)	92.70 (92.70)	92.70 (92.70)
$m_{(2,3)}^{(j)2}$	(100, 30)	98.80 (98.90)	99.00 (99.00)	99.05 (99.05)	99.00 (99.00)	98.95 (98.95)	98.90 (98.95)	98.90 (98.90)
$m_{(2,4)}^{(j)2}$	(100, 30)	99.65 (99.75)	99.75 (99.80)	99.80 (99.80)	99.80 (99.80)	99.80 (99.80)	99.80 (99.80)	99.80 (99.80)
$m_{(2,5)}^{(j)2}$	(100, 30)	99.85 (99.90)	99.90 (99.90)	99.90 (99.90)	99.90 (99.90)	99.90 (99.90)	99.90 (99.90)	99.90 (99.90)
$m_{(2,6)}^{(j)2}$	(100, 30)	99.95 (99.95)	99.95 (99.95)	99.95 (99.95)	99.95 (99.95)	99.95 (99.95)	99.95 (99.95)	99.95 (99.95)
$m_{(2,7)}^{(j)2}$	(100, 30)	99.95 (99.95)	99.95 (99.95)	99.95 (99.95)	99.95 (99.95)	99.95 (99.95)	100.00 (99.95)	100.00 (99.95)
$S_{(j)}$	(100, 30)	0.45 (5.00)	99.85 (99.85)	99.90 (99.90)	100.00 (100.00)	99.90 (99.95)	99.90 (99.90)	99.90 (99.90)
$J_{(j)}$	(100, 30)	4.90 (5.00)	99.85 (99.85)	99.90 (99.90)	100.00 (100.00)	100.00 (99.95)	99.90 (99.90)	100.00 (99.90)
$m_2^{(j)}$	(150, 30)	97.95 (97.90)	98.30 (98.00)	98.25 (98.15)	98.25 (98.25)	98.25 (98.25)	98.25 (98.35)	98.25 (98.35)

续表

Tests	工具变量矩阵类型/工具变量数量							
		$j=1$			$j=0$			
	(N, T)	$2(T-2)$	4	6	8	10	12	14
$m_{(2,3)}^{(j)2}$	(150, 30)	99.90 (99.95)	99.95 (99.95)	99.95 (99.95)	99.95 (99.95)	99.95 (99.95)	99.95 (99.95)	99.95 (99.95)
$m_{(2,4)}^{(j)2}$	(150, 30)	100.00 (100.00)	100.00 (100.00)	100.00 (100.00)	100.00 (100.00)	100.00 (100.00)	100.00 (100.00)	100.00 (100.00)
$m_{(2,5)}^{(j)2}$	(150, 30)	100.00 (100.00)	100.00 (100.00)	100.00 (100.00)	100.00 (100.00)	100.00 (100.00)	100.00 (100.00)	100.00 (100.00)
$m_{(2,6)}^{(j)2}$	(150, 30)	100.00 (100.00)	100.00 (100.00)	100.00 (100.00)	100.00 (100.00)	100.00 (100.00)	100.00 (100.00)	100.00 (100.00)
$m_{(2,7)}^{(j)2}$	(150, 30)	100.00 (100.00)	100.00 (100.00)	100.00 (100.00)	100.00 (100.00)	100.00 (100.00)	100.00 (100.00)	100.00 (100.00)
$S_{(j)}$	(150, 30)	2.00 (5.25)	100.00 (100.00)	100.00 (100.00)	100.00 (100.00)	100.00 (100.00)	100.00 (100.00)	100.00 (100.00)
$J_{(j)}$	(150, 30)	5.90 (5.25)	100.00 (100.00)	100.00 (100.00)	100.00 (100.00)	100.00 (100.00)	100.00 (100.00)	100.00 (100.00)
$m_2^{(j)}$	(200, 30)	99.80 (99.75)	99.80 (99.80)	99.85 (99.80)	99.90 (99.80)	99.90 (99.80)	99.90 (99.80)	99.90 (99.80)
$m_{(2,3)}^{(j)2}$	(200, 30)	100.00 (100.00)	100.00 (100.00)	100.00 (100.00)	100.00 (100.00)	100.00 (100.00)	100.00 (100.00)	100.00 (100.00)
$m_{(2,4)}^{(j)2}$	(200, 30)	100.00 (100.00)	100.00 (100.00)	100.00 (100.00)	100.00 (100.00)	100.00 (100.00)	100.00 (100.00)	100.00 (100.00)
$m_{(2,5)}^{(j)2}$	(200, 30)	100.00 (100.00)	100.00 (100.00)	100.00 (100.00)	100.00 (100.00)	100.00 (100.00)	100.00 (100.00)	100.00 (100.00)
$m_{(2,6)}^{(j)2}$	(200, 30)	100.00 (100.00)	100.00 (100.00)	100.00 (100.00)	100.00 (100.00)	100.00 (100.00)	100.00 (100.00)	100.00 (100.00)
$m_{(2,7)}^{(j)2}$	(200, 30)	100.00 (100.00)	100.00 (100.00)	100.00 (100.00)	100.00 (100.00)	100.00 (100.00)	100.00 (100.00)	100.00 (100.00)
$S_{(j)}$	(200, 30)	3.05 (6.80)	100.00 (100.00)	100.00 (100.00)	100.00 (100.00)	100.00 (100.00)	100.00 (100.00)	100.00 (100.00)
$J_{(j)}$	(200, 30)	6.85 (6.80)	100.00 (100.00)	100.00 (100.00)	100.00 (100.00)	100.00 (100.00)	100.00 (100.00)	100.00 (100.00)

注：本表报告了在AR(1)备择假设下的$m_s^{(j)}$，$m_{(2,p)}^{(j)2}$，$S_{(j)}$和$J_{(j)}$的功效（水平尺度修正的功效）；$j=0$，1，2；$p=3$，4，5，6，7。对于$j=0$，我们选择$\kappa=2$，3，4，5，6，7。数据由$y_{it}=\alpha_i+0.5y_{i,t-1}+0.5x_{it}+\mu_{it}$生成。此时$x_{it}=0.5x_{i,t-1}+0.5\mu_{i,t-1}+v_{it}$，$v_{it}\sim i.i.d.N(0,\sigma_v^2)$，$i=1$，…，$N$；$t=-48$，…，$T$，$y_{i,-49}=x_{i,-49}=0$。我们丢弃了前50个观测数据，通过$\sigma_v^2$信息噪音比被固定为3。在这样的替代下，$\mu_{it}=\rho_1\mu_{i,t-1}+\sigma_\varepsilon\varepsilon_{i,t}$，这里$\sigma_\varepsilon^2=1/(1-\rho_1^2)$，$\rho_1=0.2$；$\varepsilon_{it}\sim i.i.d.N(0,1)$。

表4－8　检验的功效（水平尺度修正的功效）：$AR(2)$ a

Tests	(N, T)	工具变量矩阵类型/工具变量数量							
		$j=2$	$j=1$	$j=0$					
		$T(T-2)$	$2(T-2)$	4	6	8	10	12	14
$m_2^{(j)}$	(100, 7)	5.00 (6.20)	4.85 (5.70)	4.70 (5.45)	4.80 (5.60)	4.80 (5.70)	4.85 (5.70)		
$m_{(2,3)}^{(j)2}$	(100, 7)	7.10 (6.10)	5.65 (4.95)	5.55 (5.15)	6.10 (5.70)	6.00 (5.95)	6.05 (6.00)		
$m_{(2,4)}^{(j)2}$	(100, 7)	7.65 (6.50)	5.20 (5.55)	5.15 (5.95)	5.50 (6.20)	5.70 (6.40)	5.55 (6.05)		
$S_{(j)}$	(100, 7)	4.25 (8.70)	3.90 (4.40)	10.15 (10.40)	13.05 (14.35)	12.80 (13.80)	10.45 (12.00)		
$J_{(j)}$	(100, 7)	11.95 (8.70)	6.55 (4.40)	13.70 (10.40)	16.85 (14.35)	16.40 (13.80)	13.55 (12.00)		
$m_2^{(j)}$	(150, 7)	4.55 (5.90)	4.35 (5.35)	4.75 (5.75)	4.65 (5.95)	4.60 (5.75)	4.65 (5.70)		
$m_{(2,3)}^{(j)2}$	(150, 7)	9.30 (9.95)	7.55 (8.60)	7.65 (9.15)	8.40 (9.80)	8.45 (9.90)	8.45 (9.70)		
$m_{(2,4)}^{(j)2}$	(150, 7)	10.55 (11.05)	6.95 (7.70)	7.05 (8.65)	7.70 (9.25)	8.05 (9.40)	8.00 (9.70)		
$S_{(j)}$	(150, 7)	9.55 (12.65)	4.95 (9.35)	12.15 (12.70)	18.45 (19.40)	15.90 (13.95)	14.30 (14.60)		
$J_{(j)}$	(150, 7)	15.60 (12.65)	6.65 (5.00)	15.25 (12.70)	23.40 (19.40)	19.55 (13.95)	17.95 (14.60)		
$m_2^{(j)}$	(200, 7)	5.35 (5.30)	5.35 (5.35)	5.35 (5.00)	5.35 (5.10)	5.25 (5.20)	5.30 (5.35)		
$m_{(2,3)}^{(j)2}$	(200, 7)	9.70 (9.70)	8.00 (7.50)	8.15 (8.20)	8.55 (8.60)	8.40 (8.40)	8.50 (8.65)		
$m_{(2,4)}^{(j)2}$	(200, 7)	13.35 (12.25)	9.50 (10.25)	10.00 (10.25)	10.40 (10.95)	10.55 (11.15)	10.80 (11.40)		
$S_{(j)}$	(200, 7)	15.90 (16.80)	4.10 (8.60)	15.25 (15.35)	24.10 (24.35)	22.15 (22.90)	19.15 (21.80)		
$J_{(j)}$	(200, 7)	18.70 (16.80)	5.50 (3.85)	18.15 (15.35)	29.35 (24.35)	26.75 (22.90)	23.05 (21.80)		

续表

Tests	$(N,\ T)$	工具变量矩阵类型/工具变量数量							
		$j=2$	$j=1$	$j=0$					
		$T(T-2)$	$2(T-2)$	4	6	8	10	12	14
$m_2^{(j)}$	(100，11)	4.95 (5.55)	4.85 (5.95)	4.95 (5.60)	5.10 (5.40)	5.15 (5.50)	5.10 (5.55)	5.15 (5.30)	5.15 (5.30)
$m_{(2,3)}^{(j)2}$	(100，11)	10.45 (12.35)	9.20 (9.85)	9.65 (11.05)	10.55 (12.00)	10.10 (11.30)	10.30 (11.50)	10.25 (11.40)	10.15 (11.10)
$m_{(2,4)}^{(j)2}$	(100，11)	18.25 (17.70)	14.80 (14.05)	15.80 (15.80)	17.10 (17.05)	17.20 (17.05)	17.30 (16.95)	17.55 (17.30)	17.55 (17.55)
$m_{(2,5)}^{(j)2}$	(100，11)	21.70 (21.55)	17.45 (17.70)	18.10 (17.95)	19.70 (19.45)	20.45 (19.95)	20.50 (20.45)	20.45 (20.35)	20.60 (20.70)
$m_{(2,6)}^{(j)2}$	(100，11)	23.65 (23.65)	18.75 (19.70)	19.30 (19.80)	20.60 (22.30)	21.45 (23.20)	21.60 (23.20)	21.70 (23.00)	21.90 (22.50)
$m_{(2,7)}^{(j)2}$	(100，11)	23.05 (20.30)	18.25 (17.45)	18.20 (17.15)	19.65 (18.30)	19.85 (18.95)	20.30 (18.90)	20.20 (19.10)	20.10 (19.10)
$S_{(j)}$	(100，11)	0.00 (6.40)	3.35 (5.30)	17.75 (16.95)	35.10 (37.65)	34.05 (38.25)	31.40 (34.70)	26.75 (29.35)	25.05 (25.25)
$J_{(j)}$	(100，11)	0.00 (6.40)	5.80 (5.30)	22.45 (16.95)	41.55 (37.65)	40.90 (38.25)	36.05 (34.70)	32.35 (29.35)	30.10 (25.25)
$m_2^{(j)}$	(150，11)	4.90 (5.95)	4.90 (5.95)	5.00 (5.85)	4.95 (5.85)	4.95 (5.85)	4.90 (5.85)	4.85 (5.80)	4.85 (5.80)
$m_{(2,3)}^{(j)2}$	(150，11)	16.05 (17.20)	14.80 (15.35)	15.30 (16.20)	16.25 (17.25)	15.85 (17.05)	16.00 (17.30)	16.00 (17.35)	15.95 (17.30)
$m_{(2,4)}^{(j)2}$	(150，11)	28.80 (28.30)	24.55 (24.55)	26.10 (25.30)	27.25 (26.60)	27.70 (27.30)	27.45 (26.70)	27.55 (26.75)	27.45 (26.75)
$m_{(2,5)}^{(j)2}$	(150，11)	35.55 (38.20)	29.25 (31.85)	30.80 (32.30)	32.85 (35.55)	33.55 (36.00)	33.45 (36.30)	33.60 (35.75)	33.65 (36.25)
$m_{(2,6)}^{(j)2}$	(150，11)	38.10 (40.55)	30.95 (33.05)	32.40 (34.60)	33.70 (37.70)	34.35 (37.35)	34.50 (36.85)	34.65 (36.90)	34.75 (37.15)
$m_{(2,7)}^{(j)2}$	(150，11)	39.20 (39.70)	31.90 (33.60)	32.60 (34.10)	34.65 (36.60)	34.80 (37.90)	35.20 (37.60)	35.65 (38.00)	35.75 (37.10)
$S_{(j)}$	(150，11)	0.70 (12.45)	4.05 (4.85)	23.65 (24.80)	53.15 (54.90)	54.80 (58.40)	49.95 (50.40)	44.75 (48.00)	42.05 (42.25)

续表

Tests	(N, T)	工具变量矩阵类型/工具变量数量							
		$j=2$	$j=1$	$j=0$					
		$T(T-2)$	$2(T-2)$	4	6	8	10	12	14
$J_{(j)}$	(150，11)	17.10 (12.45)	6.15 (4.85)	29.20 (24.80)	59.50 (54.90)	61.80 (58.40)	55.60 (50.40)	51.25 (48.00)	47.65 (42.25)
$m_2^{(j)}$	(200，11)	6.90 (5.90)	6.60 (5.70)	6.65 (5.75)	6.60 (5.95)	6.60 (5.85)	6.55 (5.85)	6.45 (5.85)	6.45 (5.85)
$m_{(2,3)}^{(j)2}$	(200，11)	21.10 (20.10)	18.95 (18.55)	20.20 (19.35)	21.15 (20.20)	20.65 (20.15)	20.85 (20.15)	21.10 (20.15)	21.15 (20.20)
$m_{(2,4)}^{(j)2}$	(200，11)	37.55 (37.90)	31.40 (31.95)	33.15 (33.95)	35.05 (35.85)	35.60 (36.35)	34.75 (36.10)	34.95 (35.95)	35.05 (36.00)
$m_{(2,5)}^{(j)2}$	(200，11)	47.00 (46.90)	38.80 (39.15)	40.75 (40.75)	44.15 (43.50)	44.70 (44.10)	44.75 (44.25)	44.40 (44.15)	44.20 (44.10)
$m_{(2,6)}^{(j)2}$	(200，11)	53.20 (51.25)	46.35 (44.15)	48.80 (45.25)	51.55 (47.80)	51.30 (48.70)	51.75 (48.85)	52.40 (48.90)	52.15 (48.70)
$m_{(2,7)}^{(j)2}$	(200，11)	56.20 (53.35)	49.50 (45.40)	51.65 (46.40)	54.30 (48.00)	54.50 (48.75)	54.20 (49.25)	54.25 (49.55)	53.90 (49.50)
$S_{(j)}$	(200，11)	19.10 (8.85)	5.00 (3.80)	29.05 (31.25)	68.65 (67.45)	70.65 (71.50)	66.40 (66.95)	63.00 (63.05)	59.75 (58.70)
$J_{(j)}$	(200，11)	26.95 (19.10)	5.80 (5.00)	36.95 (29.05)	72.95 (68.65)	76.00 (70.65)	71.40 (66.40)	68.05 (63.00)	63.20 (59.70)

注：本表报告了在 AR(2) 备择假设下的 $m_s^{(j)}$，$m_{(2,p)}^{(j)2}$，$S_{(j)}$ 和 $J_{(j)}$ 的功效（水平尺度修正的功效）；$j=0，1，2$；$p=3，4，5，6，7$。对于 $j=0$，我们选择 $\kappa=2，3，4，5，6，7$。数据由 $y_{it}=\alpha_i+0.5y_{i,t-1}+0.5x_{it}+\mu_{it}$ 生成。此时 $x_{it}=0.5x_{i,t-1}+0.5\mu_{i,t-1}+v_{it}$，$v_{it}\sim i.i.d.N(0，\sigma_v^2)$，$i=1，\cdots，N$；$t=-48，\cdots，T$，$y_{i,-49}=x_{i,-49}=0$。我们丢弃了前 50 个观测数据，通过 σ_v^2 信息噪音比被固定为 3。在这样的替代下，$\mu_{it}=\rho_1\mu_{i,t-1}+\rho_2\mu_{i,t-2}+\sigma_\varepsilon\varepsilon_{i,t}$，这里 $\sigma_\varepsilon^2=(1+\rho_2)[(1-\rho_2)^2-\rho_1^2]/(1-\rho_2)$，$\rho_1=0.2$；$\rho_2=0.1$；$\varepsilon_{it}\sim i.i.d.N(0，1)$。

表 4-9　检验的功效（水平尺度修正的功效）：$AR(2)$b

Tests	工具变量矩阵类型/工具变量数量							
		$j=1$			$j=0$			
	$(N,\ T)$	$2(T-2)$	4	6	8	10	12	14
$m_2^{(j)}$	(100, 20)	6.05 (7.25)	6.15 (7.00)	5.95 (6.80)	5.90 (6.75)	5.95 (6.95)	6.00 (6.80)	6.00 (6.80)
$m_{(2,3)}^{(j)2}$	(100, 20)	21.95 (21.15)	22.35 (21.95)	23.45 (22.30)	23.05 (22.20)	23.20 (22.35)	23.35 (22.25)	23.40 (22.45)
$m_{(2,4)}^{(j)2}$	(100, 20)	40.50 (41.70)	40.80 (42.20)	43.60 (44.80)	44.55 (45.80)	43.90 (46.00)	44.20 (46.25)	44.30 (46.55)
$m_{(2,5)}^{(j)2}$	(100, 20)	52.65 (53.90)	53.20 (53.65)	55.10 (56.10)	56.25 (57.30)	56.65 (57.85)	56.90 (57.75)	56.95 (58.45)
$m_{(2,6)}^{(j)2}$	(100, 20)	59.40 (61.25)	60.05 (61.55)	62.30 (63.85)	63.40 (64.45)	64.05 (65.55)	64.35 (66.35)	64.45 (66.45)
$m_{(2,7)}^{(j)2}$	(100, 20)	62.20 (67.00)	62.85 (65.75)	64.70 (66.85)	65.85 (68.35)	66.40 (68.95)	66.90 (68.60)	67.35 (69.00)
$S_{(j)}$	(100, 20)	1.85 (5.00)	34.35 (36.50)	81.90 (84.85)	85.80 (88.35)	84.45 (86.45)	80.65 (82.70)	76.55 (80.10)
$J_{(j)}$	(100, 20)	5.35 (5.00)	40.60 (36.50)	86.70 (84.85)	89.65 (88.35)	87.65 (86.45)	84.55 (82.70)	81.60 (80.10)
$m_2^{(j)}$	(150, 20)	6.10 (6.65)	6.05 (6.20)	6.00 (6.20)	5.85 (6.45)	5.90 (6.60)	5.90 (6.60)	5.90 (6.60)
$m_{(2,3)}^{(j)2}$	(150, 20)	31.70 (31.75)	32.25 (32.50)	33.95 (34.45)	33.90 (34.10)	33.85 (34.30)	33.95 (34.35)	33.95 (34.15)
$m_{(2,4)}^{(j)2}$	(150, 20)	59.30 (60.20)	60.95 (62.00)	63.25 (65.50)	64.45 (66.00)	64.30 (65.65)	64.45 (65.40)	64.65 (65.35)
$m_{(2,5)}^{(j)2}$	(150, 20)	74.30 (76.05)	75.20 (76.05)	77.10 (78.20)	78.15 (79.00)	78.45 (79.45)	78.65 (79.50)	78.90 (79.60)
$m_{(2,6)}^{(j)2}$	(150, 20)	82.00 (81.30)	82.75 (81.00)	83.85 (82.35)	84.35 (83.25)	84.95 (83.40)	85.10 (83.40)	85.20 (83.60)
$m_{(2,7)}^{(j)2}$	(150, 20)	86.35 (85.60)	86.10 (84.90)	87.00 (86.05)	87.75 (87.10)	88.05 (87.40)	88.25 (87.85)	88.40 (87.85)
$S_{(j)}$	(150, 20)	2.70 (5.05)	50.35 (49.55)	94.95 (95.15)	97.80 (97.95)	97.05 (97.75)	96.70 (97.30)	95.55 (95.80)
$J_{(j)}$	(150, 20)	5.95 (5.05)	56.85 (49.55)	96.35 (95.15)	98.45 (97.95)	97.95 (97.75)	97.65 (97.30)	96.75 (95.80)

续表

Tests	工具变量矩阵类型/工具变量数量							
		$j=1$			$j=0$			
	(N, T)	$2(T-2)$	4	6	8	10	12	14
$m_2^{(j)}$	(200, 20)	5.65 (5.25)	6.25 (5.40)	6.40 (5.70)	6.35 (5.90)	6.50 (5.90)	6.55 (5.90)	6.55 (5.90)
$m_{(2,3)}^{(j)2}$	(200, 20)	40.65 (36.25)	41.90 (37.20)	43.60 (38.30)	42.85 (38.30)	42.95 (38.65)	43.30 (38.65)	43.30 (38.70)
$m_{(2,4)}^{(j)2}$	(200, 20)	74.05 (70.95)	75.35 (73.45)	76.80 (75.55)	77.15 (75.95)	77.25 (75.65)	77.30 (75.80)	77.40 (76.00)
$m_{(2,5)}^{(j)2}$	(200, 20)	87.15 (86.25)	87.45 (85.80)	89.15 (87.35)	89.65 (87.90)	89.95 (88.70)	90.10 (88.80)	90.10 (88.95)
$m_{(2,6)}^{(j)2}$	(200, 20)	92.95 (92.95)	93.70 (92.60)	94.35 (93.70)	94.95 (94.05)	95.10 (94.60)	95.15 (94.80)	95.15 (95.00)
$m_{(2,7)}^{(j)2}$	(200, 20)	95.55 (94.65)	95.90 (94.25)	95.95 (95.00)	96.30 (95.25)	96.55 (95.60)	96.95 (95.60)	96.90 (96.20)
$S_{(j)}$	(200, 20)	2.60 (5.50)	60.60 (63.60)	97.85 (98.25)	99.30 (99.40)	99.65 (99.65)	99.60 (99.60)	99.35 (99.30)
$J_{(j)}$	(200, 20)	5.50 (5.50)	65.95 (63.60)	98.65 (98.25)	99.55 (99.40)	99.70 (99.65)	99.65 (99.60)	99.45 (99.30)
$m_2^{(j)}$	(100, 30)	5.70 (6.15)	5.45 (5.90)	5.55 (5.85)	5.55 (6.05)	5.65 (6.00)	5.70 (6.05)	5.70 (6.05)
$m_{(2,3)}^{(j)2}$	(100, 30)	37.95 (39.30)	38.60 (38.70)	40.35 (40.90)	40.30 (40.40)	40.45 (40.50)	40.40 (40.60)	40.30 (40.80)
$m_{(2,4)}^{(j)2}$	(100, 30)	65.80 (68.70)	67.25 (68.75)	69.20 (70.60)	70.10 (71.60)	70.30 (71.60)	70.40 (71.75)	70.50 (72.10)
$m_{(2,5)}^{(j)2}$	(100, 30)	81.35 (83.75)	81.60 (83.85)	83.15 (85.60)	84.10 (86.40)	84.65 (86.65)	84.95 (87.05)	84.95 (87.05)
$m_{(2,6)}^{(j)2}$	(100, 30)	88.10 (89.95)	88.25 (89.40)	89.70 (90.55)	90.30 (90.80)	90.80 (90.90)	90.95 (91.00)	91.05 (91.15)
$m_{(2,7)}^{(j)2}$	(100, 30)	91.95 (92.45)	92.15 (90.40)	93.00 (91.80)	93.45 (92.50)	93.80 (92.70)	93.95 (93.20)	94.40 (93.25)
$S_{(j)}$	(100, 30)	0.20 (4.35)	55.90 (54.50)	97.80 (98.20)	99.15 (99.35)	99.15 (99.30)	98.80 (99.00)	98.45 (98.60)
$J_{(j)}$	(100, 30)	4.30 (4.35)	61.95 (54.50)	98.55 (98.20)	99.35 (99.35)	99.40 (99.30)	99.15 (99.00)	98.95 (98.60)
$m_2^{(j)}$	(150, 30)	8.20 (9.30)	8.10 (9.05)	7.95 (9.25)	7.80 (8.95)	7.80 (8.95)	7.80 (8.95)	7.80 (8.95)

续表

Tests	工具变量矩阵类型/工具变量数量							
	$j=1$				$j=0$			
	$(N,\ T)$	$2(T-2)$	4	6	8	10	12	14
$m_{(2,3)}^{(j)2}$	(150, 30)	52.85 (53.05)	53.85 (53.85)	55.65 (55.70)	55.50 (55.85)	55.80 (55.40)	55.70 (55.40)	55.90 (55.55)
$m_{(2,4)}^{(j)2}$	(150, 30)	84.60 (85.70)	85.20 (85.95)	86.50 (87.45)	87.05 (88.15)	87.10 (87.90)	87.40 (88.20)	87.45 (88.45)
$m_{(2,5)}^{(j)2}$	(150, 30)	94.90 (95.70)	95.45 (95.70)	95.90 (96.35)	96.05 (96.80)	96.20 (96.95)	96.60 (97.10)	96.70 (97.25)
$m_{(2,6)}^{(j)2}$	(150, 30)	97.75 (98.35)	97.95 (98.40)	98.30 (98.70)	98.65 (98.70)	98.75 (98.95)	98.85 (99.05)	99.00 (99.05)
$m_{(2,7)}^{(j)2}$	(150, 30)	99.05 (99.35)	99.05 (99.10)	99.15 (99.45)	99.30 (99.55)	99.50 (99.60)	99.50 (99.60)	99.50 (99.60)
$S_{(j)}$	(150, 30)	1.65 (4.75)	74.10 (76.50)	99.75 (99.90)	100.00 (100.00)	99.95 (100.00)	100.00 (100.00)	99.90 (100.00)
$J_{(j)}$	(150, 30)	5.35 (4.75)	78.85 (76.5)	99.90 (99.90)	100.00 (100.00)	100.00 (100.00)	100.00 (100.00)	100.00 (100.00)
$m_2^{(j)}$	(200, 30)	8.10 (8.40)	8.30 (8.50)	8.05 (8.50)	7.90 (8.45)	8.10 (8.50)	8.25 (8.50)	8.25 (8.50)
$m_{(2,3)}^{(j)2}$	(200, 30)	65.20 (65.70)	66.30 (66.50)	67.20 (67.80)	67.45 (67.70)	67.45 (67.90)	67.75 (67.90)	67.85 (68.20)
$m_{(2,4)}^{(j)2}$	(200, 30)	94.75 (94.75)	95.40 (95.40)	96.15 (96.20)	96.20 (96.30)	96.35 (96.40)	96.40 (96.50)	96.40 (96.55)
$m_{(2,5)}^{(j)2}$	(200, 30)	99.10 (99.10)	99.10 (99.15)	99.30 (99.30)	99.30 (99.30)	99.35 (99.55)	99.45 (99.50)	99.45 (99.55)
$m_{(2,6)}^{(j)2}$	(200, 30)	99.80 (99.80)	99.85 (99.85)	99.90 (99.95)	99.95 (99.95)	99.95 (99.95)	99.95 (99.95)	99.95 (99.95)
$m_{(2,7)}^{(j)2}$	(200, 30)	99.90 (99.90)	99.90 (99.90)	99.90 (99.95)	99.90 (99.95)	99.95 (99.95)	99.95 (100.00)	99.95 (100.00)
$S_{(j)}$	(200, 30)	3.20 (6.35)	86.40 (85.95)	100.00 (100.00)	100.00 (100.00)	100.00 (100.00)	100.00 (100.00)	100.00 (100.00)
$J_{(j)}$	(200, 30)	6.50 (6.35)	89.00 (85.95)	100.00 (100.00)	100.00 (100.00)	100.00 (100.00)	100.00 (100.00)	100.00 (100.00)

注：本表报告了在AR(2)备择假设下的$m_s^{(j)}$，$m_{(2,p)}^{(j)2}$，$S_{(j)}$和$J_{(j)}$的功效（水平尺度修正的功效）；$j=0，1，2$；$p=3，4，5，6，7$。对于$j=0$，我们选择$\kappa=2，3，4，5，6，7$。数据由$y_{it}=\alpha_i+0.5y_{i,t-1}+0.5x_{it}+\mu_{it}$生成。此时$x_{it}=0.5x_{i,t-1}+0.5\mu_{i,t-1}+v_{it}$，$v_{it}\sim i.i.d.N(0，\sigma_v^2)$，$i=1，\cdots，N$；$t=-48，\cdots，T$，$y_{i,-49}=x_{i,-49}=0$。我们丢弃了前50个观测数据，通过$\sigma_v^2$信息噪音比被固定为3。在这样的替代下，$\mu_{it}=\rho_1\mu_{i,t-1}+\rho_2\mu_{i,t-2}+\sigma_\varepsilon\varepsilon_{i,t}$，这里$\sigma_\varepsilon^2=(1+\rho_2)[(1-\rho_2)^2-\rho_1^2]/(1-\rho_2)$，$\rho_1=0.2$；$\rho_2=0.1$；$\varepsilon_{it}\sim i.i.d.N(0，1)$。

表 4 – 10　　检验的功效（水平尺度修正的功效）：异质斜率 a

检验	(N, T)	工具变量矩阵类型/工具变量数量							
		j = 2	j = 1	j = 0					
		T(T − 2)	2(T − 2)	4	6	8	10	12	14
$m_2^{(j)}$	(100, 7)	17.05 (11.30)	16.35 (10.55)	17.85 (12.30)	17.70 (12.40)	17.75 (12.15)	17.40 (12.15)		
$m_{(2,3)}^{(j)2}$	(100, 7)	17.70 (15.70)	10.05 (8.90)	13.80 (13.05)	14.40 (14.00)	14.70 (14.15)	14.65 (14.25)		
$m_{(2,4)}^{(j)2}$	(100, 7)	16.55 (15.00)	9.00 (9.50)	11.55 (12.90)	12.05 (13.70)	12.35 (13.75)	12.45 (13.60)		
$S_{(j)}$	(100, 7)	4.45 (8.95)	2.95 (3.95)	35.20 (35.90)	28.10 (30.35)	23.70 (25.75)	18.60 (21.20)		
$J_{(j)}$	(100, 7)	12.50 (8.95)	5.90 (3.95)	42.20 (35.90)	34.95 (30.35)	30.45 (25.75)	24.50 (21.20)		
$m_2^{(j)}$	(150, 7)	25.25 (24.65)	22.65 (22.90)	25.75 (26.00)	25.70 (25.70)	25.40 (25.50)	25.25 (25.35)		
$m_{(2,3)}^{(j)2}$	(150, 7)	27.70 (28.80)	16.95 (18.90)	23.20 (25.50)	24.20 (26.85)	24.50 (27.75)	24.70 (27.40)		
$m_{(2,4)}^{(j)2}$	(150, 7)	27.55 (28.25)	16.10 (17.55)	21.60 (23.60)	21.90 (24.80)	22.05 (24.95)	22.40 (25.00)		
$S_{(j)}$	(150, 7)	13.80 (19.80)	3.05 (4.95)	52.40 (54.40)	48.30 (49.70)	41.00 (36.45)	35.00 (35.90)		
$J_{(j)}$	(150, 7)	24.00 (19.80)	4.80 (4.95)	59.50 (54.40)	55.55 (49.70)	47.80 (36.45)	41.65 (35.90)		
$m_2^{(j)}$	(200, 7)	29.80 (22.75)	26.20 (21.15)	29.45 (23.90)	29.70 (23.45)	29.45 (23.75)	29.25 (23.70)		
$m_{(2,3)}^{(j)2}$	(200, 7)	35.30 (35.20)	23.10 (22.50)	30.80 (30.85)	32.15 (32.30)	32.05 (32.15)	32.05 (32.60)		
$m_{(2,4)}^{(j)2}$	(200, 7)	35.90 (32.90)	20.70 (21.75)	28.30 (29.50)	30.15 (31.25)	30.85 (32.10)	30.90 (32.15)		
$S_{(j)}$	(200, 7)	25.00 (26.25)	3.35 (4.90)	63.05 (63.15)	61.55 (61.65)	53.85 (54.35)	45.45 (49.70)		
$J_{(j)}$	(200, 7)	34.85 (26.25)	5.15 (4.90)	70.15 (63.15)	67.75 (61.65)	60.10 (54.35)	52.30 (49.70)		

续表

检验	(N, T)	工具变量矩阵类型/工具变量数量							
		$j=2$	$j=1$	$j=0$					
		$T(T-2)$	$2(T-2)$	4	6	8	10	12	14
$m_2^{(j)}$	(100, 11)	31.00 (26.75)	29.15 (26.05)	32.70 (28.65)	32.70 (28.75)	32.55 (28.50)	32.35 (28.95)	32.25 (28.00)	32.25 (28.00)
$m_{(2,3)}^{(j)2}$	(100, 11)	40.55 (43.75)	32.40 (33.55)	38.05 (39.90)	40.30 (43.30)	40.05 (41.95)	40.05 (42.35)	39.85 (42.40)	39.65 (41.45)
$m_{(2,4)}^{(j)2}$	(100, 11)	43.85 (42.85)	34.60 (32.70)	39.50 (39.45)	42.05 (42.00)	43.20 (43.05)	43.30 (42.80)	42.90 (42.65)	42.70 (42.80)
$m_{(2,5)}^{(j)2}$	(100, 11)	43.45 (43.35)	33.80 (34.40)	38.60 (38.40)	41.15 (41.00)	42.60 (41.90)	42.80 (42.75)	43.05 (42.60)	42.60 (42.70)
$m_{(2,6)}^{(j)2}$	(100, 11)	43.90 (43.90)	34.50 (36.25)	38.00 (38.65)	40.00 (41.60)	40.60 (43.20)	40.75 (43.10)	41.45 (42.95)	41.45 (42.30)
$m_{(2,7)}^{(j)2}$	(100, 11)	39.90 (36.05)	30.70 (29.70)	33.80 (31.40)	35.55 (33.85)	36.40 (33.90)	36.80 (35.00)	36.80 (34.80)	36.75 (34.50)
$S_{(j)}$	(100, 11)	0.00 (4.55)	1.30 (2.75)	67.55 (66.65)	67.10 (69.70)	61.95 (66.10)	55.55 (60.10)	49.30 (52.80)	44.35 (44.85)
$J_{(j)}$	(100, 11)	0.00 (4.55)	3.25 (2.75)	73.00 (66.65)	73.05 (69.70)	68.30 (66.10)	61.70 (60.10)	57.10 (52.80)	51.50 (44.85)
$m_2^{(j)}$	(150, 11)	45.70 (40.05)	41.80 (37.20)	46.30 (41.55)	46.25 (41.65)	46.30 (41.95)	46.70 (42.20)	46.75 (42.40)	46.75 (42.40)
$m_{(2,3)}^{(j)2}$	(150, 11)	59.25 (60.90)	49.60 (51.75)	57.20 (58.50)	58.90 (60.80)	59.15 (61.10)	59.05 (61.60)	59.25 (61.80)	59.15 (61.25)
$m_{(2,4)}^{(j)2}$	(150, 11)	66.10 (65.45)	54.25 (54.30)	60.50 (59.45)	63.25 (62.75)	64.45 (63.95)	64.65 (63.55)	64.75 (63.55)	64.65 (63.80)
$m_{(2,5)}^{(j)2}$	(150, 11)	66.50 (69.30)	55.25 (57.90)	61.10 (63.50)	64.15 (67.00)	65.45 (68.55)	65.85 (69.10)	65.80 (69.15)	65.45 (69.10)
$m_{(2,6)}^{(j)2}$	(150, 11)	66.75 (69.20)	55.90 (58.70)	60.35 (63.20)	63.10 (67.20)	64.35 (67.20)	64.50 (67.10)	64.75 (67.25)	64.90 (67.45)
$m_{(2,7)}^{(j)2}$	(150, 11)	64.50 (65.20)	54.10 (56.05)	57.80 (59.60)	60.15 (62.60)	61.40 (64.15)	61.65 (63.70)	61.75 (64.85)	62.15 (64.15)
$S_{(j)}$	(150, 11)	0.20 (10.05)	2.20 (2.65)	85.20 (85.60)	87.80 (88.45)	86.05 (87.55)	83.30 (83.80)	78.10 (81.00)	74.60 (74.65)

续表

检验	(N, T)	工具变量矩阵类型/工具变量数量							
		$j=2$	$j=1$	$j=0$					
		$T(T-2)$	$2(T-2)$	4	6	8	10	12	14
$J_{(j)}$	(150, 11)	15.55 (10.05)	3.55 (2.65)	88.30 (85.60)	91.00 (88.45)	89.55 (87.55)	87.75 (83.80)	83.05 (81.00)	79.55 (74.65)
$m_2^{(j)}$	(200, 11)	56.55 (53.90)	51.90 (49.90)	56.95 (53.40)	56.55 (53.90)	56.50 (53.90)	56.95 (54.20)	56.90 (54.10)	56.90 (54.10)
$m_{(2,3)}^{(j)2}$	(200, 11)	73.65 (74.90)	64.30 (65.20)	71.60 (72.75)	73.55 (74.75)	73.05 (74.00)	73.35 (74.15)	73.35 (74.50)	73.05 (74.35)
$m_{(2,4)}^{(j)2}$	(200, 11)	81.25 (80.90)	71.15 (70.50)	76.95 (76.00)	79.20 (78.40)	80.15 (79.70)	80.30 (79.10)	80.25 (79.25)	80.40 (79.45)
$m_{(2,5)}^{(j)2}$	(200, 11)	83.15 (83.20)	72.15 (72.15)	78.40 (78.40)	80.55 (80.95)	81.90 (82.25)	82.35 (82.45)	82.10 (82.40)	82.10 (82.10)
$m_{(2,6)}^{(j)2}$	(200, 11)	83.60 (84.95)	74.20 (75.55)	78.95 (81.45)	80.80 (83.35)	81.55 (83.60)	82.25 (84.10)	82.30 (84.30)	82.50 (84.30)
$m_{(2,7)}^{(j)2}$	(200, 11)	83.60 (85.15)	73.45 (76.65)	78.90 (81.75)	80.65 (83.25)	80.95 (83.75)	81.30 (83.70)	81.35 (83.65)	81.45 (83.95)
$S_{(j)}$	(200, 11)	7.70 (20.50)	2.85 (3.90)	93.05 (92.10)	95.95 (96.50)	95.55 (95.30)	94.40 (94.20)	91.80 (91.80)	89.60 (90.10)
$J_{(j)}$	(200, 11)	28.45 (20.50)	4.50 (3.90)	95.10 (92.10)	97.30 (96.50)	96.80 (95.30)	95.60 (94.20)	94.10 (91.80)	92.35 (90.10)

注：本表报告了在斜率异质性备择假设下的 $m_s^{(j)}$，$m_{(2,p)}^{(j)2}$，$S_{(j)}$ 和 $J_{(j)}$ 的功效（水平尺度修正的功效）；$j=0, 1, 2$；$p=3, 4, 5, 6, 7$。对于 $j=0$，我们选择 $\kappa=2, 3, 4, 5, 6, 7$。数据由 $y_{it}=\alpha_i+0.5y_{i,t-1}\beta_i x_{it}+\mu_{it}$ 生成。此时 $u_{it}\sim i.i.d.N(0, 1)$；$x_{it}=0.5x_{i,t-1}+0.5\mu_{i,t-1}+v_{it}$，$v_{it}\sim i.i.d.N(0, \sigma_v^2)$，$i=1, \cdots, N$；$t=-48, \cdots, T$，$y_{i,-49}=x_{i,-49}=0$。$\beta_i\sim i.i.d.N(0.5, 1)$。我们丢弃了前50个观测数据，通过 σ_v^2 信息噪音比被固定为3。

表 4-11　　检验的功效（水平尺度修正的功效）：异质斜率 b

检验	工具变量矩阵类型/工具变量数量							
		$j=1$			$j=0$			
	(N, T)	2(T-2)	4	6	8	10	12	14
$m_2^{(j)}$	(100, 20)	53.40 (53.10)	59.95 (59.50)	59.95 (59.10)	60.70 (59.75)	61.10 (60.25)	61.10 (60.25)	61.10 (60.25)
$m_{(2,3)}^{(j)2}$	(100, 20)	69.75 (68.80)	74.40 (73.65)	76.80 (75.10)	76.65 (75.35)	76.85 (75.75)	77.35 (76.25)	77.15 (76.15)
$m_{(2,4)}^{(j)2}$	(100, 20)	79.10 (80.45)	80.00 (81.30)	82.75 (83.65)	83.35 (84.60)	83.75 (85.50)	84.10 (85.75)	84.20 (85.90)
$m_{(2,5)}^{(j)2}$	(100, 20)	79.70 (81.10)	79.95 (80.35)	82.30 (82.85)	83.50 (84.25)	84.10 (85.15)	84.15 (84.75)	84.35 (85.30)
$m_{(2,6)}^{(j)2}$	(100, 20)	80.70 (82.80)	80.70 (82.15)	82.45 (83.90)	83.45 (84.55)	84.35 (85.75)	84.95 (86.60)	84.85 (86.50)
$m_{(2,7)}^{(j)2}$	(100, 20)	80.10 (84.75)	79.60 (82.35)	81.35 (83.45)	82.55 (84.80)	83.15 (84.80)	83.55 (84.45)	83.55 (84.70)
$S_{(j)}$	(100, 20)	0.50 (2.25)	94.65 (95.15)	96.40 (96.95)	95.85 (96.90)	93.90 (95.30)	91.40 (92.15)	90.30 (92.25)
$J_{(j)}$	(100, 20)	2.50 (3.90)	94.90 (91.05)	96.50 (94.05)	95.85 (93.15)	93.80 (90.85)	91.40 (88.25)	90.50 (85.25)
$m_2^{(j)}$	(150, 20)	71.00 (68.50)	76.70 (74.35)	77.40 (74.50)	78.00 (74.85)	78.50 (75.65)	78.80 (75.60)	78.80 (75.60)
$m_{(2,3)}^{(j)2}$	(150, 20)	88.95 (89.25)	92.05 (92.15)	93.70 (93.80)	93.90 (94.05)	94.00 (94.30)	94.30 (94.40)	94.30 (94.45)
$m_{(2,4)}^{(j)2}$	(150, 20)	94.25 (94.55)	95.50 (95.95)	96.30 (96.65)	96.50 (97.00)	96.90 (97.15)	97.15 (97.25)	97.20 (97.30
$m_{(2,5)}^{(j)2}$	(150, 20)	95.90 (96.55)	96.30 (96.50)	97.20 (97.50)	97.55 (97.70)	97.60 (97.90)	97.65 (97.80)	97.65 (98.00)
$m_{(2,6)}^{(j)2}$	(150, 20)	96.85 (96.60)	96.85 (96.45)	97.35 (96.85)	97.70 (97.00)	97.95 (97.35)	98.15 (97.75)	98.20 (97.80)
$m_{(2,7)}^{(j)2}$	(150, 20)	96.60 (96.15)	96.35 (96.00)	97.15 (96.65)	97.45 (97.05)	97.60 (97.30)	97.75 (97.25)	97.80 (97.40)
$S_{(j)}$	(150, 20)	0.90 (2.30)	99.40 (99.25)	99.90 (99.90)	99.80 (99.80)	99.65 (99.75)	99.30 (99.55)	99.20 (99.25)
$J_{(j)}$	(150, 20)	1.95 (2.80)	99.40 (98.10)	99.90 (99.70)	99.80 (99.45)	99.65 (99.30)	99.30 (98.75)	99.05 (98.15)

续表

检验	工具变量矩阵类型/工具变量数量							
		j=1			j=0			
	(N, T)	2(T-2)	4	6	8	10	12	14
$m_2^{(j)}$	(200, 20)	85.05 (83.90)	90.30 (89.40)	90.00 (89.90)	90.65 (90.30)	90.75 (90.55)	90.95 (90.45)	90.95 (90.45)
$m_{(2,3)}^{(j)2}$	(200, 20)	96.90 (95.85)	97.55 (97.10)	98.25 (97.45)	98.30 (97.70)	98.45 (97.95)	98.45 (97.95)	98.45 (98.10)
$m_{(2,4)}^{(j)2}$	(200, 20)	98.95 (98.70)	99.40 (99.15)	99.60 (99.60)	99.70 (99.70)	99.70 (99.70)	99.70 (99.60)	99.70 (99.65)
$m_{(2,5)}^{(j)2}$	(200, 20)	99.45 (99.45)	99.40 (99.35)	99.80 (99.50)	99.90 (99.90)	99.95 (99.90)	99.95 (99.90)	99.95 (99.90)
$m_{(2,6)}^{(j)2}$	(200, 20)	99.60 (99.60)	99.70 (99.45)	99.75 (99.75)	99.85 (99.75)	99.85 (99.60)	99.85 (99.60)	99.60 (99.60)
$m_{(2,7)}^{(j)2}$	(200, 20)	99.75 (99.35)	99.80 (99.45)	99.80 (99.70)	99.95 (99.80)	99.95 (99.90)	99.95 (99.90)	99.90 (99.90)
$S_{(j)}$	(200, 20)	1.05 (2.50)	99.80 (99.80)	100.00 (100.00)	100.00 (100.00)	100.00 (100.00)	100.00 (100.00)	100.00 (100.00)
$J_{(j)}$	(200, 20)	1.85 (4.20)	99.80 (99.60)	100.00 (100.00)	100.00 (100.00)	100.00 (100.00)	100.00 (100.00)	100.00 (100.00)
$m_2^{(j)}$	(100, 30)	72.50 (73.05)	77.95 (78.15)	78.55 (78.80)	79.80 (80.25)	80.45 (80.85)	80.50 (80.50)	80.50 (80.50)
$m_{(2,3)}^{(j)2}$	(100, 30)	90.25 (90.95)	92.10 (92.15)	93.80 (94.00)	93.80 (93.80)	94.05 (94.20)	94.00 (94.40)	94.25 (94.50)
$m_{(2,4)}^{(j)2}$	(100, 30)	95.25 (96.00)	96.00 (96.40)	96.90 (97.20)	97.30 (97.75)	97.35 (97.65)	97.35 (97.65)	97.40 (97.80)
$m_{(2,5)}^{(j)2}$	(100, 30)	96.05 (97.05)	96.05 (96.95)	97.10 (97.95)	97.65 (98.25)	97.65 (98.45)	97.70 (98.70)	97.70 (98.60)
$m_{(2,6)}^{(j)2}$	(100, 30)	96.20 (97.25)	95.60 (96.00)	96.70 (97.10)	97.15 (97.30)	97.30 (97.45)	97.40 (97.50)	97.50 (97.75)
$m_{(2,7)}^{(j)2}$	(100, 30)	96.45 (96.85)	95.65 (94.45)	96.30 (95.85)	96.75 (95.95)	97.25 (96.20)	97.20 (96.60)	97.15 (96.50)
$S_{(j)}$	(100, 30)	0.00 (1.85)	99.10 (99.00)	99.85 (99.90)	99.65 (99.80)	99.10 (99.25)	98.45 (98.90)	98.00 (98.15)
$J_{(j)}$	(100, 30)	3.35 (5.20)	99.20 (98.25)	99.85 (99.60)	99.65 (98.90)	99.10 (98.40)	98.45 (97.40)	98.05 (95.95)

续表

检验	工具变量矩阵类型/工具变量数量							
		j=1			j=0			
	(N, T)	2(T−2)	4	6	8	10	12	14
$m_2^{(j)}$	(150, 30)	87.25 (86.80)	91.80 (91.55)	92.45 (91.95)	93.15 (93.05)	93.30 (93.45)	93.45 (93.60)	93.45 (93.60)
$m_{(2,3)}^{(j)2}$	(150, 30)	98.05 (98.20)	99.05 (99.05)	99.30 (99.30)	99.35 (99.35)	99.25 (99.25)	99.40 (99.35)	99.40 (99.40)
$m_{(2,4)}^{(j)2}$	(150, 30)	99.60 (99.65)	99.65 (99.65)	99.65 (99.70)	99.70 (99.75)	99.75 (99.75)	99.75 (99.75)	99.75 (99.75)
$m_{(2,5)}^{(j)2}$	(150, 30)	99.80 (99.90)	99.75 (99.85)	99.90 (99.95)	99.95 (100.00)	99.95 (100.00)	99.95 (100.00)	99.95 (100.00)
$m_{(2,6)}^{(j)2}$	(150, 30)	99.80 (99.85)	99.75 (99.75)	99.80 (99.80)	99.80 (99.90)	99.90 (99.95)	99.80 (99.95)	99.80 (99.95)
$m_{(2,7)}^{(j)2}$	(150, 30)	99.80 (99.80)	99.70 (99.75)	99.75 (99.75)	99.80 (99.80)	99.80 (99.85)	99.80 (99.85)	99.80 (99.85)
$S_{(j)}$	(150, 30)	0.40 (1.80)	99.90 (99.90)	100.00 (100.00)	100.00 (100.00)	100.00 (100.00)	100.00 (100.00)	99.95 (99.95)
$J_{(j)}$	(150, 30)	2.85 (3.90)	99.90 (99.75)	100.00 (99.95)	100.00 (100.00)	100.00 (100.00)	100.00 (100.00)	99.95 (99.95)
$m_2^{(j)}$	(200, 30)	95.05 (94.30)	97.65 (97.25)	97.90 (97.45)	98.10 (97.80)	98.20 (97.95)	98.25 (98.00)	98.25 (98.00)
$m_{(2,3)}^{(j)2}$	(200, 30)	99.50 (99.60)	99.80 (99.80)	99.95 (99.95)	99.95 (99.95)	99.95 (99.95)	99.95 (99.95)	99.95 (99.95)
$m_{(2,4)}^{(j)2}$	(200, 30)	99.90 (99.90)	99.90 (99.95)	99.95 (99.95)	99.95 (99.95)	99.95 (99.95)	99.95 (99.95)	99.95 (99.95)
$m_{(2,5)}^{(j)2}$	(200, 30)	100.00 (100.00)	100.00 (100.00)	100.00 (100.00)	100.00 (100.00)	100.00 (100.00)	100.00 (100.00)	100.00 (100.00)
$m_{(2,6)}^{(j)2}$	(200, 30)	100.00 (100.00)	100.00 (100.00)	100.00 (100.00)	100.00 (100.00)	100.00 (100.00)	100.00 (100.00)	100.00 (100.00)
$m_{(2,7)}^{(j)2}$	(200, 30)	100.00 (100.00)	100.00 (100.00)	100.00 (100.00)	100.00 (100.00)	100.00 (100.00)	100.00 (100.00)	100.00 (100.00)
$S_{(j)}$	(200, 30)	0.55 (1.50)	100.00 (100.00)	100.00 (100.00)	100.00 (100.00)	100.00 (100.00)	100.00 (100.00)	100.00 (100.00)
$J_{(j)}$	(200, 30)	2.50 (3.85)	100.00 (100.00)	100.00 (100.00)	100.00 (100.00)	100.00 (100.00)	100.00 (100.00)	100.00 (100.00)

注：本表报告了在异质斜率备择假设下的 $m_s^{(j)}$，$m_{(2,p)}^{(j)2}$，$S_{(j)}$ 和 $J_{(j)}$ 的功效（水平尺度调整的功效）；$j=0, 1, 2$；$p=3, 4, 5, 6, 7$。对于 $j=0$，我们选择 $\kappa=2, 3, 4, 5, 6, 7$。数据由 $y_{it}=\alpha_i+0.5y_{i,t-1}+0.5x_{it}+\mu_{it}$ 生成。此时 $x_{it}=0.5x_{i,t-1}+0.5\mu_{i,t-1}+v_{it}$，$v_{it}\sim i.i.d.N(0, \sigma_v^2)$，$i=1, \cdots, N$；$t=-48, \cdots, T$，$y_{i,-49}=x_{i,-49}=0$。我们丢弃了前50个观测数据，通过 σ_v^2 信息噪音比被固定为3。

表 4－12　检验的功效（水平尺度调整的功效）：截面相关性（因子模型）a

Tests	(N, T)	工具变量矩阵类型/工具变量数量							
		$j=2$	$j=1$	$j=0$					
		$T(T-2)$	$2(T-2)$	4	6	8	10	12	14
$m_2^{(j)}$	(100, 7)	35.65 (34.70)	35.80 (34.80)	35.65 (34.30)	35.80 (34.75)	35.65 (35.10)	35.65 (34.80)		
$m_{(2,3)}^{(j)2}$	(100, 7)	49.85 (48.15)	49.05 (47.50)	48.90 (48.25)	49.10 (48.75)	49.10 (48.60)	49.15 (49.05)		
$m_{(2,4)}^{(j)2}$	(100, 7)	55.85 (54.00)	52.20 (52.60)	51.55 (53.00)	52.00 (54.00)	52.20 (54.15)	52.05 (53.25)		
$S_{(j)}$	(100, 7)	38.15 (49.00)	22.45 (23.95)	25.45 (25.75)	31.70 (33.55)	35.60 (36.95)	35.85 (37.85)		
$J_{(j)}$	(100, 7)	44.80 (37.20)	22.45 (17.15)	26.15 (20.00)	32.10 (27.65)	35.60 (31.70)	35.85 (30.55)		
$m_2^{(j)}$	(150, 7)	41.00 (41.90)	40.70 (41.85)	40.80 (42.15)	40.85 (42.20)	40.70 (42.30)	40.65 (42.20)		
$m_{(2,3)}^{(j)2}$	(150, 7)	56.40 (57.30)	54.90 (56.00)	54.75 (56.35)	54.90 (56.55)	54.85 (56.95)	55.15 (56.90)		
$m_{(2,4)}^{(j)2}$	(150, 7)	63.30 (63.50)	60.15 (60.85)	60.15 (61.35)	60.40 (61.75)	60.75 (62.15)	60.80 (62.50)		
$S_{(j)}$	(150, 7)	64.70 (68.75)	31.65 (37.65)	32.05 (32.80)	40.30 (41.25)	45.00 (43.20)	45.75 (45.90)		
$J_{(j)}$	(150, 7)	65.85 (62.15)	31.15 (25.90)	32.75 (26.80)	40.40 (34.30)	44.75 (38.35)	45.35 (41.55)		
$m_2^{(j)}$	(200, 7)	45.95 (45.15)	46.25 (44.60)	45.95 (44.50)	45.80 (44.55)	45.85 (44.85)	45.85 (44.95)		
$m_{(2,3)}^{(j)2}$	(200, 7)	62.50 (62.35)	61.70 (61.40)	61.15 (61.20)	61.20 (61.45)	61.20 (61.20)	61.15 (61.45)		
$m_{(2,4)}^{(j)2}$	(200, 7)	69.45 (68.60)	67.80 (68.25)	67.15 (67.65)	67.35 (67.80)	67.85 (68.10)	67.80 (68.35)		
$S_{(j)}$	(200, 7)	77.30 (78.00)	38.95 (39.35)	35.60 (35.65)	47.05 (47.20)	53.90 (54.50)	55.30 (58.05)		
$J_{(j)}$	(200, 7)	76.85 (73.00)	38.35 (33.10)	35.90 (30.00)	47.05 (41.75)	53.50 (49.70)	54.70 (51.35)		

续表

Tests	(N, T)	工具变量矩阵类型/工具变量数量							
		$j=2$	$j=1$	$j=0$					
		$T(T-2)$	$2(T-2)$	4	6	8	10	12	14
$m_2^{(j)}$	(100, 11)	36.60 (35.85)	36.10 (37.05)	36.25 (36.05)	36.30 (36.10)	36.20 (36.15)	36.30 (36.15)	36.20 (35.85)	36.20 (35.85)
$m_{(2,3)}^{(j)2}$	(100, 11)	51.95 (53.65)	51.80 (52.45)	51.80 (53.00)	51.95 (53.20)	52.15 (53.10)	52.10 (53.35)	51.85 (53.15)	51.85 (53.00)
$m_{(2,4)}^{(j)2}$	(100, 11)	60.50 (59.90)	60.55 (59.40)	60.10 (60.10)	60.35 (60.35)	60.85 (60.85)	60.60 (60.25)	60.75 (60.65)	60.55 (60.60)
$m_{(2,5)}^{(j)2}$	(100, 11)	67.05 (66.80)	66.25 (66.65)	65.80 (65.80)	66.30 (66.25)	66.25 (66.00)	66.45 (66.40)	66.35 (66.00)	66.70 (66.80)
$m_{(2,6)}^{(j)2}$	(100, 11)	71.65 (71.65)	71.40 (72.05)	71.40 (71.80)	71.60 (72.15)	71.70 (72.20)	71.60 (72.20)	71.70 (72.05)	71.60 (71.80)
$m_{(2,7)}^{(j)2}$	(100, 11)	74.20 (72.05)	73.55 (73.00)	73.70 (72.70)	73.70 (73.05)	73.55 (72.75)	73.45 (72.70)	73.80 (72.75)	73.80 (72.85)
$S_{(j)}$	(100, 11)	0.00 (7.60)	26.65 (34.25)	27.30 (26.95)	37.30 (39.10)	42.95 (46.70)	46.85 (50.20)	47.75 (49.65)	50.85 (51.15)
$J_{(j)}$	(100, 11)	0.60 (4.45)	27.20 (23.25)	27.95 (22.45)	37.55 (32.10)	42.95 (38.20)	46.75 (41.00)	47.65 (41.90)	50.90 (42.05)
$m_2^{(j)}$	(150, 11)	44.90 (44.65)	45.00 (45.45)	45.20 (45.05)	45.20 (44.85)	45.00 (44.70)	44.95 (44.65)	44.95 (44.80)	44.95 (44.80)
$m_{(2,3)}^{(j)2}$	(150, 11)	61.45 (62.50)	61.15 (62.35)	61.25 (62.05)	61.20 (62.35)	61.20 (62.45)	61.35 (62.55)	61.25 (62.75)	61.50 (62.60)
$m_{(2,4)}^{(j)2}$	(150, 11)	70.70 (70.55)	70.55 (70.55)	70.55 (70.45)	70.45 (70.05)	70.45 (70.30)	70.60 (70.10)	70.50 (70.15)	70.65 (70.20)
$m_{(2,5)}^{(j)2}$	(150, 11)	77.25 (77.90)	77.25 (77.90)	77.05 (77.85)	77.00 (77.85)	77.05 (77.95)	77.15 (78.00)	77.25 (77.95)	77.20 (78.05)
$m_{(2,6)}^{(j)2}$	(150, 11)	81.75 (82.45)	81.60 (82.35)	81.55 (82.60)	81.45 (82.55)	81.45 (82.35)	81.50 (82.15)	81.50 (82.25)	81.55 (82.40)
$m_{(2,7)}^{(j)2}$	(150, 11)	84.20 (84.35)	84.15 (84.65)	83.60 (84.05)	83.65 (84.40)	83.90 (84.50)	84.00 (84.45)	84.10 (84.50)	84.00 (84.40)
$S_{(j)}$	(150, 11)	10.80 (53.35)	44.10 (46.40)	36.40 (37.00)	49.45 (50.15)	57.10 (58.75)	61.55 (61.95)	63.80 (65.40)	66.65 (66.75)

续表

Tests	(N, T)	工具变量矩阵类型/工具变量数量							
		$j=2$	$j=1$	$j=0$					
		$T(T-2)$	$2(T-2)$	4	6	8	10	12	14
$J_{(j)}$	(150, 11)	47.25 (43.80)	43.50 (37.90)	36.90 (30.80)	49.60 (44.25)	56.85 (49.95)	61.05 (56.50)	63.25 (57.50)	65.95 (59.20)
$m_2^{(j)}$	(200, 11)	52.15 (52.25)	52.20 (52.25)	51.90 (52.35)	52.00 (52.70)	52.10 (52.55)	52.25 (52.50)	52.30 (52.55)	52.30 (52.55)
$m_{(2,3)}^{(j)2}$	(200, 11)	68.85 (69.50)	68.45 (68.65)	68.15 (68.80)	68.25 (69.05)	68.25 (68.70)	68.35 (68.85)	68.35 (69.00)	68.35 (69.00)
$m_{(2,4)}^{(j)2}$	(200, 11)	77.25 (77.20)	77.25 (76.85)	77.05 (76.45)	76.80 (76.45)	76.90 (76.60)	76.85 (76.35)	76.90 (76.40)	76.90 (76.55)
$m_{(2,5)}^{(j)2}$	(200, 11)	83.70 (83.70)	83.85 (83.80)	83.55 (83.55)	83.60 (83.65)	83.45 (83.65)	83.45 (83.65)	83.50 (83.65)	83.55 (83.60)
$m_{(2,6)}^{(j)2}$	(200, 11)	88.00 (88.50)	87.70 (88.10)	87.30 (88.20)	87.50 (88.35)	87.70 (88.40)	87.55 (88.35)	87.60 (88.55)	87.60 (88.45)
$m_{(2,7)}^{(j)2}$	(200, 11)	90.55 (91.25)	90.55 (91.25)	90.30 (91.15)	90.35 (91.55)	90.30 (91.35)	90.35 (91.25)	90.40 (91.15)	90.40 (91.15)
$S_{(j)}$	(200, 11)	72.70 (83.75)	57.85 (61.65)	43.90 (42.65)	60.00 (60.85)	68.85 (68.50)	72.00 (71.75)	76.15 (76.15)	78.80 (79.20)
$J_{(j)}$	(200, 11)	83.15 (76.75)	56.85 (53.45)	44.65 (38.20)	60.00 (54.40)	68.60 (61.00)	71.60 (66.55)	75.45 (69.95)	77.80 (73.75)

注：本表报告了在截面相关性（因子模型）备择假设下的 $m_s^{(j)}$，$m_{(2,p)}^{(j)2}$，$S_{(j)}$ 和 $J_{(j)}$ 的功效（水平尺度修正的功效）；$j=0$，1，2；$p=3$，4，5，6，7。对于 $j=0$，我们选择 $\kappa=2$，3，4，5，6，7。数据由 $y_{it}=\alpha_i+0.5y_{i,t-1}\beta_i x_{it}+\mu_{it}$ 生成。此时 $u_{it}\sim i.i.d.\ N(0,1)$；$x_{it}=0.5x_{i,t-1}+0.5\mu_{i,t-1}+v_{it}$，$v_{it}\sim i.i.d.\ N(0,\sigma_v^2)$，$i=1$，…，$N$；$t=-48$，…，$T$，$y_{i,-49}=x_{i,-49}=0$。$\beta_i\sim i.i.d.\ N(0.5,1)$。我们丢弃了前 50 个观测数据，通过 σ_v^2 信息噪音比被固定为 3。在这样的替代下，$\mu_{it}=0.75(\lambda_i f_t+\sigma_\varepsilon\varepsilon_{i,t})$，这里 $\lambda_i\sim i.i.d.\ U[-1,1]$，$f_t\sim i.i.d.\ N(0,1)$，$\sigma_\varepsilon=1$；$\varepsilon_{it}\sim i.i.d.\ N(0,1)$。

表 4 – 13　　检验的功效（水平尺度调整的功效）：截面相关性（因子模型）b

Tests	工具变量矩阵类型/工具变量数量							
		$j=1$			$j=0$			
	(N，T)	$2(T-2)$	4	6	8	10	12	14
$m_2^{(j)}$	(100，20)	44.55 (45.85)	44.50 (45.45)	44.60 (45.75)	44.55 (45.75)	44.60 (45.90)	44.70 (45.80)	44.70 (45.80)
$m_{(2,3)}^{(j)2}$	(100，20)	59.15 (58.55)	59.40 (59.05)	59.35 (58.45)	59.50 (58.65)	59.45 (59.05)	59.55 (58.65)	59.55 (58.75)
$m_{(2,4)}^{(j)2}$	(100，20)	67.45 (68.20)	67.65 (68.60)	67.55 (68.55)	67.65 (68.35)	67.85 (68.85)	67.60 (68.80)	67.55 (68.65)
$m_{(2,5)}^{(j)2}$	(100，20)	73.25 (73.80)	74.00 (74.45)	74.00 (74.45)	73.65 (74.55)	73.60 (74.50)	73.70 (74.15)	73.60 (74.15)
$m_{(2,6)}^{(j)2}$	(100，20)	78.10 (79.15)	78.70 (79.10)	78.80 (79.35)	78.95 (79.30)	78.65 (79.10)	78.80 (79.60)	78.80 (79.65)
$m_{(2,7)}^{(j)2}$	(100，20)	81.70 (83.65)	82.40 (83.50)	82.40 (83.45)	82.40 (83.50)	82.25 (83.50)	82.25 (82.95)	82.30 (82.90)
$S_{(j)}$	(100，20)	23.15 (38.10)	33.95 (35.80)	46.15 (48.30)	52.45 (55.15)	56.50 (59.30)	60.70 (61.80)	64.70 (67.80)
$J_{(j)}$	(100，20)	29.55 (30.80)	34.85 (29.90)	46.80 (40.35)	52.45 (46.80)	56.45 (51.55)	60.70 (56.70)	64.75 (57.80)
$m_2^{(j)}$	(150，20)	51.45 (52.25)	51.45 (52.25)	51.45 (52.10)	51.55 (52.20)	51.45 (52.15)	51.45 (52.15)	51.45 (52.15)
$m_{(2,3)}^{(j)2}$	(150，20)	70.10 (69.70)	70.10 (70.00)	70.05 (69.15)	69.90 (69.20)	70.05 (69.55)	69.95 (69.35)	70.20 (69.65)
$m_{(2,4)}^{(j)2}$	(150，20)	79.35 (80.05)	79.20 (79.80)	79.50 (79.75)	79.20 (79.80)	79.35 (80.10)	79.50 (80.00)	79.40 (80.10)
$m_{(2,5)}^{(j)2}$	(150，20)	85.40 (86.05)	85.30 (85.65)	85.15 (85.60)	85.30 (85.55)	85.20 (85.45)	85.15 (85.35)	85.20 (85.60)
$m_{(2,6)}^{(j)2}$	(150，20)	88.55 (89.05)	88.85 (89.25)	88.90 (89.35)	88.75 (89.10)	88.85 (89.15)	89.00 (89.45)	88.95 (89.50)
$m_{(2,7)}^{(j)2}$	(150，20)	90.75 (91.85)	90.90 (91.60)	91.05 (91.50)	91.05 (91.65)	91.00 (91.65)	91.15 (91.60)	91.15 (91.65)
$S_{(j)}$	(150，20)	57.00 (67.95)	43.90 (45.10)	59.30 (61.25)	68.70 (70.85)	74.55 (76.95)	78.30 (79.50)	81.35 (82.85)
$J_{(j)}$	(150，20)	58.20 (55.65)	44.45 (36.25)	59.50 (54.00)	68.60 (61.25)	74.15 (71.05)	77.90 (73.95)	80.85 (76.45)

续表

Tests	工具变量矩阵类型/工具变量数量							
	$j=1$				$j=0$			
	(N, T)	2($T-2$)	4	6	8	10	12	14
$m_2^{(j)}$	(200, 20)	55.95 (55.05)	55.75 (55.05)	55.80 (55.00)	55.95 (55.05)	56.00 (55.25)	55.95 (55.10)	55.95 (55.10)
$m_{(2,3)}^{(j)2}$	(200, 20)	74.00 (72.35)	74.55 (72.25)	74.45 (72.05)	74.80 (72.50)	74.70 (72.70)	74.65 (72.70)	74.60 (72.65)
$m_{(2,4)}^{(j)2}$	(200, 20)	83.95 (82.65)	83.60 (82.65)	83.70 (83.00)	83.75 (82.90)	83.85 (83.00)	83.70 (82.75)	83.80 (82.85)
$m_{(2,5)}^{(j)2}$	(200, 20)	88.25 (87.75)	88.30 (87.30)	88.45 (87.60)	88.30 (87.60)	88.30 (87.60)	88.35 (87.60)	88.25 (87.80)
$m_{(2,6)}^{(j)2}$	(200, 20)	92.20 (92.30)	92.10 (91.65)	92.15 (91.95)	92.05 (91.95)	92.10 (91.85)	92.20 (91.85)	92.35 (91.95)
$m_{(2,7)}^{(j)2}$	(200, 20)	93.85 (93.30)	93.70 (92.80)	93.65 (92.90)	93.75 (93.00)	93.80 (93.10)	93.80 (93.05)	93.80 (93.25)
$S_{(j)}$	(200, 20)	76.90 (81.85)	47.25 (48.75)	64.80 (66.90)	75.10 (76.05)	81.20 (81.05)	85.30 (85.55)	88.15 (87.20)
$J_{(j)}$	(200, 20)	76.80 (76.60)	47.50 (43.70)	64.80 (61.85)	74.95 (70.95)	80.65 (76.50)	84.85 (82.05)	87.75 (84.15)
$m_2^{(j)}$	(100, 30)	42.15 (43.25)	42.60 (42.90)	42.85 (43.35)	42.65 (43.25)	42.65 (43.00)	42.60 (43.05)	42.60 (43.05)
$m_{(2,3)}^{(j)2}$	(100, 30)	58.80 (59.60)	59.65 (59.65)	59.65 (60.00)	59.40 (59.65)	59.40 (59.75)	59.35 (59.85)	59.45 (59.75)
$m_{(2,4)}^{(j)2}$	(100, 30)	68.55 (70.10)	69.40 (70.85)	69.10 (70.40)	69.15 (70.35)	69.05 (70.75)	69.20 (70.65)	69.15 (70.70)
$m_{(2,5)}^{(j)2}$	(100, 30)	75.35 (76.75)	76.30 (77.70)	76.65 (77.70)	76.45 (77.70)	76.50 (77.75)	76.15 (77.70)	76.25 (77.70)
$m_{(2,6)}^{(j)2}$	(100, 30)	79.70 (81.45)	80.40 (81.05)	80.60 (81.45)	80.55 (81.05)	80.65 (81.10)	80.70 (80.95)	80.70 (80.95)
$m_{(2,7)}^{(j)2}$	(100, 30)	83.50 (84.45)	84.20 (82.75)	84.45 (83.10)	84.15 (82.50)	83.95 (82.75)	84.10 (83.05)	84.20 (82.70)
$S_{(j)}$	(100, 30)	6.55 (35.70)	35.25 (34.60)	48.20 (50.20)	57.80 (61.00)	63.15 (65.10)	66.15 (68.45)	70.70 (71.50)
$J_{(j)}$	(100, 30)	23.05 (26.75)	36.45 (30.30)	48.60 (43.95)	57.80 (52.95)	63.10 (57.75)	66.10 (61.50)	70.70 (63.65)
$m_2^{(j)}$	(150, 30)	53.30 (54.00)	53.80 (54.20)	53.95 (54.45)	53.85 (54.45)	53.95 (54.55)	53.95 (54.55)	53.95 (54.55)

续表

Tests	工具变量矩阵类型/工具变量数量							
		$j=1$			$j=0$			
	(N, T)	$2(T-2)$	4	6	8	10	12	14
$m_{(2,3)}^{(j)2}$	(150, 30)	71.25 (71.45)	71.35 (71.35)	71.20 (71.25)	71.25 (71.35)	71.25 (71.05)	71.25 (71.10)	71.25 (70.95)
$m_{(2,4)}^{(j)2}$	(150, 30)	80.20 (81.15)	80.65 (81.10)	80.30 (81.35)	80.20 (81.35)	80.35 (81.00)	80.40 (81.05)	80.45 (81.35)
$m_{(2,5)}^{(j)2}$	(150, 30)	86.00 (86.80)	86.60 (86.95)	86.60 (87.10)	86.60 (87.05)	86.65 (87.15)	86.50 (87.30)	86.40 (87.25)
$m_{(2,6)}^{(j)2}$	(150, 30)	90.10 (90.70)	90.10 (90.90)	90.25 (90.80)	90.25 (90.80)	90.15 (90.80)	90.35 (90.65)	90.20 (90.65)
$m_{(2,7)}^{(j)2}$	(150, 30)	92.00 (93.35)	92.30 (92.35)	92.25 (93.00)	92.35 (92.90)	92.45 (92.90)	92.40 (92.95)	92.35 (93.10)
$S_{(j)}$	(150, 30)	55.85 (70.95)	45.15 (46.80)	61.70 (62.20)	72.55 (75.25)	77.85 (79.70)	82.30 (84.40)	85.70 (86.85)
$J_{(j)}$	(150, 30)	62.35 (61.25)	45.45 (42.45)	61.80 (54.65)	72.45 (69.10)	77.40 (75.65)	81.80 (79.25)	85.55 (81.70)
$m_2^{(j)}$	(200, 30)	58.75 (58.15)	58.75 (57.90)	58.90 (57.95)	58.65 (57.95)	58.75 (57.95)	58.90 (57.85)	58.90 (57.85)
$m_{(2,3)}^{(j)2}$	(200, 30)	77.00 (77.35)	77.00 (77.10)	77.00 (77.25)	77.10 (77.20)	77.25 (77.35)	77.20 (77.20)	77.15 (77.25)
$m_{(2,4)}^{(j)2}$	(200, 30)	87.20 (87.35)	87.05 (87.05)	86.95 (87.15)	86.90 (87.05)	86.95 (87.20)	86.90 (87.25)	87.00 (87.30)
$m_{(2,5)}^{(j)2}$	(200, 30)	92.20 (92.95)	92.70 (92.80)	92.75 (92.90)	92.75 (93.10)	92.70 (93.05)	92.75 (92.85)	92.65 (92.75)
$m_{(2,6)}^{(j)2}$	(200, 30)	94.65 (94.65)	94.45 (94.45)	94.40 (94.50)	94.55 (94.55)	94.55 (94.50)	94.60 (94.55)	94.65 (94.65)
$m_{(2,7)}^{(j)2}$	(200, 30)	96.40 (96.60)	96.45 (96.85)	96.40 (96.75)	96.45 (96.65)	96.50 (96.60)	96.40 (96.60)	96.40 (96.65)
$S_{(j)}$	(200, 30)	81.25 (87.75)	51.55 (51.15)	70.40 (70.30)	80.10 (80.10)	87.90 (87.75)	90.45 (90.60)	93.20 (93.20)
$J_{(j)}$	(200, 30)	83.25 (81.75)	51.95 (45.20)	70.40 (65.10)	79.70 (77.25)	87.75 (83.65)	90.10 (88.00)	93.05 (91.55)

注：本表报告了在截面相关性（因子模型）备择假设下的 $m_s^{(j)}$，$m_{(2,p)}^{(j)2}$，$S_{(j)}$ 和 $J_{(j)}$ 的功效（水平尺度修正的功效）；$j=0$，1，2；$p=3$，4，5，6，7。对于 $j=0$，我们选择 $\kappa=2$，3，4，5，6，7。数据由 $y_{it}=\alpha_i+0.5y_{i,t-1}\beta_i x_{it}+\mu_{it}$ 生成。此时 $u_{it}\sim i.i.d.\ N(0,1)$；$x_{it}=0.5x_{i,t-1}+0.5\mu_{i,t-1}+v_{it}$，$v_{it}\sim i.i.d.\ N(0,\sigma_v^2)$，$i=1$，…，$N$；$t=-48$，…，$T$，$y_{i,-49}=x_{i,-49}=0$。$\beta_i\sim i.i.d.\ N(0.5,1)$。我们丢弃了前 50 个观测数据，通过 σ_v^2 信息噪音比被固定为 3。在这样的替代下，$\mu_{it}=0.75(\lambda_i f_t+\sigma_\varepsilon\varepsilon_{i,t})$，这里 $\lambda_i\sim i.i.d.\ U[-1,1]$，$f_t\sim i.i.d.\ N(0,1)$，$\sigma_\varepsilon=1$；$\varepsilon_{it}\sim i.i.d.\ N(0,1)$。

但是当 T 变大时且 κ 略大时，它的功效比 $\tilde{J}_{(0)}$ 小。此时，$\tilde{J}_{(1)}$ 比它自身在其他备择假设下的功效更大，但是在大多数情况下比其他检验下的功效弱。

总的来说，我们在模拟结果中发现了一些有趣的结论：第一，修正的 sargan 检验（$\tilde{J}_{(j)}$，$j=1$，2）与未修正的 sargan 检验（$S_{(j)}$，$j=1$，2）相比，有正常的水平尺度；第二，使用折叠的工具变量矩阵，对于大多数（N，T）的组合，都比使用块对角工具变量矩阵的表现要好，除了在 T 较小的时候；第三，$\tilde{J}_{(0)}$ 和 $m_{(2,p)}^{(j)2}$，$j=0$，1，2，没有绝对的好坏，但是他们一般都比 $m_2^{(j)}$ 要好。

4.7　本章小结

在本章中，我们考虑在动态面板数据模型中在大 N 和大 T 进行模型设定检验。所有统计检验都建立在使用三种不同工具变量矩阵的两步 *GMM* 估计的基础上：具有可用工具变量全集的块对角矩阵，具有所有可用工具变量子集的块对角矩阵和折叠工具变量矩阵。本书显示，当使用的工具变量数量相对 N 较大时，传统的 Sargan 检验（$S_{(2)}$）的渐进分布并不是卡方分布。因此本章建议通过三个工具变量矩阵修正 Sargan 的检验（$\tilde{J}_{(j)}$，$j=$ 0，1，2），它将传统的序列相关检验扩展到大的 N 和大 T 框架。当 N 和 T 同步趋向无穷大，所有检验的渐进分布都进行了推导。本书也研究了在不同的备择假设下的功效性质，在备择假设 $MA(q)$ 和 $AR(q)$ 下，$m_{(2,p)}^{(j)2}$，$j=$ 0，1，2，有更好的功效性质，随着工具变量数量的增加，$\tilde{J}_{(j)}$，$j=1$，2，的功效减小，这也意味着当工具变量的数量不变时，当 N，T 中一个或者全部增加时，$\tilde{J}_{(0)}$ 的功效增加。

本章采用蒙特卡洛模拟实验研究了三种不同工具变量矩阵的所有检验的小样本性质。模拟结果显示了几个有趣的事实：首先，修正的 Sargan 检验具有正确的水平尺度，而传统的 Sargan 检验有严重的水平尺度扭曲；其次，修正后的 Sargan 检验 $\tilde{J}_{(0)}$ 在不同的备择假设下有合理的功效；尤其是，$\tilde{J}_{(0)}$ 只有滞后工具变量（$\kappa=q+1$）矩阵时优于其他检验。除了截面相关性外，在其他所有备择假设下，$\tilde{J}_{(1)}$ 的功效都非常弱；最后，在 $m_{(2,p)}^{(j)2}$，$j=0$，

1，2，和 $\tilde{J}_{(0)}$ 之间没有显著的优劣，但是它们在大多数情况下都优于 $m_2^{(j)2}$，$j=0$，1，2。其中 $m_{(2,p)}^{(j)2}$，$j=0$，1，2，$m_{(2,p)}^{(0)2}$ 有更大的功效，但是他们之间的差异不是很显著。

在实证研究中，我们建议使用折叠的工具变量矩阵（$W_{li}^{(0)}$）来检验，因为他们有较多的优点：首先，当 T 很大且在计算上易于实现时，它们没有协方差矩阵是否可逆的问题；其次，相比使用块对角工具变量矩阵（$W_{li}^{(1)}$ and $W_{li}^{(2)}$）的检验，它们有更好的功效。需要注意的是，没有理论标准来选择联合序列相关性检验的 p 以及折叠工具变量矩阵的 κ 的数量的选取。功效性质表明它们依赖于实际的残差设定。

4.8 定理及推论的证明

本小节包括本章主要结果的证明。具体来讲，包括两部分：第一部分包括一些有用的引理，这些引理常用于定理的证明；第二部分给出了本书包含的所有定理的证明。

4.8.1 一些有用的引理

引理 4.1 在假设 4.1～假设 4.3 下，我们得到：

(a) $(NT_s)^{-1/2}\sum_{i=1}^{N}\sum_{t=3}^{T-s}\Delta u_{i,t+s}Z'_{it}(\hat{\theta}_{FDGMM2}^{(j)}-\theta)=O_p(1)$，$s=2,\cdots,p$，$j=0,1,2$；

(b) $(NT_s)^{-1/2}\sum_{i=1}^{N}\sum_{t=3}^{T-s}Z'_{it}(\hat{\theta}_{FDGMM2}^{(j)}-\theta)(\hat{\theta}_{FDGMM2}^{(j)}-\theta)'Z_{i,t+s}=O_p(1)$，$s=2$，…，$p$，$j=0$，1，2。

证明：考虑（a）部分，

$$\left(\frac{1}{NT_s}\right)^{1/2}\sum_{i=1}^{N}\sum_{t=3}^{T-s}\Delta u_{i,t+s}Z'_{it}(\hat{\theta}_{FDGMM2}^{(j)}-\theta)$$

$$=\left(\frac{1}{NT_s}\right)^{1/2}\sum_{i=1}^{N}\sum_{t=3}^{T-s}(u_{i,t+s}-u_{i,t+s-1})(Z_{it}-Z_{i,t-1})'(\hat{\theta}_{FDGMM2}^{(j)}-\theta)$$

$$= \left(\frac{1}{NT_s}\right)^{1/2} \sum_{i=1}^{N} \sum_{t=3}^{T-s} (u_{i,t+s}Z'_{it} - u_{i,t+s}Z'_{i,t-1} - u_{i,t+s-1}Z'_{it} + u_{i,t+s-1}Z'_{i,t-1})(\hat{\theta}^{(j)}_{FDGMM2} - \theta)$$

考虑 $(NT_s)^{-1/2} \sum_{i=1}^{N} \sum_{t=3}^{T-s} u_{i,t+s}Z'_{it}$，可以被写成：

$$\left(\frac{1}{NT_s}\right)^{1/2} \sum_{i=1}^{N} \sum_{t=3}^{T-s} u_{i,t+s}Z'_{it} = \left(\frac{1}{NT_s}\right)^{1/2} \sum_{i=1}^{N} \sum_{t=3}^{T-s} (u_{i,t+s}y_{i,t-1},\ u_{i,t+s}x_{it})'$$

计算 $(NT_s)^{-1/2} \sum_{i=1}^{N} \sum_{t=3}^{T-s} u_{i,t+s}y_{i,t-1}$。

$$\begin{aligned}
\mathrm{var}\left[\left(\frac{1}{NT_s}\right)^{1/2} \sum_{i=1}^{N} \sum_{t=3}^{T-s} u_{i,t+s}y_{i,t-1}\right] &= \frac{1}{NT_s}\sum_{i=1}^{N} \mathrm{var}\left[\sum_{t=3}^{T-s} u_{i,t+s}y_{i,t-1}\right] \\
&= \frac{1}{NT_s}\sum_{i=1}^{N} \mathrm{E}\left[\sum_{t=3}^{T-s}\sum_{\tau=3}^{T-s} u_{i,t+s}y_{i,t-1}u_{i,\tau+s}y_{i,\tau-1}\right] \\
&= \frac{1}{NT_s}\sum_{i=1}^{N} \mathrm{E}\left[\sum_{t=3}^{T-s} (u_{i,t+s}y_{i,t-1})^2\right] \\
&\quad + \frac{2}{NT_s}\sum_{i=1}^{N} \mathrm{E}\left(\sum_{t=3}^{T-s}\sum_{t<\tau}^{T-s} u_{i,t+s}y_{i,t-1}u_{i,\tau+s}y_{i,\tau-1}\right) \\
&= \frac{1}{NT_s}\sum_{i=1}^{N} \mathrm{E}\left[\sum_{t=3}^{T-s} (u_{i,t+s}y_{i,t-1})^2\right]
\end{aligned}$$

由假设 4.2，我们可以得到 $\mathrm{E}\left[\sum_{t=3}^{T-s} (u_{i,t+s}y_{i,t-1})^2\right] = O_p(T_s)$，因此

$$\mathrm{var}\left[\left(\frac{1}{NT_s}\right)^{1/2} \sum_{i=1}^{N} \sum_{t=3}^{T-s} u_{i,t+s}y_{i,t-1}\right] = O_p(1)$$

同样的，使用假设 4.1 ~ 假设 4.2，我们有 $\mathrm{E}(\| x_{it} \|^2) = O_p(1)$，这使得，

$$\left(\frac{1}{NT_s}\right)^{1/2} \left\| \sum_{i=1}^{N} \sum_{t=3}^{T-s} u_{i,t+s}x_{it} \right\| = O_p(1)$$

以上结果导致 $(NT_s)^{-1/2} \left\| \sum_{i=1}^{N} \sum_{t=3}^{T-s} u_{i,t+s}Z'_{it} \right\| = O_p(1)$。同样地，使用假设 4.1 ~ 4.2，我们可以得到：

$$\left(\frac{1}{NT_s}\right)^{1/2} \left\| \sum_{i=1}^{N} \sum_{t=3}^{T-s} u_{i,t+s}Z'_{i,t-1} \right\| = O_p(1)$$

$$\left(\frac{1}{NT_s}\right)^{1/2} \left\| \sum_{i=1}^{N} \sum_{t=3}^{T-s} u_{i,t+s-1}Z'_{it} \right\| = O_p(1)$$

和

$$\left(\frac{1}{NT_s}\right)^{1/2}\left\|\sum_{i=1}^{N}\sum_{t=3}^{T-s}u_{i,t+s-1}Z'_{i,t-1}\right\| = O_p(1)$$

由 $\|\hat{\theta}^{(j)}_{FDGMM2}-\theta\| = O_p[(NT)^{-1/2}]$，我们得到（a）部分。

关于（b）部分，由假设4.1～假设4.2，我们有 $\|Z'_{it}Z_{i,t+s}\| = O_p(1)$，因此 $\left\|\sum_{i=1}^{N}\sum_{t=3}^{T-s}Z'_{it}Z_{i,t+s}\right\| = O_p(NT_s)$ 和 $\|\hat{\theta}^{(j)}_{FDGMM2}-\theta\| = O_p[(NT)^{-1/2}]$，（b）部分左侧的结果是 $O_p[(NT_s)^{-1/2}]$。（b）部分成立。

引理4.2 在假设4.1～假设4.3下，我们得到：

（a）$\sup_T T_s^{-2}\mathrm{E}(\sum_{t=3}^{T-s}\Delta u_{it}\Delta u_{i,t+s})^4 = O(1)$，$s=2$，…，$p$；

（b）$\sup_T T_s^{-2}\mathrm{E}(\sum_{t=s+1}^{T-s}y_{i,t-s}\Delta u_{i,t})^4 = O(1)$；$s=2$，…，$p$；

（c）$\sup_T T_s^{-2}\mathrm{E}(\sum_{t=s+1}^{T-s}x_{i,t-s+1,j}\Delta u_{i,t})^4 = O(1)$，对 $j=1$，…，$k-1$，$s=2$，…，p。

证明：考虑（a）部分，对 $s=2$，…，p，

$$\begin{aligned}
&\frac{1}{T_s^2}\sup_T\mathrm{E}(\sum_{t=3}^{T-s}\Delta u_{i,t}\Delta u_{i,t+s})^4\\
&=\frac{1}{T_s^2}\sup_T\mathrm{E}[\sum_{t=3}^{T-s}(u_{it}u_{i,t+s}+u_{i,t-1}u_{i,t+s-1}-u_{it}u_{i,t+s-1}-u_{i,t-1}u_{i,t+s})]^4\\
&\leqslant\frac{4^3}{T_s^2}\sup_T\mathrm{E}(\sum_{t=3}^{T-s}u_{it}u_{i,t+s})^4+\frac{4^3}{T_s^2}\sup_T\mathrm{E}(\sum_{t=3}^{T-s}u_{i,t-1}u_{i,t+s-1})^4\\
&\quad+\frac{4^3}{T_s^2}\sup_T\mathrm{E}(\sum_{t=3}^{T-s}u_{it}u_{i,t+s-1})^4+\frac{4^3}{T_s^2}\sup_T\mathrm{E}(\sum_{t=3}^{T-s}u_{i,t-1}u_{i,t+s})^4
\end{aligned}$$

为了证明（a）部分，我们考虑以上四种情况。对于第一种情况，

$$\begin{aligned}
\sup_T\frac{4^3}{T_s^2}\mathrm{E}(\sum_{t=3}^{T-s}u_{it}u_{i,t+s})^4 &= \sup_T\frac{4^3}{T_s^2}\mathrm{E}[\sum_{t=3}^{T-s}(u_{it}u_{i,t+s})^4]\\
&\quad+\sup_T\frac{4^3}{T_s^2}\mathrm{E}[\sum_{(t\neq\tau)=3}^{T-s}(u_{it}u_{i,t+s})^2(u_{i\tau}u_{i,\tau+s})^2]\\
&= O(1)
\end{aligned}$$

同样的，我们可以证明其他三种情况下是有界的。（a）部分成立。

考虑（b）部分，对于所有的 $s=2$，…，p，

$$\sup_T \frac{1}{T_s^2} \mathrm{E}\left(\sum_{t=3}^{T-s} y_{i,t-s}\Delta u_{i,t}\right)^4$$

$$= \sup_T \frac{1}{T_s^2} \mathrm{E}\left(\sum_{t=3}^{T-s} y_{i,t-s}u_{it} - \sum_{t=3}^{T-s} y_{i,t-s}u_{i,t-1}\right)^4$$

$$\leqslant \sup_T \frac{8}{T_s^2} \mathrm{E}\left(\sum_{t=3}^{T-s} y_{i,t-s}u_{it}\right)^4 + \sup_T \mathrm{E}\left(\sum_{t=3}^{T-s} y_{i,t-s}u_{i,t-1}\right)^4$$

为了计算以上的两种情况，我们使用 Rosenthal 的点过程鞅不等式（Wood，1999），定义 $S_\tau = \sum_{t=s+1}^{\tau-s} y_{i,t-s}u_{it}$ 和 $\mathcal{F}_\tau$ 作为 σ - field 由 $\{u_1, \cdots, u_\tau\}$ 生成。$X_{i,\tau} = S_\tau - S_{\tau-1}$ 是关于 $\mathcal{F}_{\tau-1}$ 的鞅差分序列。使用 Rosenthal 的点过程鞅不等式（Wood，1999），可知

$$\sup_{\tau\in T} \mathrm{E}\left| S_\tau \right|^4 \leqslant C_4 \sup_{\tau\in T} \mathrm{E}\left\{\left(\sum_{t=s+1}^{\tau-s} \mathrm{E}\left[(y_{i,t-s}u_{it})^2 \mid \mathcal{F}_{t-1}\right]\right)^2 + \sum_{t=s+1}^{\tau-s} (y_{i,t-s}u_{it})^4\right\}$$

$$= C_4\left[\sup_{\tau\in T} \mathrm{E}\left(\sum_{t=s+1}^{\tau-s} \sigma^2 y_{i,t-s}^2\right)^2 + \sup_{\tau\in T} \sum_{t=s+1}^{\tau-s} \mathrm{E}(y_{i,t-s}u_{it})^4\right]$$

$$= C_4\left[\sup_{\tau\in T} \mathrm{E}\left(\sum_{t=s+1}^{\tau-s} \sigma^4 y_{i,t-s}^4\right) + \sup_{\tau\in T} \mathrm{E}\left(\sum_{t=s+1,t\neq\eta}^{\tau-s} \sigma^4 y_{i,t-s}^2 y_{i,\eta-s}^2\right) + \sup_{\tau\in T} \sum_{t=s+1}^{\tau-s} \mathrm{E}(y_{i,t-s}u_{it})^4\right]$$

当 C_4 是一个固定的有限正数，由假设 4.2，我们可以很容易地得到，对于所有 t，$\mathrm{E}(y_{i,t-s}^4)$、$\mathrm{E}(y_{i,t-s}^2 y_{i,\eta-s}^2)$ 和 $\mathrm{E}(y_{i,t-s}u_{it})^4$ 是有界的。因此，$\sup_T \mathrm{E}\left|S_T\right|^4 \leqslant O(T_s^2)$，也说明 $\sup_T 8T_s^{-2}\mathrm{E}\left(\sum_{t=3}^{T-s} y_{i,t-s}u_{it}\right)^4 = O(1)$。同理可得 $\sup_T 8T_s^{-2}\mathrm{E}\left(\sum_{t=3}^{T-s} y_{i,t-s}u_{i,t-1}\right)^4 = O(1)$。因此，$\sup_T T_s^{-2}\mathrm{E}\left(\sum_{t=s+1}^{T-s} y_{it-s}\Delta u_{it}\right)^4 = O(1)$。（c）部分与（b）部分的证明是相似的。

考虑（d）部分，对所有的 $s = 2, \cdots, p$，

$$\sup_T \frac{1}{T_s^2} \mathrm{E}\left(\sum_{t=s+1}^{T-s} x_{i,t-s+1,j}\Delta u_{it}\right)^4$$

$$= \sup_T \frac{8}{T_s^2} \mathrm{E}\left[\sum_{t=s+1}^{T-s} (x_{i,t-s+1,j}u_{it} + x_{i,t-s+1,j}u_{i,t-1})\right]^4$$

$$\leqslant \sup_T \frac{8}{T_s^2} \mathrm{E}\left(\sum_{t=s+1}^{T-s} x_{i,t-s+1,j}u_{it}\right)^4 + \sup_T \frac{8}{T_s^2} \mathrm{E}\left(\sum_{t=s+1}^{T-s} x_{i,t-s+1,j}u_{i,t-1}\right)^4$$

使用 Rosenthal 不等式，可知以上两种情况都是有界的，这可以证明（d）部分、（e）部分和（d）部分的证明相同。

引理 4.3 在假设 4.1 ~ 假设 4.3 下，当 $(N, T)\to\infty$，可知

(a) $N^{-1}\sum_{i=1}^{N}((T_s)^{-1/2}\sum_{t=3}^{T-s}\Delta\hat{u}_{it}^{(j)}\Delta\hat{u}_{i,t+s}^{(j)})^2 - \mathrm{E}((T_s)^{-1/2}\sum_{t=3}^{T-s}\Delta\hat{u}_{it}^{(j)}\Delta\hat{u}_{i,t+s}^{(j)2}) = O_p(1)$, $s=2, \cdots, p$; $j=0, 1, 2$;

(b) $\left\|(NT_s)^{-1}\sum_{i=1}^{N}(W_{li}^{(0)\prime}\Delta\breve{u}_i^{(0)}\Delta\breve{u}_i^{(0)\prime}W_{li}^{(0)}) - \mathrm{E}(w_{iTs}^{(0)}w_{iTs}^{(0)\prime})\right\| = O_p(1)$, $s=2, \cdots, p$;

(c) $\left\|(NT_s)^{-1}\sum_{i=1}^{N}\sum_{t=3}^{T-s}\Delta\hat{u}_{it}^{(j)}Z'_{i,t+s} - \mathrm{E}(\Delta u_{it}Z'_{i,t+s})\right\| = O_p(1)$。

证明：考虑（a）部分，

$$\left(\frac{1}{T_s}\right)^{1/2}\sum_{t=3}^{T-s}\Delta\hat{u}_{it}^{(j)}\Delta\hat{u}_{i,t+s}^{(j)} = \left(\frac{1}{T_s}\right)^{1/2}\sum_{t=3}^{T-s}\Delta u_{it}\Delta u_{i,t+s} - \left(\frac{1}{T_s}\right)^{1/2}\sum_{t=3}^{T-s}\Delta u_{it}Z'_{i,t+s}(\hat{\theta}_{FDGMM2}^{(j)} - \theta)$$
$$- \left(\frac{1}{T_s}\right)^{1/2}\sum_{t=3}^{T-s}\Delta u_{i,t+s}Z'_{it}(\hat{\theta}_{FDGMM2}^{(j)} - \theta)$$
$$+ \left(\frac{1}{T_s}\right)^{1/2}\sum_{t=3}^{T-s}Z'_{it}(\hat{\theta}_{FDGMM2}^{(j)} - \theta)Z'_{i,t+s}(\hat{\theta}_{FDGMM2}^{(j)} - \theta)$$

由于 $T_s^{-1}\sum_{t=3}^{T-s}\Delta u_{it}Z'_{i,t+s} = O_p(1)$ and $\|\hat{\theta}_{FDGMM2}^{(j)} - \theta\| = O_p[(NT)^{-1/2}]$，上面等式的第二项是 $O_p(N^{-1/2})$，第三和第四项的小于第二项。这使得，

$$(T_s)^{1/2}\sum_{t=3}^{T-s}\Delta\hat{u}_{it}^{(j)}\Delta\hat{u}_{i,t+s}^{(j)} = (T_s)^{-1/2}\sum_{t=3}^{T-s}\Delta u_{it}\Delta u_{i,t+s} + O_p(N^{-1/2})$$

这也说明：

$$((T_s)^{-1/2}\sum_{t=3}^{T-s}\Delta\hat{u}_{it}^{(j)}\Delta\hat{u}_{i,t+s}^{(j)})^2 = ((T_s)^{-1/2}\sum_{t=3}^{T-s}\Delta u_{it}^{(j)}\Delta u_{i,t+s}^{(j)})^2 + O_p(N^{-1})$$

因为 $(T_s)^{-1/2}\sum_{t=3}^{T-s}\Delta u_{it}^{(j)}\Delta u_{i,t+s}^{(j)}$ 在 i 中是独立的，（a）部分成立。

考虑（b）部分。为了证明这一点，我们只需要证明这一点 $(T_s^{-1}W_{li}^{(0)\prime}\Delta\breve{u}_i^{(0)}\Delta\breve{u}_i^{(0)\prime}W_{li}^{(0)}) \xrightarrow{p} w_{iTs}^{(0)}w_{iTs}^{(0)\prime}$。我们知道

$$\left(\frac{1}{T_s}\right)^{1/2}W_{li}^{(0)\prime}\Delta\breve{u}_i^{(0)} = \left(\frac{1}{T_s}\right)^{1/2}\sum_{t=3}^{T-s}W_{lit}^{(0)}\Delta u_{it} - \left(\frac{1}{T_s}\right)^{1/2}\sum_{t=3}^{T-s}W_{lit}^{(0)}\Delta Z'_{it}(\hat{\theta}_{FDGMM1}^{(0)} - \theta)$$

因为 $\left\|\sum_{t=3}^{T-s}W_{lit}^{(0)}\Delta Z'_{it}\right\| = O_p(T_s)$ 和 $\|\hat{\theta}_{FDGMM1}^{(0)} - \theta\| = O_p[(NT)^{-1/2}]$，可知上式的第二项为 $O_p(N^{-1/2})$。所以 $(T_s^{-1}W_{li}^{(0)\prime}\Delta\breve{u}_i^{(0)}\Delta\breve{u}^{(0)\prime}{}_iW_{li}^{(0)}) \xrightarrow{p} w_{iTs}^{(0)}w_{iTs}^{(0)\prime}$， (b)部分成立。

考虑(c)部分。

$$\Delta\hat{u}_{it}^{(j)}Z'_{i,t+s}=\Delta u_{it}Z'_{i,t+s}+Z'_{it}(\hat{\theta}_{FDGMM2}^{(0)}-\theta)Z'_{i,t+s}$$

由于 $\|\hat{\theta}_{FDGMM2}^{(j)}-\theta\|=O_p[(NT)^{-1/2}]$，我们可以很容易地证明（c）部分成立。

4.8.2　定理证明

1. 定理4.1的证明

定义 $\hat{r}_s^{(0)}=N^{-1/2}\sum_{i=1}^{N}\hat{v}_{iTs}^{(0)}$。由于 $\Delta\hat{u}_t^{(0)}=\Delta y_{i,t}-Z'_{it}\hat{\theta}_{FDGMM2}^{(0)}=\Delta u_{it}-Z'_{it}(\hat{\theta}_{FDGMM2}^{(0)}-\theta)$，所以：

$$\begin{aligned}\hat{r}_s^{(0)}&=\left(\frac{1}{N}\right)^{1/2}\sum_{i=1}^{N}v_{iTs}-\left(\frac{1}{NT_s}\right)^{1/2}\sum_{i=1}^{N}\sum_{t=3}^{T-s}\Delta u_{it}Z'_{i,t+s}(\hat{\theta}_{FDGMM2}^{(0)}-\theta)\\&-\left(\frac{1}{NT_s}\right)^{1/2}\sum_{i=1}^{N}\sum_{t=3}^{T-s}\Delta u_{i,t+s}Z'_{it}(\hat{\theta}_{FDGMM2}^{(0)}-\theta)\\&+\left(\frac{1}{NT_s}\right)^{1/2}\sum_{i=1}^{N}\sum_{t=3}^{T-s}Z'_{it}(\hat{\theta}_{FDGMM2}^{(0)}-\theta)Z'_{i,t+s}(\hat{\theta}_{FDGMM2}^{(0)}-\theta)\end{aligned}$$

当 $v_{iTs}=T_s^{-1/2}\sum_{t=3}^{T-s}\Delta u_{it}\Delta u_{i,t+s}$。由引理4.1，第三项和第四项为 $O_p(1)$。$\hat{r}_s$ 可以被写为：

$$\begin{aligned}\hat{r}_s&=\left(\frac{1}{N}\right)^{1/2}\sum_{i=1}^{N}v_{iTs}-\Xi'_1\left(\frac{1}{N}\right)^{1/2}\sum_{i=1}^{N}w_{iT}^{(0)}+O_p(1)\\&=(1,-\Xi'_1)N^{-1/2}\sum_{i=1}^{N}\begin{pmatrix}v_{iTs}\\w_{iTs}^{(0)}\end{pmatrix}+O_p(1)\end{aligned}$$

$w_{iTs}^{(0)}=T_s^{-1/2}W_{li}^{(0)}\Delta u_i$，$\Xi'_1=\varpi_{Ns}^{(0)\prime}\hat{\Psi}_N^{-1(0)}[(NT_s)^{-1}Z'W^{(0)}\hat{\Omega}_{(0)}^{-1}]$。定义 $Q_{iTs}^{(0)}=(v_{iTs},w_{iTs}^{(0)\prime})'$，$\Sigma_{2s}^{(0)}=\mathrm{E}(Q_{iTs}^{(0)}Q_{iTs}^{(0)\prime})$。在大 T 下推导出检验统计量的极限分布，我们将使用菲利普斯和文（1999）的定理3（the Joint Limit CLT for Scaled Variates）。要应用此定理，我们需要验证以下条件：

(1) $\lim\inf_T \lambda_{\min}(\Sigma_{2s}^{(0)}) > 0$ 和 $\Sigma_{2s}^{(0)}$ 是正定的;

(2) $\| Q_{iTs}^{(0)} \|^2$ 在 T 上一致可积。

由假设4.3，条件（1）成立。我们再考虑 $\| Q_{iTs}^{(0)} \|^2$。

$$\| Q_{iTs}^{(0)} \|^2 = \mathrm{tr}(Q_{iTs}^{(0)} Q_{iTs}^{(0)\prime}) = v_{iTs}v'_{iTs} + \mathrm{tr}(w_{iTs}^{(0)} w_{iTs}^{(0)\prime})$$

令 $\delta > 0$,

$$\sup_T \mathrm{E}([v_{iTs}v'_{iTs} + \mathrm{tr}(w_{iTs}^{(0)} w_{iTs}^{(0)\prime})] I_{(v_{iTs}v'_{iTs} + \mathrm{tr}(w_{iTs}^{(0)} w_{iTs}^{(0)\prime}) > \delta)})$$

$$\leqslant \sup_T \sqrt{\mathrm{E}[v_{iTs}v'_{iTs} + \mathrm{tr}(w_{iTs}^{(0)} w_{iTs}^{(0)\prime})]^2} \sqrt{P(|v_{iTs}v'_{iTs} + \mathrm{tr}(w_{iTs}^{(0)} w_{iTs}^{(0)\prime})| > \delta)}$$

$$\leqslant \frac{1}{\delta} \sup_T \sqrt{\mathrm{E}[v_{iTs}v'_{iTs} + \mathrm{tr}(w_{iTs}^{(0)} w_{iTs}^{(0)\prime})]^2} \mathrm{var} \sqrt{v_{iTs}v'_{iTs} + \mathrm{tr}(w_{iTs}^{(0)} w_{iTs}^{(0)\prime})}$$

$$\leqslant \frac{1}{\delta} \sup_T \mathrm{E}[v_{iTs}^2 + \mathrm{tr}(w_{iTs}^{(0)} w_{iTs}^{(0)\prime})]^2$$

$$\leqslant \frac{2}{\delta}[\sup_T \mathrm{E}(v_{iTs}^4) + \sup_T \mathrm{E}[\mathrm{tr}(w_{iTs}^{(0)} w_{iTs}^{(0)\prime})]^2]$$

考虑这个部分 $\mathrm{E}[\mathrm{tr}(w_{iTs}^{(0)} w_{iTs}^{(0)\prime})]^2$,

$$\mathrm{E}[\mathrm{tr}(w_{iTs}^{(0)} w_{iTs}^{(0)\prime})]^2$$

$$= \frac{1}{T_s^2} \mathrm{E}(\sum_{t=3}^{T-s} y_{i,t-2}\Delta u_{i,t} + \cdots + \sum_{t=p+1}^{T-s} y_{i,t-p}\Delta u_{i,t} + \sum_{t=3}^{T-s} x'_{i,t-1}\Delta u_{i,t} + \cdots + \sum_{t=p+1}^{T-s} x'_{i,t-p+1}\Delta u_{i,t})^4$$

$$\leqslant \frac{K}{T_s^2}[\mathrm{E}(\sum_{t=3}^{T-s} y_{it-2}\Delta u_{i,t})^4 + \cdots + \mathrm{E}(\sum_{t=p+1}^{T-s} y_{i,t-p}\Delta u_{i,t})^4]$$

$$+ \frac{K}{T_s^2}[\mathrm{E}(\sum_{t=3} \%^{T-s} x'_{i,t-1}\Delta u_{i,t})^4 + \cdots + \mathrm{E}(\sum_{t=p}^{T-s} x'_{i,t-p+1}\Delta u_{i,t})^4]$$

由引理4.2的（b）部分和（c）部分，可知 $\sup_T T_s^{-2}\mathrm{E}(\sum_{t=s+1}^{T-s} y_{i,t-s}\Delta u_{i,t})^4$, $s=2,\cdots,p$ 是有界的。然后，我们考虑左边的项。对于所有 $s=2,\cdots,p$,

$$\frac{1}{T_s^2}\mathrm{E}(\sum_{t=s+1}^{T-s} \Delta x'_{i,t-s+1}\Delta u_{it})^4$$

$$= \frac{1}{T_s^2}\mathrm{E}(\sum_{t=s+1}^{T-s} x_{i.t-s+1,1}\Delta u_{it} + \cdots + \sum_{t=s+1}^{T-s} x_{i,t-s+1,k-1}\Delta u_{i,t})^4$$

$$\leqslant \frac{(k-1)^3}{T_s^2}[\mathrm{E}(\sum_{t=s+1}^{T-s} x_{i,t-s+1,1}\Delta u_{it})^4 + \cdots + \mathrm{E}(\sum_{t=s+1}^{T-s} (x_{i,t-s+1,k-1}\Delta u_{it}))^4]$$

使用引理4.2的（c）部分，$\sup_T T_s^{-2}\mathrm{E}(\sum_{t=s+1}^{T-s} \Delta x'_{i,t-s+1}\Delta u_{it})^4 = O(1)$。所有

以上的结论说明$\sup_T \mathrm{E}[\mathrm{tr}(w_{iTs}^{(0)} w_{iTs}^{(0)\prime})]^2 = O(1)$。由引理4.2的(a)部分可知$\sup_T \mathrm{E}(v_{iTs}^2) = O(1)$，因此

$$\sup_T \mathrm{E}([v_{iTs}v_{iTs}' + \mathrm{tr}(w_{iTs}^{(0)} w_{iTs}^{(0)\prime})] I_{(v_{iTs}v_{iTs}' + \mathrm{tr}(w_{iTs}^{(0)} w_{iTs}^{(0)\prime}) > \delta)}) \to 0, \text{当} \delta \to \infty;$$

这使得条件(2)成立。满足上述两个条件，所以当$(N, T) \to \infty$，

$$\Sigma_{2s}^{(0)-1/2} \frac{1}{\sqrt{N}} \sum_{i=1}^{N} \begin{pmatrix} v_{iTs} \\ w_{iTs}^{(0)} \end{pmatrix} \xrightarrow{d} N(0, I_{(p-1)k+1})$$

由引理4.3的(a)部分和(b)部分，可知$\hat{\Sigma}_{2s}^{(0)} \xrightarrow{p} \Sigma_{2s}^{(0)}$，

$$\hat{\Sigma}_{2s}^{(0)} = \frac{1}{N} \sum_{i=1}^{N} \begin{pmatrix} \hat{v}_{iTs}^{(0)2} & \hat{v}_{iTs}^{(0)\prime} \hat{w}_{iTs}^{(0)} \\ \hat{v}_{iTs}^{(0)} \hat{w}_{iTs}^{(0)\prime} & \hat{w}_{iTs}^{(0)} \hat{w}_{iTs}^{(0)\prime} \end{pmatrix}$$

因为$\hat{r}_s = (1, -\Xi_1') \frac{1}{\sqrt{N}} \sum_{i=1}^{N} \begin{pmatrix} v_{iTs} \\ w_{iTs}^{(0)} \end{pmatrix} + O_p(1)$，由引理4.3的(c)部分，$\hat{\varpi}_{Ns}^{(0)\prime} \xrightarrow{p} \varpi_{Ns}^{(0)\prime}$，所以$\hat{\Xi}_1' \xrightarrow{p} \Xi_1'$，$\hat{\Xi}_1' = \hat{\varpi}_{Ns}^{(0)\prime} \hat{\Psi}_N^{-1(0)} [(NT_s)^{-1} Z' W^{(0)} \hat{\Omega}_{(0)}^{-1}]$。因此，由以上的所有结论可知

$$m_s^{(0)} = \hat{\gamma}_{(0)}^{-1} \hat{r}_s \xrightarrow{d} N(0, 1)$$

其中:

$$\hat{\gamma}_{(0)}^2 = (1, -\hat{\Xi}_1') \hat{\Sigma}_2 (1, -\hat{\Xi}_1')'$$

2. 定理4.2的证明

类似于定理4.1的证明，我们可以重写$\frac{1}{\sqrt{N}} \sum_{i=1}^{N} \hat{v}_{ip}^{(0)}$，

$$\frac{1}{\sqrt{N}} \sum_{i=1}^{N} \hat{v}_{ip}^{(0)} = [I_{p-1}, -\Xi_2'] \frac{1}{\sqrt{N}} \sum_{i=1}^{N} \begin{pmatrix} v_{ip} \\ w_{iT2} \end{pmatrix} + O_p(1)$$

这里$\Xi_2' = \hat{\varpi} \hat{\Psi}_N^{(0)-1} [(NT_s)^{-1} Z' W^{(0)} \hat{\Omega}_{(0)}^{-1}]$，$\hat{\varpi} = ((T_2/T_2)^{1/2} \hat{\varpi}_{N2}, \cdots, (T_2/T_p)^{1/2} \varpi_{Np})$和$\varpi_{Ns} = (NT_s)^{-1} \sum_{i=1}^{N} \sum_{t=3}^{T-s} \Delta u_{it} \Delta Z_{i,t+s}$，$s = 2, \cdots, p$。定义$Q_i = (v_{ip}', w_{iT2}')'$。因为$\mathrm{tr}(v_{ip} v_{ip}') = \sum_{s=2}^{p} v_{iTs}^2$，所以

$$\sup_T \mathrm{E}[\operatorname{tr}(v_{ip}v'_{ip})]^2 \leqslant \sup_T \mathrm{E}(\sum_{s=2}^{p} v_{iTs})^4 \leqslant (p-2)^4 \sup_T \sum_{s=2}^{p} \mathrm{E}(v_{iTs})^4 = O(1)$$

结合 $\sup_T \mathrm{E}[\operatorname{tr}(w_{iT2}^{(0)} w_{iT2}^{(0)\prime})]^2$ 有界，$\| Q_i^{(0)} \|^2$ 是在 T 上一致可积，由引理4.3的（a）部分和（b）部分可知 $\hat{\Sigma}_1^{(0)} \xrightarrow{p} \Sigma_1^{(0)}$，这里，

$$\hat{\Sigma}_1^{(0)} = \frac{1}{N}\sum_{i=1}^{N}\begin{pmatrix} \hat{v}_i^{(0)}\hat{v}_i^{(0)\prime} & \hat{v}_i^{(0)\prime}\hat{w}_{iT2}^{(0)} \\ \hat{v}_i^{(0)}\hat{w}_{iT2}^{(0)\prime} & \hat{w}_{iT}^{(0)}\hat{w}_{iT2}^{(0)\prime} \end{pmatrix}$$

应用菲利普斯和文（1999）定理3（the Joint Limit CLT for Scaled Variates)，当（N，T)→∞，

$$\hat{\Sigma}_1^{(0)-1/2}\frac{1}{\sqrt{N}}\sum_{i=1}^{N}\begin{pmatrix} v_i \\ w_{iT2}^{(0)} \end{pmatrix} \xrightarrow{d} N(0, I_{p+k-1})$$

由于$\hat{\varpi}_{Ns}^{(0)} \xrightarrow{p} \varpi_{Ns}$，然后$\hat{\varpi}^{(0)} \xrightarrow{p} \varpi$，这里$\hat{\varpi}^{(0)} = (\hat{\varpi}_{N2}^{(0)}, \cdots, \hat{\varpi}_{Np}^{(0)})$，这说明$\hat{\Xi}'_2 \xrightarrow{p} \Xi'_2$，和$\hat{\Xi}_2 = \hat{\varpi}^{(0)}\hat{\Psi}_N^{(0)-1}[(NT_s)^{-1}Z'W^{(0)}\hat{\Omega}_{(0)}^{-1}]$。然后我们得到

$$\hat{\gamma}_2^{-1}[I_{p-1}, -\hat{\Xi}'_2]\frac{1}{\sqrt{N}}\sum_{i=1}^{N}\begin{pmatrix} v_i \\ w_{iT}^{(0)} \end{pmatrix} \xrightarrow{d} N(0, I_{p-1})$$

这里 $\hat{\gamma}_2^2 = (1, -\hat{\Xi}'_2)\hat{\Sigma}_2(1, -\hat{\Xi}'_2)'$。这说明，当（$N$，$T$)→∞，

$$m_{(2,p)}^{(0)2} \xrightarrow{d} \chi_{p-1}^2$$

3. 推论4.1的证明

对$j=1$，2，可知：

$$\begin{aligned}\left(\frac{1}{T}\right)^{1/2}\hat{v}_{iTs}^{(j)} &= \left(\frac{1}{T}\right)^{1/2}\sum_{t=3}^{T-2}\Delta\hat{u}_{it}^{(j)}\Delta\hat{u}_{i,t+2}^{(j)} \\ &= \left(\frac{1}{T}\right)^{1/2}\sum_{t=3}^{T-2}\Delta u_{it}\Delta u_{i,t+2} - \left(\frac{1}{T}\right)^{1/2}\sum_{t=3}^{T-2}\Delta u_{it}Z'_{i,t+2}(\hat{\theta}_{FDGMM2}^{(j)} - \theta) + O_p(1) \\ &= \left(\frac{1}{T}\right)^{1/2}\sum_{t=3}^{T-2}\Delta u_{it}\Delta u_{i,t+2} + O_p(N^{-1/2})\end{aligned}$$

由于 $\left\| T^{-1}\sum_{t=3}^{T-2}\Delta u_{it}Z'_{i,t+2}\right\| = O_p(1)$ 和 $\|(\hat{\theta}_{FDGMM2}^{(2)} - \theta)\| = O_p(1/\sqrt{NT})$，我们可知：

$$\left(\frac{1}{T}\right)^{1/2}\hat{v}_{iTs}^{(j)}=\left(\frac{1}{T}\right)^{1/2}\sum_{t=3}^{T-2}\Delta u_{it}\Delta u_{i,t+2}+O_p(N^{-1/2})$$

然后我们考虑$\frac{1}{T}\hat{\gamma}_{(j)}^{2}$，

$$\frac{1}{T}\hat{\gamma}_{(j)}^{2}=\frac{1}{N}\sum_{i=1}^{N}\left(\frac{1}{\sqrt{T}}\hat{v}_{iTs}^{(j)}\right)^{2}+\frac{1}{T}\hat{\varpi}_{Ns}^{(j)}{}'\hat{\Psi}_{N}^{(j)-1}\hat{\varpi}_{Ns}^{(j)}-2\hat{\varpi}_{Ns}^{(j)}{}'\hat{\Psi}_{N}^{(j)-1}$$
$$\left(\frac{Z'W^{(j)}\hat{\Omega}_{(j)}^{-1}}{N}\right)\left(\frac{1}{NT}\sum_{i=1}^{N}W_{li}^{(j)}{}'\Delta\breve{u}_{i}^{(j)}\hat{v}_{iTs}^{(j)}\right)$$

其中 $\hat{\varpi}_{Ns}^{(j)}=1/N\sum_{i=1}^{N}\left(\sum_{t=3}^{T-s}\Delta\hat{u}_{it}^{(j)}Z_{i,t+s}\right)$ 和 $\hat{\Psi}_{N}^{(j)}=\left[1/N\sum_{i=1}^{N}W_{li}^{(j)}{}'Z_{i}\right]'\hat{\Omega}_{(j)}^{-1}\left[1/N\sum_{i=1}^{N}W_{li}^{(j)}{}'Z_{i}\right]$。由引理 4.1，可知 $1/(NT)\sum_{i=1}^{N}\left(\sum_{t=3}^{T-s}\Delta\hat{u}_{it}^{(j)}Z_{i,t+s}\right)=O_p((NT)^{-1/2})$。由于 $\|1/T^{2}\hat{\Omega}_{(j)}\|=O_p(1)$ 和 $1/(NT)\sum_{i=1}^{N}W_{li}^{(j)}{}'Z_{i}=O_p(1)$，$\|\hat{\Psi}_{N}^{(j)}\|=O_p(1)$。因此，$T^{-1}\hat{\varpi}_{Ns}^{(j)}{}'\hat{\Psi}_{N}^{(j)-1}\hat{\varpi}_{Ns}^{(j)}=O_p(N^{-1})$。以上等式的最后一项可知

$$\left\|\frac{Z'W^{(j)}\hat{\Omega}_{(j)}^{-1}}{N}\right\|=O_p(1)\text{ 和 }\left\|\frac{1}{NT}\sum_{i=1}^{N}W_{li}^{(j)}{}'\Delta\breve{u}_{i}^{(j)}\hat{v}_{iTs}^{(j)}\right\|=O_p(1)$$

因此，最后一项为 $O_p((NT)^{-1/2})$。所以$\frac{1}{T}\hat{\gamma}_{(j)}^{2}=\frac{1}{N}\sum_{i=1}^{N}\left(\frac{1}{\sqrt{T}}\hat{v}_{iTs}^{(j)}\right)^{2}+O_p\left(\frac{1}{N}\right)+O_p\left(\frac{1}{\sqrt{NT}}\right)$。由

$$\hat{\gamma}_{(j)}^{2}\xrightarrow{p}\frac{1}{N}\sum_{i=1}^{N}\left[\left(\frac{1}{T}\right)^{1/2}\sum_{t=3}^{T-2}\Delta u_{it}\Delta u_{i,t+2}\right]^{2}\xrightarrow{p}\mathrm{var}\left[\left(\frac{1}{T}\right)^{1/2}\sum_{t=3}^{T-2}\Delta u_{it}\Delta u_{i,t+2}\right]$$

通过使用菲利普斯和文（1999）的定理3，可知：

$$\mathrm{var}^{1/2}\left[\left(\frac{1}{T}\right)^{1/2}\sum_{t=3}\%^{T-2}\Delta u_{it}\Delta u_{i,t+2}\right]\frac{1}{N}\sum_{i=1}^{N}\left(\frac{1}{T}\right)^{1/2}\sum_{t=3}^{T-2}\Delta u_{it}\Delta u_{i,t+2}\xrightarrow{d}N(0,\ 1)$$

由以上结论，得到：

$$m_{2}^{(j)}=\hat{\gamma}_{(j)}^{-1}\frac{1}{N}\sum_{i=1}^{N}\hat{v}_{iTs}^{(j)}\xrightarrow{d}N(0,\ 1)$$

另外，类似于定理 4.2 的证明，我们有：

$$m_{(2,p)}^{(j)2}\xrightarrow{d}\chi_{p-1}^{2}$$

4. 定理 4.3 的证明

令 $\hat{\Omega}_{(0)}^{-1}=C_{NT}C'_{NT}$，这里 C_N 是一个 $q_0\times q_0$ 非奇异矩阵。注意

$$(NT_0)^{-1/2}\sum_{i=1}^{N}W_{li}^{(0)}{}'\Delta\hat{u}_{2i}=(NT_0)^{-1/2}\sum_{i=1}^{N}W_{li}^{(0)}{}'[\Delta u_i-Z'_i(\hat{\theta}_{FDGMM2}^{(0)}-\theta)]$$
$$=(I_{p_1}-W^{(0)}{}'Z[Z'W^{(0)}\hat{\Omega}_{(0)}^{-1}W^{(0)}{}'Z]^{-1}$$
$$Z'W^{(0)}\hat{\Omega}_{(0)}^{-1})(NT_0)^{-1/2}\sum_{i=1}^{N}W_{li}^{(0)}{}'\Delta u_i$$
$$=\left(I_{p_1}-\frac{W^{(0)}{}'Z}{NT_0}\left[\frac{Z'W^{(0)}}{NT_0}C_NC'_N\frac{W^{(0)}{}'Z}{NT_0}\right]^{-1}\right.$$
$$\left.\frac{Z'W^{(0)}}{NT_0}C_NC'_N\right)(NT_0)^{-1/2}\sum_{i=1}^{N}W_{li}^{(0)}{}'\Delta u_i$$

因此，

$$S_{(0)}=[(NT_0)^{-1/2}\sum_{i=1}^{N}W_{li}^{(0)}{}'\Delta u_i]'C_{NT}[I_{p_1}-D_{NT}(D'_{NT}D_{NT})^{-1}D'_{NT}]$$
$$C'_{NT}[(NT_0)^{-1/2}\sum_{i=1}^{N}W_{li}^{(0)}{}'\Delta u_i]$$

这里 $D_{NT}=C'_{NT}\frac{W^{(0)}{}'Z}{NT_0}$。由定理 4.1 的证明，可知 $\sup_T \mathrm{tr}[(T_0^{-1}W_{li}^{(0)}{}'\Delta u_i\Delta u'_iW_{li}^{(0)})]=O(1)$；对于假设 4.3，我们有两个条件满足菲利普斯和文（1999）的定理 3，以及引理 4.3 的（b）部分；当 $(N,\ T)\to\infty$，

$$\hat{\Omega}_{(0)}^{-1/2}(NT_0)^{-1/2}\sum_{i=1}^{N}W_{li}^{(0)}{}'\Delta u_i\xrightarrow{d}N(0,\ I_{p_1})$$

因为 $rank[I_{p_1}-D_{NT}(D'_{NT}D_{NT})^{-1}D'_{NT}]=q_0-k$，使用讨论 $\varepsilon'M\varepsilon\xrightarrow{d}\chi_{q_0-k}^2$ 这里 $\varepsilon\sim N(0,\ I_{p_1})$ 且 $M=I_{p_1}-D_{NT}(D'_{NT}D_{NT})^{-1}D'_{NT}$。因此，当 $(N,\ T)\to\infty$，$S_{(0)}\xrightarrow{d}\chi_{q_0-k}^2$。

5. 定理 4.4 的证明

类似于定理 4.3 的证明，$S_{(0)I}$ 可以写为：

$$S_{(0)I}=[(NT_0)^{-1/2}\sum_{i=1}^{N}W_{li1}\%^{(0)}{}'\Delta u_i]'C_{NT1}[I_{p_2}-D_{NT1}(D'_{NT1}D_{NT1})^{-1}D'_{NT1}]$$

$$C'_{NT1}\left[(NT_0)^{-1/2}\sum_{i=1}^{N}W_{li1}^{(0)\prime}\Delta u_i\right]$$

和 $C_{NT1}C'_{NT1} = \left(\frac{1}{NT_0}\sum_{i=1}^{N}W_{li1}^{(0)\prime}\Delta\breve{u}_{i1}^{(0)}\Delta\breve{u}_{i1}^{(0)\prime}W_{li1}^{(0)}\right)^{-1}$ 且 $D_{NT1} = C'_{NT1}\frac{W_1^{(0)\prime}Z}{NT_0}$；此时 $\Delta\breve{u}_{i1}^{(0)}$ 是使用有效工具变量矩阵的一步 GMM 残差 $W_{li1}^{(0)}$，且 $W_1^{(0)} = (W_{l11}^{(0)\prime}, \cdots, W_{lN1}^{(0)\prime})'$。类似于定理 4.3 的证明，可知 $S_{(0)I}\xrightarrow{d}\varepsilon' M_I\varepsilon$，这里 $M_I = I_{q_{02}} - D_{NT1}(D'_{NT1}D_{NT1})^{-1}D_{NT1}$ 且 $rank(M_I) = q_{02} - k$。令 D^*_{NT1} 包含 D_{NT} 顶部的 q_{02} 行。注意 $D^*_{NT1} - D_{NT1}\to 0$，因此，

$$DS_{(0)} = S_{(0)} - S_{(0)I}\xrightarrow{d}\varepsilon' M\varepsilon - \varepsilon'\begin{pmatrix} M_I & 0 \\ 0 & 0\end{pmatrix}\varepsilon$$

最后，因为$\left[M - \begin{pmatrix} M_I & 0 \\ 0 & 0\end{pmatrix}\right]$是幂等矩阵且其秩为 $p_1 - p_2$，且

$$\left[M - \begin{pmatrix} M_I & 0 \\ 0 & 0\end{pmatrix}\right]\begin{pmatrix} M_I & 0 \\ 0 & 0\end{pmatrix} = 0$$

我们可以得到 $DS_{(0)}\xrightarrow{d}\chi^2_{(q_0 - q_{02})}$。

参考文献

[1] Alvarez, J., and Arellano, M., 2003. The Time Series and Cross-section Asymptotics of Dynamic Panel Data Estimators. *Econometrica*. 71 (4), 1121 -1159.

[2] Anatolyev, S., and Gospodinov, N., 2011. Specification Testing in Models with Many Instruments. *Eonometric Theory*. 27, 427 -441.

[3] Anderson, T. W., 2003. An Introduction to Multivariate Statistical Analysis, Wiley.

[4] Andrews, D. W. K., 2005. Cross-section Regression with Common Shocks. *Econometrica*. 73, 1551 -1585.

[5] Ahn, S. C., and Schmidt, P., 1995. Efficient Estimation of Models for Dynamic Panel Data. *Journal of Econometrics*. 68, 5 -27.

[6] Arellano, M., 2003. *Panel Data Econometrics*. Oxford University Press.

[7] Arellano, M., and Bond, S., 1991. Some Tests of Specification for Panel Data: Monte Carlo Evidence and an Application to Employment Equations. *Review of Economic Studies*. 24, 1 -37.

[8] Arellano, M., and Bover, O., 1995. Another Look at the Instrumental Variable Estimation of Error Components Models. *Journal of Econometrics*. 68, 29 -51.

[9] Anselin, L., and Bera, A. K., 1998. Spatial Dependence in Linear Regression Models with an Introduction to Spatial Econometrics. *Handbook of Applied Economic Statistics*, Amman Ullah and David E. A. Giles, eds., Marcel Dekker, New York.

[10] Bai, J., 2009. Panel Data Models with Interactive Fixed Effects. *Econometrica*. 77, 1229 – 1279.

[11] Bai, Z. D., and Saranadasa, H., 1996. Effect of High Dimension: By an Example of a Two Sample Problem. *Statistical Sinica*. 6, 311 – 329.

[12] Bai, Z. D. and Silverstein, J. W., 2004. CLT for Linear Spectral Statistics of Large-dimensional Sample Covariance Matrices. *Annals of Probability*. 32, 553 – 605.

[13] Bai, Z. D., and Zhou, W., 2008. Large Sample Covariance Matrices without Independence Structures in Columns. *Statistica Sinica*. 18, 425 – 442.

[14] Baltagi, B. H., 2008. Econometric Analysis of Panel Data. New York: Wiley.

[15] Baltagi, B. H., Song, S. H., and Koh, W., 2003. Testing Panel Data Regression Models with Spatial Error Correlation. *Journal of Econometrics*. 117, 123 – 150.

[16] Baltagi, B. H., Feng, Q., and Kao, C., 2011. Testing for Sphericity in a Fixed Effects Panel Data Model. *The Econometrics Journal*. 14, 25 – 47.

[17] Baltagi, B. H., Feng Q., and Kao C., 2012. A Lagrange Multiplier Test for Cross-sectional Dependence in a Fixed Effects Panel Data Model. *Journal of Econometrics*. 170, 164 – 177.

[18] Baltagi, B. H., Kao, C., and Peng, B., 2015. On Testing for Sphericity with Non-normality in a Fixed Effects Panel Data Model. *Statistic and Probability Letters*. 98, 123 – 130.

[19] Baltagi, B. H., Kao, C., and Peng, B., 2016. Testing Cross-sectional Correlation in Large Panel Data Models with Serial Correlation. *Econometrics*. 4.

[20] Baltagi, B. H., Kao, C. and Wang, F., 2017. Asymptotic Power of the Sphericity Test under Weak and Strong Factors in a Fixed Effects Panel Data Model. *Econometric Reviews*. 36, 853 – 882.

[21] Billingsley, P., 1995. *Probability and Measure*, 3rd ed., Wiley: New York, NY, USA.

[22] Blundell, R. W., and Bond, S. R., 1998. Initial Conditions and Moment Restrictions in Dynamic Panel Data Models. *Journal of Econometrics*. 87, 115 - 143.

[23] Bollerslev, T., 1986. Generalized Autoregressive Conditional Heteroskedasticity. *Journal of Econometrics*. 31, 307 - 327.

[24] Bowsher, C. G., 2002. On Testing Overidentifying Restrictions in Dynamic Panel Data Models. *Economics Letters*. 77, 211 - 220.

[25] Breusch, T. S., and Pagan, A. R., 1980. The Lagrange Multiplier Test and Its Application to Model Specification in Econometrics. *Review of Economic Studies*. 47, 239 - 254.

[26] Bun, M. J. G, and Kiviet, J. F., 2006. The Effects of Dynamic Feedbacks on LS and MM Estimator Accuracy in Panel Data Models. *Journal of Econometrics*. 132, 409 - 444.

[27] Bushell, P. J., and Trustrum, G. B., 1990. Trace Inequality for Positive Definite Matrix Power Products. *Linear Algebra & Its Applications*. 132, 173 - 178.

[28] Cavaliere, G., 2004. Unit Root Tests under Time-varying Variances. *Econometric Reviews*. 23, 259 - 292.

[29] Cavaliere, G., and Taylor, A., 2008. Testing for a Change in Persistence in The Presence of Non-stationary Volatility. *Journal of Econometrics*. 147, 84 - 98.

[30] Chao, J. C., Hausman, J. A., Newey, W. K., Swanson, N. R., and Woutersen, T., 2014. Testing Overidentifying Restrictions with Many Instruments and Heteroskedasticity. *Journal of Econometrics*. 178, 15 - 21.

[31] Chen, S., Qin, Y., 2010. A Two-sample Test for High-dimensional Data with Applications to Gene-set Testing. *Annals of Statistics*. 38 (2), 808 - 835.

[32] Chen, S., Zhang, L., and Zhong, P., 2010. Tests for High-di-

mensional Covariance Matrices. *Journal of the American Statistical Association*. 105, 810 - 819.

[33] Chudik, A., Pesaran, M. H., and Tosetti, E., 2011. Weak and Strong Cross-section Dependence and Estimation of Large Panels. *The Econometrics Journal*. 14, 45 - 90.

[34] Chudik, A., and Pesaran, M. H., 2015. Large Panel Data Models with Cross-Sectional Dependence: A Survey. In *The Oxford Handbook on Panel Data*; Baltagi, B. H., Ed.; Oxford University Press: Oxford, UK, Chapter 1; 3 - 45.

[35] Demetrescu, M. and Homm, U., 2016. Directed Tests of No Cross-sectional Correlation in Large-N Panel Data Models. *Journal of Applied Econometrics*. 31, 4 - 31.

[36] Donald, S. G., Imbens, G. W., and Newey, W. K., 2003. Empirical Likelihood Estimation and Consistent Tests with Conditional Moment Restrictions. *Journal of Econometrics*. 117, 55 - 93.

[37] Engle, R. F., 1982. Autoregressive Conditional Heteroskedasticity with Estimates of the Variance of U. K. Inflation. *Econometrica*. 50, 987 - 1008.

[38] Gao, J. T., Han, X., Pan, G. M., and Yang, Y. R., 2017. High Dimensional Correlation Matrices: CLT and Its Applications. *Journal of Royal Statistical Society: Series B (Statistical Methodology)*. 79, 677 - 693.

[39] Hansen, C. B., 2007. Asymptotic Properties of a Robust Variance Matrix Estimator for Panel Data When T is Large. *Journal of Econometrics*. 141, 597 - 620.

[40] Halunga A. G., Orme, C. D., and Yamagata, T., 2017. A Heteroskedasticity Robust Breusch - Pagan Test for Contemporaneous Correlation in Dynamic Panel Data Models. *Journal of Econometrics*. 198, 209 - 230.

[41] Hamilton, J. D., 1994. *Time Series Analysis*. Princeton University Press, Princeton.

[42] Hansen, L., 1982. Large Sample Properties of Generalized Method

of Moments Estimators. *Econometrica*. 50, 1371 – 1395.

[43] Hausman, J. A., 1978. Specification Tests in Econometrics. *Econometrica*. 46, 1251 – 1272.

[44] Hayakawa, K., 2015. The Asymptotic Properties of the System GMM Estimator in Dynamic Panel Data Models When Both N and T are Large. *Econometric Theory*. 31 (3), 647 – 667.

[45] Hayakawa, K., 2016. On the Effect of Weighting Matrix in GMM Specification Test. *Journal of Statistical Planning and Inference*. 178, 84 – 98.

[46] Holtz – Eakin, D., Newey, W. K., and Rosen, H. S., 1988. Estimating Vector Autoregressions with Panel Data. *Econometrica*. 56, 1371 – 1395.

[47] Hsiao, C., Zhang, J., 2015. IV, GMM or Likelihood Approach to Estimate Dynamic Panel Models When Either N or T or Both are Large. *Journal of Econometrics*. 187, 312 – 322.

[48] Hsiao, C., Zhou, Q. 2016. Asymptotic Distribution of Quasi-maximum Likelihood Estimation of Dynamic Panels Using Long Difference Transformation When Both N and T are Large. *Statistical Methods & Applications*, 25 (4), 675 – 683.

[49] Im, K. S., Ahn, S. C., Schmidt, P., and Wooldridge, J. M., 1999. Efficient Estimation of Panel Data Models with Strictly Exogenous Explanatory Variables. *Journal of Econometrics*. 93, 177 – 201.

[50] Jiang, T. F., 2004. The Limiting Distributions of Eigenvalues of Sample Correlation Matrices. *Sankhy*. 66, 35 – 48.

[51] John, S., 1971. Some Optimal Multivariate Test. *Biometrika*. 58, 123 – 127.

[52] John, S., 1972. The Distribution of a Statistic Used for Testing Sphericity of Normal Distributions. *Biometrika*. 59, 169 – 173.

[53] Johnstone, I., 2001. On the Distribution of the Largest Principal Component. *Annals of Statistics*. 29, 295 – 327.

[54] Kapoor, M., Kelejian H. H., and Prucha, I. R., 2007. Panel

Data Models with Spatially Correlated Error Components. *Journal of Econometrics.* 140, 97 - 130.

[55] Kiviet, J. F., 1995. On Bias, Inconsistency, and Efficiency of Various Estimators in Dynamic Panel Data Models. *Journal of Econometrics.* 68, 53 - 78.

[56] Ledoit, O., and Wolf, M., 2002. Some Hypothesis Tests for the Covariance Matrix When the Dimension is Large Compared to the Sample Size. *Annals of Statistics.* 30, 1081 - 1102.

[57] Ledoit, O., and Wolf, M., 2004. A Well-conditioned Estimator for Large - Dimensional Covariance Matrices. *Journal of Multivariate Analysis.* 88, 365 - 411.

[58] Lee, L., 2002. Consistency and Efficiency of Least Squares Estimation for Mixed Regressive, Spatial Autoregressive Models. *Econometric Theory.* 18, 257 - 277.

[59] Lee, Y., and Okui, R., 2012. Hahn - Hausman Test as a Specification Test. *Journal of Econometrics.* 167, 133 - 139.

[60] Li, W. M., and Yao, J. F., 2018. On Structure Testing for Component Covariance Matrices of a High-dimensional Mixture. *Journal of the Royal Statistical Society Series B.* 80, 293 - 318.

[61] Lieberman, O., 1994. A Laplace Approximation to the Moments of a Ratio of Quadratic Forms. *Biometrika.* 81, 681 - 690.

[62] Mao, G., 2014. A Note on Tests of Sphericity and Cross-sectional Dependence for Fixed Effects Panel Model. *Economic Letters.* 122, 215 - 219.

[63] Mao, G., 2016. Testing for Error Cross-sectional Independence Using Pairwise Augmented Regressions. *The Econometrics Journal.* 19, 237 - 260.

[64] Mao, G., 2018. Testing for Sphericity in a Two-way Error Component Panel Data Model. *Econometric Reviews.* 37, 491 - 506.

[65] Marcčenko, V. A. and Pastur, L. A., 1967. Distribution of Eigenvalues in Certain Sets of Random Matrices. *Mathematics of the USSR - Sbornik.* 72, 507 - 536.

[66] Moscone, F., and Tosetti, E., 2009. A Review and Comparisons of Tests of Cross – Section Dependence in Panels. *Journal of Economics Survey*. 23, 528 –561.

[67] Muirhead, R. J., 1982. *Aspects of Multivariate Statistical Theory*. John Wiley & Sons: Hoboken, NJ, USA.

[68] Newey, W. K., 1985. Generalized Method of Moments Specification Testing. *Journal of Econometrics*. 29, 229 –256.

[69] Onatski, A., Moreira, M. J., and Hallin, M., 2013. Asymptotic Power of Sphericity Tests for High-dimensional Data. *Annals of Statistics*. 41, 1204 –1231.

[70] Pesaran, M. H., 2004. General Diagnostic Test for Cross Section Dependence in Panels. CESifo Working Paper, No. 1229, University of Cambridge.

[71] Pesaran, M. H., 2006. Estimation and Inference in Large Heterogeneous Panels with a Multifactor Error Structure. *Econometrica*. 74, 967 –1012.

[72] Pesaran, M. H., 2015. Testing Weak Cross-section Dependence in Large Panels. *Econometric Reviews*. 34, 6 –10.

[73] Pesaran, M. H., and Smith, R., 1995. Estimating Long-run Relationships from Dynamic Heterogeneous Panels. *Journal of Econometrics*. 29, 229 –256.

[74] Pesaran, M. H., and Tosetti, E., 2011. Large Panels with Common Factors and Spatial Correlations. *Journal of Econometrics*. 161, 182 –202.

[75] Pesaran, M. H., Ullah, A., and Yamagata, T., 2008. A Bias-adjusted LM Test of Error Cross – Section Independence. *The Econometrics Journal*. 11, 105 –127.

[76] Pesaran, M. H., and Yamagata, T., 2008. Testing Slope Homogeneity in Large Panels. *Journal of Econometrics*. 142, 50 –93.

[77] Phillips, P. C. B., and Moon, H. R., 1999. Linear Regression Limit Theory for Nonstationary Panel Data. *Econometrica*. 67, 1057 –1110.

[78] Roodman, D., 2009. A Note on the Theme of Too Many Instru-

ments. *Oxford Bulletin of Economics and Statistics*. 71, 135 – 158.

[79] Sarafidis, V., and Wansbeek, T. 2012. Cross – Sectional Dependence in Panel Data Analysis. *Econometrics Review*. 31, 483 – 531.

[80] Sarafidis, V., Yamagata, T., and Robertson, D., 2009. A Test of Cross Section Dependence for a Linear Dynamic Panel Data with Regressors. *Journal of Econometrics*. 148, 149 – 161.

[81] Sargan D., 1958. The Estimation of Economic Relationships Using Instrumental Variables. *Econometrica*. 26, 393 – 415.

[82] Schott, J. R., 2005. Testing for Complete Independence in High Dimensions. *Biometrika*. 92, 951 – 956.

[83] Stock, J. H., and Watson, M. W., 2008. Heteroskedasticity-robust Standard Errors for Fixed Effects Panel Data Regression. *Econometrica*. 76, 74 – 155.

[84] Wang, Q. W., and Yao, J. F., 2013. On the Sphericity Test with Large-Dimensional Observations. *Electronic Journal of Statistics*. 7, 2164 – 2192.

[85] Westerlund, J. and Sharma, S. S., 2018. Panel Evidence on the Ability of Oil Returns to Predict Stock Returns in the G7 Area. *Energy Economics*. 77, 3 – 12.

[86] Windmeijer, F., 2005. A Finite Sample Correction for the Variance of Linear Efficient Two-step GMM Estimators. *Journal of Econometrics*. 126, 25 – 51.

[87] Wood, A. T. A., 1999. Rosenthal's Inequality for Point Process Martingales. *Stochastic Processes and Their Applications*. 81, 231 – 246.

[88] Yamagata, T. 2008. A Joint Serial Correlation Test for Linear Panel Data Models. *Journal of Econometrics*. 146, 135 – 145.

[89] Yu, J., Jong, R. de, and Lee, L. F., 2008. Quasi-maximum Likelihood Estimators for Spatial Dynamic Panel Data with Fixed Effects When Both N and T are Large. *Journal of Econometrics*. 146, 118 – 134.